BERLITZ' PARLØRER

Berlitz' lommeparlører inneholder ikke bare alle ord og uttrykk man kan tenkes å få bruk for på reisen, men også nyttige opplysninger og reisetips. Oversiktlige bøker med lydskrift, hendige i enhver situasjon.

Engelsk	Russisk
Fransk	Serbokroatisk
Gresk	Spansk
Italiensk	Tysk
Portugisisk	

BERLITZ' KASSETTPAKKER

Vil De perfeksjonere uttalen, fåes de fleste av de ovennevnte parlører kombinert med tospråklig innspilte hi-fi-kassetter og et 32-siders hefte som gjør det lettere å følge med i teksten på båndet.

Berlitz Dictionaries

Dansk	Engelsk, Fransk, Italiensk, Spansk, Tysk
Deutsch	Dänisch, Englisch, Finnisch, Französisch, Italienisch, Niederländisch, Norwegisch, Portugiesisch, Schwedisch, Spanisch
English	Danish, Dutch, Finnish, French, German, Italian, Norwegian, Portuguese, Spanish, Swedish
Español	Alemán, Danés, Finlandés, Francés, Holandés, Inglés, Noruego, Sueco
Français	Allemand, Anglais, Danois, Espagnol, Finnois, Italien, Néerlandais, Norvégien, Portugais, Suédois
Italiano	Danese, Finlandese, Francese, Inglese, Norvegese, Olandese, Svedese, Tedesco
Nederlands	Duits, Engels, Frans, Italiaans, Portugees, Spaans
Norsk	Engelsk, Fransk, Italiensk, Spansk, Tysk
Português	Alemão, Francês, Holandês, Inglês, Sueco
Suomi	Englanti, Espanja, Italia, Ranska, Ruotsi, Saksa
Svenska	Engelska, Finska, Franska, Italienska, Portugisiska, Spanska, Tyska

BERLITZ®

engelsk-norsk
norsk-engelsk
ordbok

english-norwegian
norwegian-english
dictionary

By the Staff of Editions Berlitz

Revised edition 1981
Library of Congress Catalog Card Number: 78-78086

3rd printing 1984
Printed in Switzerland

Innhold

Contents

Forord

I valget av 12 500 ord og uttrykk på hvert språk har vi først og fremst tatt sikte på å dekke den reisendes behov. Denne boken – utarbeidet ved hjelp av en databank – vil derfor være en god følgesvenn for turister og forretningsreisende som setter pris på den tryggheten en hendig ordbok gir. Samtidig vil alle som interesserer seg for språket, her finne et grunnleggende ordforråd.

Vi håper at ordboken, i likhet med våre parlører og reise-guider, ved sitt praktiske format vil tiltale dagens reisende.

Foruten alt det en ordbok vanligvis inneholder, finner De også:

● en lydskrift som følger det internasjonale fonetiske alfabetet (IPA)

● en gastronomisk ordliste som gjør det lettere å tyde hva som skjuler seg bak et spisekart i utlandet

● en rekke praktiske opplysninger som tallord, vanlige forkortelser, hvordan man angir klokkeslett, bøyning av uregelmessige verb, samt et avsnitt med nyttige uttrykk

Det sier seg selv at en ordbok av dette formatet ikke kan ansees for å være fullstendig. Vi håper likevel at De med boken i lommen vil føle Dem vel rustet til en reise utenlands.

Vi tar gjerne imot kommentarer, kritikk og forslag som kan bidra til å forbedre fremtidige utgaver.

Preface

In selecting the 12.500 word-concepts in each language for this dictionary, the editors have had the traveller's needs foremost in mind. This book will prove invaluable to all the millions of travellers, tourists and business people who appreciate the reassurance a small and practical dictionary can provide. It offers them—as it does beginners and students—all the basic vocabulary they are going to encounter and to have to use, giving the key words and expressions to allow them to cope in everyday situations.

Like our successful phrase books and travel guides, these dictionaries—created with the help of a computer data bank—are designed to slip into pocket or purse, and thus have a role as handy companions at all times.

Besides just about everything you normally find in dictionaries, there are these Berlitz bonuses:

- imitated pronunciation next to each foreign-word entry, making it easy to read and enunciate words whose spelling may look forbidding

- a unique, practical glossary to simplify reading a foreign restaurant menu and to take the mystery out of complicated dishes and indecipherable names on bills of fare

- useful information on how to tell the time and how to count, on conjugating irregular verbs, commonly seen abbreviations and converting to the metric system, in addition to basic phrases.

While no dictionary of this size can pretend to completeness, we expect the user of this book will feel well armed to affront foreign travel with confidence. We should, however, be very pleased to receive comments, criticism and suggestions that you think may be of help in preparing future editions.

engelsk-norsk

english-norwegian

Veiledning

Ved utarbeidelsen av denne ordboken har vi først og fremst tatt sikte på å gjøre den så praktisk og anvendelig som mulig. Mindre viktige språklige opplysninger er utelatt. Oppslagsordene står i alfabetisk rekkefølge uansett om uttrykket skrives i ett ord, med bindestrek, eller i to eller flere ord. Det eneste unntaket fra denne regelen er noen få idiomatiske uttrykk, som De vil finne under det meningsbærende ordet. Når et oppslagsord følges av flere sammensetninger eller uttrykk, er også disse satt i alfabetisk rekkefølge.

Hvert hovedoppslagsord er fulgt av lydskrift (se Uttale), og vanligvis av ordklasse. I fall et oppslagsord tilhører flere ordklasser, er oversettelsene gruppert sammen etter de respektive ordklassene.

Dersom et substantiv har uregelmessig flertallsform, er denne angitt. I tilfeller der det kan oppstå tvil, har vi gitt eksempler på bruken.

Bølgestrek (∼) er brukt som gjentagelsestegn for oppslagsordet når dette forekommer senere i artikkelen (f.eks. ved uregelmessig flertallsform, sammensatte ord, etc.).

Når det gjelder uregelmessig flertallsform av sammensatte ord, er bare den delen som forandres, skrevet helt ut; en kort strek (–) står for den uforandrede delen.

En stjerne (*) foran et verb betyr at verbet er uregelmessig. Bøyningsmønstret finner De i listen over uregelmessige verb.

I denne ordboken har vi anvendt vanlig engelsk stavemåte. Alle ord som må regnes som amerikanske, er merket *Am* (se listen over forkortelser).

Forkortelser

adj	adjektiv	*p*	imperfektum
adv	adverb	*pl*	flertall
Am	amerikansk	*plAm*	flertall (amerikansk)
art	artikkel	*pp*	perfektum partisipp
c	felleskjønn	*pr*	presens
conj	konjunksjon	*pref*	prefiks (forstavelse)
n	substantiv	*prep*	preposisjon
nAm	substantiv	*pron*	pronomen
	(amerikansk)	*suf*	suffiks (endelse)
nt	intetkjønn	*v*	verb
num	tallord	*vAm*	verb (amerikansk)

Uttale

I denne delen av ordboken er hvert stikkord fulgt av internasjonal lydskrift (IPA). Hvert enkelt tegn i denne fonetiske skriften står for en bestemt lyd. Tegn som her ikke er nærmere forklart, uttales omtrent som de tilsvarende norske bokstavene.

Konsonanter

ð	en slags lespende, stemt s-lyd; uttales med tungespissen løftet mot overtennene
g	alltid som i gå, aldri som i gi
k	alltid som i ku, aldri som i kinn
ŋ	som ng i lang
r	en stemt r-lyd som dannes ved at tungebladet heves mot den bakre del av gommene
ʃ	som sj i øst- og nordnorsk sjø
θ	en slags lespende, stemmeløs s-lyd
w	som o i ost, men meget svak
z	stemt s-lyd
ʒ	stemt sj-lyd

Merk: Transkripsjonen [sj] skal alltid uttales som en s fulgt av en j-lyd, ikke som i øst- og nordnorsk sjø.

Vokaler

ɑ:	som a i far
æ	omtrent som æ i lærd
ʌ	omtrent som a i katt
e	som i telegram
ɛ	som e i penn
ə	som e i gate
ɔ	som o i tolv
u	som o i ost

1) Et kolon [:] etter en vokal angir lang vokallyd.
2) Noen franske låneord har nasalert vokal (dvs. at ved uttalen går luften ut både gjennom munn og nese); dette er angitt med en tilde over vokalen (f. eks. [ɑ̃]).

Diftonger

En diftong består av to vokaler hvorav den ene er sterk (betont) og den andre svak (ubetont), og uttales som en glidende lyd som bare utgjør én stavelse, som f.eks. **ei** i st**ei**n. I engelske diftonglyder er det alltid den andre vokalen som er svak. Dersom diftongen etterfølges av en [ə] medfører dette en ytterligere svekkelse av den andre vokalen.

Trykk

Tegnet ['] står foran den trykksterke stavelsen, [ˌ] foran stavelser med bitrykk.

Amerikansk uttale

Lydskriften her i boken følger britisk uttale. Selv om amerikansk uttale varierer sterkt fra den ene delen av USA til den annen, kan en sette opp visse regler for forskjellen mellom amerikansk og britisk uttale. Her er noen av dem:

1) I motsetning til på britisk engelsk uttales **r** både når den etterfølges av konsonant og på slutten av ord.

2) I mange ord (f.eks. *ask, castle, laugh,* osv.) blir [ɑ:] til [æ:].

3) Lyden [ɔ] uttaler amerikanerne som [ɑ] eller [ɔ:].

4) I ord som *duty, tune, new,* osv. utelates ofte [j]-lyden som på britisk engelsk går forut for [u:].

5) Mange ord har trykkforskyvning i forhold til britisk uttale.

A

a [ei,ə] *art* (an) en *art*

abbey [ˈæbi] *n* abbedi *nt*

abbreviation [əˌbriːviˈeiʃən] *n* forkortelse *c*

aberration [ˌæbəˈreiʃən] *n* avvik *nt*; feil *c*; sinnsforvirring *c*

ability [əˈbiləti] *n* dyktighet *c*; evne *c*

able [ˈeibəl] *adj* i stand til, dyktig; *be ~ to *være i stand til; *kunne

abnormal [æbˈnɔːməl] *adj* abnorm

aboard [əˈbɔːd] *adv* om bord

abolish [əˈbɔliʃ] *v* avskaffe

abortion [əˈbɔːʃən] *n* abort *c*

about [əˈbaut] *prep* om; angående; rundt; *adv* omtrent, omkring

above [əˈbʌv] *prep* over; ovenfor; *adv* over; ovenfor

abroad [əˈbrɔːd] *adv* utenlands

abscess [ˈæbses] *n* byll *c*

absence [ˈæbsəns] *n* fravær *nt*

absent [ˈæbsənt] *adj* fraværende

absolutely [ˈæbsəluːtli] *adv* absolutt

abstain from [əbˈstein] *avholde seg fra

abstract [ˈæbstrækt] *adj* abstrakt

absurd [əbˈsɔːd] *adj* urimelig, absurd

abundance [əˈbʌndəns] *n* overflod *c*

abundant [əˈbʌndənt] *adj* rikelig

abuse [əˈbjuːs] *n* misbruk *nt*

abyss [əˈbis] *n* avgrunn *c*

academy [əˈkædəmi] *n* akademi *nt*

accelerate [əkˈseləreit] *v* akselerere, øke farten

accelerator [əkˈseləreitə] *n* gasspedal *c*

accent [ˈæksənt] *n* aksent *c;* betoning *c*

accept [əkˈsept] *v* akseptere, *ta imot, *motta

access [ˈækses] *n* tilgang *c*

accessary [əkˈsesəri] *n* medskyldig *c*

accessible [əkˈsesəbəl] *adj* tilgjengelig

accessories [əkˈsesəriz] *pl* tilbehør *nt*

accident [ˈæksidənt] *n* ulykke *c*, uhell *nt*

accidental [ˌæksiˈdentəl] *adj* tilfeldig

accommodate [əˈkɔmədeit] *v* skaffe husrom

accommodation [əˌkɔməˈdeiʃən] *n* husrom *nt*, losji *nt*

accompany [əˈkʌmpəni] *v* ledsage; akkompagnere

accomplish [əˈkʌmpliʃ] *v* fullende; fullføre

in accordance with [in əˈkɔːdəns wið] i overensstemmelse med

according to [əˈkɔːdiŋ tuː] ifølge; i overensstemmelse med

account [əˈkaunt] *n* konto *c*; redegjørelse *c; ~* for avlegge regnskap for; **on** ~ **of** på grunn av

accountable [ə'kauntəbəl] *adj* ansvarlig; forklarlig

accurate ['ækjurət] *adj* nøyaktig

accuse [ə'kju:z] *v* beskylde; anklage

accused [ə'kju:zd] *n* anklagede

accustom [ə'kʌstəm] *v* venne; **accustomed** vant

ache [eik] *v* verke; *n* verk *c*

achieve [ə'tʃi:v] *v* oppnå; prestere

achievement [ə'tʃi:vmənt] *n* prestasjon *c*

acid ['æsid] *n* syre *c*

acknowledge [ək'nɔlidʒ] *v* erkjenne; innrømme; bekrefte

acne ['ækni] *n* filipens *c*

acorn ['eikɔ:n] *n* eikenøtt *c*

acquaintance [ə'kweintəns] *n* bekjent *c*

acquire [ə'kwaiə] *v* erverve

acquisition [,ækwi'ziʃən] *n* ervervelse *c*

acquittal [ə'kwitəl] *n* frifinnelse *c*

across [ə'krɔs] *prep* over; på den andre siden av; *adv* på den andre siden

act [ækt] *n* handling *c*; akt *c*; nummer *nt*; *v* handle, oppføre seg; spille

action ['ækʃən] *n* handling *c*, aksjon *c*

active ['æktiv] *adj* aktiv; virksom

activity [æk'tivəti] *n* aktivitet *c*

actor ['æktə] *n* skuespiller *c*

actress ['æktris] *n* skuespillerinne *c*

actual ['æktʃuəl] *adj* faktisk, virkelig

actually ['æktʃuəli] *adv* faktisk

acute [ə'kju:t] *adj* akutt

adapt [ə'dæpt] *v* tilpasse

add [æd] *v* *legge sammen; tilføye

adding-machine ['ædiŋmə,ʃi:n] *n* regnemaskin *c*

addition [ə'diʃən] *n* addisjon *c*; tilføyelse *c*

additional [ə'diʃənəl] *adj* ekstra; ytterligere

address [ə'dres] *n* adresse *c*; *v* adressere; henvende seg til

addressee [,ædre'si:] *n* adressat *c*

adequate ['ædikwət] *adj* tilstrekkelig; passende, adekvat

adjective ['ædʒiktiv] *n* adjektiv *nt*

adjourn [ə'dʒə:n] *v* *utsette

adjust [ə'dʒʌst] *v* justere; tilpasse

administer [əd'ministə] *v* bestyre; tildele

administration [əd,mini'streiʃən] *n* administrasjon *c*; ledelse *c*

administrative [əd'ministrətiv] *adj* administrerende; forvaltende; ~ **law** forvaltningsrett *c*

admiral ['ædmərəl] *n* admiral *c*

admiration [,ædmə'reiʃən] *n* beundring *c*

admire [əd'maiə] *v* beundre

admission [əd'miʃən] *n* adgang *c*; opptak *nt*

admit [əd'mit] *v* *bli opptatt; innrømme, erkjenne

admittance [əd'mitəns] *n* adgang *c*; **no** ~ adgang forbudt

adopt [ə'dɔpt] *v* adoptere, *vedta

adorable [ə'dɔ:rəbəl] *adj* henrivende

adult ['ædʌlt] *n* voksen *c*; *adj* voksen

advance [əd'vɑ:ns] *n* fremskritt *nt*; forskudd *nt*; *v* *gjøre fremskritt; betale på forskudd; **in** ~ på forhånd, på forskudd

advanced [əd'vɑ:nst] *adj* avansert

advantage [əd'vɑ:ntidʒ] *n* fordel *c*

advantageous [,ædvən'teidʒəs] *adj* fordelaktig

adventure [əd'ventʃə] *n* eventyr *nt*

adverb ['ædvə:b] *n* adverb *nt*

advertisement [əd'və:tismənt] *n* annonse *c*

advertising ['ædvətaiziŋ] *n* reklame *c*

advice [əd'vais] *n* råd *nt*

advise [əd'vaiz] *v* *rådgi, råde

advocate ['ædvəkət] n talsmann c

aerial ['ɛəriəl] n antenne c

aeroplane ['ɛərəplein] n fly nt

affair [ə'fɛə] n anliggende nt; kjær-
lighetsaffære c, forhold nt

affect [ə'fekt] v påvirke; vedrøre

affected [ə'fektid] adj affektert

affection [ə'fekʃən] n hengivenhet c

affectionate [ə'fekʃənit] adj hengiven,
kjærlig

affiliated [ə'filieitid] adj tilsluttet

affirmative [ə'fɔ:mətiv] adj bekreften-
de

affliction [ə'flikʃən] n lidelse c

afford [ə'fɔ:d] v *ha råd til

afraid [ə'freid] adj redd, engstelig;
*be ~ *være redd

Africa ['æfrikə] Afrika

African ['æfrikən] adj afrikansk; n
afrikaner c

after ['ɑ:ftə] prep etter; conj etter at

afternoon [,ɑ:ftə'nu:n] n ettermiddag
c; this ~ i ettermiddag

afterwards ['ɑ:ftəwədz] adv senere;
etterpå

again [ə'gen] adv igjen; atter; ~ and
again gang på gang

against [ə'genst] prep mot

age [eidʒ] n alder c; alderdom c; of
~ myndig; under ~ umyndig

aged ['eidʒid] adj gammel

agency ['eidʒənsi] n agentur nt; byrå
nt

agenda [ə'dʒendə] n dagsorden c

agent ['eidʒənt] n agent c, represen-
tant c

aggressive [ə'gresiv] adj aggressiv

ago [ə'gou] adv for ... siden

agrarian [ə'grɛəriən] adj jordbruks-,
landbruks-

agree [ə'gri:] v *være enig; *gå med
på; stemme overens

agreeable [ə'gri:əbəl] adj behagelig

agreement [ə'gri:mənt] n kontrakt c;
overenskomst c, avtale c; overens-
stemmelse c

agriculture ['ægrikʌltʃə] n jordbruk nt

ahead [ə'hed] adv fremover; ~ of
foran; *go ~ *gå videre; straight
~ rett frem

aid [eid] n hjelp c; v *hjelpe, *bistå

ailment ['eilmənt] n lidelse c; sykdom
c

aim [eim] n sikte nt; ~ at rette mot,
sikte på; strebe etter, *ta sikte på

air [ɛə] n luft c; v lufte

air-conditioning ['ɛəkən,diʃəniŋ] n
luft-kondisjonering c; air-condi-
tioned adj luft-kondisjonert

aircraft ['ɛəkrɑ:ft] n (pl ~) flymas-
kin c; fly nt

airfield ['ɛəfi:ld] n flyplass c

air-filter ['ɛə,filtə] n luftfilter nt

airline ['ɛəlain] n flyselskap nt

airmail ['ɛəmeil] n luftpost c

airplane ['ɛəplein] nAm fly nt

airport ['ɛəpɔ:t] n lufthavn c

air-sickness ['ɛə,siknəs] n luftsyke c

airtight ['ɛətait] adj lufttett

airy ['ɛəri] adj luftig

aisle [ail] n sideskip nt; midtgang c

alarm [ə'lɑ:m] n alarm c; v alarmere,
forurolige

alarm-clock [ə'lɑ:mklɔk] n vekker-
klokke c

album ['ælbəm] n album nt

alcohol ['ælkəhɔl] n alkohol c

alcoholic [,ælkə'hɔlik] adj alkoholhol-
dig

ale [eil] n øl nt

algebra ['ældʒibrə] n algebra c

Algeria [æl'dʒiəriə] Algerie

Algerian [æl'dʒiəriən] adj algerisk; n
algerier c

alien ['eiliən] n utlending c; adj uten-
landsk

alike [ə'laik] adj likedan, lik; adv li-
kedan

alimony ['ælimǝni] *n* underholdsbidrag *nt*

alive [ǝ'laiv] *adj* levende

all [ɔ:l] *adj* all; ~ in alt inkludert; ~ right! fint!; at ~ overhodet

allergy ['ælǝdʒi] *n* allergi *c*

alley ['æli] *n* smug *nt*

alliance [ǝ'laiǝns] *n* allianse *c*

Allies ['ælaiz] *pl* allierte *pl*

allot [ǝ'lɔt] *v* tildele

allow [ǝ'lau] *v* *tillate, bevilge; ~ to *la; *be allowed *være tillatt; *be allowed to *ha lov til

allowance [ǝ'lauǝns] *n* bidrag *nt*

all-round [ˌɔ:l'raund] *adj* allsidig

almanac ['ɔ:lmǝnæk] *n* almanakk *c*

almond ['ɑ:mǝnd] *n* mandel *c*

almost ['ɔ:lmoust] *adv* nesten

alone [ǝ'loun] *adv* alene

along [ǝ'lɔŋ] *prep* langs

aloud [ǝ'laud] *adv* høyt

alphabet ['ælfǝbet] *n* alfabet *nt*

already [ɔ:l'redi] *adv* allerede

also ['ɔ:lsou] *adv* også; dessuten, likeledes

altar ['ɔ:ltǝ] *n* alter *nt*

alter ['ɔ:ltǝ] *v* forandre, endre

alteration [ˌɔ:ltǝ'reiʃǝn] *n* forandring *c*, endring *c*

alternate [ɔ:l'tǝ:nǝt] *adj* vekselvis

alternative [ɔ:l'tǝ:nǝtiv] *n* alternativ *nt*

although [ɔ:l'ðou] *conj* skjønt

altitude ['æltitju:d] *n* høyde *c*

alto ['æltou] *n* (pl ~s) alt *c*

altogether [ˌɔ:ltǝ'geðǝ] *adv* fullstendig; i det hele

always ['ɔ:lweiz] *adv* alltid

am [æm] *v* (pr be)

amaze [ǝ'meiz] *v* forbause, forundre

amazement [ǝ'meizmǝnt] *n* forbauselse *c*

ambassador [æm'bæsǝdǝ] *n* ambassadør *c*

amber ['æmbǝ] *n* rav *nt*

ambiguous [æm'bigjuǝs] *adj* tvetydig

ambitious [æm'biʃǝs] *adj* ærgjerrig

ambulance ['æmbjulǝns] *n* ambulanse *c*, sykebil *c*

ambush ['æmbuʃ] *n* bakhold *nt*

America [ǝ'merikǝ] Amerika

American [ǝ'merikǝn] *adj* amerikansk; *n* amerikaner *c*

amethyst ['æmiθist] *n* ametyst *c*

amid [ǝ'mid] *prep* blant, midt i

ammonia [ǝ'mouniǝ] *n* salmiakk *c*

amnesty ['æmnisti] *n* amnesti *nt*

among [ǝ'mʌŋ] *prep* blant, mellom; ~ other things blant annet

amount [ǝ'maunt] *n* mengde *c*; beløp *nt*, sum *c*; ~ to *beløpe seg til

amuse [ǝ'mju:z] *v* more, *underholde

amusement [ǝ'mju:zmǝnt] *n* fornøyelse *c*, atspredelse *c*

amusing [ǝ'mju:ziŋ] *adj* gøyal

anaemia [ǝ'ni:miǝ] *n* anemi *c*

anaesthesia [ˌænis'θi:ziǝ] *n* bedøvelse *c*

anaesthetic [ˌænis'θetik] *n* bedøvelsesmiddel *nt*

analyse ['ænǝlaiz] *v* analysere

analysis [ǝ'nælǝsis] *n* (pl -ses) analyse *c*

analyst ['ænǝlist] *n* analytiker *c*; psykoanalytiker *c*

anarchy ['ænǝki] *n* anarki *nt*

anatomy [ǝ'nætǝmi] *n* anatomi *c*

ancestor ['ænsestǝ] *n* forfader *c*

anchor ['æŋkǝ] *n* anker *nt*

anchovy ['æntʃǝvi] *n* ansjos *c*

ancient ['einʃǝnt] *adj* gammel; foreldet, gammeldags; urtids-

and [ænd, ǝnd] *conj* og

angel ['eindʒǝl] *n* engel *c*

anger ['æŋgǝ] *n* sinne *nt*; raseri *nt*

angle ['æŋgǝl] *v* fiske; *n* vinkel *c*

angry ['æŋgri] *adj* sint

animal ['ænimǝl] *n* dyr *nt*

ankle ['æŋkəl] n ankel c

annex[1] ['æneks] n anneks nt; tillegg nt

annex[2] [ə'neks] v annektere

anniversary [æni'və:səri] n årsdag c

announce [ə'nauns] v *kunngjøre, *bekjentgjøre

announcement [ə'naunsmənt] n kunngjøring c, bekjentgjørelse c

annoy [ə'nɔi] v ergre, irritere

annoyance [ə'nɔiəns] n ergrelse c

annoying [ə'nɔiiŋ] adj ergerlig, irriterende

annual ['ænjuəl] adj årlig; n årbok c

per annum [pər 'ænəm] per år

anonymous [ə'nɔniməs] adj anonym

another [ə'nʌðə] adj en til; en annen

answer ['ɑ:nsə] v svare; besvare; n svar nt

ant [ænt] n maur c

anthology [æn'θɔlədʒi] n antologi c

antibiotic [æntibai'ɔtik] n antibiotikum nt

anticipate [æn'tisipeit] v *forutse, *foregripe

antifreeze ['æntifri:z] n frysevæske c

antipathy [æn'tipəθi] n motvilje c

antique [æn'ti:k] adj antikk; n antikvitet c; ~ dealer antikvitetshandler c

antiquity [æn'tikwəti] n oldtid c; antiquities pl antikviteter pl

antiseptic [ænti'septik] n antiseptisk middel

antlers ['æntləz] pl gevir nt

anxiety [æŋ'zaiəti] n bekymring c

anxious ['æŋkʃəs] adj ivrig; engstelig

any ['eni] adj hvilke som helst

anybody ['enibɔdi] pron hvem som helst

anyhow ['enihau] adv på hvilken som helst måte

anyone ['eniwʌn] pron enhver

anything ['eniθiŋ] pron hva som helst

anyway ['eniwei] adv i hvert fall

anywhere ['eniwɛə] adv hvor som helst

apart [ə'pɑ:t] adv atskilt, separat; ~ from bortsett fra

apartment [ə'pɑ:tmənt] nAm leilighet c; ~ house Am leiegård c

aperitif [ə'perətiv] n aperitiff c

apologize [ə'pɔlədʒaiz] v *be om unnskyldning

apology [ə'pɔlədʒi] n unnskyldning c

apparatus [æpə'reitəs] n apparat nt

apparent [ə'pærənt] adj tilsynelatende; tydelig

apparently [ə'pærəntli] adv åpenbart, øyensynlig

apparition [æpə'riʃən] n åpenbaring c

appeal [ə'pi:l] n appell c

appear [ə'piə] v *se ut til, synes; *fremgå; vise seg; *fremtre

appearance [ə'piərəns] n fremtoning c; utseende nt; opptreden c

appendicitis [əpendi'saitis] n blindtarmbetennelse c

appendix [ə'pendiks] n (pl -dices, -dixes) blindtarm c

appetite ['æpətait] n matlyst c, appetitt c

appetizer ['æpətaizə] n appetittvekker c

appetizing ['æpətaiziŋ] adj appetittlig

applause [ə'plɔ:z] n applaus c

apple ['æpəl] n eple nt

appliance [ə'plaiəns] n apparat nt, anordning c

application [æpli'keiʃən] n anvendelse c; søknad c; ansøkning c

apply [ə'plai] v anvende; bruke; ansøke; *gjelde

appoint [ə'pɔint] v utnevne

appointment [ə'pɔintmənt] n avtale c, møte nt; utnevnelse c

appreciate [ə'pri:ʃieit] v *verdsette; påskjønne

appreciation [ə,pri:ʃi'eiʃən] *n* vurdering *c;* verdsettelse *c*

approach [ə'proutʃ] *v* nærme seg; *n* fremgangsmåte *c;* adkomst *c*

appropriate [ə'proupriət] *adj* formålstjenlig, passende, rett

approval [ə'pru:vəl] *n* godkjennelse *c;* billigelse *c;* **on ~** på prøve

approve [ə'pru:v] *v* godkjenne

approximate [ə'prɔksimət] *adj* omtrentlig

approximately [ə'prɔksimətli] *adv* cirka, omtrent

apricot ['eiprikɔt] *n* aprikos *c*

April ['eiprəl] april

apron ['eiprən] *n* forkle *nt*

Arab ['ærəb] *adj* arabisk; *n* araber *c*

arbitrary ['ɑ:bitrəri] *adj* vilkårlig

arcade [ɑ:'keid] *n* buegang *c,* arkade *c*

arch [ɑ:tʃ] *n* bue *c;* hvelv *nt*

archaeologist [,ɑ:ki'ɔlədʒist] *n* arkeolog *c*

archaeology [,ɑ:ki'ɔlədʒi] *n* arkeologi *c*

archbishop [,ɑ:tʃ'biʃəp] *n* erkebiskop *c*

arched [ɑ:tʃt] *adj* bueformet

architect ['ɑ:kitekt] *n* arkitekt *c*

architecture ['ɑ:kitektʃə] *n* byggekunst *c,* arkitektur *c*

archives ['ɑ:kaivz] *pl* arkiv *nt*

are [ɑ:] *v* (pr be)

area ['ɛəriə] *n* område *nt;* areal *nt;* **~ code** fjernvalgnummer *nt*

Argentina [,ɑ:dʒən'ti:nə] Argentina

Argentinian [,ɑ:dʒən'tiniən] *adj* argentinsk; *n* argentiner *c*

argue ['ɑ:gju:] *v* diskutere, debattere, argumentere; trette

argument ['ɑ:gjumənt] *n* argument *nt;* diskusjon *c*

arid ['ærid] *adj* uttørret

*arise [ə'raiz] *v* *oppstå

arithmetic [ə'riθmətik] *n* regning *c*

arm [ɑ:m] *n* arm *c;* våpen *nt;* armlene *nt; v* bevæpne

armchair ['ɑ:mtʃɛə] *n* lenestol *c*

armed [ɑ:md] *adj* bevæpnet; **~ forces** væpnede styrker

armour ['ɑ:mə] *n* rustning *c*

army ['ɑ:mi] *n* armé *c*

aroma [ə'roumə] *n* aroma *c*

around [ə'raund] *prep* omkring; *adv* rundt

arrange [ə'reindʒ] *v* ordne; arrangere

arrangement [ə'reindʒmənt] *n* ordning *c*

arrest [ə'rest] *v* arrestere; *n* arrestasjon *c,* pågripelse *c*

arrival [ə'raivəl] *n* ankomst *c*

arrive [ə'raiv] *v* *ankomme

arrow ['ærou] *n* pil *c*

art [ɑ:t] *n* kunst *c;* kunstferdighet *c;* **~ collection** kunstsamling *c;* **~ exhibition** kunstutstilling *c;* **~ gallery** kunstgalleri *nt;* **~ history** kunsthistorie *c;* **arts and crafts** kunst og håndverk; **~ school** kunstakademi *nt*

artery ['ɑ:təri] *n* pulsåre *c*

artichoke ['ɑ:titʃouk] *n* artisjokk *c*

article ['ɑ:tikəl] *n* gjenstand *c;* artikkel *c*

artifice ['ɑ:tifis] *n* list *c*

artificial [,ɑ:ti'fiʃəl] *adj* kunstig

artist ['ɑ:tist] *n* kunstner *c;* kunstnerinne *c*

artistic [ɑ:'tistik] *adj* kunstnerisk, artistisk

as [æz] *conj* liksom, som; like; fordi, ettersom; **~ from** fra; fra og med; **~ if** som om

asbestos [æz'bestɔs] *n* asbest *c*

ascend [ə'send] *v* *stige; *stige opp; *bestige

ascent [ə'sent] *n* stigning *c;* oppstigning *c*

ascertain [,æsə'tein] *v* konstatere; forvisse seg om, *fastslå

ash [æʃ] n aske c

ashamed [ə'ʃeimd] adj skamfull; *be ~ skamme seg

ashore [ə'ʃɔ:] adv i land

ashtray ['æʃtrei] n askebeger nt

Asia ['eiʃə] Asia

Asian ['eiʃən] adj asiatisk; n asiat c

aside [ə'said] adv til siden, til side

ask [ɑ:sk] v *spørre; *be; *innby

asleep [ə'sli:p] adj sovende

asparagus [ə'spærəgəs] n asparges c

aspect ['æspekt] n utseende nt; aspekt nt

asphalt ['æsfælt] n asfalt c

aspire [ə'spaiə] v strebe

aspirin ['æspərin] n aspirin c

ass [æs] n esel nt

assassination [ə,sæsi'neiʃən] n mord nt

assault [ə'sɔ:lt] v *angripe; *overfalle

assemble [ə'sembəl] v samle, *sette sammen

assembly [ə'sembli] n forsamling c, sammenkomst c

assignment [ə'sainmənt] n oppdrag nt

assign to [ə'sain] tildele; *tilskrive

assist [ə'sist] v *bistå, *hjelpe; ~ at *hjelpe til med

assistance [ə'sistəns] n hjelp c; assistanse c, understøttelse c

assistant [ə'sistənt] n assistent c

associate[1] [ə'souʃiət] n partner c, kompanjong c; forbundsfelle c; medlem nt

associate[2] [ə'souʃieit] v *forbinde; ~ with *omgås

association [ə,sousi'eiʃən] n forening c

assort [ə'sɔ:t] v sortere

assortment [ə'sɔ:tmənt] n utvalg nt, sortiment nt

assume [ə'sju:m] v *anta, formode

assure [ə'ʃuə] v forsikre

asthma ['æsmə] n astma c

astonish [ə'stɔniʃ] v forbløffe, forbause

astonishing [ə'stɔniʃiŋ] adj forbausende

astonishment [ə'stɔniʃmənt] n forbauselse c

astronomy [ə'strɔnəmi] n astronomi c

asylum [ə'sailəm] n asyl nt

at [æt] prep på, hos, i

ate [et] v (p eat)

atheist ['eiθiist] n ateist c

athlete ['æθli:t] n idrettsutøver c

athletics [æθ'letiks] pl friidrett c

Atlantic [ət'læntik] Atlanterhavet

atmosphere ['ætməsfiə] n atmosfære c; stemning c

atom ['ætəm] n atom nt

atomic [ə'tɔmik] adj atom-

atomizer ['ætəmaizə] n sprayflaske c; spray c, vaporisator c

attach [ə'tætʃ] v feste; *vedlegge; attached to knyttet til

attack [ə'tæk] v *angripe; n angrep nt

attain [ə'tein] v oppnå

attainable [ə'teinəbəl] adj oppnåelig

attempt [ə'tempt] v forsøke, prøve; n forsøk nt

attend [ə'tend] v *overvære; ~ on betjene; ~ to *ta hånd om, *ta seg av; *være oppmerksom på

attendance [ə'tendəns] n deltakelse c

attendant [ə'tendənt] n vakt c

attention [ə'tenʃən] n oppmerksomhet c; *pay ~ *være oppmerksom

attentive [ə'tentiv] adj oppmerksom

attic ['ætik] n loft nt

attitude ['ætitju:d] n holdning c

attorney [ə'tɔ:ni] n advokat c

attract [ə'trækt] v *tiltrekke

attraction [ə'trækʃən] n attraksjon c; tiltrekning c, sjarm c

attractive [ə'træktiv] adj tiltrekkende

auburn ['ɔ:bən] adj kastanjebrun

auction ['ɔ:kʃən] *n* auksjon *c*
audible ['ɔ:dibəl] *adj* hørbar
audience ['ɔ:diəns] *n* publikum *nt*
auditor ['ɔ:ditə] *n* tilhører *c*
auditorium [,ɔ:di'tɔ:riəm] *n* auditorium *nt*
August ['ɔ:gəst] august
aunt [ɑ:nt] *n* tante *c*
Australia [ɔ'streiliə] Australia
Australian [ɔ'streiliən] *adj* australsk; *n* australier *c*
Austria ['ɔstriə] Østerrike
Austrian ['ɔstriən] *adj* østerriksk; *n* østerriker *c*
authentic [ɔ:'θentik] *adj* autentisk; ekte
author ['ɔ:θə] *n* forfatter *c*
authoritarian [ɔ:,θɔri'teəriən] *adj* autoritær
authority [ɔ:'θɔrəti] *n* autoritet *c*; myndighet *c*; authorities *pl* myndigheter
authorization [,ɔ:θərai'zeiʃən] *n* tillatelse *c*; autorisasjon *c*
automatic [,ɔ:tə'mætik] *adj* automatisk
automation [,ɔ:tə'meiʃən] *n* automatisering *c*
automobile ['ɔ:təməbi:l] *n* bil *c*; ~ club automobilklubb *c*
autonomous [ɔ:'tɔnəməs] *adj* selvstyrt
autopsy ['ɔ:tɔpsi] *n* obduksjon *c*
autumn ['ɔ:təm] *n* høst *c*
available [ə'veiləbəl] *adj* tilgjengelig, disponibel, for hånden
avalanche ['ævəlɑ:nʃ] *n* snøskred *nt*
avaricious [,ævə'riʃəs] *adj* grisk
avenue ['ævənju:] *n* aveny *c*
average ['ævəridʒ] *adj* gjennomsnittlig; *n* gjennomsnitt *nt*; on the ~ i gjennomsnitt
averse [ə'və:s] *adj* uvillig
aversion [ə'və:ʃən] *n* motvilje *c*
avert [ə'və:t] *v* vende bort

avoid [ə'vɔid] *v* *unngå; *unnvike
await [ə'weit] *v* vente på, avvente
awake [ə'weik] *adj* våken
*awake [ə'weik] *v* vekke
award [ə'wɔ:d] *n* pris *c*; *v* tildele
aware [ə'weə] *adj* klar over
away [ə'wei] *adv* bort; *go ~ reise bort
awful ['ɔ:fəl] *adj* forferdelig, redselsfull
awkward ['ɔ:kwəd] *adj* pinlig; klosset
awning ['ɔ:niŋ] *n* markise *c*
axe [æks] *n* øks *c*
axle ['æksəl] *n* aksel *c*

B

baby ['beibi] *n* baby *c*; ~ carriage *Am* barnevogn *c*
babysitter ['beibi,sitə] *n* barnevakt *c*
bachelor ['bætʃələ] *n* ungkar *c*
back [bæk] *n* rygg *c*; *adv* tilbake; *go ~ vende tilbake
backache ['bækeik] *n* ryggsmerter *pl*
backbone ['bækboun] *n* ryggrad *c*
background ['bækgraund] *n* bakgrunn *c*; utdannelse *c*
backwards ['bækwədz] *adv* baklengs
bacon ['beikən] *n* bacon *nt*
bacterium [bæk'ti:riəm] *n* (pl -ria) bakterie *c*
bad [bæd] *adj* dårlig; alvorlig; slem
bag [bæg] *n* pose *c*; veske *c*, håndveske *c*; koffert *c*
baggage ['bægidʒ] *n* bagasje *c*; ~ deposit office *Am* bagasjeoppbevaring *c*; hand ~ håndbagasje *c*
bail [beil] *n* kausjon *c*
bailiff ['beilif] *n* fogd *c*
bait [beit] *n* agn *nt*
bake [beik] *v* bake
baker ['beikə] *n* baker *c*

bakery ['beikəri] *n* bakeri *nt*
balance ['bæləns] *n* likevekt *c*; balanse *c*; saldo *c*
balcony ['bælkəni] *n* balkong *c*
bald [bɔːld] *adj* skallet
ball [bɔːl] *n* ball *c*; ball *nt*
ballet ['bælei] *n* ballett *c*
balloon [bə'luːn] *n* ballong *c*
ballpoint-pen ['bɔːlpɔintpen] *n* kulepenn *c*
ballroom ['bɔːlruːm] *n* ballsal *c*
bamboo [bæm'buː] *n* (pl ~s) bambus *c*
banana [bə'nɑːnə] *n* banan *c*
band [bænd] *n* orkester *nt*; bånd *nt*
bandage ['bændidʒ] *n* bandasje *c*
bandit ['bændit] *n* banditt *c*
bangle ['bæŋgəl] *n* armbånd *nt*
banisters ['bænistəz] *pl* gelender *nt*
bank [bæŋk] *n* bredd *c*; bank *c*; *v* *sette i banken; ~ account bankkonto *c*
banknote ['bæŋknout] *n* pengeseddel *c*
bank-rate ['bæŋkreit] *n* diskonto *c*
bankrupt ['bæŋkrʌpt] *adj* konkurs, fallitt
banner ['bænə] *n* banner *nt*
banquet ['bæŋkwit] *n* bankett *c*
banqueting-hall ['bæŋkwitiŋhɔːl] *n* bankettsal *c*
baptism ['bæptizəm] *n* dåp *c*
baptize [bæp'taiz] *v* døpe
bar [bɑː] *n* bar *c*; stang *c*
barber ['bɑːbə] *n* frisør *c*
bare [bɛə] *adj* naken, bar
barely ['bɛəli] *adv* så vidt
bargain ['bɑːgin] *n* godt kjøp *c*; *v* *kjøpslå, prute
baritone ['bæritoun] *n* baryton *c*
bark [bɑːk] *n* bark *c*; *v* gjø
barley ['bɑːli] *n* bygg *nt*
barmaid ['bɑːmeid] *n* barpike *c*
barman ['bɑːmən] *n* (pl -men) bar-

tender *c*
barn [bɑːn] *n* låve *c*
barometer [bə'rɔmitə] *n* barometer *nt*
baroque [bə'rɔk] *adj* barokk
barracks ['bærəks] *pl* kaserne *c*
barrel ['bærəl] *n* fat *nt*, tønne *c*
barrier ['bæriə] *n* barriere *c*; bom *c*
barrister ['bæristə] *n* advokat *c*
bartender ['bɑːˌtendə] *n* bartender *c*
base [beis] *n* base *c*, basis *c*; fundament *nt*; *v* basere
baseball ['beisbɔːl] *n* baseball *c*
basement ['beismənt] *n* kjelleretasje *c*
basic ['beisik] *adj* grunnleggende
basilica [bə'zilikə] *n* basilika *c*
basin ['beisən] *n* bolle *c*
basis ['beisis] *n* (pl bases) basis *c*, grunnlag *nt*
basket ['bɑːskit] *n* kurv *c*
bass¹ [beis] *n* bass *c*
bass² [bæs] *n* (pl ~) åbor *c*
bastard ['bɑːstəd] *n* bastard *c*; skurk *c*
batch [bætʃ] *n* bunke *c*
bath [bɑːθ] *n* bad *nt*; ~ **salts** badesalt *nt*; ~ **towel** badehåndkle *nt*
bathe [beið] *v* bade
bathing-cap ['beiðiŋkæp] *n* badehette *c*
bathing-suit ['beiðiŋsuːt] *n* badedrakt *c*; badebukse *c*
bathrobe ['bɑːθroub] *n* badekåpe *c*
bathroom ['bɑːθruːm] *n* badeværelse *nt*; toalett *nt*
batter ['bætə] *n* deig *c*
battery ['bætəri] *n* batteri *c*
battle ['bætəl] *n* slag *nt*; kamp *c*, strid *c*; *v* kjempe
bay [bei] *n* bukt *c*; *v* gjø
***be** [biː] *v* *være
beach [biːtʃ] *n* strand *c*; **nudist** ~ nudistbadestrand *c*
bead [biːd] *n* perle *c*; **beads** *pl* perlekjede *nt*; rosenkrans *c*

beak [bi:k] *n* nebb *nt*

beam [bi:m] *n* stråle *c*; bjelke *c*

bean [bi:n] *n* bønne *c*

bear [beə] *n* bjørn *c*

*****bear** [beə] *v* *bære; tåle; *holde ut

beard [biəd] *n* skjegg *nt*

bearer ['beərə] *n* innehaver *c*

beast [bi:st] *n* dyr *nt;* ~ **of prey** rov-dyr *nt*

beat [bi:t] *n* rytme *c*; slag *nt*

*****beat** [bi:t] *v* *slå

beautiful ['bju:tifəl] *adj* vakker

beauty ['bju:ti] *n* skjønnhet *c;* ~ **par-lour** skjønnhetssalong *c;* ~ **salon** skjønnhetssalong *c;* ~ **treatment** skjønnhetspleie *c*

beaver ['bi:və] *n* bever *c*

because [bi'kɔz] *conj* fordi; ettersom; ~ **of** på grunn av

*****become** [bi'kʌm] *v* *bli; kle

bed [bed] *n* seng *c;* ~ **and board** kost og losji, full pensjon; ~ **and breakfast** værelse med frokost

bedding ['bedin] *n* sengetøy *nt*

bedroom ['bedru:m] *n* soveværelse *nt*

bee [bi:] *n* bie *c*

beech [bi:tʃ] *n* bøk *c*

beef [bi:f] *n* oksekjøtt *nt*

beehive ['bi:haiv] *n* bikube *c*

been [bi:n] *v* (pp be)

beer [biə] *n* øl *nt*

beet [bi:t] *n* bete *c*

beetle ['bi:təl] *n* bille *c*

beetroot ['bi:tru:t] *n* rødbete *c*

before [bi'fɔ:] *prep* før; foran; *conj* før; *adv* tidligere

beg [beg] *v* tigge; *bønnfalle; *be

beggar ['begə] *n* tigger *c*

*****begin** [bi'gin] *v* begynne; starte

beginner [bi'ginə] *n* nybegynner *c*

beginning [bi'ginin] *n* begynnelse *c*; start *c*

on behalf of [ɔn bi'hɑ:f ɔv] på vegne av; til fordel for

behave [bi'heiv] *v* oppføre seg

behaviour [bi'heivjə] *n* oppførsel *c*

behind [bi'haind] *prep* bak; *adv* bak

beige [beiʒ] *adj* beige

being ['bi:in] *n* vesen *nt*

Belgian ['beldʒən] *adj* belgisk; *n* bel-gier *c*

Belgium ['beldʒəm] Belgia

belief [bi'li:f] *n* tro *c*

believe [bi'li:v] *v* tro

bell [bel] *n* klokke *c*; ringeklokke *c*

bellboy ['belbɔi] *n* pikkolo *c*

belly ['beli] *n* mage *c*

belong [bi'lɔŋ] *v* tilhøre

belongings [bi'lɔŋiŋz] *pl* eiendeler *pl*

beloved [bi'lʌvd] *adj* elsket

below [bi'lou] *prep* nedenfor; under; *adv* nede

belt [belt] *n* belte *nt;* **garter** ~ *Am* strømpeholder *c*

bench [bentʃ] *n* benk *c*

bend [bend] *n* sving *c*, bøyning *c*; krumning *c*

*****bend** [bend] *v* bøye; ~ **down** bøye seg

beneath [bi'ni:θ] *prep* under; *adv* un-der

benefit ['benifit] *n* utbytte *nt*; fordel *c; v* *ha fordel av

bent [bent] *adj* (pp bend) bøyd

beret ['berei] *n* alpelue *c*

berry ['beri] *n* bær *nt*

berth [bə:θ] *n* køye *c*

beside [bi'said] *prep* ved siden av

besides [bi'saidz] *adv* dessuten; for-resten; *prep* foruten

best [best] *adj* best

bet [bet] *n* veddemål *nt*; innsats *c*

*****bet** [bet] *v* vedde

betray [bi'trei] *v* forråde

better ['betə] *adj* bedre

between [bi'twi:n] *prep* mellom

beverage ['bevəridʒ] *n* drikk *c*

beware [bi'weə] *v* *ta seg i vare, vok-

te seg
bewitch [bi'witʃ] v forhekse
beyond [bi'jɔnd] prep hinsides; på
den andre siden av; ut over; adv
bortenfor
bible ['baibəl] n bibel c
bicycle ['baisikəl] n sykkel c
big [big] adj stor; omfangsrik; tykk;
viktig
bile [bail] n galle c
bilingual [bai'liŋgwəl] adj tospråklig
bill [bil] n regning c, nota c; v fakturere
billiards ['biljədz] pl biljard c
***bind** [baind] v *binde
binding ['baindiŋ] n bokbind nt
binoculars [bi'nɔkjələz] pl kikkert c
biology [bai'ɔlədʒi] n biologi c
birch [bə:tʃ] n bjørk c
bird [bə:d] n fugl c
birth [bə:θ] n fødsel c
birthday ['bə:θdei] n fødselsdag c
biscuit ['biskit] n småkake c
bishop ['biʃəp] n biskop c
bit [bit] n bit c; smule c
bitch [bitʃ] n tispe c
bite [bait] n bit c; stikk nt
***bite** [bait] v *bite
bitter ['bitə] adj bitter
black [blæk] adj svart; ~ **market**
svartebørs c
blackberry ['blækbəri] n bjørnebær nt
blackbird ['blækbə:d] n svarttrost c
blackboard ['blækbɔ:d] n tavle c
black-currant [,blæk'kʌrənt] n solbær nt
blackmail ['blækmeil] n pengeutpresning c; v presse penger av
blacksmith ['blæksmiθ] n grovsmed c
bladder ['blædə] n blære c
blade [bleid] n blad nt; ~ **of grass** gresstrå nt
blame [bleim] n skyld c; bebreidelse c; v klandre, bebreide

blank [blæŋk] adj blank
blanket ['blæŋkit] n ullteppe nt; teppe nt
blast [blɑ:st] n eksplosjon c
blazer ['bleizə] n blazer c, sportsjakke c
bleach [bli:tʃ] v bleke
bleak [bli:k] adj ødslig, barsk
***bleed** [bli:d] v blø; flå
bless [bles] v velsigne
blessing ['blesiŋ] n velsignelse c
blind [blaind] n persienne c, rullegardin c/nt; adj blind; v blende
blister ['blistə] n blemme c, gnagsår nt
blizzard ['blizəd] n snøstorm c
block [blɔk] v sperre, blokkere; n kloss c; kvartal nt; ~ **of flats** leiegård c
blonde [blɔnd] n blondine c
blood [blʌd] n blod nt; ~ **pressure** blodtrykk nt
blood-poisoning ['blʌd,pɔizəniŋ] n blodforgiftning c
blood-vessel ['blʌd,vesəl] n blodkar nt
blot [blɔt] n flekk c; **blotting paper** trekkpapir nt
blouse [blauz] n bluse c
blow [blou] n fik c, slag nt; vindkast nt
***blow** [blou] v blåse
blow-out ['blouaut] n punktering c
blue [blu:] adj blå; nedtrykt
blunt [blʌnt] adj sløv; butt
blush [blʌʃ] v rødme
board [bɔ:d] n planke c; tavle c; pensjon c; styre nt; ~ **and lodging** kost og losji, full pensjon
boarder ['bɔ:də] n pensjonær c
boarding-house ['bɔ:diŋhaus] n pensjonat nt
boarding-school ['bɔ:diŋsku:l] n pensjonatskole c
boast [boust] v *skryte

boat [bout] *n* båt *c*; skip *nt*
body ['bɔdi] *n* kropp *c*; legeme *nt*
bodyguard ['bɔdiga:d] *n* livvakt *c*
body-work ['bɔdiwə:k] *n* karosseri *nt*
bog [bɔg] *n* myr *c*
boil [bɔil] *v* koke; *n* byll *c*
bold [bould] *adj* dristig; frekk
Bolivia [bə'liviə] Bolivia
Bolivian [bə'liviən] *adj* boliviansk; *n* bolivianer *c*
bolt [boult] *n* slå *c*; bolt *c*
bomb [bɔm] *n* bombe *c*; *v* bombardere
bond [bɔnd] *n* obligasjon *c*
bone [boun] *n* bein *nt*; fiskebein *nt*; *v* skjære ut bein
bonnet ['bɔnit] *n* bilpanser *nt*
book [buk] *n* bok *c*; *v* reservere, bestille; bokføre
booking ['bukiŋ] *n* bestilling *c*, reservasjon *c*
bookmaker ['buk,meikə] *n* totalisator *c*
bookseller ['buk,selə] *n* bokhandler *c*
bookstand ['bukstænd] *n* bokstand *c*
bookstore ['bukstɔ:] *n* bokhandel *c*
boot [bu:t] *n* støvel *c*; bagasjerom *nt*
booth [bu:ð] *n* bu *c*; bås *c*
border ['bɔ:də] *n* grense *c*; kant *c*
bore[1] [bɔ:] *v* kjede; bore; *n* kjedelig person
bore[2] [bɔ:] *v* (p bear)
boring ['bɔ:riŋ] *adj* kjedelig
born [bɔ:n] *adj* født
borrow ['bɔrou] *v* låne
bosom ['buzəm] *n* barm *c*; bryst *nt*
boss [bɔs] *n* boss *c*, sjef *c*
botany ['bɔtəni] *n* botanikk *c*
both [bouθ] *adj* begge; **both ... and** både ... og
bother ['bɔðə] *v* plage; bry seg; *n* bry *nt*
bottle ['bɔtəl] *n* flaske *c*; ~ **opener** flaskeåpner *c*; **hot-water** ~ varmeflaske *c*

bottleneck ['bɔtəlnek] *n* flaskehals *c*
bottom ['bɔtəm] *n* bunn *c*; akterspeil *nt*, bak *c*; *adj* underste
bough [bau] *n* gren *c*
bought [bɔ:t] *v* (p, pp buy)
boulder ['bouldə] *n* rullestein *c*
bound [baund] *n* grense *c*; ***be ~ to** *måtte; ~ **for** på vei til
boundary ['baundəri] *n* grense *c*
bouquet [bu'kei] *n* bukett *c*
bourgeois ['buəʒwa:] *adj* spissborgerlig
boutique [bu'ti:k] *n* butikk *c*
bow[1] [bau] *v* bukke
bow[2] [bou] *n* bue *c*; ~ **tie** sløyfe *c*
bowels [bauəlz] *pl* tarmer
bowl [boul] *n* bolle *c*
bowling ['bouliŋ] *n* kilespill *nt*, bowling *c*; ~ **alley** bowlingbane *c*
box[1] [bɔks] *v* bokse; **boxing match** boksekamp *c*
box[2] [bɔks] *n* eske *c*
box-office ['bɔks,ɔfis] *n* billettluke *c*, billettkontor *nt*
boy [bɔi] *n* gutt *c*; tjener *c*; ~ **scout** guttespeider *c*
bra [bra:] *n* brystholder *c*
bracelet ['breislit] *n* armbånd *nt*
braces ['breisiz] *pl* bukseseler *pl*
brain [brein] *n* hjerne *c*; forstand *c*
brain-wave ['breinweiv] *n* innfall *nt*
brake [breik] *n* bremse *c*; ~ **drum** bremsetrommel *c*; ~ **lights** bremselys *pl*
branch [bra:ntʃ] *n* gren *c*; filial *c*
brand [brænd] *n* merke *nt*; brennemerke *nt*
brand-new [,brænd'nju:] *adj* splinter ny
brass [bra:s] *n* messing *c*; ~ **band** hornorkester *nt*
brassiere ['bræziə] *n* brystholder *c*
brave [breiv] *adj* modig, tapper

Brazil [brə'zil] Brasil
Brazilian [brə'ziljən] adj brasiliansk; n brasilianer c
breach [bri:tʃ] n åpning c
bread [bred] n brød nt; **wholemeal ~** helkornbrød nt
breadth [bredθ] n bredde c
break [breik] n brudd nt; frikvarter nt
*break [breik] v *bryte; **~ down** *gå i stykker; inndele
breakdown ['breikdaun] n maskinskade c, motorstopp c/nt
breakfast ['brekfəst] n frokost c
bream [bri:m] n (pl ~) brasme c
breast [brest] n bryst nt
breaststroke ['breststrouk] n brystsvømming c
breath [breθ] n pust c
breathe [bri:ð] v puste
breathing ['bri:ðiŋ] n åndedrett nt
breed [bri:d] n rase c; slag nt
*breed [bri:d] v ale opp, oppdrette
breeze [bri:z] n bris c
brew [bru:] v brygge
brewery ['bru:əri] n bryggeri nt
bribe [braib] v *bestikke
bribery ['braibəri] n bestikkelse c
brick [brik] n murstein c
bricklayer ['brikleiə] n murer c
bride [braid] n brud c
bridegroom ['braidgru:m] n brudgom c
bridge [bridʒ] n bro c; bridge c
brief [bri:f] adj kort; kortfattet
briefcase ['bri:fkeis] n dokumentmappe c
briefs [bri:fs] pl truse c
bright [brait] adj skinnende; oppvakt
brill [bril] n slettvar c
brilliant ['briljənt] adj strålende; begavet
brim [brim] n rand c
*bring [briŋ] v *ta med, *bringe;

*medbringe; **~ back** *bringe tilbake; **~ up** *oppdra; *ta opp
brisk [brisk] adj livlig
Britain ['britən] Britannia
British ['britiʃ] adj britisk
Briton ['britən] n brite c
broad [brɔ:d] adj bred; utstrakt, vidstrakt; almen
broadcast ['brɔ:dka:st] n sending c
*broadcast ['brɔ:dka:st] v kringkaste
brochure ['brouʃuə] n brosjyre c
broke¹ [brouk] v (p break)
broke² [brouk] adj blakk
broken ['broukən] adj (pp break) knust, i stykker; i uorden
broker ['broukə] n megler c
bronchitis [brɔŋ'kaitis] n bronkitt c
bronze [brɔnz] n bronse c; adj bronsese-
brooch [broutʃ] n brosje c
brook [bruk] n bekk c
broom [bru:m] n kost c
brothel ['brɔθəl] n bordell c
brother ['brʌðə] n bror c
brother-in-law ['brʌðərinlɔ:] n (pl brothers-) svoger c
brought [brɔ:t] v (p, pp bring)
brown [braun] adj brun
bruise [bru:z] n blått merke; v *slå
brunette [bru:'net] n brunette c
brush [brʌʃ] n børste c; pensel c; v børste
brutal ['bru:təl] adj brutal
bubble ['bʌbəl] n boble c
bucket ['bʌkit] n spann nt
buckle ['bʌkəl] n spenne c
bud [bʌd] n knopp c
budget ['bʌdʒit] n budsjett nt
buffet ['bufei] n koldtbord nt
bug [bʌg] n veggedyr nt; bille c; insekt nt
*build [bild] v bygge
building ['bildiŋ] n bygning c
bulb [bʌlb] n blomsterløk c; **light ~**

lyspære c
Bulgaria [bʌl'gɛəriə] Bulgaria
Bulgarian [bʌl'gɛəriən] adj bulgarsk;
n bulgarer c
bulk [bʌlk] n last c; masse c; største-
parten c
bulky ['bʌlki] adj fyldig, omfangsrik
bull [bul] n tyr c, okse c
bullet ['bulit] n kule c
bullfight ['bulfait] n tyrefektning c
bullring ['bulriŋ] n tyrefektningsare-
na c
bump [bʌmp] v støte; støte sammen;
dunke; n støt nt
bumper ['bʌmpə] n støtfanger c
bumpy ['bʌmpi] adj humpet
bun [bʌn] n hvetebolle c
bunch [bʌntʃ] n bukett c; flokk c
bundle ['bʌndəl] n bunt c; v bunte,
*binde sammen
bunk [bʌŋk] n køye c
buoy [bɔi] n bøye c
burden ['bəːdən] n byrde c
bureau ['bjuərou] n (pl ~x, ~s) skri-
vebord nt; kommode c
bureaucracy [bjuə'rɔkrəsi] n byråkra-
ti nt
burglar ['bəːglə] n innbruddstyv c
burgle ['bəːgəl] v *begå innbrudd
burial ['beriəl] n begravelse c
burn [bəːn] n brannsår nt
*buy **burn** [bəːn] v *brenne; *svi
*burst [bəːst] v *sprekke; *briste
bury ['beri] v begrave; grave ned
bus [bʌs] n buss c
bush [buʃ] n busk c
business ['biznəs] n forretninger pl,
handel c; virksomhet c, forretning
c; yrke nt; affære c; ~ hours åp-
ningstid c, kontortid c; ~ trip for-
retningsreise c; on ~ i forretninger
business-like ['biznislaik] adj forret-
ningsmessig
businessman ['biznəsmən] n (pl

-men) forretningsmann c
bust [bʌst] n byste c
bustle ['bʌsəl] n travelhet c
busy ['bizi] adj opptatt; travel
but [bʌt] conj men; dog; prep unntatt
butcher ['butʃə] n slakter c
butter ['bʌtə] n smør nt
butterfly ['bʌtəflai] n sommerfugl c;
~ stroke butterfly c
buttock ['bʌtək] n rumpeballe c
button ['bʌtən] n knapp c; v knappe
buttonhole ['bʌtənhoul] n knapphull
nt
*buy [bai] v kjøpe; anskaffe
buyer ['baiə] n kjøper c
by [bai] prep av; med; ved
by-pass ['baipɑːs] n ringvei c; v *om-
gå

C

cab [kæb] n drosje c
cabaret ['kæbərei] n kabaret c; natt-
klubb c
cabbage ['kæbidʒ] n kål c
cab-driver ['kæb,draivə] n drosjesjåfør
c
cabin ['kæbin] n kabin c; hytte c; om-
kledningskabin c; lugar c
cabinet ['kæbinət] n kabinett nt
cable ['keibəl] n kabel c; telegram nt;
v telegrafere
café ['kæfei] n kafé c
cafeteria [,kæfə'tiəriə] n kafeteria c
caffeine ['kæfiːn] n kaffein c
cage [keidʒ] n bur nt
cake [keik] n kake c
calamity [kə'læməti] n ulykke c, kata-
strofe c
calcium ['kælsiəm] n kalsium nt
calculate ['kælkjuleit] v regne ut
calculation [,kælkju'leiʃən] n utreg-

ning c
calendar ['kælɑndɑ] n kalender c
calf [kɑ:f] n (pl calves) kalv c; legg c; ~ **skin** kalveskinn nt
call [kɔ:l] v rope; kalle; ringe opp; rop nt; besøk nt, visitt c; oppringning c; *be called *hete; ~ **names** skjelle ut; ~ **on** besøke; ~ **up** Am ringe opp
callus ['kæləs] n hard hud
calm [kɑ:m] adj stille, rolig; ~ **down** berolige; roe seg, falle til ro
calorie ['kæləri] n kalori c
Calvinism ['kælvinizəm] n kalvinisme c
came [keim] v (p come)
camel ['kæməl] n kamel c
cameo ['kæmiou] n (pl ~s) kamé c
camera ['kæmərə] n fotografiapparat nt; filmkamera nt; ~ **shop** fotoforretning c
camp [kæmp] n leir c; v campe
campaign [kæm'pein] n kampanje c
camp-bed [,kæmp'bed] n feltseng c
camper ['kæmpə] n campinggjest c
camping ['kæmpiŋ] n camping c; ~ **site** campingplass c
camshaft ['kæmʃɑ:ft] n kamaksel c
can [kæn] n boks c; ~ **opener** boksåpner c
*can [kæn] v *kan
Canada ['kænədə] Canada
Canadian [kə'neidiən] adj kanadisk; n kanadier c
canal [kə'næl] n kanal c
canary [kə'neəri] n kanarifugl c
cancel ['kænsəl] v annullere; avbestille
cancellation [,kænsə'leiʃən] n annullering c
cancer ['kænsə] n kreft c
candid ['kændid] adj åpen, oppriktig
candidate ['kændidət] n kandidat c
candle ['kændəl] n stearinlys nt

candy ['kændi] nAm sukkertøy nt; gotter pl, søtsaker pl; ~ **store** Am sjokoladeforretning c
cane [kein] n rør nt; stokk c
canister ['kænistə] n boks c
canoe [kə'nu:] n kano c
canteen [kæn'ti:n] n kantine c
canvas ['kænvəs] n seilduk c
cap [kæp] n lue c, skyggelue c
capable ['keipəbəl] adj dyktig, kompetent
capacity [kə'pæsəti] n kapasitet c; evne c
cape [keip] n cape c; kapp nt
capital ['kæpitəl] n hovedstad c; kapital c; adj viktig, hoved-; ~ **letter** stor bokstav
capitalism ['kæpitəlizəm] n kapitalisme c
capitulation [kə,pitju'leiʃən] n kapitulasjon c
capsule ['kæpsju:l] n kapsel c
captain ['kæptin] n kaptein c; flykaptein c
capture ['kæptʃə] v fange, *ta til fange; erobre; n arrestasjon c; erobring c
car [kɑ:] n bil c; ~ **hire** bilutleie c; ~ **park** parkeringsplass c; ~ **rental** Am bilutleie c
carafe [kə'ræf] n karaffel c
caramel ['kærəməl] n karamell c
carat ['kærət] n karat c
caravan ['kærəvæn] n campingvogn c; husvogn c
carburettor [,kɑ:bju'retə] n forgasser c
card [kɑ:d] n kort nt; brevkort nt
cardboard ['kɑ:dbɔ:d] n papp c; adj kartong-
cardigan ['kɑ:digən] n ulljakke c
cardinal ['kɑ:dinəl] n kardinal c; adj hoved-
care [keə] n omsorg c; bekymring c;

~ **about** bekymre seg om; ~ **for** bry seg om; ***take** ~ **of** passe på, ***ta vare på**

career [kə'riə] n karriere c

carefree ['kɛəfri:] adj ubekymret

careful ['kɛəfəl] adj forsiktig; omhyggelig, nøyaktig

careless ['kɛələs] adj likegyldig, skjødesløs

caretaker ['kɛə,teikə] n vaktmester c

cargo ['ka:gou] n (pl ~es) last c, frakt c

carnival ['ka:nivəl] n karneval nt

carp [ka:p] n (pl ~) karpe c

carpenter ['ka:pintə] n snekker c

carpet ['ka:pit] n gulvteppe nt, teppe nt

carriage ['kærid3] n passasjervogn c; hestevogn c, vogn c

carriageway ['kærid3wei] n kjørebane c

carrot ['kærət] n gulrot c

carry ['kæri] v *bære; føre; ~ **on** *fortsette; ~ **out** utføre

carry-cot ['kærikət] n babybag c

cart [ka:t] n kjerre c

cartilage ['ka:tilid3] n brusk c

carton ['ka:tən] n kartong c

cartoon [ka:'tu:n] n tegnefilm c

cartridge ['ka:trid3] n patron c

carve [ka:v] v *skjære; *skjære i, *skjære ut

carving ['ka:viŋ] n utskjæring c, skurd c

case [keis] n tilfelle nt; sak c; koffert c; etui nt; **attaché** ~ dokumentmappe c; **in** ~ hvis; **in** ~ **of** i tilfelle av

cash [kæʃ] n kontanter pl; v innkassere, heve

cashier [kæ'ʃiə] n kasserer c; kassererske c

cashmere ['kæʃmiə] n kasjmir c

casino [kə'si:nou] n (pl ~s) kasino nt

cask [ka:sk] n fat nt, tønne c

cast [ka:st] n kast nt

*cast [ka:st] v kaste; **cast iron** støpejern nt

castle ['ka:səl] n slott nt, borg c

casual ['kæ3uəl] adj uformell; tilfeldig, flyktig

casualty ['kæ3uəlti] n ulykke c; offer nt

cat [kæt] n katt c

catacomb ['kætəkoum] n katakombe c

catalogue ['kætələg] n katalog c

catarrh [kə'ta:] n katarr c

catastrophe [kə'tæstrəfi] n katastrofe c

*catch [kætʃ] v fange; *gripe; overrumple; nå, *rekke

category ['kætigəri] n kategori c

caterer [,keitərər] n matleverandør c

cathedral [kə'θi:drəl] n katedral c, domkirke c

catholic ['kæθəlik] adj katolsk

cattle ['kætəl] pl kveg nt

caught [kɔ:t] v (p, pp catch)

cauliflower ['kɔliflauə] n blomkål c

cause [kɔ:z] v forårsake; volde; n årsak c; grunn c; sak c; ~ **to** *få til å

causeway ['kɔ:zwei] n opphøyd vei c

caution ['kɔ:ʃən] n forsiktighet c; v advare

cautious ['kɔ:ʃəs] adj forsiktig

cave [keiv] n grotte c; hule c

cavern ['kævən] n hule c

caviar ['kævia:] n kaviar c

cavity ['kævəti] n hulrom nt

cease [si:s] v opphøre

ceiling ['si:liŋ] n tak c

celebrate ['selibreit] v feire

celebration [,seli'breiʃən] n feiring c

celebrity [si'lebrəti] n berømmelse c

celery ['seləri] n selleri c

celibacy ['selibəsi] n sølibat nt

cell [sel] n celle c

cellar ['selə] n kjeller c

cellophane ['seləfein] n cellofan c
cement [si'ment] n sement c
cemetery ['semitri] n gravlund c
censorship ['sensəʃip] n sensur c
centigrade ['sentigreid] adj celsius
centimetre ['sentimi:tə] n centimeter c
central ['sentrəl] adj sentral; ~ heating sentralfyring c; ~ station sentralstasjon c
centralize ['sentrəlaiz] v sentralisere
centre ['sentə] n sentrum nt; midtpunkt nt
century ['sentʃəri] n århundre nt
ceramics [si'ræmiks] pl keramikk c, leirvarer pl
ceremony ['serəməni] n seremoni c
certain ['sə:tən] adj sikker; viss
certificate [sə'tifikət] n attest c; vitnesbyrd nt, diplom nt, dokument nt
chain [tʃein] n rekke c, kjetting c
chair [tʃeə] n stol c; sete nt
chairman ['tʃeəmən] n (pl -men) formann c
chalet ['ʃælei] n hytte c
chalk [tʃɔ:k] n kritt nt
challenge ['tʃæləndʒ] v utfordre; n utfordring c
chamber ['tʃeimbə] n rom nt
chambermaid ['tʃeimbəmeid] n værelsespike c
champagne [ʃæm'pein] n champagne c
champion ['tʃæmpjən] n mester c; forkjemper c
chance [tʃɑ:ns] n slump c; sjanse c, anledning c; risiko c; tilfelle nt; by ~ tilfeldigvis
change [tʃeindʒ] v forandre; veksle; kle seg om; skifte; n forandring c, endring c; småpenger pl, vekslepenger pl
channel ['tʃænəl] n kanal c; English

Channel Den engelske kanal
chaos ['keiɔs] n kaos nt
chaotic [kei'ɔtik] adj kaotisk
chap [tʃæp] n fyr c
chapel ['tʃæpəl] n kapell nt, kirke c
chaplain ['tʃæplin] n kapellan c
character ['kærəktə] n karakter c
characteristic [,kærəktə'ristik] adj betegnende, karakteristisk; n kjennetegn nt; karaktertrekk nt
characterize ['kærəktəraiz] v karakterisere
charcoal ['tʃɑ:koul] n trekull nt
charge [tʃɑ:dʒ] v kreve; *pålegge; anklage; laste; n pris c; ladning c, byrde c, belastning c; anklage c; ~ plate Am kredittkort nt; free of ~ kostfri; in ~ of ansvarlig for; *take ~ of *påta seg
charity ['tʃærəti] n velgjørenhet c
charm [tʃɑ:m] n sjarm c; amulett c
charming ['tʃɑ:miŋ] adj sjarmerende
chart [tʃɑ:t] n tabell c; diagram nt; sjøkart nt; conversion ~ omregningstabell c
chase [tʃeis] v *forfølge; jage bort, *fordrive; n jakt c
chasm ['kæzəm] n kløft c
chassis ['ʃæsi] n (pl ~) chassis nt
chaste [tʃeist] adj kysk
chat [tʃæt] v prate, skravle; n prat c/nt
chatterbox ['tʃætəbɔks] n skravlebøtte c
chauffeur ['ʃoufə] n sjåfør c
cheap [tʃi:p] adj billig; gunstig
cheat [tʃi:t] v jukse, *snyte
check [tʃek] v sjekke, kontrollere; n rute c; regning c; sjekk c; check! sjakk!; ~ in *skrive seg inn; ~ out *forlate
check-book ['tʃekbuk] nAm sjekkhefte nt
checkerboard ['tʃekəbɔ:d] nAm

sjakkbrett *nt*

checkers ['tʃekəz] *plAm* damspill *nt*

checkroom ['tʃekru:m] *nAm* garderobe *c*

check-up ['tʃekʌp] *n* undersøkelse *c*

cheek [tʃi:k] *n* kinn *nt*

cheek-bone ['tʃi:kboun] *n* kinnbein *nt*

cheer [tʃiə] *v* hylle, hilse med jubel; ~ **up** oppmuntre

cheerful ['tʃiəfəl] *adj* lystig, glad

cheese [tʃi:z] *n* ost *c*

chef [ʃef] *n* kjøkkensjef *c*

chemical ['kemikəl] *adj* kjemisk

chemist ['kemist] *n* apoteker *c*; **chemist's** apotek *nt*

chemistry ['kemistri] *n* kjemi *c*

cheque [tʃek] *n* sjekk *c*

cheque-book ['tʃekbuk] *n* sjekkhefte *nt*

chequered ['tʃekəd] *adj* rutet

cherry ['tʃeri] *n* kirsebær *nt*

chess [tʃes] *n* sjakk *c*

chest [tʃest] *n* bryst *nt;* brystkasse *c;* kiste *c;* ~ **of drawers** kommode *c*

chestnut ['tʃesnʌt] *n* kastanje *c*

chew [tʃu:] *v* tygge

chewing-gum ['tʃu:iŋgʌm] *n* tyggegummi *c*

chicken ['tʃikin] *n* kylling *c;* broiler *c*

chickenpox ['tʃikinpɔks] *n* vannkopper *pl*

chief [tʃi:f] *n* sjef *c; adj* hoved-, over-

chieftain ['tʃi:ftən] *n* høvding *c*

chilblain ['tʃilblein] *n* frostknute *c*

child [tʃaild] *n* (pl children) barn *nt*

childbirth ['tʃaildbə:θ] *n* fødsel *c*

childhood ['tʃaildhud] *n* barndom *c*

Chile ['tʃili] Chile

Chilean ['tʃiliən] *adj* chilensk; *n* chilener *c*

chill [tʃil] *n* kuldegysning *c*

chilly ['tʃili] *adj* kjølig

chimes [tʃaimz] *pl* klokkespill *nt*

chimney ['tʃimni] *n* skorstein *c*

chin [tʃin] *n* hake *c*

China ['tʃainə] Kina

china ['tʃainə] *n* porselen *nt*

Chinese [tʃai'ni:z] *adj* kinesisk; *n* kineser *c*

chink [tʃiŋk] *n* sprekk *c*

chip [tʃip] *n* flis *c;* spillemerke *nt; v* *slå hakk i, snitte; **chips** pommes frites

chiropodist [ki'rɔpədist] *n* fotspesialist *c*

chisel ['tʃizəl] *n* meisel *c*

chives [tʃaivz] *pl* gressløk *c*

chlorine ['klɔ:ri:n] *n* klor *c*

chock-full [tʃɔk'ful] *adj* proppfull, fullstappet

chocolate ['tʃɔklət] *n* sjokolade *c;* konfekt *c*

choice [tʃɔis] *n* valg *nt;* utvalg *nt*

choir [kwaiə] *n* kor *nt*

choke [tʃouk] *v* kveles; kvele; *n* choke *c*

***choose** [tʃu:z] *v* *velge

chop [tʃɔp] *n* kotelett *c; v* hakke

Christ [kraist] Kristus

christen ['krisən] *v* døpe

christening ['krisəniŋ] *n* dåp *c*

Christian ['kristʃən] *adj* kristen; ~ **name** fornavn *nt*

Christmas ['krisməs] jul *c*

chromium ['kroumiəm] *n* krom *c*

chronic ['krɔnik] *adj* kronisk

chronological [,krɔnə'lɔdʒikəl] *adj* kronologisk

chuckle ['tʃʌkəl] *v* klukke, *le

chunk [tʃʌŋk] *n* stort stykke

church [tʃə:tʃ] *n* kirke *c*

churchyard ['tʃə:tʃja:d] *n* kirkegård *c*

cigar [si'ga:] *n* sigar *c;* ~ **shop** sigarbutikk *c*

cigarette [,sigə'ret] *n* sigarett *c*

cigarette-case [,sigə'retkeis] *n* sigarettui *nt*

cigarette-holder [,sigə'ret,houldə] *n* sigarettmunnstykke nt

cigarette-lighter [ˌsigə'retˌlaitə] n sigarettenner c

cinema ['sinəmə] n kino c

cinnamon ['sinəmən] n kanel c

circle ['sə:kəl] n sirkel c; krets c; balkong c; v *omgi, omringe

circulation [ˌsə:kju'leiʃən] n sirkulasjon c; blodomløp nt; omløp nt

circumstance ['sə:kəmstæns] n omstendighet c

circus ['sə:kəs] n sirkus nt

citizen ['sitizən] n borger c

citizenship ['sitizənʃip] n statsborgerskap nt

city ['siti] n by c

civic ['sivik] adj borger-

civil ['sivəl] adj sivil; høflig; ~ **law** sivilrett c; ~ **servant** statstjenestemann c

civilian [si'viljən] adj sivil; n sivilperson c

civilization [ˌsivəlai'zeiʃən] n sivilisasjon c

civilized ['sivəlaizd] adj sivilisert

claim [kleim] v kreve; *påstå; n krav nt, fordring c

clamp [klæmp] n krampe c; skruestikke c

clap [klæp] v klappe, applaudere

clarify ['klærifai] v *klarlegge, *klargjøre

class [klɑ:s] n klasse c

classical ['klæsikəl] adj klassisk

classify ['klæsifai] v gruppere

class-mate ['klɑ:smeit] n klassekamerat c

classroom ['klɑ:sru:m] n klasseværelse nt

clause [klɔ:z] n klausul c

claw [klɔ:] n klo c

clay [klei] n leire c

clean [kli:n] adj ren; v rense, gjøre rent

cleaning ['kli:niŋ] n rengjøring c; ~ **fluid** vaskemiddel nt

clear [kliə] adj klar; tydelig; v rydde

clearing ['kliəriŋ] n lysning c

cleft [kleft] n kløft c

clergyman ['klə:dʒimən] n (pl -men) prest c

clerk [klɑ:k] n kontorist c; sekretær c

clever ['klevə] adj intelligent; flink, begavet, klok

client ['klaiənt] n kunde c; klient c

cliff [klif] n klippe c

climate ['klaimit] n klima nt

climb [klaim] v klatre; n klatring c

clinic ['klinik] n klinikk c

cloak [klouk] n kappe c

cloakroom ['kloukru:m] n garderobe c

clock [klɔk] n klokke c; at ... o'clock klokken ...

cloister ['klɔistə] n kloster nt

close¹ [klouz] v lukke; **closed** adj stengt, lukket

close² [klous] adj nær

closet ['klɔzit] n skap nt; garderobeskap nt

close-up ['klousʌp] n nærbilde nt

cloth [klɔθ] n stoff nt; klut c

clothes [klouðz] pl klær pl

clothes-brush ['klouðzbrʌʃ] n klesbørste c

clothing ['klouðiŋ] n klær pl

cloud [klaud] n sky c

cloud-burst ['klaudbə:st] n skybrudd nt

cloudy ['klaudi] adj skyet, overskyet

clover ['klouvə] n kløver c

clown [klaun] n klovn c

club [klʌb] n klubb c, forening c; kølle c, klubbe c

clumsy ['klʌmzi] adj klosset

clutch [klʌtʃ] n clutch c; grep nt

coach [koutʃ] n buss c; jernbanevogn c; trener c

coagulate [kou'ægjuleit] v størkne,

koagulere
coal [koul] *n* kull *nt*
coarse [kɔːs] *adj* grov
coast [koust] *n* kyst *c*
coat [kout] *n* frakk *c*, kåpe *c*
coat-hanger ['kout,hæŋə] *n* kleshenger *c*
cobweb ['kɔbweb] *n* spindelvev *c*
cocaine [kou'kein] *n* kokain *c/nt*
cock [kɔk] *n* hane *c*
cocktail ['kɔkteil] *n* cocktail *c*
coconut ['koukənʌt] *n* kokosnøtt *c*
cod [kɔd] *n* (pl ~) torsk *c*
code [koud] *n* kode *c*
coffee ['kɔfi] *n* kaffe *c*
cognac ['kɔnjæk] *n* konjakk *c*
coherence [kou'hiərəns] *n* sammenheng *c*
coin [kɔin] *n* mynt *c*
coincide [,kouin'said] *v* *falle sammen med
cold [kould] *adj* kald; *n* kulde *c*; forkjølelse *c*; *catch a ~ *bli forkjølet
collapse [kə'læps] *v* *bryte sammen
collar ['kɔlə] *n* halsbånd *nt*; krage *c*; ~ **stud** krageknapp *c*
collarbone ['kɔləboun] *n* kragebein *nt*
colleague ['kɔliːg] *n* kollega *c*
collect [kə'lekt] *v* samle; hente, avhente; samle inn
collection [kə'lekʃən] *n* samling *c*; tømming *c*
collective [kə'lektiv] *adj* kollektiv
collector [kə'lektə] *n* samler *c*; innsamler *c*
college ['kɔlidʒ] *n* høyere læreinstitusjon *c*; høyskole *c*
collide [kə'laid] *v* kollidere
collision [kə'liʒən] *n* sammenstøt *nt*, kollisjon *c*; påseiling *c*
Colombia [kə'lɔmbiə] Colombia
Colombian [kə'lɔmbiən] *adj* colombiansk; *n* colombianer *c*

colonel ['kəːnəl] *n* oberst *c*
colony ['kɔləni] *n* koloni *c*
colour ['kʌlə] *n* farge *c*; *v* farge; ~ **film** fargefilm *c*
colourant ['kʌlərənt] *n* fargemiddel *nt*
colour-blind ['kʌləblaind] *adj* fargeblind
coloured ['kʌləd] *adj* farget
colourful ['kʌləfəl] *adj* fargerik
column ['kɔləm] *n* søyle *c*, pilar *c*; spalte *c*; kolonne *c*
coma ['koumə] *n* koma *c*
comb [koum] *v* gre; *n* kam *c*
combat ['kɔmbæt] *n* kamp *c*; *v* bekjempe, kjempe
combination [,kɔmbi'neiʃən] *n* kombinasjon *c*
combine [kəm'bain] *v* kombinere; sammenstille
***come** [kʌm] *v* *komme; ~ **across** støte på; *komme over
comedian [kə'miːdiən] *n* skuespiller *c*; komiker *c*
comedy ['kɔmədi] *n* komedie *c*, lystspill *nt*; **musical** ~ musikkspill *nt*
comfort ['kʌmfət] *n* komfort *c*, bekvemmelighet *c*, velvære *nt*; trøst *c*; *v* trøste
comfortable ['kʌmfətəbəl] *adj* bekvem, komfortabel
comic ['kɔmik] *adj* komisk
comics ['kɔmiks] *pl* tegneserie *c*
coming ['kʌmiŋ] *n* komme *nt*; *adj* kommende
comma ['kɔmə] *n* komma *nt*
command [kə'maːnd] *v* befale; *n* befaling *c*
commander [kə'maːndə] *n* befalshavende *c*
commemoration [kə,memə'reiʃən] *n* minnefest *c*
commence [kə'mens] *v* begynne
comment ['kɔment] *n* kommentar *c*; *v*

kommentere

commerce [ˈkɔmə:s] *n* handel *c*

commercial [kəˈmə:ʃəl] *adj* handels-, kommersiell; *n* reklame *c;* ~ **law** handelsrett *c*

commission [kəˈmiʃən] *n* kommisjon *c*

commit [kəˈmit] *v* *overlate, betro; *begå

committee [kəˈmiti] *n* komité *c*, utvalg *nt*

common [ˈkɔmən] *adj* felles; vanlig, alminnelig; simpel

commune [ˈkɔmju:n] *n* kommune *c*

communicate [kəˈmju:nikeit] *v* meddele

communication [kə,mju:niˈkeiʃən] *n* kommunikasjon *c;* meddelelse *c*

communiqué [kəˈmju:nikei] *n* kommuniké *nt*

communism [ˈkɔmjunizəm] *n* kommunisme *c*

communist [ˈkɔmjunist] *n* kommunist *c*

community [kəˈmju:nəti] *n* samfunn *nt*

commuter [kəˈmju:tə] *n* pendler *c*

compact [ˈkɔmpækt] *adj* kompakt

companion [kəmˈpænjən] *n* ledsager *c*

company [ˈkʌmpəni] *n* selskap *nt;* kompani *nt*, firma *nt*

comparative [kəmˈpærətiv] *adj* relativ

compare [kəmˈpɛə] *v* sammenligne

comparison [kəmˈpærisən] *n* sammenligning *c*

compartment [kəmˈpɑ:tmənt] *n* kupé *c*

compass [ˈkʌmpəs] *n* kompass *c/nt;* passer *c*

compel [kəmˈpel] *v* overtale

compensate [ˈkɔmpənseit] *v* kompensere, erstatte

compensation [,kɔmpənˈseiʃən] *n* kompensasjon *c;* skadeserstatning

c

compete [kəmˈpi:t] *v* konkurrere

competition [,kɔmpəˈtiʃən] *n* konkurranse *c*

competitor [kəmˈpetitər] *n* konkurrent *c*

compile [kəmˈpail] *v* samle

complain [kəmˈplein] *v* klage

complaint [kəmˈpleint] *n* klage *c;* **complaints book** klagebok *c*

complete [kəmˈpli:t] *adj* fullstendig, komplett; *v* fullende

completely [kəmˈpli:tli] *adv* helt, totalt

complex [ˈkɔmpleks] *n* kompleks *nt; adj* innviklet

complexion [kəmˈplekʃən] *n* hudfarge *c*

complicated [ˈkɔmplikeitid] *adj* komplisert, innviklet

compliment [ˈkɔmplimənt] *n* kompliment *c; v* komplimentere, ønske til lykke

compose [kəmˈpouz] *v* *sette sammen; komponere

composer [kəmˈpouzə] *n* komponist *c*

composition [,kɔmpəˈziʃən] *n* komposisjon *c;* sammensetning *c*

comprehensive [,kɔmpriˈhensiv] *adj* omfattende

comprise [kəmˈpraiz] *v* innbefatte, omfatte

compromise [ˈkɔmprəmaiz] *n* kompromiss *nt*

compulsory [kəmˈpʌlsəri] *adj* obligatorisk

comrade [ˈkɔmreid] *n* kamerat *c*

conceal [kənˈsi:l] *v* skjule

conceited [kənˈsi:tid] *adj* selvgod

conceive [kənˈsi:v] *v* oppfatte, tenke ut; forestille seg

concentrate [ˈkɔnsəntreit] *v* konsentrere

concentration [,kɔnsənˈtreiʃən] *n* konsentrasjon c

conception [kən'sepʃən] n forestilling c; befruktning c

concern [kən'sə:n] v *gjelde, *angå; n bekymring c; anliggende nt; bedrift c, foretagende nt

concerned [kən'sə:nd] adj bekymret; innblandet

concerning [kən'sə:niŋ] prep angående, vedrørende

concert ['kɔnsət] n konsert c; ~ hall konsertsal c

concession [kən'seʃən] n konsesjon c

concierge [,kɔ̃si'eɔʒ] n vaktmester c

concise [kən'sais] adj konsis

conclusion [kəŋ'klu:ʒən] n konklusjon c, slutning c

concrete ['kɔŋkri:t] adj konkret; n betong c

concurrence [kəŋ'kʌrəns] n overensstemmelse c

concussion [kəŋ'kʌʃən] n hjernerystelse c

condition [kən'diʃən] n vilkår nt; kondisjon c, tilstand c; omstendighet c

conditional [kən'diʃənəl] adj betinget

conduct¹ ['kɔndʌkt] n oppførsel c

conduct² [kən'dʌkt] v ledsage; dirigere

conductor [kən'dʌktə] n leder c; dirigent c

confectioner [kən'fekʃənə] n konditor c

conference ['kɔnfərəns] n konferanse c

confess [kən'fes] v *tilstå; skrifte; bekjenne

confession [kən'feʃən] n tilståelse c; skriftemål nt

confidence ['kɔnfidəns] n tillit c

confident ['kɔnfidənt] adj tillitsfull

confidential [,kɔnfi'denʃəl] adj konfidensiell

confirm [kən'fə:m] v bekrefte

confirmation [,kɔnfə'meiʃən] n bekreftelse c

confiscate ['kɔnfiskeit] v *beslaglegge, konfiskere

conflict ['kɔnflikt] n konflikt c

confuse [kən'fju:z] v forvirre

confusion [kən'fju:ʒən] n forvirring c

congratulate [kəŋ'grætʃuleit] v gratulere

congratulation [kəŋ,grætʃu'leiʃən] n gratulasjon c, lykkønskning c

congregation [,kɔŋgri'geiʃən] n menighet c; forsamling c

congress ['kɔŋgres] n kongress c

connect [kə'nekt] v *forbinde; kople; kople til

connection [kə'nekʃən] n forbindelse c; sammenheng c

connoisseur [,kɔnə'sə:] n kjenner c

connotation [,kɔnə'teiʃən] n bibetydning c

conquer ['kɔŋkə] v erobre; beseire

conqueror ['kɔŋkərə] n erobrer c

conquest ['kɔŋkwest] n erobring c

conscience ['kɔnʃəns] n samvittighet c

conscious ['kɔnʃəs] adj bevisst

consciousness ['kɔnʃəsnəs] n bevissthet c

conscript ['kɔnskript] n vernepliktig c

consent [kən'sent] v samtykke; bifalle; n samtykke nt

consequence ['kɔnsikwəns] n følge c, konsekvens c

consequently ['kɔnsikwəntli] adv altså

conservative [kən'sə:vətiv] adj konservativ

consider [kən'sidə] v betrakte; overveie; *anse, mene

considerable [kən'sidərəbəl] adj betraktelig; betydelig, anselig

considerate [kən'sidərət] adj hensynsfull

consideration [kən,sidə'reiʃən] n over-

veielse c; omtanke c, hensynsfull-
het c
considering [kən'sidəriŋ] *prep* i be-
traktning av
consignment [kən'sainmənt] *n* sen-
ding c
consist of [kən'sist] **bestå av
conspire [kən'spaiə] *v* sammensverge
seg
constant ['kɔnstənt] *adj* konstant
constipated ['kɔnstipeitid] *adj* for-
stoppet
constipation [ˌkɔnsti'peiʃən] *n* forstop-
pelse c
constituency [kən'stitʃuənsi] *n* valg-
krets c
constitution [ˌkɔnsti'tjuːʃən] *n* grunn-
lov c
construct [kən'strʌkt] *v* konstruere;
bygge, oppføre
construction [kən'strʌkʃən] *n* kon-
struksjon c; oppførelse c, bygning c
consul ['kɔnsəl] *n* konsul c
consulate ['kɔnsjulət] *n* konsulat nt
consult [kən'sʌlt] *v* *rådspørre
consultation [ˌkɔnsəl'teiʃən] *n* konsul-
tasjon c; ~ **hours** konsultasjonstid
c
consumer [kən'sjuːmə] *n* forbruker c
contact ['kɔntækt] *n* kontakt c; *v* kon-
takte; ~ **lenses** kontaktlinser *pl*
contagious [kən'teidʒəs] *adj* smitt-
som, smittende
contain [kən'tein] *v* *inneholde; rom-
me
container [kən'teinə] *n* beholder c;
container c
contemporary [kən'tempərəri] *adj*
samtidig
contempt [kən'tempt] *n* ringeakt c,
forakt c
content [kən'tent] *adj* tilfreds
contents ['kɔntents] *pl* innhold nt
contest ['kɔntest] *n* strid c; konkur-

ranse c
continent ['kɔntinənt] *n* kontinent nt,
verdensdel c; fastland nt
continental [ˌkɔnti'nentəl] *adj* konti-
nental
continual [kən'tinjuəl] *adj* stadig;
continually *adv* uopphørlig
continue [kən'tinjuː] *v* *fortsette
continuous [kən'tinjuəs] *adj* uavbrutt,
kontinuerlig
contour ['kɔntuə] *n* omriss nt
contraceptive [ˌkɔntrə'septiv] *n* pre-
vensjonsmiddel nt
contract¹ ['kɔntrækt] *n* kontrakt c
contract² [kən'trækt] *v* *pådra seg
contractor [kən'træktə] *n* entreprenør
c
contradict [ˌkɔntrə'dikt] *v* *motsi
contradictory [ˌkɔntrə'diktəri] *adj*
motstridende
contrary ['kɔntrəri] *n* det motsatte;
adj motsatt; **on the ~** tvert imot
contrast ['kɔntrɑːst] *n* kontrast c,
motsetning c
contribution [ˌkɔntri'bjuːʃən] *n* bidrag
nt
control [kən'troul] *n* kontroll c; *v* kon-
trollere
controversial [ˌkɔntrə'vɜːʃəl] *adj* kon-
troversiell, omstridt
convenience [kən'viːnjəns] *n* bekvem-
melighet c
convenient [kən'viːnjənt] *adj* bekvem;
passende, egnet, beleilig
convent ['kɔnvənt] *n* nonnekloster nt
conversation [ˌkɔnvə'seiʃən] *n* samtale
c
convert [kən'vɜːt] *v* omvende; omreg-
ne
convict¹ [kən'vikt] *v* *finne skyldig
convict² ['kɔnvikt] *n* domfelt c
conviction [kən'vikʃən] *n* overbevis-
ning c; domfellelse c
convince [kən'vins] *v* overbevise

convulsion [kən'vʌlʃən] n krampe-trekning c

cook [kuk] n kokk c; v lage mat, til-berede

cookbook ['kukbuk] nAm kokebok c

cooker ['kukə] n komfyr c; gas ~ gasskomfyr c

cookery-book ['kukəribuk] n kokebok c

cookie ['kuki] nAm småkake c

cool [ku:l] adj kjølig; cooling system kjølesystem nt

co-operation [kou̯ɔpə'reiʃən] n samar-beid nt; medvirkning c

co-operative [kou'ɔpərətiv] adj koope-rativ; samarbeidsvillig; n samvirke-lag nt

co-ordinate [kou'ɔːdineit] v samordne

co-ordination [kou̯ɔːdi'neiʃən] n koor-dinasjon c

copper ['kɔpə] n kopper nt

copy ['kɔpi] n kopi c; avskrift c; ek-semplar nt; v kopiere; etterligne; carbon ~ gjenpart c

coral ['kɔrəl] n korall c

cord [kɔːd] n tau nt; snor c

cordial ['kɔːdiəl] adj hjertelig

corduroy ['kɔːdərɔi] n kordfløyel c

core [kɔː] n kjerne c; kjernehus nt

cork [kɔːk] n kork c

corkscrew ['kɔːkskruː] n korketrekker c

corn [kɔːn] n korn nt; liktorn c; ~ on the cob maiskolbe c

corner ['kɔːnə] n hjørne nt

cornfield ['kɔːnfiːld] n kornåker c

corpse [kɔːps] n lik nt

corpulent ['kɔːpjulənt] adj korpulent; tykk, fyldig

correct [kə'rekt] adj korrekt, riktig; v rette, korrigere

correction [kə'rekʃən] n rettelse c

correctness [kə'rektnəs] n nøyaktig-het c

correspond [ˌkɔri'spɔnd] v brevveksle; svare til, tilsvare

correspondence [ˌkɔri'spɔndəns] n korrespondanse c, brevveksling c

correspondent [ˌkɔri'spɔndənt] n kor-respondent c

corridor ['kɔridɔː] n korridor c

corrupt [kə'rʌpt] adj korrupt; v *be-stikke

corruption [kə'rʌpʃən] n bestikkelse c

corset ['kɔːsit] n korsett nt

cosmetics [kɔz'metiks] pl kosmetika pl

cost [kɔst] n kostnad c; pris c

*cost [kɔst] v koste

cosy ['kouzi] adj koselig

cot [kɔt] nAm feltseng c

cottage ['kɔtidʒ] n hytte c

cotton ['kɔtən] n bomull c; bomulls-

cotton-wool ['kɔtənwul] n vatt c

couch [kautʃ] n divan c

cough [kɔf] n hoste c; v hoste

could [kud] v (p can)

council ['kaunsəl] n råd nt; rådsfor-samling c

councillor ['kaunsələ] n rådsmedlem nt

counsel ['kaunsəl] n råd nt

counsellor ['kaunsələ] n rådgiver c

count [kaunt] v *telle; *telle opp; medregne; *anse; n greve c

counter ['kauntə] n disk c

counterfeit ['kauntəfiːt] v forfalske

counterfoil ['kauntəfɔil] n talong c

counterpane ['kauntəpein] n senge-teppe nt

countess ['kauntis] n grevinne c

country ['kʌntri] n land nt; landom-råde nt; ~ house landsted nt

countryman ['kʌntrimən] n (pl -men) landsmann c

county ['kaunti] n grevskap nt

couple ['kʌpəl] n par nt

coupon ['kuːpɔn] n kupong c

courage [ˈkʌridʒ] n tapperhet c, mot nt

courageous [kəˈreidʒəs] adj tapper, modig

course [kɔ:s] n kurs c; rett c; løp nt; kurs nt, kursus nt; intensive ~ lynkurs nt; of ~ naturligvis, selvfølgelig

court [kɔ:t] n domstol c; hoff nt; gårdsplass c

courteous [ˈkɔ:tiəs] adj høflig

cousin [ˈkʌzən] n kusine c, fetter c

cover [ˈkʌvə] v dekke; n ly nt, skjul nt; lokk nt; perm c; ~ charge kuvertavgift c

cow [kau] n ku c

coward [ˈkauəd] n feiging c

cowardly [ˈkauədli] adj feig

crab [kræb] n krabbe c

crack [kræk] n smell nt; sprekk c; v *smelle; *slå i stykker, *knekke, *sprekke

cracker [ˈkrækə] nAm kjeks c

cradle [ˈkreidəl] n vugge c

cramp [kræmp] n krampe c

crane [krein] n kran c

crankcase [ˈkræŋkkeis] n veivkasse c

crankshaft [ˈkræŋkʃa:ft] n veivaksel c

crash [kræʃ] n kollisjon c; v kollidere; styrte; ~ barrier barriere c

crate [kreit] n sprinkelkasse c

crater [ˈkreitə] n krater nt

crawl [krɔ:l] v krabbe; n crawl c

craze [kreiz] n mani c

crazy [ˈkreizi] adj gal; sinnssyk, tåpelig

creak [kri:k] v knirke

cream [kri:m] n krem c; fløte c; adj kremgul

creamy [ˈkri:mi] adj fløteaktig

crease [kri:s] v skrukke, krølle; n fold c; rynke c; press c

create [kriˈeit] v skape; kreere

creature [ˈkri:tʃə] n skapning c

credible [ˈkredibəl] adj troverdig

credit [ˈkredit] n kreditt c; v *godskrive; ~ card kredittkort nt

creditor [ˈkreditə] n kreditor c

credulous [ˈkredjuləs] adj godtroende

creek [kri:k] n vik c

*creep [kri:p] v *krype

creepy [ˈkri:pi] adj nifs, uhyggelig

cremate [kriˈmeit] v kremere

cremation [kriˈmeiʃən] n kremering c

crew [kru:] n mannskap nt

cricket [ˈkrikit] n cricket c; siriss c

crime [kraim] n forbrytelse c

criminal [ˈkriminəl] n forbryter c; adj forbrytersk, kriminell; ~ law strafferett c

criminality [ˌkrimiˈnæləti] n kriminalitet c

crimson [ˈkrimzən] adj høyrød

crippled [ˈkripəld] adj vanfør

crisis [ˈkraisis] n (pl crises) krise c

crisp [krisp] adj sprø

critic [ˈkritik] n kritiker c

critical [ˈkritikəl] adj kritisk; risikabel

criticism [ˈkritisizəm] n kritikk c

criticize [ˈkritisaiz] v kritisere

crochet [ˈkrouʃei] v hekle

crockery [ˈkrɔkəri] n steintøy nt

crocodile [ˈkrɔkədail] n krokodille c

crooked [ˈkrukid] adj kroket, fordreid; uærlig

crop [krɔp] n avling c

cross [krɔs] v *gå over; adj tverr, sint; n kors nt

cross-eyed [ˈkrɔsaid] adj skjeløyd

crossing [ˈkrɔsiŋ] n overfart c; kryss nt; fotgjengerovergang c; jernbaneovergang c

crossroads [ˈkrɔsroudz] n gatekryss nt

crosswalk [ˈkrɔswɔ:k] nAm fotgjengerovergang c

crow [krou] n kråke c

crowbar [ˈkroubɑ:] n brekkjern nt

crowd [kraud] *n* mengde *c*, folke-
mengde *c*

crowded ['kraudid] *adj* overfylt; tett-
pakket

crown [kraun] *n* krone *c;* *v* krone

crucifix ['kru:sifiks] *n* krusifiks *nt*

crucifixion [,kru:si'fikʃən] *n* korsfestel-
se *c*

crucify ['kru:sifai] *v* korsfeste

cruel [kruəl] *adj* grusom

cruise [kru:z] *n* sjøreise *c,* cruise *nt*

crumb [krʌm] *n* smule *c*

crusade [kru:'seid] *n* korstog *nt*

crust [krʌst] *n* skorpe *c*

crutch [krʌtʃ] *n* krykke *c*

cry [krai] *v* *gråte; *skrike; rope; *n*
skrik *nt;* rop *nt*

crystal ['kristəl] *n* krystall *c/nt; adj*
krystall-

Cuba ['kju:bə] Cuba

Cuban ['kju:bən] *adj* kubansk; *n* ku-
baner *c*

cube [kju:b] *n* kube *c;* terning *c*

cuckoo ['kuku:] *n* gjøk *c*

cucumber ['kju:kʌmbə] *n* agurk *c*

cuddle ['kʌdəl] *v* kjæle med; klemme

cudgel ['kʌdʒəl] *n* kjepp *c,* klubbe *c*

cuff [kʌf] *n* mansjett *c*

cuff-links ['kʌfliŋks] *pl* mansjettknap-
per *pl*

cul-de-sac ['kʌldəsæk] *n* blindgate *c*

cultivate ['kʌltiveit] *v* dyrke

culture ['kʌltʃə] *n* kultur *c*

cultured ['kʌltʃəd] *adj* kultivert

cunning ['kʌniŋ] *adj* slu

cup [kʌp] *n* kopp *c;* pokal *c*

cupboard ['kʌbəd] *n* skap *nt*

curb [kə:b] *n* fortauskant *c;* *v* tøyle

cure [kjuə] *v* helbrede, lege; *n* kur *c;*
helbredelse *c*

curio ['kjuəriou] *n* (pl ~s) kuriositet
c

curiosity [,kjuəri'ɔsəti] *n* nysgjerrighet
c

curious ['kjuəriəs] *adj* vitebegjærlig,
nysgjerrig; merkverdig

curl [kə:l] *v* krølle; *n* krøll *c*

curler ['kə:lə] *n* hårrull *c*

curling-tongs ['kə:liŋtɔŋz] *pl* krøll-
tang *c*

curly ['kə:li] *adj* krøllet

currant ['kʌrənt] *n* korint *c;* rips *c*

currency ['kʌrənsi] *n* valuta *c;*
foreign ~ utenlandsk valuta

current ['kʌrənt] *n* strøm *c; adj* nåvæ-
rende, aktuell; **alternating** ~ vek-
selstrøm *c;* **direct** ~ likestrøm *c*

curry ['kʌri] *n* karri *c*

curse [kə:s] *v* banne; forbanne; *n*
banning *c;* forbannelse *c*

curtain ['kə:tən] *n* gardin *c/nt;* teppe
nt

curve [kə:v] *n* kurve *c;* krumning *c*

curved [kə:vd] *adj* krum, buet

cushion ['kuʃən] *n* pute *c*

custodian [kʌ'stoudiən] *n* oppsyns-
mann *c*

custody ['kʌstədi] *n* varetekt *c;* forva-
ring *c;* formynderskap *nt*

custom ['kʌstəm] *n* vane *c;* skikk *c*

customary ['kʌstəməri] *adj* alminne-
lig, sedvanlig, vanlig

customer ['kʌstəmə] *n* kunde *c*

Customs ['kʌstəmz] *pl* toll *c;* ~ **duty**
tollavgift *c;* ~ **officer** toller *c*

cut [kʌt] *n* kutt *nt*

*****cut** [kʌt] *v* *skjære; klippe; *skjære
ned; ~ **off** *skjære av; klippe av;
stenge av

cutlery ['kʌtləri] *n* bestikk *nt*

cutlet ['kʌtlət] *n* kotelett *c*

cycle ['saikəl] *n* sykkel *c;* kretsløp *nt,*
syklus *c*

cyclist ['saiklist] *n* syklist *c*

cylinder ['silində] *n* sylinder *c;* ~
head topplokk *nt*

cystitis [si'staitis] *n* blærekatarr *c*

Czech [tʃek] *adj* tsjekkoslovakisk; *n*

tsjekkoslovak c

Czechoslovakia [ˌtʃekəsləˈvɑːkiə]
Tsjekkoslovakia

D

dad [dæd] n far c

daddy [ˈdædi] n pappa c

daffodil [ˈdæfədil] n påskelilje c

daily [ˈdeili] adj daglig; n dagsavis c

dairy [ˈdɛəri] n meieri nt

dam [dæm] n demning c

damage [ˈdæmidʒ] n skade c; v skade

damp [dæmp] adj fuktig; n fuktighet
c; v fukte

dance [dɑːns] v danse; n dans c

dandelion [ˈdændilaiən] n løvetann c

dandruff [ˈdændrəf] n flass nt

Dane [dein] n danske c

danger [ˈdeindʒə] n fare c

dangerous [ˈdeindʒərəs] adj farlig

Danish [ˈdeiniʃ] adj dansk

dare [dɛə] v *tore, våge; utfordre

daring [ˈdɛəriŋ] adj dristig

dark [dɑːk] adj mørk; n mørke nt

darling [ˈdɑːliŋ] n kjæreste c, skatt c

darn [dɑːn] v stoppe

dash [dæʃ] v styrte; n tankestrek c

dashboard [ˈdæʃbɔːd] n instrument-
bord nt

data [ˈdeitə] pl data pl

date¹ [deit] n dato c; avtale c; v date-
re; out of ~ umoderne

date² [deit] n daddel c

daughter [ˈdɔːtə] n datter c

dawn [dɔːn] n daggry nt

day [dei] n dag c; by ~ om dagen; ~
trip dagstur c; per ~ per dag; the
~ before yesterday i forgårs

daybreak [ˈdeibreik] n daggry nt

daylight [ˈdeilait] n dagslys nt; ~
saving time sommertid c

dead [ded] adj død

deaf [def] adj døv

deal [diːl] n transaksjon c, handel c

*deal [diːl] v dele ut; ~ with *ta seg
av; handle med

dealer [ˈdiːlə] n kortgiver c, forhand-
ler c

dear [diə] adj kjær; dyr; dyrebar

death [deθ] n død c; ~ penalty døds-
straff c

debate [diˈbeit] n debatt c

debit [ˈdebit] n debet c

debt [det] n gjeld c

decaffeinated [diːˈkæfineitid] adj kaf-
feinfri

deceit [diˈsiːt] n bedrag nt

deceive [diˈsiːv] v *bedra

December [diˈsembə] desember

decency [ˈdiːsənsi] n anstendighet c

decent [ˈdiːsənt] adj anstendig

decide [diˈsaid] v *avgjøre

decision [diˈsiʒən] n beslutning c, av-
gjørelse c

deck [dek] n dekk nt; ~ cabin
dekkslugar c; ~ chair fluktstol c

declaration [ˌdekləˈreiʃən] n erklæring
c; deklarasjon c

declare [diˈklɛə] v erklære; *oppgi;
deklarere

decoration [ˌdekəˈreiʃən] n dekorasjon
c

decrease [diːˈkriːs] v minke, minske;
*avta; n nedgang c

dedicate [ˈdedikeit] v hellige

deduce [diˈdjuːs] v utlede

deduct [diˈdʌkt] v *trekke fra

deed [diːd] n handling c, gjerning c

deep [diːp] adj dyp

deep-freeze [ˌdiːpˈfriːz] n dypfryser c

deer [diə] n (pl ~) hjort c

defeat [diˈfiːt] v *overvinne; n neder-
lag nt

defective [diˈfektiv] adj mangelfull

defence [diˈfens] n forsvar nt; vern nt

defend [di'fend] v forsvare

deficiency [di'fiʃənsi] n mangel c

deficit ['defisit] n underskudd nt

define [di'fain] v bestemme, definere

definite ['definit] adj bestemt

definition [,defi'niʃən] n definisjon c

deformed [di'fɔ:md] adj misdannet, vanskapt

degree [di'gri:] n grad c

delay [di'lei] v forsinke; *utsette; n forsinkelse c; utsettelse c

delegate ['deligət] n utsending c

delegation [,deli'geiʃən] n delegasjon c

deliberate¹ [di'libəreit] v overveie, *rådslå

deliberate² [di'libərət] adj overlagt

deliberation [di,libə'reiʃən] n overveielse c, rådslagning c

delicacy ['delikəsi] n lekkerbisken c; finfølelse c

delicate ['delikət] adj delikat

delicatessen [,delikə'tesən] n delikatesse c; delikatesseforretning c

delicious [di'liʃəs] adj deilig, lekker

delight [di'lait] n glede c, fryd c; v glede

delightful [di'laitfəl] adj henrivende, herlig

deliver [di'livə] v levere, avlevere

delivery [di'livəri] n levering c, leveranse c; nedkomst c; ~ van varebil c

demand [di'ma:nd] v behøve, forlange; n krav nt; etterspørsel c

democracy [di'mɔkrəsi] n demokrati nt

democratic [,demə'krætik] adj demokratisk

demolish [di'mɔliʃ] v *rive ned; *ødelegge

demolition [,demə'liʃən] n nedrivning c

demonstrate ['demənstreit] v bevise; demonstrere

demonstration [,demən'streiʃən] n demonstrasjon c

den [den] n hi nt; hule c

Denmark ['denma:k] Danmark

denomination [di,nɔmi'neiʃən] n benevnelse c; trosretning c; verdienhet c

dense [dens] adj tett

dent [dent] n bulk c

dentist ['dentist] n tannlege c

denture ['dentʃə] n gebiss nt

deny [di'nai] v benekte; nekte

deodorant [di:'oudərənt] n deodorant c

depart [di'pa:t] v reise bort, *gå sin vei; *avgå ved døden

department [di'pa:tmənt] n avdeling c, departement nt; ~ **store** stormagasin nt

departure [di'pa:tʃə] n avreise c

dependant [di'pendənt] adj avhengig

depend on [di'pend] bero på

deposit [di'pɔzit] n depositum nt; pant c; bunnfall nt, avleiring c; v deponere

depository [di'pɔzitəri] n lager nt

depot ['depou] n lagerplass c; stasjon c

depress [di'pres] v tynge ned

depressing [di'presiŋ] adj deprimerende

depression [di'preʃən] n depresjon c; lavtrykk nt; nedgang c

deprive of [di'praiv] *frata

depth [depθ] n dybde c

deputy ['depjuti] n deputert c; stedfortreder c

descend [di'send] v *gå ned

descendant [di'sendənt] n etterkommer c

descent [di'sent] n nedstigning c

describe [di'skraib] v *beskrive

description [di'skripʃən] n beskrivelse

c; signalement nt

desert¹ ['dezət] n ørken c; adj øde

desert² [di'zə:t] v desertere; *forlate

deserve [di'zə:v] v fortjene

design [di'zain] v tegne opp; n utkast nt; hensikt c

designate ['dezigneit] v peke ut

desirable [di'zaiərəbəl] adj attråverdig, ønskelig

desire [di'zaiə] n ønske nt; lyst c, begjær nt; v ønske, attrå, begjære

desk [desk] n skrivebord nt; kateter nt; pult c

despair [di'spɛə] n håpløshet c; v fortvile

despatch [di'spætʃ] v avsende

desperate ['despərət] adj fortvilet

despise [di'spaiz] v forakte

despite [di'spait] prep tross

dessert [di'zə:t] n dessert c

destination [,desti'neiʃən] n bestemmelsessted nt

destine ['destin] v bestemme

destiny ['destini] n skjebne c, lodd c

destroy [di'strɔi] v *ødelegge, *tilintetgjøre

destruction [di'strʌkʃən] n ødeleggelse c; undergang c

detach [di'tætʃ] v løsne

detail ['di:teil] n detalj c

detailed ['di:teild] adj detaljert, utførlig

detect [di'tekt] v oppdage

detective [di'tektiv] n detektiv c; ~ story detektivroman c

detergent [di'tə:dʒənt] n vaskepulver nt

determine [di'tə:min] v *fastsette, bestemme

determined [di'tə:mind] adj målbevisst

detour ['di:tuə] n omvei c; omkjøring c

devaluation [,di:vælju'eiʃən] n deva-

luering c

devalue [,di:'vælju:] v devaluere

develop [di'veləp] v utvikle; fremkalle

development [di'veləpmənt] n utvikling c

deviate ['di:vieit] v *avvike

devil ['devəl] n djevel c

devise [di'vaiz] v uttenke

devote [di'vout] v *hengi

dew [dju:] n dugg c

diabetes [,daiə'bi:ti:z] n sukkersyke c, diabetes c

diabetic [,daiə'betik] n diabetiker c, sukkersykepasient c

diagnose [,daiəg'nouz] v stille en diagnose; konstatere

diagnosis [,daiəg'nousis] n (pl -ses) diagnose c

diagonal [dai'ægənəl] n diagonal c; adj diagonal

diagram ['daiəgræm] n diagram nt; grafisk fremstilling

dialect ['daiəlekt] n dialekt c

diamond ['daiəmənd] n diamant c

diaper ['daiəpə] nAm bleie c

diaphragm ['daiəfræm] n mellomgulv nt

diarrhoea [,daiə'riə] n diaré c

diary ['daiəri] n almanakk c; dagbok c

dictaphone ['diktəfoun] n diktafon c

dictate [dik'teit] v diktere

dictation [dik'teiʃən] n diktat c

dictator [dik'teitə] n diktator c

dictionary ['dikʃənəri] n ordbok c

did [did] v (p do)

die [dai] v dø

diesel ['di:zəl] n diesel c

diet ['daiət] n diett c

differ ['difə] v *være forskjellig

difference ['difərəns] n forskjell c

different ['difərənt] adj forskjellig; annerledes

difficult ['difikəlt] adj vanskelig; vrien

difficulty ['difikəlti] *n* vanskelighet *c;* møye *c*

***dig** [dig] *v* grave

digest [di'dʒest] *v* fordøye

digestible [di'dʒestəbəl] *adj* fordøyelig

digestion [di'dʒestʃən] *n* fordøyelse *c*

digit ['didʒit] *n* siffer *nt*

dignified ['dignifaid] *adj* verdig

dike [daik] *n* dike *nt;* demning *c*

dilapidated [di'læpideitid] *adj* forfallen

diligence ['dilidʒəns] *n* flid *c*

diligent ['dilidʒənt] *adj* flittig

dilute [dai'lju:t] *v* spe opp, fortynne

dim [dim] *adj* dunkel, matt; uklar, utydelig

dine [dain] *v* spise middag

dinghy ['diŋgi] *n* jolle *c*

dining-car ['dainiŋka:] *n* spisevogn *c*

dining-room ['dainiŋru:m] *n* spisestue *c;* spisesal *c*

dinner ['dinə] *n* middag *c;* lunsj *c,* aftensmat *c*

dinner-jacket ['dinə,dʒækit] *n* smoking *c*

dinner-service ['dinə,sə:vis] *n* servise *nt*

diphtheria [dif'θiəriə] *n* difteri *c*

diploma [di'ploumə] *n* diplom *nt*

diplomat ['dipləmæt] *n* diplomat *c*

direct [di'rekt] *adj* direkte, likefrem; *v* rette; veilede; styre; regissere

direction [di'rekʃən] *n* retning *c;* direktiv *nt;* regi *c;* styre *nt,* veiledning *c;* **directional signal** *Am* retningsviser *c;* **directions for use** bruksanvisning *c*

directive [di'rektiv] *n* direktiv *nt*

director [di'rektə] *n* direktør *c;* regissør *c*

dirt [də:t] *n* skitt *c*

dirty ['də:ti] *adj* skitten, svart

disabled [di'seibəld] *adj* vanfør, invalid

disadvantage [,disəd'vɑ:ntidʒ] *n* ulempe *c*

disagree [,disə'gri:] *v* *være uenig

disagreeable [,disə'gri:əbəl] *adj* ubehagelig

disappear [,disə'piə] *v* *forsvinne

disappoint [,disə'pɔint] *v* skuffe

disappointment [,disə'pɔintmənt] *n* skuffelse *c*

disapprove [,disə'pru:v] *v* misbillige

disaster [di'zɑ:stə] *n* katastrofe *c;* ulykke *c*

disastrous [di'zɑ:strəs] *adj* katastrofal

disc [disk] *n* skive *c;* grammofonplate *c;* **slipped** ~ skiveprolaps *c*

discard [di'skɑ:d] *v* kassere

discharge [dis'tʃɑ:dʒ] *v* lesse av, losse; ~ **of** *frita for

discipline ['disiplin] *n* disiplin *c*

discolour [di'skʌlə] *v* farge av

disconnect [,diskə'nekt] *v* utkople; *ta ut kontakten

discontented [,diskən'tentid] *adj* misfornøyd

discontinue [,diskən'tinju:] *v* stanse, opphøre

discount ['diskaunt] *n* rabatt *c,* avslag *nt*

discover [di'skʌvə] *v* oppdage

discovery [di'skʌvəri] *n* oppdagelse *c*

discuss [di'skʌs] *v* diskutere; debattere

discussion [di'skʌʃən] *n* diskusjon *c;* samtale *c,* debatt *c*

disease [di'zi:z] *n* sykdom *c*

disembark [,disim'bɑ:k] *v* *gå fra borde, *gå i land

disgrace [dis'greis] *n* skam *c*

disguise [dis'gaiz] *v* forkle seg; *n* forkledning *c*

disgusting [dis'gʌstiŋ] *adj* motbydelig, avskyelig

dish [diʃ] *n* tallerken *c;* fat *nt;* rett *c*

dishonest [di'sɔnist] *adj* uærlig
disinfect [ˌdisin'fekt] *v* desinfisere
disinfectant [ˌdisin'fektənt] *n* desinfiserende middel
dislike [di'slaik] *v* mislike, avsky; *n* motvilje *c*, avsky *c*, antipati *c*
dislocated ['disləkeitid] *adj* gått av ledd
dismiss [dis'mis] *v* sende bort; *gi sparken, avskjedige
disorder [di'sɔ:də] *n* uorden *c*
dispatch [di'spætʃ] *v* avsende, sende av sted
display [di'splei] *v* utstille; vise; *n* utstilling *c*
displease [di'spli:z] *v* mishage
disposable [di'spouzəbəl] *adj* engangs-
disposal [di'spouzəl] *n* disposisjon *c*
dispose of [di'spouz] kvitte seg med
dispute [di'spju:t] *n* ordstrid *c*; krangel *c/nt*, tvist *c*; *v* *strides, *bestride
dissatisfied [di'sætisfaid] *adj* utilfreds
dissolve [di'zɔlv] *v* oppløse
dissuade from [di'sweid] fraråde
distance ['distəns] *n* avstand *c*; ~ **in kilometres** kilometertall *nt*
distant ['distənt] *adj* fjern
distinct [di'stiŋkt] *adj* tydelig; forskjellig
distinction [di'stiŋkʃən] *n* forskjell *c*
distinguish [di'stiŋgwiʃ] *v* skjelne, *gjøre forskjell
distinguished [di'stiŋgwiʃt] *adj* fremstående
distress [di'stres] *n* nød *c*; bedrøvelse *c*; ~ **signal** nødsignal *nt*
distribute [di'stribju:t] *v* utdele
distributor [di'stribjutə] *n* eneforhandler *c*; strømfordeler *c*
district ['distrikt] *n* distrikt *nt*; kvarter *nt*

disturb [di'stə:b] *v* forstyrre
disturbance [di'stə:bəns] *n* forstyrrelse *c*; forvirring *c*
ditch [ditʃ] *n* grøft *c*
dive [daiv] *v* dukke, stupe
diversion [dai'və:ʃən] *n* omkjøring *c*; atspredelse *c*
divide [di'vaid] *v* dele; fordele; skille
divine [di'vain] *adj* guddommelig
division [di'viʒən] *n* deling *c*; atskillelse *c*; avdeling *c*
divorce [di'vɔ:s] *n* skilsmisse *c*; *v* skilles
dizziness ['dizinəs] *n* svimmelhet *c*
dizzy ['dizi] *adj* svimmel
***do** [du:] *v* *gjøre; *være tilstrekkelig
dock [dɔk] *n* dokk *c*; kai *c*; *v* *dokksette; *legge til kai
docker ['dɔkə] *n* havnearbeider *c*
doctor ['dɔktə] *n* lege *c*; doktor *c*
document ['dɔkjumənt] *n* dokument *nt*
dog [dɔg] *n* hund *c*
dogged ['dɔgid] *adj* sta
doll [dɔl] *n* dukke *c*
dome [doum] *n* kuppel *c*
domestic [də'mestik] *adj* hus-; innenlands; *n* tjener *c*
domicile ['dɔmisail] *n* bopel *c*
domination [ˌdɔmi'neiʃən] *n* dominering *c*
dominion [də'minjən] *n* herredømme *nt*
donate [dou'neit] *v* skjenke
donation [dou'neiʃən] *n* donasjon *c*
done [dʌn] *v* (pp do)
donkey ['dɔŋki] *n* esel *nt*
donor ['dounə] *n* donator *c*; giver *c*
door [dɔ:] *n* dør *c*; **revolving** ~ svingdør *c*; **sliding** ~ skyvedør *c*
doorbell ['dɔ:bel] *n* ringeklokke *c*
door-keeper ['dɔ:ˌki:pə] *n* dørvokter *c*
doorman ['dɔ:mən] *n* (pl -men) por-

tier *c*

dormitory ['dɔ:mitri] *n* sovesal *c*

dose [dous] *n* dose *c*

dot [dɔt] *n* punkt *nt*

double ['dʌbəl] *adj* dobbel

doubt [daut] *v* tvile, betvile; *n* tvil *c*;
    without ~ uten tvil

doubtful ['dautfəl] *adj* tvilsom; usik-
    ker

dough [dou] *n* deig *c*; penger *pl*

down[1] [daun] *adv* ned, nedover;
    over ende; *adj* nedslått; *prep* ned-
    over, langs; **~ payment** nedbeta-
    ling *c*

down[2] [daun] *n* dun *nt*

downpour ['daunpɔ:] *n* øsregn *nt*

downstairs [ˌdaun'steəz] *adv* ned

downstream [ˌdaun'stri:m] *adv* med
    strømmen

down-to-earth [ˌdauntu'ə:θ] *adj* nøk-
    tern

downwards ['daunwədz] *adv* nedover

dozen ['dʌzən] *n* (pl ~, ~s) dusin *c*

draft [drɑ:ft] *n* veksel *c*; utkast *nt*

drag [dræg] *v* slepe

dragon ['drægən] *n* drake *c*

drain [drein] *v* drenere; *n* avløp *nt*

drama ['drɑ:mə] *n* drama *nt*; skue-
    spill *nt*

dramatic [drə'mætik] *adj* dramatisk

dramatist ['dræmətist] *n* dramatiker *c*

drank [dræŋk] *v* (p drink)

draper ['dreipə] *n* manufakturhand-
    ler *c*

drapery ['dreipəri] *n* tekstilvarer *pl*

draught [drɑ:ft] *n* trekk *c*; **draughts**
    damspill *nt*

draught-board ['drɑ:ftbɔ:d] *n* dam-
    brett *nt*

draw [drɔ:] *n* trekning *c*

*draw** [drɔ:] *v* tegne; *trekke; heve;
    ~ up avfatte, *sette opp

drawbridge ['drɔ:bridʒ] *n* vindebro *c*

drawer ['drɔ:ə] *n* skuff *c*; **drawers**

underbukse *c*

drawing ['drɔ:iŋ] *n* tegning *c*

drawing-pin ['drɔ:iŋpin] *n* tegnestift *c*

drawing-room ['drɔ:iŋru:m] *n* salong
    c

dread [dred] *v* frykte; *n* frykt *c*

dreadful ['dredfəl] *adj* fryktelig, for-
    ferdelig

dream [dri:m] *n* drøm *c*

*dream** [dri:m] *v* drømme

dress [dres] *v* kle på; kle på seg, kle
    seg; *forbinde; *n* kjole *c*

dressing-gown ['dresiŋgaun] *n* mor-
    genkåpe *c*

dressing-room ['dresiŋru:m] *n* på-
    kledningsrom *nt*

dressing-table ['dresiŋˌteibəl] *n* toa-
    lettbord *nt*

dressmaker ['dresˌmeikə] *n* sydame *c*

drill [dril] *v* bore; trene; *n* bor *nt*

drink [driŋk] *n* drink *c*, drikk *c*

*drink** [driŋk] *v* *drikke

drinking-water ['driŋkiŋˌwɔ:tə] *n* drik-
    kevann *nt*

drip-dry [ˌdrip'drai] *adj* strykefri

drive [draiv] *n* veg *c*; kjøretur *c*

*drive** [draiv] *v* kjøre; føre

driver ['draivə] *n* fører *c*

drizzle ['drizəl] *n* duskregn *nt*

drop [drɔp] *v* *la falle; *n* dråpe *c*

drought [draut] *n* tørke *c*

drown [draun] *v* drukne; *be
    drowned** drukne

drug [drʌg] *n* narkotika *c*; medisin *c*

drugstore ['drʌgstɔ:] *nAm* apotek *nt*;
    varehus *nt*

drum [drʌm] *n* tromme *c*

drunk [drʌŋk] *adj* (pp drink) full, be-
    ruset

dry [drai] *adj* tørr; *v* tørke

dry-clean [ˌdrai'kli:n] *v* rense

dry-cleaner's [ˌdrai'kli:nəz] *n* renseri
    nt

dryer ['draiə] *n* tørketrommel *c*, tørkeapparat *nt*

duchess [dʌtʃis] *n* hertuginne *c*

duck [dʌk] *n* and *c*

due [dju:] *adj* ventet; skyldig; forfalt til betaling

dues [dju:z] *pl* avgifter *pl*

dug [dʌg] *v* (p, pp dig)

duke [dju:k] *n* hertug *c*

dull [dʌl] *adj* kjedelig; matt; sløv

dumb [dʌm] *adj* stum; dum

dune [dju:n] *n* sanddyne *c*

dung [dʌŋ] *n* gjødsel *c*

dunghill [ˈdʌŋhil] *n* gjødseldynge *c*

duration [djuˈreiʃən] *n* varighet *c*

during [ˈdjuəriŋ] *prep* under, i løpct av

dusk [dʌsk] *n* tusmørke *nt*

dust [dʌst] *n* støv *nt*

dustbin [ˈdʌstbin] *n* søppelkasse *c*

dusty [ˈdʌsti] *adj* støvet

Dutch [dʌtʃ] *adj* hollandsk, nederlandsk

Dutchman [ˈdʌtʃmən] *n* (pl -men) nederlender *c*, hollender *c*

dutiable [ˈdjuːtiəbəl] *adj* avgiftspliktig

duty [ˈdjuːti] *n* plikt *c*; oppgave *c*; innførselstoll *c*; **Customs ~** tollavgift *c*

duty-free [ˌdjuːtiˈfriː] *adj* tollfri

dwarf [dwɔːf] *n* dverg *c*

dye [dai] *v* farge; *n* farge *c*

dynamo [ˈdainəmou] *n* (pl ~s) dynamo *c*

dysentery [ˈdisəntri] *n* dysenteri *c*

E

each [iːtʃ] *adj* hver; **~ other** hverandre

eager [ˈiːgə] *adj* ivrig, utålmodig

eagle [ˈiːgəl] *n* ørn *c*

ear [iə] *n* øre *nt*

earache [ˈiəreik] *n* øreverk *c*

ear-drum [ˈiədrʌm] *n* trommehinne *c*

earl [əːl] *n* greve *c*

early [ˈəːli] *adj* tidlig

earn [əːn] *v* tjene; fortjene

earnest [ˈəːnist] *n* alvor *nt*

earnings [ˈəːniŋz] *pl* inntekt *c*

earring [ˈiəriŋ] *n* øredobb *c*

earth [əːθ] *n* jord *c*; bakke *c*

earthenware [ˈəːθənweə] *n* steintøy *nt*

earthquake [ˈəːθkweik] *n* jordskjelv *c*/*nt*

ease [iːz] *n* letthet *c*, utvungenhet *c*; velbefinnende *nt*

east [iːst] *n* øst *c*

Easter [ˈiːstə] påske *c*

easterly [ˈiːstəli] *adj* østlig

eastern [ˈiːstən] *adj* østlig, østre

easy [ˈiːzi] *adj* lett; bekvem; **~ chair** lenestol *c*

easy-going [ˈiːziˌgouiŋ] *adj* avslappet

***eat** [iːt] *v* spise

eavesdrop [ˈiːvzdrɔp] *v* sniklytte

ebony [ˈebəni] *n* ibenholt *c*/*nt*

eccentric [ikˈsentrik] *adj* eksentrisk

echo [ˈekou] *n* (pl ~es) gjenlyd *c*, ekko *nt*

eclipse [iˈklips] *n* formørkelse *c*

economic [ˌiːkəˈnɔmik] *adj* økonomisk

economical [ˌiːkəˈnɔmikəl] *adj* økonomisk, sparsommelig

economist [iˈkɔnəmist] *n* økonom *c*

economize [iˈkɔnəmaiz] *v* spare

economy [iˈkɔnəmi] *n* økonomi *c*

ecstasy [ˈekstəzi] *n* ekstase *c*

Ecuador [ˈekwədɔː] Ecuador

Ecuadorian [ˌekwəˈdɔːriən] *n* ecuadorianer *c*

eczema [ˈeksimə] *n* eksem *c*/*nt*

edge [edʒ] *n* kant *c*

edible [ˈedibəl] *adj* spiselig

edition [iˈdiʃən] *n* utgave *c*; **morning ~** morgenutgave *c*

editor [ˈeditə] *n* redaktør *c*

educate ['edʒukeit] v *oppdra, utdanne

education [,edʒuˈkeiʃən] n utdannelse c; oppdragelse c

eel [i:l] n ål c

effect [iˈfekt] n effekt c, virkning c; v *frembringe; **in** ~ faktisk

effective [iˈfektiv] adj effektiv, virkningsfull

efficient [iˈfiʃənt] adj virkningsfull, effektiv

effort ['efət] n anstrengelse c; bestrebelse c; prestasjon c

egg [eg] n egg nt

egg-cup ['egkʌp] n eggeglass nt

eggplant ['egplɑ:nt] n aubergine c

egg-yolk ['egjouk] n eggeplomme c

egoistic [,egouˈistik] adj egoistisk

Egypt ['i:dʒipt] Egypt

Egyptian [iˈdʒipʃən] adj egyptisk; n egypter c

eiderdown ['aidədaun] n ederdun nt; dyne c

eight [eit] num åtte

eighteen [,eiˈti:n] num atten

eighteenth [,eiˈti:nθ] num attende

eighth [eitθ] num åttende

eighty ['eiti] num åtti

either ['aiðə] pron den ene eller den andre; **either ... or** enten ... eller

elaborate [iˈlæbəreit] v utdype

elastic [iˈlæstik] adj elastisk; tøyelig; ~ **band** strikk c

elasticity [,elæˈstisəti] n tøyelighet c

elbow ['elbou] n albue c

elder ['eldə] adj eldre

elderly ['eldəli] adj eldre

elect [iˈlekt] v *velge

election [iˈlekʃən] n valg nt

electric [iˈlektrik] adj elektrisk; ~ **cord** ledning c; ~ **razor** barbermaskin c

electrician [,ilekˈtriʃən] n elektriker c

electricity [,ilekˈtrisəti] n elektrisitet c

electronic [ilekˈtrɔnik] adj elektronisk

elegance ['eligəns] n eleganse c

elegant ['eligənt] adj elegant

element ['elimənt] n element nt, bestanddel c

elephant ['elifənt] n elefant c

elevator ['eliveitə] nAm heis c

eleven [iˈlevən] num elleve

eleventh [iˈlevənθ] num ellevte

elf [elf] n (pl elves) alv c

eliminate [iˈlimineit] v fjerne; avskaffe

elm [elm] n alm c

else [els] adv ellers

elsewhere [,elˈsweə] adv annetsteds

elucidate [iˈlu:sideit] v *klargjøre

emancipation [i,mænsiˈpeiʃən] n frigjøring c

embankment [imˈbæŋkmənt] n bredd c; demning c

embargo [emˈbɑ:gou] n (pl ~es) beslag nt; handelsforbud nt

embark [imˈbɑ:k] v *gå om bord

embarkation [,embɑːˈkeiʃən] n innskipning c

embarrass [imˈbærəs] v *gjøre brydd, *gjøre forlegen; sjenere; **embarrassed** brydd, forlegen; **embarrassing** pinlig

embassy ['embəsi] n ambassade c

emblem ['embləm] n emblem nt; symbol nt

embrace [imˈbreis] v omfavne; n omfavnelse c

embroider [imˈbrɔidə] v brodere

embroidery [imˈbrɔidəri] n broderi nt

emerald ['emərəld] n smaragd c

emergency [iˈmə:dʒənsi] n krisesituasjon c, nødstilfelle nt; ~ **exit** nødutgang c

emigrant ['emigrənt] n utvandrer c

emigrate ['emigreit] v utvandre

emigration [,emiˈgreiʃən] n emigrasjon c

emotion [i'mouʃən] n sinnsbevegelse c, følelse c

emperor ['empərə] n keiser c

emphasize ['emfəsaiz] v understreke

empire ['empaiə] n imperium nt, keiserdømme nt

employ [im'plɔi] v *ansette; anvende

employee [,emplɔi'i:] n lønnstaker c, ansatt c

employer [im'plɔiə] n arbeidsgiver c

employment [im'plɔimənt] n beskjeftigelse c, arbeid nt; ~ exchange arbeidsformidling c

empress ['empris] n keiserinne c

empty ['empti] adj tom; v tømme

enable [i'neibəl] v *sette i stand

enamel [i'næməl] n emalje c

enamelled [i'næməld] adj emaljert

enchanting [in'tʃɑ:ntiŋ] adj bedårende, henrivende

encircle [in'sə:kəl] v omringe, *omgi; innsirkle

enclose [in'klouz] v *vedlegge

enclosure [in'klouʒə] n vedlegg nt

encounter [in'kauntə] v møte; n møte nt

encourage [in'kʌridʒ] v oppmuntre

encyclopaedia [en,saiklə'pi:diə] n leksikon nt

end [end] n ende c, slutt c; v slutte; opphøre

ending ['endiŋ] n avslutning c

endless ['endləs] adj uendelig

endorse [in'dɔ:s] v endossere, *skrive bak på

endure [in'djuə] v *utholde

enemy ['enəmi] n fiende c

energetic [,enə'dʒetik] adj energisk

energy ['enədʒi] n energi c; kraft c

engage [in'geidʒ] v *ansette; bestille; forplikte seg; engaged forlovet; opptatt

engagement [in'geidʒmənt] n forlovelse c; forpliktelse c; avtale c; ~ ring forlovelsesring c

engine ['endʒin] n maskin c, motor c; lokomotiv nt

engineer [,endʒi'niə] n ingeniør c

England ['iŋglənd] England

English ['iŋgliʃ] adj engelsk

Englishman ['iŋgliʃmən] n (pl -men) engelskmann c

engrave [iŋ'greiv] v gravere

engraving [iŋ'greiviŋ] n trykk nt; kopperstikk nt

enigma [i'nigmə] n gåte c

enjoy [in'dʒɔi] v *nyte, *ha glede av

enjoyable [in'dʒɔiəbəl] adj behagelig, hyggelig, morsom; deilig

enjoyment [in'dʒɔimənt] n nytelse c

enlarge [in'lɑ:dʒ] v forstørre; utvide

enlargement [in'lɑ:dʒmənt] n forstørrelse c

enormous [i'nɔ:məs] adj enorm, kolossal

enough [i'nʌf] adv nok; adj tilstrekkelig

enquire [iŋ'kwaiə] v *forespørre; undersøke

enquiry [iŋ'kwaiəri] n forespørsel c; undersøkelse c; rundspørring c

enter ['entə] v *gå inn, *tre inn i; *innskrive

enterprise ['entəpraiz] n virksomhet c; driftighet c

entertain [,entə'tein] v *underholde, more; beverte

entertainer [,entə'teinə] n underholder c

entertaining [,entə'teiniŋ] adj morsom, underholdende

entertainment [,entə'teinmənt] n underholdning c, forlystelse c

enthusiasm [in'θju:ziæzəm] n entusiasme c

enthusiastic [in,θju:zi'æstik] adj entusiastisk

entire [in'taiə] adj hel

entirely [in'taiəli] *adv* helt

entrance ['entrəns] *n* inngang *c;* adgang *c;* inntreden *c*

entrance-fee ['entrənsfi:] *n* inngangspenger *pl*

entry ['entri] *n* inngang *c,* adgang *c;* innføring *c;* **no ~** adgang forbudt

envelope ['envəloup] *n* konvolutt *c*

envious ['enviəs] *adj* sjalu, misunnelig

environment [in'vaiərənmənt] *n* miljø *nt;* omgivelser *pl*

envoy ['envɔi] *n* sendemann *c*

envy ['envi] *n* misunnelse *c; v* misunne

epic ['epik] *n* epos *nt; adj* episk

epidemic [,epi'demik] *n* epidemi *c*

epilepsy ['epilepsi] *n* epilepsi *c*

epilogue ['epiləg] *n* epilog *c*

episode ['episoud] *n* episode *c*

equal ['i:kwəl] *adj* lik; *n* likemann *c; v* måle seg med

equality [i'kwɔləti] *n* likhet *c*

equalize ['i:kwəlaiz] *v* utjevne

equally ['i:kwəli] *adv* like

equator [i'kweitə] *n* ekvator *c*

equip [i'kwip] *v* utruste, utstyre

equipment [i'kwipmənt] *n* utstyr *nt*

equivalent [i'kwivələnt] *adj* motsvarende, tilsvarende

eraser [i'reizə] *n* viskelær *nt*

erect [i'rekt] *v* reise; *adj* oppreist, stående

err [ə:] *v* feile

errand ['erənd] *n* ærend *nt*

error ['erə] *n* feiltakelse *c,* feil *c*

escalator ['eskəleitə] *n* rulletrapp *c*

escape [i'skeip] *v* *unnslippe; *unngå, flykte; *n* flukt *c*

escort[1] ['eskɔ:t] *n* eskorte *c*

escort[2] [i'skɔ:t] *v* ledsage

especially [i'speʃəli] *adv* især, først og fremst

esplanade [,esplə'neid] *n* esplanade *c*

essay ['esei] *n* essay *nt;* stil *c,* avhandling *c*

essence ['esəns] *n* essens *c;* vesen *nt,* kjerne *c*

essential [i'senʃəl] *adj* uunnværlig; vesentlig

essentially [i'senʃəli] *adv* først og fremst

establish [i'stæbliʃ] *v* etablere; *fastslå

estate [i'steit] *n* eiendom *c*

esteem [i'sti:m] *n* aktelse *c,* respekt *c; v* akte

estimate[1] ['estimeit] *v* vurdere, taksere, *verdsette

estimate[2] ['estimət] *n* vurdering *c*

estuary ['estʃuəri] *n* elvemunning *c*

etcetera [et'setərə] og så videre

etching ['etʃiŋ] *n* radering *c*

eternal [i'tə:nəl] *adj* evig

eternity [i'tə:nəti] *n* evighet *c*

ether ['i:θə] *n* eter *c*

Ethiopia [iθi'oupiə] Etiopia

Ethiopian [iθi'oupiən] *adj* etiopisk; *n* etiopier *c*

Europe ['juərəp] Europa

European [,juərə'pi:ən] *adj* europeisk; *n* europeer *c*

evacuate [i'vækjueit] *v* evakuere

evaluate [i'væljueit] *v* vurdere

evaporate [i'væpəreit] *v* fordampe

even ['i:vən] *adj* jevn, like, plan; konstant; *adv* endog

evening ['i:vniŋ] *n* kveld *c;* **~ dress** selskapsantrekk *nt*

event [i'vent] *n* begivenhet *c*

eventual [i'ventʃuəl] *adj* mulig; endelig

ever ['evə] *adv* noen gang; alltid

every ['evri] *adj* hver

everybody ['evri,bɔdi] *pron* enhver

everyday ['evridei] *adj* daglig

everyone ['evriwʌn] *pron* enhver

everything ['evriθiŋ] *pron* alt

everywhere ['evriwɛə] *adv* overalt

evidence ['evidəns] *n* bevis *nt*

evident ['evidənt] *adj* tydelig

evil ['i:vəl] *n* onde *nt; adj* ondsinnet, ond

evolution [,i:və'lu:ʃən] *n* evolusjon *c*

exact [ig'zækt] *adj* nøyaktig

exactly [ig'zæktli] *adv* akkurat

exaggerate [ig'zædʒəreit] *v* *overdrive

examination [ig,zæmi'neiʃən] *n* eksamen *c;* undersøkelse *c;* forhør *nt*

examine [ig'zæmin] *v* undersøke

example [ig'zɑ:mpəl] *n* eksempel *nt;* **for** ~ for eksempel

excavation [,ekskə'veiʃən] *n* utgravning *c*

exceed [ik'si:d] *v* *overskride; *overgå

excel [ik'sel] *v* utmerke seg

excellent ['eksələnt] *adj* fremragende, utmerket

except [ik'sept] *prep* unntatt

exception [ik'sepʃən] *n* unntak *nt*

exceptional [ik'sepʃənəl] *adj* usedvanlig, enestående

excerpt ['eksə:pt] *n* utdrag *nt*

excess [ik'ses] *n* utskeielse *c;* overdrivelse *c*

excessive [ik'sesiv] *adj* overdreven

exchange [iks'tʃeindʒ] *v* bytte, veksle, utveksle; *n* bytte *nt;* børs *c;* ~ **office** vekslingskontor *nt;* ~ **rate** valutakurs *c*

excite [ik'sait] *v* opphisse

excitement [ik'saitmənt] *n* opphisselse *c;* spenning *c*

exciting [ik'saitiŋ] *adj* spennende

exclaim [ik'skleim] *v* *utbryte

exclamation [,eksklə'meiʃən] *n* utrop *nt*

exclude [ik'sklu:d] *v* utelukke

exclusive [ik'sklu:siv] *adj* eksklusiv

exclusively [ik'sklu:sivli] *adv* utelukkende

excursion [ik'skə:ʃən] *n* utflukt *c*

excuse[1] [ik'skju:s] *n* unnskyldning *c*

excuse[2] [ik'skju:z] *v* unnskylde

execute ['eksikju:t] *v* utføre

execution [,eksi'kju:ʃən] *n* henrettelse *c*

executioner [,eksi'kju:ʃənə] *n* bøddel *c*

executive [ig'zekjutiv] *adj* administrerende; *n* utøvende makt; direktør *c*

exempt [ig'zempt] *v* *frita; *adj* fritatt

exemption [ig'zempʃən] *n* fritakelse *c*

exercise ['eksəsaiz] *n* øvelse *c;* oppgave *c;* v øve; utøve

exhale [eks'heil] *v* puste ut

exhaust [ig'zɔ:st] *n* eksosrør *nt; v* utmatte; ~ **gases** eksos *c*

exhibit [ig'zibit] *v* utstille; fremvise, oppvise

exhibition [,eksi'biʃən] *n* utstilling *c*

exile ['eksail] *n* eksil *nt;* landflyktig *c*

exist [ig'zist] *v* eksistere

existence [ig'zistəns] *n* eksistens *c*

exit ['eksit] *n* utgang *c;* utkjørsel *c*

exotic [ig'zɔtik] *adj* eksotisk

expand [ik'spænd] *v* utvide; utbre; utfolde

expect [ik'spekt] *v* vente

expectation [,ekspek'teiʃən] *n* forventning *c*

expedition [,ekspə'diʃən] *n* ekspedisjon *c*

expel [ik'spel] *v* utvise

expenditure [ik'spenditʃə] *n* forbruk *nt*

expense [ik'spens] *n* utgift *c;* **expenses** *pl* omkostninger *pl*

expensive [ik'spensiv] *adj* dyr; kostbar

experience [ik'spiəriəns] *n* erfaring *c; v* oppleve, erfare; **experienced** erfaren

experiment [ik'sperimənt] *n* eksperi-

ment *nt*, forsøk *nt*; *v* eksperimente-
re

expert [ˈekspə:t] *n* fagmann *c*, ek-
spert *c*; *adj* sakkyndig

expire [ikˈspaiə] *v* *utløpe, opphøre;
utånde; **expired** utløpt

explain [ikˈsplein] *v* forklare

explanation [ˌekspləˈneiʃən] *n* forkla-
ring *c*

explicit [ikˈsplisit] *adj* tydelig, uttryk-
kelig

explode [ikˈsploud] *v* eksplodere

exploit [ikˈsplɔit] *v* utnytte

explore [ikˈsplɔ:] *v* utforske

explosion [ikˈsplouʒən] *n* eksplosjon *c*

explosive [ikˈsplousiv] *adj* eksplosiv; *n*
sprengstoff *nt*

export[1] [ikˈspɔ:t] *v* eksportere, utføre

export[2] [ˈekspɔ:t] *n* utførsel *c*

exportation [ˌekspɔ:ˈteiʃən] *n* utførsel
c

exports [ˈekspɔ:ts] *pl* eksport *c*

exposition [ˌekspəˈziʃən] *n* utstilling *c*

exposure [ikˈspouʒə] *n* utsatthet *c*;
eksponering *c*; ~ **meter** lysmåler *c*

express [ikˈspres] *v* uttrykke; *gi ut-
trykk for, ytre; *adj* ekspress-; ut-
trykkelig; ~ **train** hurtigtog *nt*

expression [ikˈspreʃən] *n* uttrykk *nt*

exquisite [ikˈskwizit] *adj* utsøkt

extend [ikˈstend] *v* forlenge; utvide;
bevilge

extension [ikˈstenʃən] *n* forlengelse *c*;
utvidelse *c*; linje *c*; ~ **cord** skjøte-
ledning *c*

extensive [ikˈstensiv] *adj* omfangsrik;
utstrakt, omfattende

extent [ikˈstent] *n* omfang *nt*

exterior [ekˈstiəriə] *adj* ytre; *n* utside
c

external [ekˈstə:nəl] *adj* utvendig

extinguish [ikˈstingwiʃ] *v* slokke

extort [ikˈstɔ:t] *v* utpresse

extortion [ikˈstɔ:ʃən] *n* utpressing *c*

extra [ˈekstrə] *adj* ekstra

extract[1] [ikˈstrækt] *v* *trekke ut

extract[2] [ˈekstrækt] *n* utdrag *nt*

extradite [ˈekstrədait] *v* utlevere en
forbryter

extraordinary [ikˈstrɔ:dənri] *adj* used-
vanlig

extravagant [ikˈstrævəgənt] *adj* ek-
stravagant, overdreven

extreme [ikˈstri:m] *adj* ekstrem; yt-
terst, ytterlig; *n* ytterlighet *c*

exuberant [igˈzju:bərənt] *adj* over-
strømmende

eye [ai] *n* øye *nt*

eyebrow [ˈaibrau] *n* øyenbryn *nt*

eyelash [ˈailæʃ] *n* øyenvippe *c*

eyelid [ˈailid] *n* øyenlokk *nt*

eye-pencil [ˈaiˌpensəl] *n* øyenblyant *c*

eye-shadow [ˈaiˌʃædou] *n* øyenskygge
c

eye-witness [ˈaiˌwitnəs] *n* øyenvitne
nt

F

fable [ˈfeibəl] *n* fabel *c*; sagn *nt*

fabric [ˈfæbrik] *n* stoff *nt*; struktur *c*

façade [fəˈsa:d] *n* fasade *c*

face [feis] *n* ansikt *nt*; *v* konfrontere;
~ **massage** ansiktsmassasje *c*;
facing overfor

face-cream [ˈfeiskri:m] *n* ansiktskrem
c

face-pack [ˈfeispæk] *n* ansiktsmaske *c*

face-powder [ˈfeisˌpaudə] *n* ansikts-
pudder *nt*

facilities [fəˈsilətis] *pl* bekvemmelig-
heter *pl*

facility [fəˈsiləti] *n* letthet *c*; ferdighet
c

fact [fækt] *n* kjensgjerning *c*; **in** ~
faktisk

factor ['fæktə] n faktor c
factory ['fæktəri] n fabrikk c
factual ['fæktʃuəl] adj faktisk
faculty ['fækəlti] n evne c; begavelse c, anlegg nt; fakultet nt
fad [fæd] n nykke nt; motelune nt
fade [feid] v blekne, falme
faience [fai'ã:s] n fajanse c
fail [feil] v mislykkes; mangle; forsømme; dumpe, *stryke; without ~ helt sikkert
failure ['feiljə] n fiasko c
faint [feint] v besvime; adj svak, vag
fair [feə] n basar c; varemesse c; adj rettferdig; lyshåret, blond; vakker
fairly ['feəli] adv nokså, temmelig, ganske
fairy ['feəri] n fe c
fairytale ['feəriteil] n eventyr nt
faith [feiθ] n tro c; tillit c
faithful ['feiθful] adj trofast
fake [feik] n forfalskning c
fall [fɔ:l] n fall nt; høst c
*fall [fɔ:l] v *falle
false [fɔ:ls] adj falsk; gal, uekte; ~ teeth gebiss nt
falter ['fɔ:ltə] v vakle; stamme
fame [feim] n berømmelse c; rykte c
familiar [fə'miljə] adj velkjent; fortrolig
family ['fæməli] n familie c; slekt c; ~ name etternavn nt
famous ['feiməs] adj berømt
fan [fæn] n vifte c; beundrer c; ~ belt vifterem c
fanatical [fə'nætikəl] adj fanatisk
fancy ['fænsi] v *ha lyst til, like; tenke seg, forestille seg; n lune nt; fantasi c
fantastic [fæn'tæstik] adj fantastisk
fantasy ['fæntəzi] n fantasi c
far [fɑ:] adj fjern; adv meget; by ~ uten sammenligning; so ~ hittil
far-away ['fɑ:rəwei] adj fjern

farce [fɑ:s] n farse c
fare [feə] n billettpris c; kost c
farm [fɑ:m] n bondegård c
farmer ['fɑ:mə] n bonde c; farmer's wife bondekone c
farmhouse ['fɑ:mhaus] n våningshus nt
far-off ['fɑ:rɔf] adj fjern
fascinate ['fæsineit] v fengsle, fjetre
fascism ['fæʃizəm] n fascisme c
fascist ['fæʃist] adj fascistisk; n fascist c
fashion ['fæʃən] n mote c; måte c
fashionable ['fæʃənəbəl] adj moderne
fast [fɑ:st] adj rask, hurtig; fast
fast-dyed [,fɑ:st'daid] adj fargeekte, vaskeekte
fasten ['fɑ:sən] v feste; stenge
fastener ['fɑ:sənə] n festeinnretning c
fat [fæt] adj tykk, fet; n fett nt
fatal ['feitəl] adj dødelig, skjebnesvanger, fatal
fate [feit] n skjebne c
father ['fɑ:ðə] n far c; pater c
father-in-law ['fɑ:ðərinlɔ:] n (pl fathers-) svigerfar c
fatherland ['fɑ:ðələnd] n fedreland nt
fatigue [fə'ti:g] n utmattelse c, tretthet c
fatness ['fætnəs] n fedme c
fatty ['fæti] adj fettholdig
faucet ['fɔ:sit] nAm vannkran c
fault [fɔ:lt] n feil c, defekt c
faultless ['fɔ:ltləs] adj feilfri; perfekt
faulty ['fɔ:lti] adj defekt, mangelfull
favour ['feivə] n tjeneste c; v privilegere, begunstige
favourable ['feivərəbəl] adj gunstig
favourite ['feivərit] n favoritt c, yndling c; adj yndlings-
fawn [fɔ:n] adj gulbrun; n dåkalv c
fear [fiə] n frykt c, engstelse c; v frykte
feasible ['fi:zəbəl] adj mulig, gjen-

nomførbart

feast [fi:st] *n* fest *c*

feat [fi:t] *n* prestasjon *c*

feather ['feðə] *n* fjær *c*

feature ['fi:tʃə] *n* kjennemerke *nt*; ansiktstrekk *nt*

February ['februəri] februar

federal ['fedərəl] *adj* forbunds-

federation [ˌfedə'reiʃən] *n* forbundsstat *c*

fee [fi:] *n* honorar *nt*; gebyr *nt*

feeble ['fi:bəl] *adj* svak

***feed** [fi:d] *v* mate; **fed up with** lei av

***feel** [fi:l] *v* føle; føle på; ~ **like** *ha lyst til

feeling ['fi:liŋ] *n* følelse *c*

fell [fel] *v* (p fall)

fellow ['felou] *n* fyr *c*

felt[1] [felt] *n* filt *c*

felt[2] [felt] *v* (p, pp feel)

female ['fi:meil] *adj* hunn-

feminine ['feminin] *adj* feminin

fence [fens] *n* gjerde *nt*; stakitt *nt*; *v* fekte

fender ['fendə] *n* støtdemper *c*

ferment [fə:'ment] *v* gjære

ferry-boat ['feribout] *n* ferje *c*

fertile ['fə:tail] *adj* fruktbar

festival ['festivəl] *n* festival *c*

festive ['festiv] *adj* festlig

fetch [fetʃ] *v* hente; *innbringe

feudal ['fju:dəl] *adj* føydal

fever ['fi:və] *n* feber *c*

feverish ['fi:vəriʃ] *adj* feberaktig

few [fju:] *adj* få

fiancé [fi'ã:sei] *n* forlovede *c*

fiancée [fi'ã:sei] *n* forlovede *c*

fibre ['faibə] *n* fiber *c*

fiction ['fikʃən] *n* skjønnlitteratur *c*, oppdiktning *c*

field [fi:ld] *n* mark *c*, åker *c*; felt *nt*; ~ **glasses** feltkikkert *c*

fierce [fiəs] *adj* vill; heftig

fifteen [ˌfif'ti:n] *num* femten

fifteenth [ˌfif'ti:nθ] *num* femtende

fifth [fifθ] *num* femte

fifty ['fifti] *num* femti

fig [fig] *n* fiken *c*

fight [fait] *n* strid *c*, kamp *c*

***fight** [fait] *v* kjempe, *slåss

figure ['figə] *n* skikkelse *c*, figur *c*; tall *nt*

file [fail] *n* kartotek *nt*, fil *c*; dokumentsamling *c*; rekke *c*

Filipino [ˌfili'pi:nou] *n* filippiner *c*

fill [fil] *v* fylle; ~ **in** fylle ut; **filling station** bensinstasjon *c*; ~ **out** *Am* fylle ut; ~ **up** fylle opp

filling ['filiŋ] *n* plombe *c*; fyll *nt*

film [film] *n* film *c*; *v* filme

filter ['filtə] *n* filter *nt*

filthy ['filθi] *adj* skitten

final ['fainəl] *adj* endelig

finance [fai'næns] *v* finansiere

finances [fai'nænsiz] *pl* finanser *pl*

financial [fai'nænʃəl] *adj* finansiell

finch [fintʃ] *n* finke *c*

***find** [faind] *v* *finne

fine [fain] *n* mulkt *c*; *adj* fin; pen; skjønn, utmerket; ~ **arts** skjønne kunster

finger ['fiŋgə] *n* finger *c*; **little** ~ lillefinger *c*

fingerprint ['fiŋgəprint] *n* fingeravtrykk *nt*

finish ['finiʃ] *v* fullende, avslutte, slutte; opphøre; *n* slutt *c*; mållinje *c*; **finished** ferdig

Finland ['finlənd] Finland

Finn [fin] *n* finne *c*

Finnish ['finiʃ] *adj* finsk

fire [faiə] *n* ild *c*; brann *c*; *v* *skyte; avskjedige

fire-alarm ['faiərəˌlɑ:m] *n* brannalarm *c*

fire-brigade ['faiəbriˌgeid] *n* brannvesen *nt*

fire-escape ['faiəri,skeip] n branntrapp c

fire-extinguisher ['faiərik,stiŋgwiʃə] n brannslokker c

fireplace ['faiəpleis] n peis c

fireproof ['faiəpru:f] adj brannsikker; ildfast

firm [fə:m] adj fast; solid; n firma nt

first [fə:st] num første; **at** ~ først; **i begynnelsen**; ~ **name** fornavn nt

first-aid [,fə:st'eid] n førstehjelp c; ~ **kit** førstehjelpsutstyr nt; ~ **post** førstehjelpsstasjon c

first-class [,fə:st'kla:s] adj førsteklasses

first-rate [,fə:st'reit] adj førsteklasses, førsterangs

fir-tree ['fə:tri:] n nåletre nt, gran c

fish¹ [fiʃ] n (pl ~, ~es) fisk c; ~ **shop** fiskeforretning c

fish² [fiʃ] v fiske; **fishing gear** fiskeutstyr nt; **fishing hook** fiskekrok c; **fishing industry** fiskeri nt; **fishing licence** fiskekort nt; **fishing line** fiskesnøre nt; **fishing net** fiskegarn nt; **fishing rod** fiskestang c; **fishing tackle** fiskeredskap c

fishbone ['fiʃboun] n fiskebein nt

fisherman ['fiʃəmən] n (pl -men) fisker c

fist [fist] n knyttneve c

fit [fit] adj egnet; n anfall nt; v passe; **fitting room** prøverom nt

five [faiv] num fem

fix [fiks] v reparere, ordne

fixed [fikst] adj fast

fizz [fiz] n brusing c

flag [flæg] n flagg nt

flame [fleim] n flamme c

flamingo [flə'miŋgou] n (pl ~s, ~es) flamingo c

flannel ['flænəl] n flanell c

flash [flæʃ] n glimt nt

flash-bulb ['flæʃbʌlb] n blitzlampe c

flash-light ['flæʃlait] n lommelykt c

flask [fla:sk] n flaske c; **thermos** ~ termosflaske c

flat [flæt] adj flat, plan; n leilighet c; ~ **tyre** punktering c

flavour ['fleivə] n smak c; v *sette smak på

flaw [flɔ:] n sprekk c; svakhet c

fleet [fli:t] n flåte c

flesh [fleʃ] n kjøtt nt

flew [flu:] v (p fly)

flex [fleks] n ledning c; v bøye

flexible ['fleksibəl] adj bøyelig

flight [flait] n flytur c; **charter** ~ charterflygning c

flint [flint] n flintstein c

float [flout] v *flyte; n flottør c

flock [flɔk] n flokk c

flood [flʌd] n oversvømmelse c; flo c

floor [flɔ:] n gulv nt; etasje c; **first** ~ annen etasje; Am første etasje; ~ **show** floor-show c

florist ['flɔrist] n blomsterhandler c

flour [flauə] n mel nt

flow [flou] v strømme, *flyte

flower [flauə] n blomst c

flowerbed ['flauəbed] n blomsterbed nt

flower-shop ['flauəʃɔp] n blomsterforretning c

flown [floun] v (pp fly)

flu [flu:] n influensa c

fluent ['flu:ənt] adj flytende

fluid ['flu:id] adj flytende; n væske c

flute [flu:t] n fløyte c

fly [flai] n flue c; buksesmekk c

***fly** [flai] v *fly

foam [foum] n skum nt; v skumme

foam-rubber ['foum,rʌbə] n skumgummi c

focus ['foukəs] n brennpunkt nt

fog [fɔg] n tåke c

foggy ['fɔgi] adj tåket

foglamp ['fɔglæmp] n tåkelykt c

fold [fould] v brette, folde; folde sammen; n fold c

folk [fouk] n folk nt; ~ song folkevise c

folk-dance ['foukda:ns] n folkedans c

folklore ['fouklɔ:] n folklore c

follow ['fɔlou] v *følge; following adj neste, følgende

*be fond of [bi: fɔnd ɔv] like

food [fu:d] n mat c; føde c; ~ poisoning matforgiftning c

foodstuffs ['fu:dstʌfs] pl matvarer pl

fool [fu:l] n tosk c, tåpe c; v narre

foolish ['fu:liʃ] adj fjollet, tåpelig; dum

foot [fut] n (pl feet) fot c; ~ powder fotpudder nt; on ~ til fots

football ['futbɔ:l] n fotball c; ~ match fotballkamp c

foot-brake ['futbreik] n fotbrems c

footpath ['futpɑ:θ] n gangsti c

footwear ['futwea] n skotøy nt

for [fɔ:, fə] prep til; i; på grunn av, av, for; conj for

*forbid [fə'bid] v *forby

force [fɔ:s] v *tvinge; forsere; n kraft c, styrke c; vold c; by ~ nødtvunget; driving ~ drivkraft c

ford [fɔ:d] n vadested nt

forecast ['fɔ:kɑ:st] n varsel nt; v *forutsi, varsle

foreground ['fɔ:graund] n forgrunn c

forehead ['fɔred] n panne c

foreign ['fɔrin] adj utenlandsk; fremmed

foreigner ['fɔrinə] n utlending c

foreman ['fɔ:mən] n (pl -men) formann c

foremost ['fɔ:moust] adj fremst, forrest

foresail ['fɔ:seil] n fokk c

forest ['fɔrist] n skog c

forester ['fɔristə] n forstmann c

forge [fɔ:dʒ] v forfalske

*forget [fə'get] v glemme

forgetful [fə'getful] adj glemsom

*forgive [fə'giv] v *tilgi

fork [fɔ:k] n gaffel c; skillevei c; v dele seg

form [fɔ:m] n form c; blankett c; klasse c; v forme

formal ['fɔ:məl] adj formell

formality [fɔ:'mæləti] n formalitet c

former ['fɔ:mə] adj forhenværende; tidligere; formerly før i tiden

formula ['fɔ:mjulə] n (pl ~e, ~s) formel c

fort [fɔ:t] n fort nt

fortnight ['fɔ:tnait] n fjorten dager

fortress ['fɔ:tris] n festning c

fortunate ['fɔ:tʃənət] adj heldig

fortune ['fɔ:tʃu:n] n formue c; skjebne c, lykke c

forty ['fɔ:ti] num førti

forward ['fɔ:wəd] adv frem, fremad; v ettersende

foster-parents ['fɔstə,peərənts] pl pleieforeldre pl

fought [fɔ:t] v (p, pp fight)

foul [faul] adj skitten; gemen

found¹ [faund] v (p, pp find)

found² [faund] v *grunnlegge, opprette, stifte

foundation [faun'deiʃən] n stiftelse c; ~ cream underlagskrem c

fountain ['fauntin] n springvann nt; kilde c

fountain-pen ['fauntinpen] n fyllepenn c

four [fɔ:] num fire

fourteen [,fɔ:'ti:n] num fjorten

fourteenth [,fɔ:'ti:nθ] num fjortende

fourth [fɔ:θ] num fjerde

fowl [faul] n (pl ~s, ~) fjærkre nt

fox [fɔks] n rev c

foyer ['fɔiei] n foajé c

fraction ['frækʃən] n brøkdel c

fracture ['fræktʃə] v *brekke; n brudd

nt

fragile ['frædʒail] *adj* skjør; skrøpelig

fragment ['frægmənt] *n* bruddstykke *nt*; stykke *nt*

frame [freim] *n* ramme *c*; innfatning *c*

France [frɑ:ns] Frankrike

franchise ['fræntʃaiz] *n* stemmerett *c*

frank [fræŋk] *adj* oppriktig

fraternity [frə'tə:nəti] *n* brorskap *c/nt*

fraud [frɔ:d] *n* bedrageri *nt*

fray [frei] *v* trevle opp

free [fri:] *adj* fri; gratis; ~ **of charge** gratis; ~ **ticket** fribillett *c*

freedom ['fri:dəm] *n* frihet *c*

***freeze** [fri:z] *v* *fryse; fryse

freezing ['fri:ziŋ] *adj* iskald

freezing-point ['fri:ziŋpoint] *n* frysepunkt *nt*

freight [freit] *n* last *c*, frakt *c*

freight-train ['freittrein] *nAm* godstog *nt*

French [frentʃ] *adj* fransk

Frenchman ['frentʃmən] *n* (pl -men) franskmann *c*

frequency ['fri:kwənsi] *n* frekvens *c*; hyppighet *c*

frequent ['fri:kwənt] *adj* stadig, hyppig; **frequently** ofte

fresh [freʃ] *adj* fersk; forfriskende; ~ **water** ferskvann *nt*

friction ['frikʃən] *n* friksjon *c*

Friday ['fraidi] fredag *c*

fridge [fridʒ] *n* kjøleskap *nt*

friend [frend] *n* venn *c*; venninne *c*

friendly ['frendli] *adj* vennlig; vennskapelig

friendship ['frendʃip] *n* vennskap *nt*

fright [frait] *n* skrekk *c*, angst *c*

frighten ['fraitən] *v* forskrekke

frightened ['fraitənd] *adj* skremt; ***be** ~ *bli forskrekket

frightful ['fraitfəl] *adj* forferdelig, forskrekkelig

fringe [frindʒ] *n* frynse *c*

frock [frɔk] *n* kjole *c*

frog [frɔg] *n* frosk *c*

from [frɔm] *prep* fra; av; fra og med

front [frʌnt] *n* forside *c*; **in** ~ **of** foran

frontier ['frʌntiə] *n* grense *c*

frost [frɔst] *n* frost *c*

froth [frɔθ] *n* skum *nt*

frozen ['frouzən] *adj* frossen; ~ **food** dypfryst mat

fruit [fru:t] *n* frukt *c*

fry [frai] *v* steke

frying-pan ['fraiiŋpæn] *n* stekepanne *c*

fuel ['fju:əl] *n* brensel *nt*; bensin *c*; ~ **pump** *Am* bensinpumpe *c*

full [ful] *adj* full; ~ **board** full pensjon; ~ **stop** punktum *nt*; ~ **up** fullsatt

fun [fʌn] *n* moro *c*, gøy *c/nt*

function ['fʌŋkʃən] *n* funksjon *c*

fund [fʌnd] *n* fond *nt*

fundamental [,fʌndə'mentəl] *adj* fundamental

funeral ['fju:nərəl] *n* begravelse *c*

funnel ['fʌnəl] *n* trakt *c*

funny ['fʌni] *adj* pussig, komisk; merkelig

fur [fə:] *n* pels *c*; ~ **coat** pelskåpe *c*; **furs** pelsverk *nt*

furious ['fjuəriəs] *adj* rasende

furnace ['fə:nis] *n* ovn *c*

furnish ['fə:niʃ] *v* forsyne, skaffe; møblere, innrette; ~ **with** forsyne med

furniture ['fə:nitʃə] *n* møbler *pl*

furrier ['fʌriə] *n* buntmaker *c*

further ['fə:ðə] *adj* videre; ytterligere

furthermore ['fə:ðəmɔ:] *adv* dessuten

furthest ['fə:ðist] *adj* fjernest; lengst

fuse [fju:z] *n* sikring *c*; lunte *c*

fuss [fʌs] *n* bråk *nt*; oppstyr *nt*, mas *nt*

future ['fju:tʃə] *n* fremtid *c*; *adj* fremtidig

G

gable ['geibəl] *n* gavl *c*

gadget ['gædʒit] *n* innretning *c*, tingest *c*

gaiety ['geiəti] *n* munterhet *c*, lystighet *c*

gain [gein] *v* *vinne; *n* fortjeneste *c*

gait [geit] *n* gangart *c*

gale [geil] *n* storm *c*

gall [gɔːl] *n* galle *c*; ~ **bladder** galleblære *c*

gallery ['gæləri] *n* galleri *nt*; kunstgalleri *nt*

gallop ['gæləp] *n* galopp *c*

gallows ['gæləuz] *pl* galge *c*

gallstone ['gɔːlstoun] *n* gallestein *c*

game [geim] *n* spill *nt*; vilt *nt*; ~ **reserve** viltreservat *nt*

gang [gæŋ] *n* bande *c*; gjeng *c*

gangway ['gæŋwei] *n* landgang *c*

gaol [dʒeil] *n* fengsel *nt*

gap [gæp] *n* åpning *c*

garage ['gæraːʒ] *n* garasje *c*; *v* *sette i garasje

garbage ['gɑːbidʒ] *n* avfall *nt*, søppel *nt*

garden ['gɑːdən] *n* hage *c*; **public** ~ offentlig parkanlegg; **zoological gardens** zoologisk hage

gardener ['gɑːdənə] *n* gartner *c*

gargle ['gɑːgəl] *v* gurgle

garlic ['gɑːlik] *n* hvitløk *c*

garment [ˌgɑːmənt] *n* klesplagg *nt*

gas [gæs] *n* gass *c*; bensin *c*; ~ **cooker** gasskomfyr *c*; ~ **pump** *Am* bensinpumpe *c*; ~ **station** bensinstasjon *c*; ~ **stove** gasovn *c*

gasoline ['gæsəliːn] *nAm* bensin *c*

gastric ['gæstrik] *adj* mage-; ~ **ulcer** magesår *nt*

gasworks ['gæswəːks] *n* gassverk *nt*

gate [geit] *n* port *c*; grind *c*

gather ['gæðə] *v* samle; samles; høste

gauge [geidʒ] *n* måleinstrument *nt*

gauze [gɔːz] *n* gas *c*

gave [geiv] *v* (p give)

gay [gei] *adj* munter; fargerik

gaze [geiz] *v* stirre

gazetteer [ˌgæzə'tiə] *n* geografisk leksikon

gear [giə] *n* gir *nt*; utstyr *nt*; **change** ~ skifte gir; ~ **lever** girstang *c*

gear-box ['giəbɔks] *n* girkasse *c*

gem [dʒem] *n* edelsten *c*, juvel *c*; klenodie *nt*

gender ['dʒendə] *n* kjønn *nt*

general ['dʒenərəl] *adj* generell; *n* general *c*; ~ **practitioner** almenpraktiserende lege; **in** ~ som regel

generate ['dʒenəreit] *v* *frembringe

generation [ˌdʒenə'reiʃən] *n* generasjon *c*

generator ['dʒenəreitə] *n* generator *c*

generosity [ˌdʒenə'rɔsəti] *n* gavmildhet *c*

generous ['dʒenərəs] *adj* gavmild

genital ['dʒenitəl] *adj* kjønns-

genius ['dʒiːniəs] *n* geni *nt*

gentle ['dʒentəl] *adj* mild; lett, øm; forsiktig

gentleman ['dʒentəlmən] *n* (pl -men) herre *c*

genuine ['dʒenjuin] *adj* ekte

geography [dʒi'bgrəfi] *n* geografi *c*

geology [dʒi'ɔlədʒi] *n* geologi *c*

geometry [dʒi'ɔmətri] *n* geometri *c*

germ [dʒəːm] *n* basill *c*; kim *c*

German ['dʒəːmən] *adj* tysk; *n* tysker *c*

Germany ['dʒəːməni] Tyskland

gesticulate [dʒi'stikjuleit] *v* gestikulere

get-together sammenkomst *c*

*get [get] v *få; hente; *bli; ~ back *gå tilbake; ~ off *stige av; ~ on *stige på; *gjøre fremskritt; ~ up *stå opp

ghost [goust] n spøkelse nt; ånd c

giant [ˈdʒaiənt] n kjempe c

giddiness [ˈgidinəs] n svimmelhet c

giddy [ˈgidi] adj svimmel

gift [gift] n presang c, gave c; evne c

gifted [ˈgiftid] adj begavet

gigantic [dʒaiˈgæntik] adj enorm

giggle [ˈgigəl] v fnise

gill [gil] n gjelle c

gilt [gilt] adj forgylt

ginger [ˈdʒindʒə] n ingefær c

gipsy [ˈdʒipsi] n sigøyner c

girdle [ˈgəːdəl] n hofteholder c

girl [gəːl] n pike c; ~ guide pikespei- der c

*give [giv] v *gi; *overrekke; ~ away røpe; ~ in *gi seg, *gi etter; ~ up *oppgi, *gi opp

glacier [ˈglæsiə] n isbre c

glad [glæd] adj fornøyd, glad; gladly med glede, gjerne

gladness [ˈglædnəs] n glede c

glamorous [ˈglæmərəs] adj betagende, fortryllende

glamour [ˈglæmə] n sjarm c

glance [glɑːns] n blikk nt; v kaste et blikk

gland [glænd] n kjertel c

glare [gleə] n skarpt lys; skinn nt

glaring [ˈgleəriŋ] adj blendende

glass [glɑːs] n glass nt; glass-; glass- es briller pl; magnifying ~ for- størrelsesglass nt

glaze [gleiz] v glasere

glen [glen] n fjelldal c

glide [glaid] v *gli

glider [ˈglaidə] n glidefly nt

glimpse [glimps] n glimt nt; v skimte

global [ˈgloubəl] adj verdensomfat- tende

globe [gloub] n globus c, jordklode c

gloom [gluːm] n mørke nt

gloomy [ˈgluːmi] adj dyster

glorious [ˈglɔːriəs] adj strålende

glory [ˈglɔːri] n ære c, berømmelse c; ros c, heder c

gloss [glɔs] n glans c

glossy [ˈglɔsi] adj blank

glove [glʌv] n hanske c

glow [glou] v gløde; n glød c

glue [gluː] n lim nt

*go [gou] v *gå; reise; ~ ahead *fortsette; ~ away reise bort; ~ back vende tilbake; ~ home *gå hjem; ~ in *gå inn; ~ on *fortset- te, *gå videre; ~ out *gå ut; ~ through *gjennomgå, *gå igjen- nom

goal [goul] n mål nt

goalkeeper [ˈgoulˌkiːpə] n målmann c

goat [gout] n geitebukk c, geit c

god [gɔd] n gud c

goddess [ˈgɔdis] n gudinne c

godfather [ˈgɔdˌfɑːðə] n gudfar c; fad- der c

goggles [ˈgɔgəlz] pl dykkerbriller pl, snøbriller pl

gold [gould] n gull nt; ~ leaf blad- gull nt

golden [ˈgouldən] adj gyllen

goldmine [ˈgouldmain] n gullgruve c

goldsmith [ˈgouldsmiθ] n gullsmed c

golf [gɔlf] n golf c

golf-club [ˈgɔlfklʌb] n golfkølle c; golfklubb c

golf-course [ˈgɔlfkɔːs] n golfbane c

golf-links [ˈgɔlfliŋks] n golfbane c

gondola [ˈgɔndələ] n gondol c

gone [gɔn] adv (pp go) borte

good [gud] adj bra, god; snill, lydig

good-bye! [ˌgudˈbai] adjø!

good-humoured [ˌgudˈhjuːməd] adj godlyndt

good-looking [ˌgudˈlukiŋ] adj pen

good-natured [ˌgudˈneitʃəd] adj godmodig

goods [gudz] pl varer pl; ~ train godstog nt

good-tempered [ˌgudˈtempəd] adj godmodig

goodwill [ˌgudˈwil] n godvilje c

goose [guːs] n (pl geese) gås c

gooseberry [ˈguzbəri] n stikkelsbær nt

goose-flesh [ˈguːsfleʃ] n gåsehud c

gorge [gɔːdʒ] n kløft c; v proppe seg

gorgeous [ˈgɔːdʒəs] adj praktfull

gospel [ˈgɔspəl] n evangelium nt

gossip [ˈgɔsip] n sladder c; v sladre

got [gɔt] v (p, pp get)

gourmet [ˈguəmei] n feinschmecker c

gout [gaut] n gikt c

govern [ˈgʌvən] v regjere

governess [ˈgʌvənis] n guvernante c

government [ˈgʌvənmənt] n styre nt, regjering c

governor [ˈgʌvənə] n guvernør c

gown [gaun] n kjole c

grace [greis] n ynde c; nåde c

graceful [ˈgreisfəl] adj yndig, grasiøs

grade [greid] n grad c; klasse c, v klassifisere; gradere

gradient [ˈgreidiənt] n helling c

gradual [ˈgrædʒuəl] adj gradvis

graduate [ˈgrædʒueit] v *ta avsluttende eksamen

grain [grein] n korn nt

gram [græm] n gram nt

grammar [ˈgræmə] n grammatikk c

grammatical [grəˈmætikəl] adj grammatisk

gramophone [ˈgræməfoun] n grammofon c

grand [grænd] adj storartet

granddad [ˈgrændæd] n bestefar c

granddaughter [ˈgrænˌdɔːtə] n datterdatter c, sønnedatter c

grandfather [ˈgrænˌfɑːðə] n farfar c;

bestefar c, morfar c

grandmother [ˈgrænˌmʌðə] n farmor c; mormor c, bestemor c

grandparents [ˈgrænˌpeərənts] pl besteforeldre pl

grandson [ˈgrænsʌn] n sønnesønn c, dattersønn c

granite [ˈgrænit] n granitt c

grant [grɑːnt] v bevilge; innvilge; n stipend nt, tilskudd nt

grapefruit [ˈgreipfruːt] n grapefrukt c

grapes [greips] pl druer pl

graph [græf] n diagram nt

graphic [ˈgræfik] adj grafisk

grasp [grɑːsp] v *gripe; n grep nt

grass [grɑːs] n gress nt

grasshopper [ˈgrɑːsˌhɔpə] n gresshoppe c

grate [greit] n rist c; v raspe

grateful [ˈgreitfəl] adj takknemlig

grater [ˈgreitə] n rivjern nt; rasp c

gratis [ˈgrætis] adj gratis

gratitude [ˈgrætitjuːd] n takknemlighet c

gratuity [grəˈtjuːəti] n drikkepenger pl

grave [greiv] n grav c; adj alvorlig

gravel [ˈgrævəl] n grus c

gravestone [ˈgreivstoun] n gravstein c

graveyard [ˈgreivjɑːd] n kirkegård c

gravity [ˈgrævəti] n tyngdekraft c; alvor nt

gravy [ˈgreivi] n sjy c; saus c

graze [greiz] v beite; n skrubbsår nt

grease [griːs] n fett nt; v *smøre

greasy [ˈgriːsi] adj fettet

great [greit] adj stor; Great Britain Storbritannia

Greece [griːs] Hellas

greed [griːd] n griskhet c

greedy [ˈgriːdi] adj grisk; grådig

Greek [griːk] adj gresk; n greker c

green [griːn] adj grønn; ~ card grønt kort

greengrocer ['gri:nˌgrousə] n grønn-
sakhandler c
greenhouse ['gri:nhaus] n drivhus nt
greens [gri:nz] pl grønnsaker pl
greet [gri:t] v hilse
greeting ['gri:tiŋ] n hilsen c
grey [grei] adj grå
greyhound ['greihaund] n mynde c
grief [gri:f] n sorg c; smerte c
grieve [gri:v] v sørge
grill [gril] n grill c; v grille
grill-room ['grilru:m] n grillrom nt
grin [grin] v glise, smile bredt; n glis
c
*****grind** [graind] v male; finmale
grip [grip] v *gripe; n grep nt, tak c
grit [grit] n grus c; fasthet c
groan [groun] v stønne
grocer ['grousə] n matvarehandler c;
grocer's matvareforretning c
groceries ['grousəriz] pl kolonialvarer
pl
groin [grɔin] n lyske c
groove [gru:v] n fure c
gross¹ [grous] n (pl ~) gross nt
gross² [grous] adj grov; brutto
grotto ['grɔtou] n (pl ~es, ~s) grot-
te c
ground¹ [graund] n jord c, grunn c;
~ **floor** første etasje; **grounds**
tomt c
ground² [graund] v (p, pp grind)
group [gru:p] n gruppe c
grouse [graus] n (pl ~) rype c
grove [grouv] n lund c
*****grow** [grou] v vokse; dyrke; *bli
growl [graul] v brumme
grown-up ['grounʌp] adj voksen; n
voksen c
growth [grouθ] n vekst c; svulst c
grudge [grʌdʒ] v misunne
grumble ['grʌmbəl] v knurre, klage
guarantee [ˌgærən'ti:] n garanti c;
kausjon c; v garantere

guarantor [ˌgærən'tɔ:] n kausjonist c
guard [gɑ:d] n vakt c; v bevokte
guardian ['gɑ:diən] n formynder c
guess [ges] v gjette; *anta; n for-
modning c
guest [gest] n gjest c
guest-house ['gesthaus] n pensjonat
nt
guest-room ['gestru:m] n gjesteværel-
se nt
guide [gaid] n guide c; v vise vei
guidebook ['gaidbuk] n reisehåndbok
c
guide-dog ['gaiddɔg] n førerhund c
guilt [gilt] n skyld c
guilty ['gilti] adj skyldig
guinea-pig ['ginipig] n marsvin nt;
forsøksdyr nt
guitar [gi'tɑ:] n gitar c
gulf [gʌlf] n golf c; vik c
gull [gʌl] n måke c
gum [gʌm] n tannkjøtt nt; gummi c;
lim nt
gun [gʌn] n revolver, gevær nt; ka-
non c
gunpowder ['gʌnˌpaudə] n krutt nt
gust [gʌst] n vindkast nt
gusty ['gʌsti] adj blåsende
gut [gʌt] n tarm c; **guts** vågemot nt
gutter ['gʌtə] n rennestein c
guy [gai] n kar c
gymnasium [dʒim'neiziəm] n (pl ~s,
-sia) gymnastikksal c
gymnast ['dʒimnæst] n turner c
gymnastics [dʒim'næstiks] pl gymna-
stikk c
gynaecologist [ˌgainə'kɔlədʒist] n
kvinnelege c, gynekolog c

H

haberdashery ['hæbədæʃəri] n kortevarehandel c; herreekvipering c

habit [ˈhæbit] n vane c

habitable [ˈhæbitəbəl] adj beboelig

habitual [həˈbitʃuəl] adj vanemessig

had [hæd] v (p, pp have)

haddock [ˈhædək] n (pl ~) kolje c

haemorrhage [ˈheməridʒ] n blødning c

haemorrhoids [ˈhemərɔidz] pl hemorroider pl

hail [heil] n hagl nt

hair [heə] n hår nt; ~ **cream** hårkrem c; ~ **piece** tupé c; ~ **rollers** hårruller pl; ~ **tonic** hårvann nt

hairbrush [ˈheəbrʌʃ] n hårbørste c

haircut [ˈheəkʌt] n hårklipp c

hair-do [ˈheədu:] n frisyre c

hairdresser [ˈheəˌdresə] n frisør c

hair-dryer [ˈheədraiə] n hårtørker c

hair-grip [ˈheəgrip] n hårspenne c

hair-net [ˈheənet] n hårnett nt

hair-oil [ˈheərɔil] n hårolje c

hairpin [ˈheəpin] n virksomhet c

hair-spray [ˈheəsprei] n hårlakk c

hairy [ˈheəri] adj håret

half¹ [hɑ:f] adj halv

half² [hɑ:f] n (pl halves) halvdel c

half-time [ˌhɑ:fˈtaim] n halvtid c

halfway [ˌhɑ:fˈwei] adv halvveis

halibut [ˈhælibət] n (pl ~) kveite c

hall [hɔ:l] n vestibyle c; sal c

halt [hɔ:lt] v stanse

halve [hɑ:v] v halvere

ham [hæm] n skinke c

hamlet [ˈhæmlət] n liten landsby

hammer [ˈhæmə] n hammer c

hammock [ˈhæmək] n hengekøye c

hamper [ˈhæmpə] n kurv c

hand [hænd] n hånd c; v *overrekke; ~ **cream** håndkrem c

handbag [ˈhændbæg] n håndveske c

handbook [ˈhændbuk] n håndbok c

hand-brake [ˈhændbreik] n håndbrems c

handcuffs [ˈhændkʌfs] pl håndjern pl

handful [ˈhændful] n håndfull c

handicraft [ˈhændikrɑ:ft] n håndverk nt; kunsthåndverk nt

handkerchief [ˈhæŋkətʃif] n lommetørkle nt

handle [ˈhændəl] n skaft nt, håndtak nt; v håndtere; behandle

hand-made [ˌhændˈmeid] adj håndlaget

handshake [ˈhændʃeik] n håndtrykk nt

handsome [ˈhænsəm] adj pen

handwork [ˈhændwə:k] n kunsthåndverk nt

handwriting [ˈhændˌraitiŋ] n håndskrift c

handy [ˈhændi] adj hendig

*hang [hæŋ] v *henge

hanger [ˈhæŋə] n henger c

hangover [ˈhæŋˌouvə] n bakrus c, tømmermenn pl

happen [ˈhæpən] v hende, skje

happening [ˈhæpəniŋ] n hendelse c, begivenhet c

happiness [ˈhæpinəs] n lykke c

happy [ˈhæpi] adj lykkelig, glad

harbour [ˈhɑ:bə] n havn c

hard [hɑ:d] adj hard; vanskelig; **hardly** neppe

hardware [ˈhɑ:dweə] n jernvarer pl; ~ **store** jernvarehandel c

hare [heə] n hare c

harm [hɑ:m] n skade c; fortred c; v skade

harmful [ˈhɑ:mfəl] adj skadelig

harmless [ˈhɑ:mləs] adj uskadelig; harmløs

harmony [ˈhɑ:məni] n harmoni c

harp [hɑ:p] n harpe c

harpsichord [ˈhɑ:psikɔ:d] n cembalo c

harsh [hɑ:ʃ] adj streng; grusom

harvest [ˈhɑ:vist] n avling c

has [hæz] v (pr have)

haste [heist] n hast c
hasten ['heisən] v skynde seg
hasty ['heisti] adj hurtig; forhastet
hat [hæt] n hatt c; ~ **rack** knaggrekke c
hatch ['hætʃ] n luke c; v ruge ut
hate [heit] v avsky; hate; n hat nt
hatred ['heitrid] n hat nt
haughty ['hɔ:ti] adj hovmodig
haul [hɔ:l] v slepe
*have [hæv] v *ha; *få; ~ **to** *måtte
haversack ['hævəsæk] n ryggsekk c
hawk [hɔ:k] n hauk c; falk c
hay [hei] n høy nt; ~ **fever** høysnue c
hazard ['hæzəd] n risiko c
haze [heiz] n dis c
hazelnut ['heizəlnʌt] n hasselnøtt c
hazy ['heizi] adj disig
he [hi:] pron han
head [hed] n hode nt; v lede; ~ **of state** statsoverhode nt; ~ **teacher** overlærer c
headache ['hedeik] n hodepine c
heading ['hediŋ] n overskrift c
headlamp ['hedlæmp] n frontlys nt
headland ['hedlənd] n odde c
headlight ['hedlait] n frontlys nt
headline ['hedlain] n overskrift c
headmaster [,hed'mɑ:stə] n overlærer c; rektor c
headquarters [,hed'kwɔ:təz] pl hovedkvarter nt
headrest ['hedrest] n nakkestøtte c
head-strong ['hedstrɔŋ] adj sta
head-waiter [,hed'weitə] n hovmester c
heal [hi:l] v hele, lege
health [helθ] n helse c; ~ **certificate** helseattest c
healthy ['helθi] adj sunn
heap [hi:p] n hop c, haug c
*hear [hiə] v høre
hearing ['hiəriŋ] n hørsel c

heart [hɑ:t] n hjerte nt; kjerne c; **by** ~ utenat; ~ **attack** hjerteanfall nt
heartburn ['hɑ:tbə:n] n halsbrann c
hearth [hɑ:θ] n ildsted nt
heartless ['hɑ:tləs] adj hjerteløs
hearty ['hɑ:ti] adj hjertelig
heat [hi:t] n hete c, varme c; v varme opp; **heating pad** varmepute c
heater ['hi:tə] n varmeovn c; **immersion** ~ dyppekoker c
heath [hi:θ] n hei c
heathen ['hi:ðən] n hedning c; adj hedensk
heather ['heðə] n lyng c
heating ['hi:tiŋ] n fyring c
heaven ['hevən] n himmel c
heavy ['hevi] adj tung
Hebrew ['hi:bru:] n hebraisk nt
hedge [hedʒ] n hekk c
hedgehog ['hedʒhɔg] n pinnsvin nt
heel [hi:l] n hæl c
height [hait] n høyde c; høydepunkt nt
heir [eə] n arving c
hell [hel] n helvete nt
hello! [he'lou] hallo!; morn!
helm [helm] n ror nt
helmet ['helmit] n hjelm c
helmsman ['helmzmən] n rormann c
help [help] v *hjelpe; n hjelp c
helper ['helpə] n hjelper c
helpful ['helpfəl] adj hjelpsom
helping ['helpiŋ] n porsjon c
hem [hem] n fald c; søm c
hemp [hemp] n hamp c
hen [hen] n høne c
henceforth [,hens'fɔ:θ] adv heretter
her [hə:] pron henne; adj hennes
herb [hə:b] n urt c
herd [hə:d] n flokk c; bøling c
here [hiə] adv her; ~ **you are** vær så god
hereditary [hi'reditəri] adj arvelig

hernia ['hə:niə] *n* brokk *c*
hero ['hiərou] *n* (pl ~es) helt *c*
heron ['herən] *n* hegre *c*
herring ['heriŋ] *n* (pl ~, ~s) sild *c*
herself [hə:'self] *pron* seg; selv
hesitate ['heziteit] *v* nøle
heterosexual [,hetərə'sekʃuəl] *adj* heteroseksuell
hiccup ['hikʌp] *n* hikke *c*
hide [haid] *n* skinn *nt*
***hide** [haid] *v* gjemme; skjule
hideous ['hidiəs] *adj* avskyelig
hierarchy ['haiərɑːki] *n* hierarki *nt*
high [hai] *adj* høy
highway ['haiwei] *n* riksvei *c*; motorvei *c*
hijack ['haidʒæk] *v* kapre
hijacker ['haidʒækə] *n* kaprer *c*
hike [haik] *v* *gå fottur
hill [hil] *n* bakke *c*
hillside ['hilsaid] *n* li *c*; bakke *c*
hilltop ['hiltɔp] *n* bakketopp *c*
hilly ['hili] *adj* kupert
him [him] *pron* ham
himself [him'self] *pron* seg; selv
hinder ['hində] *v* hindre
hinge [hindʒ] *n* hengsel *nt*
hip [hip] *n* hofte *c*
hire [haiə] *v* leie; **for** ~ til leie
hire-purchase [,haiə'pə:tʃəs] *n* avbetalingskjøp *nt*
his [hiz] *adj* hans
historian [hi'stɔːriən] *n* historiker *c*
historic [hi'stɔrik] *adj* historisk
historical [hi'stɔrikəl] *adj* historisk
history ['histəri] *n* historie *c*
hit [hit] *n* suksess *c*; slag *nt*; treff *nt*
***hit** [hit] *v* *slå; ramme, *treffe
hitchhike ['hitʃhaik] *v* haike
hitchhiker ['hitʃˌhaikə] *n* haiker *c*
hoarse [hɔːs] *adj* hes
hobby ['hɔbi] *n* hobby *c*
hobby-horse ['hɔbihɔːs] *n* kjepphest *c*
hockey ['hɔki] *n* hockey *c*

hoist [hɔist] *v* heise
hold [hould] *n* lasterom *nt*
***hold** [hould] *v* *holde, *holde på; *beholde; ~ **on** *holde seg fast; ~ **up** *holde oppe, støtte
hold-up ['houldʌp] *n* overfall *nt*
hole [houl] *n* hull *nt*
holiday ['hɔlədi] *n* ferie *c*; helligdag *c*; ~ **camp** ferieleir *c*; ~ **resort** feriested *nt*; **on** ~ på ferie
Holland ['hɔlənd] Holland
hollow ['hɔlou] *adj* hul
holy ['houli] *adj* hellig
homage ['hɔmidʒ] *n* hyllest *c*
home [houm] *n* hjem *nt*; pleiehjem *nt*; *adv* hjemover, hjemme; **at** ~ hjemme
home-made [,houm'meid] *adj* hjemmelaget
homesickness ['houm,siknəs] *n* hjemlengsel *c*
homosexual [,houmə'sekʃuəl] *adj* homoseksuell
honest ['ɔnist] *adj* ærlig; oppriktig
honesty ['ɔnisti] *n* ærlighet *c*
honey ['hʌni] *n* honning *c*
honeymoon ['hʌnimuːn] *n* hvetebrødsdager *pl*, bryllupsreise *c*
honk [hʌŋk] *vAm* tute
honour ['ɔnə] *n* ære *c*; *v* hedre, ære
honourable ['ɔnərəbəl] *adj* ærefull, hederlig; rettskaffen
hood [hud] *n* hette *c*; motorpanser *nt*
hoof [huːf] *n* hov *c*
hook [huk] *n* krok *c*
hoot [huːt] *v* tute
hooter ['huːtə] *n* signalhorn *c*
hop[1] [hɔp] *v* hoppe; *n* hopp *nt*
hop[2] [hɔp] *n* humle *c*
hope [houp] *n* håp *nt*; *v* håpe
hopeful ['houpfəl] *adj* håpefull
hopeless ['houpləs] *adj* håpløs
horizon [hə'raizən] *n* horisont *c*
horizontal [,hɔri'zɔntəl] *adj* horisontal

horn [hɔ:n] *n* horn *nt;* signalhorn *nt*

horrible ['hɔribəl] *adj* redselsfull; grusom, avskyelig, skrekkelig

horror ['hɔrə] *n* gru *c,* redsel *c*

hors-d'œuvre [ɔ:'dɔ:vr] *n* forrett *c*

horse [hɔ:s] *n* hest *c*

horseman ['hɔ:smən] *n* (pl -men) rytter *c*

horsepower ['hɔ:s,pauə] *n* hestekraft *c*

horserace ['hɔ:sreis] *n* hesteveddeløp *nt*

horseradish ['hɔ:s,rædiʃ] *n* pepperrot *c*

horseshoe ['hɔ:sʃu:] *n* hestesko *c*

hosiery ['houʒəri] *n* trikotasje *c*

hospitable ['hɔspitəbəl] *adj* gjestfri

hospital ['hɔspitəl] *n* sykehus *nt,* hospital *nt*

hospitality [,hɔspi'tæləti] *n* gjestfrihet *c*

host [houst] *n* vert *c*

hostage ['hɔstidʒ] *n* gissel *nt*

hostel ['hɔstəl] *n* herberge *nt*

hostess ['houstis] *n* vertinne *c*

hostile ['hɔstail] *adj* fiendtlig

hot [hɔt] *adj* het, varm

hotel [hou'tel] *n* hotell *nt*

hot-tempered [,hɔt'tempəd] *adj* hissig

hour [auə] *n* time *c*

hourly ['auəli] *adj* hver time

house [haus] *n* hus *nt;* bolig *c;* ~ **agent** eiendomsmegler *c;* ~ **block** *Am* kvartal *nt;* **public** ~ vertshus *nt*

houseboat ['hausbout] *n* husbåt *c*

household ['haushould] *n* husstand *c*

housekeeper ['haus,ki:pə] *n* husholderske *c*

housekeeping ['haus,ki:piŋ] *n* husholdning *c*

housemaid ['hausmeid] *n* hushjelp *c*

housewife ['hauswaif] *n* husmor *c*

housework ['hauswə:k] *n* husarbeid

nt

how [hau] *adv* hvordan; hvor; ~ **many** hvor mange; ~ **much** hvor mye

however [hau'evə] *conj* likevel

hug [hʌg] *v* omfavne; klemme; *n* klem *c*

huge [hju:dʒ] *adj* svær, veldig, enorm

hum [hʌm] *v* nynne

human ['hju:mən] *adj* menneskelig; ~ **being** menneske *nt*

humanity [hju'mænəti] *n* menneskehet *c*

humble ['hʌmbəl] *adj* ydmyk

humid ['hju:mid] *adj* fuktig

humidity [hju'midəti] *n* fuktighet *c*

humorous ['hju:mərəs] *adj* vittig, morsom, humoristisk

humour ['hju:mə] *n* humor *c*

hundred ['hʌndrəd] *n* hundre

Hungarian [hʌŋ'gɛəriən] *adj* ungarsk; *n* ungarer *c*

Hungary ['hʌŋgəri] Ungarn

hunger ['hʌŋgə] *n* sult *c*

hungry ['hʌŋgri] *adj* sulten

hunt [hʌnt] *v* jakte; *n* jakt *c;* ~ **for** lete etter

hunter ['hʌntə] *n* jeger *c*

hurricane ['hʌrikən] *n* orkan *c;* ~ **lamp** stormlykt *c*

hurry ['hʌri] *v* forte seg, skynde seg; *n* hastverk *nt;* **in a** ~ i full fart

***hurt** [hə:t] *v* *gjøre vondt, skade; såre

hurtful ['hə:tfəl] *adj* skadelig

husband ['hʌzbənd] *n* ektemann *c,* mann *c*

hut [hʌt] *n* hytte *c*

hydrogen ['haidrədʒən] *n* vannstoff *c*

hygiene ['haidʒi:n] *n* hygiene *c*

hygienic [hai'dʒi:nik] *adj* hygienisk

hymn [him] *n* hymne *c,* salme *c*

hyphen ['haifən] *n* bindestrek *c*

hypocrisy [hi'pɔkrəsi] *n* hykleri *nt*

hypocrite ['hipəkrit] *n* hykler *c*
hypocritical [,hipə'kritikəl] *adj* hyklersk, skinnhellig
hysterical [hi'sterikəl] *adj* hysterisk

I

I [ai] *pron* jeg
ice [ais] *n* is *c*
ice-bag ['aisbæg] *n* ispose *c*
ice-cream ['aiskri:m] *n* iskrem *c*
Iceland ['aislənd] Island
Icelander ['aisləndə] *n* islending *c*
Icelandic [ais'lændik] *adj* islandsk
icon ['aikən] *n* ikon *c/nt*
idea [ai'diə] *n* idé *c;* tanke *c,* innfall *nt;* begrep *nt,* forestilling *c*
ideal [ai'diəl] *adj* ideell; *n* ideal *nt*
identical [ai'dentikəl] *adj* identisk
identification [ai,dentifi'keiʃən] *n* identifisering *c*
identify [ai'dentifai] *v* identifisere
identity [ai'dentəti] *n* identitet *c;* ~ card identitetskort *nt*
idiom ['idiəm] *n* idiom *nt*
idiomatic [,idiə'mætik] *adj* idiomatisk
idiot ['idiət] *n* idiot *c*
idiotic [,idi'ɔtik] *adj* idiotisk
idle ['aidəl] *adj* uvirksom; lat; nytteløs
idol ['aidəl] *n* avgud *c;* idol *nt*
if [if] *conj* hvis; om
ignition [ig'niʃən] *n* tenning *c;* ~ **coil** tennspole *c*
ignorant ['ignərənt] *adj* uvitende
ignore [ig'nɔ:] *v* ignorere
ill [il] *adj* syk; dårlig
illegal [i'li:gəl] *adj* illegal, ulovlig
illegible [i'ledʒəbəl] *adj* uleselig
illiterate [i'litərət] *n* analfabet *c*
illness ['ilnəs] *n* sykdom *c*
illuminate [i'lu:mineit] *v* opplyse, belyse
illumination [i,lu:mi'neiʃən] *n* belysning *c*
illusion [i'lu:ʒən] *n* illusjon *c;* fantasifoster *nt*
illustrate ['iləstreit] *v* illustrere
illustration [,ilə'streiʃən] *n* illustrasjon *c*
image ['imidʒ] *n* bilde *nt*
imaginary [i'mædʒinəri] *adj* innbilt
imagination [i,mædʒi'neiʃən] *n* fantasi *c*
imagine [i'mædʒin] *v* forestille seg; innbille seg; tenke seg
imitate ['imiteit] *v* imitere, etterligne
imitation [,imi'teiʃən] *n* imitasjon *c,* etterligning *c*
immediate [i'mi:djət] *adj* øyeblikkelig
immediately [i'mi:djətli] *adv* straks, øyeblikkelig, umiddelbart
immense [i'mens] *adj* enorm, veldig, umåtelig
immigrant ['imigrənt] *n* innvandrer *c*
immigrate ['imigreit] *v* immigrere
immigration [,imi'greiʃən] *n* immigrasjon *c*
immodest [i'mɔdist] *adj* ubeskjeden
immunity [i'mju:nəti] *n* immunitet *c*
immunize ['imjunaiz] *v* *gjøre immun
impartial [im'pɑ:ʃəl] *adj* upartisk
impassable [im'pɑ:səbəl] *adj* ufremkommelig
impatient [im'peiʃənt] *adj* utålmodig
impede [im'pi:d] *v* hindre, sinke
impediment [im'pedimənt] *n* hindring *c*
imperfect [im'pə:fikt] *adj* ufullkommen
imperial [im'piəriəl] *adj* keiserlig; riks-
impersonal [im'pə:sənəl] *adj* upersonlig
impertinence [im'pə:tinəns] *n* frekkhet *c*

impertinent [im'pə:tinənt] adj ufor-
skammet, nesevis

implement¹ ['implimənt] n verktøy nt

implement² ['impliment] v *sette ut i
live

imply [im'plai] v antyde; *innebære

impolite [,impə'lait] adj uhøflig

import¹ [im'pɔ:t] v importere, innføre

import² ['impɔ:t] n innførsel c, im-
portvarer pl, import c; ~ duty im-
portavgift c

importance [im'pɔ:təns] n viktighet c,
betydning c

important [im'pɔ:tənt] adj betyd-
ningsfull, viktig

importer [im'pɔ:tə] n importør c

imposing [im'pouziŋ] adj imponeren-
de

impossible [im'pɔsəbəl] adj umulig

impotence ['impətəns] n impotens c

impotent ['impətənt] adj impotent;
avmektig

impound [im'paund] v *beslaglegge

impress [im'pres] v *gjøre inntrykk
på, imponere

impression [im'preʃən] n inntrykk nt

impressive [im'presiv] adj impone-
rende

imprison [im'prizən] v fengsle

imprisonment [im'prizənmənt] n fan-
genskap nt

improbable [im'prɔbəbəl] adj usann-
synlig

improper [im'prɔpə] adj upassende

improve [im'pru:v] v forbedre

improvement [im'pru:vmənt] n for-
bedring c

improvise ['imprəvaiz] v improvisere

impudent ['impjudənt] adj uforskam-
met

impulse ['impʌls] n impuls c; innsky-
telse c

impulsive [im'pʌlsiv] adj impulsiv

in [in] prep i; om; adv inn

inaccessible [i,næk'sesəbəl] adj util-
gjengelig

inaccurate [i'nækjurət] adj unøyaktig

inadequate [i'nædikwət] adj utilstrek-
kelig

incapable [iŋ'keipəbəl] adj udugelig

incense ['insens] n røkelse c

incident ['insidənt] n hendelse c

incidental [,insi'dentəl] adj tilfeldig

incite [in'sait] v anspore, egge

inclination [,iŋkli'neiʃən] n tilbøyelig-
het c

incline [iŋ'klain] n skråning c

inclined [iŋ'klaind] adj tilbøyelig

include [iŋ'klu:d] v innbefatte, omfat-
te; included inkludert

inclusive [iŋ'klu:siv] adj inklusive

income ['iŋkəm] n inntekt c

income-tax ['iŋkəmtæks] n inntekts-
skatt c

incompetent [iŋ'kɔmpətənt] adj in-
kompetent; udugelig

incomplete [,iŋkəm'pli:t] adj ufull-
stendig

inconceivable [,iŋkən'si:vəbəl] adj
utenkelig

inconspicuous [,iŋkən'spikjuəs] adj
uanselig

inconvenience [,iŋkən'vi:njəns] n ube-
leilighet c, besvær nt

inconvenient [,iŋkən'vi:njənt] adj ube-
leilig; besværlig

incorrect [,iŋkə'rekt] adj uriktig, feil

increase¹ [iŋ'kri:s] v øke; forsterke,
*tilta

increase² ['iŋkri:s] n vekst c; stigning
c

incredible [iŋ'kredəbəl] adj utrolig

incurable [iŋ'kjuərəbəl] adj uhelbre-
delig

indecent [in'di:sənt] adj uanstendig

indeed [in'di:d] adv virkelig

indefinite [in'definit] adj ubestemt;
uklar

indemnity [in'demnəti] n skadeser-statning c, erstatning c

independence [ˌindi'pendəns] n uav-hengighet c

independent [ˌindi'pendənt] adj uav-hengig; selvstendig

index ['indeks] n fortegnelse c, regis-ter nt; ~ **finger** pekefinger c

India ['indiə] India

Indian ['indiən] adj indisk; indiansk; n inder c; indianer c

indicate ['indikeit] v antyde, anvise, *angi

indication [ˌindi'keiʃən] n tegn nt

indicator ['indikeitə] n blinklys nt

indifferent [in'difərənt] adj likegyldig

indigestion [ˌindi'dʒestʃən] n dårlig fordøyelse

indignation [ˌindig'neiʃən] n forargelse c

indirect [ˌindi'rekt] adj indirekte

individual [ˌindi'vidʒuəl] adj individu-ell, enkelt; n enkeltperson c, indi-vid nt

Indonesia [ˌində'ni:ziə] Indonesia

Indonesian [ˌində'ni:ziən] adj indone-sisk; n indonesier c

indoor ['indɔ:] adj innendørs

indoors [ˌin'dɔ:z] adv inne

indulge [in'dʌldʒ] v *gi etter; *hengi seg til

industrial [in'dʌstriəl] adj industriell; ~ **area** industriområde nt

industrious [in'dʌstriəs] adj flittig

industry ['indəstri] n industri c

inedible [i'nedibəl] adj uspiselig

inefficient [ˌini'fiʃənt] adj udugelig; ineffektiv

inevitable [i'nevitəbəl] adj uunngåelig

inexpensive [ˌinik'spensiv] adj billig

inexperienced [ˌinik'spiəriənst] adj uerfaren

infant ['infənt] n spedbarn nt

infantry ['infəntri] n infanteri nt

infect [in'fekt] v infisere, smitte

infection [in'fekʃən] n smitte c

infectious [in'fekʃəs] adj smittsom

infer [in'fə:] v utlede

inferior [in'fiəriə] adj dårligere, un-derlegen; mindreverdig; nedre

infinite ['infinət] adj uendelig

infinitive [in'finitiv] n infinitiv c

infirmary [in'fə:məri] n sykestue c

inflammable [in'flæməbəl] adj ildsfar-lig

inflammation [ˌinflə'meiʃən] n beten-nelse c

inflatable [in'fleitəbəl] adj oppblåsbar

inflate [in'fleit] v blåse opp

inflation [in'fleiʃən] n inflasjon c

influence ['influəns] n innflytelse c; v påvirke

influential [ˌinflu'enʃəl] adj innflytel-sesrik

influenza [ˌinflu'enzə] n influensa c

inform [in'fɔ:m] v opplyse, informere; underrette, meddele

informal [in'fɔ:məl] adj uformell

information [ˌinfə'meiʃən] n informa-sjon c; meddelelse c, opplysning c; ~ **bureau** informasjonskontor nt

infra-red [ˌinfrə'red] adj infrarød

infrequent [in'fri:kwənt] adj sjelden

ingredient [iŋ'gri:diənt] n bestanddel c, ingrediens c

inhabit [in'hæbit] v bebo

inhabitable [in'hæbitəbəl] adj beboelig

inhabitant [in'hæbitənt] n innbygger c; beboer c

inhale [in'heil] v innånde

inherit [in'herit] v arve

inheritance [in'heritəns] n arv c

initial [i'niʃəl] adj opprinnelig, begyn-nelses-; n forbokstav c; v merke med initialer

initiative [i'niʃətiv] n initiativ nt

inject [in'dʒekt] v innsprøyte

injection [in'dʒekʃən] n injeksjon c

injure ['indʒə] v skade, kveste; krenke

injury ['indʒəri] n skade c; krenkelse c

injustice [in'dʒʌstis] n urett c

ink [iŋk] n blekk nt

inlet ['inlet] n vik c

inn [in] n vertshus nt

inner ['inə] adj indre; ~ tube luft-slange c

inn-keeper ['in,ki:pə] n vertshushol-der c

innocence ['inəsəns] n uskyld c

innocent ['inəsənt] adj uskyldig

inoculate [i'nɔkjuleit] v vaksinere

inoculation [i,nɔkju'leiʃən] n vaksina-sjon c

inquire [iŋ'kwaiə] v *forespørre, for-høre seg

inquiry [iŋ'kwaiəri] n forespørsel c; et-terforskning c; ~ office informa-sjonskontor nt

inquisitive [iŋ'kwizitiv] adj nysgjerrig

insane [in'sein] adj sinnssyk

inscription [in'skripʃən] n inskripsjon c; påskrift c

insect ['insekt] n insekt nt; ~ repel-lent insektmiddel nt

insecticide [in'sektisaid] n insektmid-del nt

insensitive [in'sensətiv] adj ufølsom

insert [in'sə:t] v *sette inn, *innskyte

inside [,in'said] n innside c; adj indre; adv inne; inni; prep innen, innen-for; ~ out vrengt; insides innvol-ler pl

insight ['insait] n innsikt c

insignificant [,insig'nifikənt] adj ube-tydelig; intetsigende, uanselig; uve-sentlig

insist [in'sist] v insistere; *fastholde

insolence ['insələns] n uforskammet-het c

insolent ['insələnt] adj uforskammet, frekk

insomnia [in'sɔmniə] n søvnløshet c

inspect [in'spekt] v inspisere

inspection [in'spekʃən] n inspeksjon c; kontroll c

inspector [in'spektə] n inspektør c

inspire [in'spaiə] v inspirere

install [in'stɔ:l] v installere

installation [,instə'leiʃən] n installa-sjon c

instalment [in'stɔ:lmənt] n avdrag nt

instance ['instəns] n eksempel nt; til-felle nt; for ~ for eksempel

instant ['instənt] n øyeblikk nt

instantly ['instəntli] adv øyeblikkelig, straks, umiddelbart

instead of [in'sted ɔv] istedenfor

instinct ['instiŋkt] n instinkt nt

institute ['institju:t] n institutt nt; for-ordning c; v opprette, stifte

institution [,insti'tju:ʃən] n institusjon c, stiftelse c

instruct [in'strʌkt] v undervise

instruction [in'strʌkʃən] n undervis-ning c; veiledning c

instructive [in'strʌktiv] adj lærerik

instructor [in'strʌktə] n instruktør c

instrument ['instrumənt] n instru-ment nt; musical ~ musikkinstru-ment nt

insufficient [,insə'fiʃənt] adj utilstrek-kelig

insulate ['insjuleit] v isolere

insulation [,insju'leiʃən] n isolasjon c

insulator ['insjuleitə] n isolator c

insult¹ [in'sʌlt] v fornærme

insult² ['insʌlt] n fornærmelse c

insurance [in'ʃuərəns] n forsikring c; ~ policy forsikringspolise c

insure [in'ʃuə] v forsikre

intact [in'tækt] adj intakt

intellect ['intəlekt] n intellekt nt, for-stand c

intellectual [,intə'lektʃuəl] adj intel-lektuell

intelligence [in'telidʒəns] n intelligens

c

intelligent [in'telidʒənt] adj intelligent
intend [in'tend] v *ha til hensikt
intense [in'tens] adj intens
intention [in'tenʃən] n hensikt c
intentional [in'tenʃənəl] adj tilsiktet
intercourse ['intəkɔːs] n omgang c
interest ['intrəst] n interesse c; rente c; v interessere
interesting ['intrəstiŋ] adj interessant
interfere [,intə'fiə] v *gripe inn; ~ with blande seg inn i
interference [,intə'fiərəns] n innblanding c
interim ['intərim] n mellomtid c; adj foreløpig
interior [in'tiəriə] n innside c
interlude ['intəluːd] n mellomspill nt
intermediary [,intə'miːdjəri] n mellommann c
intermission [,intə'miʃən] n pause c
internal [in'təːnəl] adj indre
international [,intə'næʃənəl] adj internasjonal
interpret [in'təːprit] v tolke
interpreter [in'təːpritə] n tolk c
interrogate [in'terəgeit] v forhøre
interrogation [in,terə'geiʃən] n forhør nt
interrupt [,intə'rʌpt] v *avbryte
interruption [,intə'rʌpʃən] n avbrytelse c
intersection [,intə'sekʃən] n veikryss nt
interval ['intəvəl] n pause c; intervall nt
intervene [,intə'viːn] v *gripe inn
interview ['intəvjuː] n intervju nt
intestine [in'testin] n tarm c; intestines tarmer
intimate ['intimət] adj intim
into ['intu] prep inn i
intolerable [in'tɔlərəbəl] adj utålelig
intoxicated [in'tɔksikeitid] adj beruset

intrigue [in'triːg] n intrige c
introduce [,intrə'djuːs] v introdusere, presentere, innføre
introduction [,intrə'dʌkʃən] n presentasjon c; innledning c
invade [in'veid] v trenge inn
invalid¹ [in'vəliːd] n invalid c; adj ufør
invalid² [in'vælid] adj ugyldig
invasion [in'veiʒən] n invasjon c
invent [in'vent] v *oppfinne; oppdikte
invention [in'venʃən] n oppfinnelse c
inventive [in'ventiv] adj oppfinnsom
inventor [in'ventə] n oppfinner c
inventory ['invəntri] n vareoversikt c
invert [in'vəːt] v snu om
invest [in'vest] v investere
investigate [in'vestigeit] v etterforske
investigation [in,vesti'geiʃən] n undersøkelse c
investment [in'vestmənt] n investering c; kapitalanbringelse c, pengeanbringelse c
invisible [in'vizəbəl] adj usynlig
invitation [,invi'teiʃən] n innbydelse c
invite [in'vait] v *innby, invitere
invoice ['invɔis] n faktura c
involve [in'vɔlv] v innblande
inwards ['inwədz] adv innover
iodine ['aiədiːn] n jod c
Iran [i'rɑːn] Iran
Iranian [i'reiniən] adj iransk; n iraner c
Iraq [i'rɑːk] Irak
Iraqi [i'rɑːki] adj irakisk; n iraker c
irascible [i'ræsibəl] adj oppfarende
Ireland ['aiələnd] Irland
Irish ['aiəriʃ] adj irsk
Irishman ['aiəriʃmən] n (pl -men) irlending c
iron ['aiən] n jern nt; strykejern nt; jern-; v *stryke
ironical [ai'rɔnikəl] adj ironisk
ironworks ['aiənwəːks] n jernverk nt
irony ['aiərəni] n ironi c

irregular [i'regjulə] *adj* uregelmessig

irreparable [i'repərəbəl] *adj* ubotelig

irrevocable [i'revəkəbəl] *adj* ugjen-
kallelig

irritable ['iritəbəl] *adj* irritabel

irritate ['iriteit] *v* irritere, ergre

is [iz] *v* (pr be)

island ['ailənd] *n* øy *c*

isolate ['aisəleit] *v* isolere

isolation [,aisə'leifən] *n* isolasjon *c*

Israel ['izreil] Israel

Israeli [iz'reili] *adj* israelsk; *n* israeler
c

issue ['ifu:] *v* *utgi; *n* utstedelse *c*,
opplag *nt*; spørsmål *nt*, sak *c*; ut-
gang *c*, resultat *nt*, følge *c*, sluttre-
sultat *nt*; utvei *c*

isthmus ['isməs] *n* landtunge *c*

it [it] *pron* det

Italian [i'tæljən] *adj* italiensk; *n* italie-
ner *c*

italics [i'tæliks] *pl* kursivskrift *c*

Italy ['itəli] Italia

itch [itf] *n* kløe *c*; *v* kløe

item ['aitəm] *n* post *c*; punkt *nt*

itinerant [ai'tinərənt] *adj* omreisende

itinerary [ai'tinərəri] *n* reiserute *c*,
reiseplan *c*

ivory ['aivəri] *n* elfenbein *nt*

ivy ['aivi] *n* eføy *c*

J

jack [dʒæk] *n* jekk *c*

jacket ['dʒækit] *n* dressjakke *c*, jakke
c; omslag *nt*

jade [dʒeid] *n* jade *c*

jail [dʒeil] *n* fengsel *nt*

jailer ['dʒeilə] *n* fangevokter *c*

jam [dʒæm] *n* syltetøy *nt*; trafikk-
kork *c*

janitor ['dʒænitə] *n* vaktmester *c*

January ['dʒænjuəri] januar

Japan [dʒə'pæn] Japan

Japanese [,dʒæpə'ni:z] *adj* japansk; *n*
japaner *c*

jar [dʒa:] *n* krukke *c*

jaundice ['dʒɔ:ndis] *n* gulsott *c*

jaw [dʒɔ:] *n* kjeve *c*

jealous ['dʒeləs] *adj* sjalu

jealousy ['dʒeləsi] *n* sjalusi *c*

jeans [dʒi:nz] *pl* jeans *pl*

jelly ['dʒeli] *n* gelé *c*

jelly-fish ['dʒelifif] *n* manet *c*

jersey ['dʒɔ:zi] *n* jersey *c*; genser *c*

jet [dʒet] *n* stråle *c*; jetfly *nt*

jetty ['dʒeti] *n* molo *c*

Jew [dʒu:] *n* jøde *c*

jewel ['dʒu:əl] *n* smykke *nt*

jeweller ['dʒu:ələ] *n* gullsmed *c*

jewellery ['dʒu:əlri] *n* smykker

Jewish ['dʒu:if] *adj* jødisk

job [dʒɔb] *n* jobb *c*; stilling *c*

jockey ['dʒɔki] *n* jockey *c*

join [dʒɔin] *v* *forbinde; slutte seg til;
forene, sammenføye

joint [dʒɔint] *n* ledd *nt*; sveisesøm *c*;
adj felles, forent

jointly ['dʒɔintli] *adv* i fellesskap

joke [dʒouk] *n* vits *c*, spøk *c*

jolly ['dʒɔli] *adj* lystig

Jordan ['dʒɔ:dən] Jordan

Jordanian [dʒɔ:'deiniən] *adj* jordansk;
n jordaner *c*

journal ['dʒɔ:nəl] *n* tidsskrift *nt*

journalism ['dʒɔ:nəlizəm] *n* journali-
stikk *c*

journalist ['dʒɔ:nəlist] *n* journalist *c*

journey ['dʒɔ:ni] *n* reise *c*

joy [dʒɔi] *n* glede *c*, fryd *c*

joyful ['dʒɔiful] *adj* glad

jubilee ['dʒu:bili:] *n* jubileum *nt*

judge [dʒʌdʒ] *n* dommer *c*; *v* dømme;
bedømme

judgment ['dʒʌdʒmənt] *n* dom *c*

jug [dʒʌg] *n* mugge *c*

Jugoslav [ˌjuːgəˈslɑːv] *adj* jugoslavisk; *n* jugoslav *c*

Jugoslavia [ˌjuːgəˈslɑːviə] Jugoslavia

juice [dʒuːs] *n* saft *c*

juicy [ˈdʒuːsi] *adj* saftig

July [dʒuˈlai] juli

jump [dʒʌmp] *v* hoppe; *n* hopp *nt*, sprang *nt*

jumper [ˈdʒʌmpə] *n* jumper *c*

junction [ˈdʒʌŋkʃən] *n* veikryss *nt;* knutepunkt *nt*

June [dʒuːn] juni

jungle [ˈdʒʌŋgəl] *n* urskog *c*, jungel *c*

junior [ˈdʒuːnjə] *adj* junior

junk [dʒʌŋk] *n* skrap *nt*

jury [ˈdʒuəri] *n* jury *c*

just [dʒʌst] *adj* rettferdig, passende; riktig; *adv* nettopp; akkurat

justice [ˈdʒʌstis] *n* rett *c*; rettferdighet *c*

juvenile [ˈdʒuːvənail] *adj* ungdoms-

K

kangaroo [ˌkæŋgəˈruː] *n* kenguru *c*

keel [kiːl] *n* kjøl *c*

keen [kiːn] *adj* begeistret; skarp

***keep** [kiːp] *v* *holde; bevare; *holde på med; ~ **away from** *holde seg borte fra; ~ **off** *la være; ~ **on** *fortsette; ~ **quiet** tie; ~ **up** *holde ut; ~ **up with** *holde følge med

keg [keg] *n* kagge *c*

kennel [ˈkenəl] *n* hundehus *nt;* kennel *c*

Kenya [ˈkenjə] Kenya

kerosene [ˈkerəsiːn] *n* petroleum *c*

kettle [ˈketəl] *n* kjele *c*

key [kiː] *n* nøkkel *c*

keyhole [ˈkiːhoul] *n* nøkkelhull *nt*

khaki [ˈkɑːki] *n* kaki *c*

kick [kik] *v* sparke; *n* spark *nt*

kick-off [ˌkiˈkɔf] *n* avspark *nt*

kid [kid] *n* barn *nt*, unge *c*; geiteskinn *nt; v* skrøne

kidney [ˈkidni] *n* nyre *c*

kill [kil] *v* drepe, *slå i hjel

kilogram [ˈkiləgræm] *n* kilo *c/nt*

kilometre [ˈkiləˌmiːtə] *n* kilometer *c*

kind [kaind] *adj* snill, vennlig; god; *n* sort *c*

kindergarten [ˈkindəˌgaːtən] *n* barnehage *c*, forskole *c*

king [kiŋ] *n* konge *c*

kingdom [ˈkiŋdəm] *n* kongerike *nt*; rike *nt*

kiosk [ˈkiːɔsk] *n* kiosk *c*

kiss [kis] *n* kyss *nt; v* kysse

kit [kit] *n* utstyr *nt*

kitchen [ˈkitʃin] *n* kjøkken *nt; ~* **garden** kjøkkenhage *c*

knapsack [ˈnæpsæk] *n* ryggsekk *c*; ransel *c*

knave [neiv] *n* knekt *c*

knee [niː] *n* kne *nt*

kneecap [ˈniːkæp] *n* kneskål *c*

***kneel** [niːl] *v* knele

knew [njuː] *v* (p know)

knickers [ˈnikəz] *pl* truse *c*

knife [naif] *n* (pl knives) kniv *c*

knight [nait] *n* ridder *c*

***knit** [nit] *v* strikke

knob [nɔb] *n* knott *c*

knock [nɔk] *v* banke; *n* banking *c*; ~ **against** støte på; ~ **down** *slå ned

knot [nɔt] *n* knute *c*; *v* knytte

***know** [nou] *v* *vite; *kunne, kjenne

knowledge [ˈnɔlidʒ] *n* kjennskap *nt*; kunnskap *c*

knuckle [ˈnʌkəl] *n* knoke *c*

L

label [ˈleibəl] *n* etikett *c*; *v* *sette

merkelapp på

laboratory [lə'bɔrətəri] *n* laboratorium *nt*

labour ['leibə] *n* arbeid *nt*; fødselsveer *pl*; *v* *slite, anstrenge seg; **labor permit** *Am* arbeidstillatelse *c*

labourer ['leibərə] *n* arbeider *c*

labour-saving ['leibə,seivin] *adj* arbeidsbesparende

labyrinth ['læbərinθ] *n* labyrint *c*

lace [leis] *n* kniplinger *pl*; lisse *c*

lack [læk] *n* savn *nt*, mangel *c*; *v* mangle

lacquer ['lækə] *n* lakk *c*

lad [læd] *n* gutt *c*

ladder ['lædə] *n* stige *c*

lady ['leidi] *n* dame *c*; **ladies' room** dametoalett *nt*

lagoon [lə'gu:n] *n* lagune *c*

lake [leik] *n* innsjø *c*

lamb [læm] *n* lam *nt*; lammekjøtt *nt*

lame [leim] *adj* lam, halt

lamentable ['læməntəbəl] *adj* beklagelig

lamp [læmp] *n* lampe *c*

lamp-post ['læmppoust] *n* lyktestolpe *c*

lampshade ['læmpʃeid] *n* lampeskjerm *c*

land [lænd] *n* land *nt*; *v* lande; *gå i land

landlady ['lænd,leidi] *n* vertinne *c*

landlord ['lændlɔ:d] *n* vert *c*, huseier *c*; husvert *c*

landmark ['lændma:k] *n* landmerke *nt*; landemerke *nt*

landscape ['lændskeip] *n* landskap *nt*

lane [lein] *n* smug *nt*, smal vei; fil *c*

language ['læŋgwidʒ] *n* språk *nt*; ~ **laboratory** språklaboratorium *nt*

lantern ['læntən] *n* lykt *c*

lapel [lə'pel] *n* jakkeslag *nt*

larder ['la:də] *n* spiskammer *nt*

large [la:dʒ] *adj* stor; rommelig

lark [la:k] *n* lerke *c*

laryngitis [,lærin'dʒaitis] *n* strupekatarr *c*

last [la:st] *adj* sist; forrige; *v* vare; **at** ~ til slutt

lasting ['la:stiŋ] *adj* varig

latchkey ['lætʃki:] *n* entrénøkkel *c*

late [leit] *adj* sen; for sent

lately ['leitli] *adv* i det siste, nylig

lather ['la:ðə] *n* skum *nt*

Latin America ['lætin ə'merikə] Latin-Amerika

Latin-American [,lætinə'merikən] *adj* latinamerikansk

latitude ['lætitju:d] *n* breddegrad *c*

laugh [la:f] *v* *le; *n* latter *c*

laughter ['la:ftə] *n* latter *c*

launch [lɔ:ntʃ] *v* *sette i gang; *skyte opp; *n* motorbåt *c*

launching ['lɔ:ntʃiŋ] *n* sjøsetning *c*

launderette [,lɔ:ndə'ret] *n* selvbetjeningsvaskeri *nt*

laundry ['lɔ:ndri] *n* vaskeri *nt*; vask *c*

lavatory ['lævətəri] *n* toalett *nt*

lavish ['læviʃ] *adj* ødsel

law [lɔ:] *n* lov *c*; rett *c*; ~ **court** domstol *c*

lawful ['lɔ:fəl] *adj* lovlig

lawn [lɔ:n] *n* gressplen *c*

lawsuit ['lɔ:su:t] *n* rettssak *c*

lawyer ['lɔ:jə] *n* advokat *c*; jurist *c*

laxative ['læksətiv] *n* avføringsmiddel *nt*

*lay [lei] *v* plassere, *legge, *sette; ~ **bricks** mure

layer [leiə] *n* lag *nt*

layman ['leimən] *n* lekmann *c*

lazy ['leizi] *adj* doven

*lead [li:d] *v* lede

lead¹ [li:d] *n* forsprang *nt*; ledelse *c*; hunderem *c*

lead² [led] *n* bly *nt*

leader ['li:də] *n* fører *c*, anfører *c*

leadership ['li:dəʃip] *n* ledelse *c*; le-

derskap *nt*
leading ['li:diŋ] *adj* ledende
leaf [li:f] *n* (pl leaves) blad *nt*
league [li:g] *n* forbund *nt*
leak [li:k] *v* lekke; *n* lekkasje *c*
leaky ['li:ki] *adj* lekk
lean [li:n] *adj* mager
***lean** [li:n] *v* lene seg
leap [li:p] *n* hopp *nt*
***leap** [li:p] *v* hoppe
leap-year ['li:pjiə] *n* skuddår *nt*
***learn** [lə:n] *v* lære
learner ['lə:nə] *n* nybegynner *c*
lease [li:s] *n* leiekontrakt *c*; forpakt-ning *c*; *v* forpakte bort, leie ut; leie
leash [li:ʃ] *n* koppel *nt*, bånd *nt*
least [li:st] *adj* minst; **at** ~ i det minste; minst
leather ['leðə] *n* lær *nt*; skinn-, lær-
leave [li:v] *n* permisjon *c*
***leave** [li:v] *v* *forlate, *gå bort; *legge igjen, *etterlate; ~ **behind** *etterlate; ~ **out** *utelate
Lebanese [,lebə'ni:z] *adj* libanesisk; *n* libaneser *c*
Lebanon ['lebənən] Libanon
lecture ['lektʃə] *n* foredrag *nt*, fore-lesning *c*
left¹ [left] *adj* venstre
left² [left] *v* (p, pp leave)
left-hand ['lefthænd] *adj* venstre
left-handed [,left'hændid] *adj* keiv-hendt
leg [leg] *n* bein *nt*
legacy ['legəsi] *n* legat *nt*
legal ['li:gəl] *adj* legal, rettslig; juri-disk
legalization [,li:gəlai'zeiʃən] *n* legalisa-sjon *c*
legation [li'geiʃən] *n* legasjon *c*
legible ['ledʒibəl] *adj* leselig
legitimate [li'dʒitimət] *adj* lovlig
leisure ['leʒə] *n* fritid *c*; ro og mak
lemon ['lemən] *n* sitron *c*

lemonade [,lemə'neid] *n* limonade *c*; brus *c*
***lend** [lend] *v* låne bort
length [leŋθ] *n* lengde *c*
lengthen ['leŋθən] *v* forlenge
lengthways ['leŋθweiz] *adv* på langs
lens [lenz] *n* linse *c*; **telephoto** ~ te-leobjektiv *nt*; **zoom** ~ zoomlinse *c*
leprosy ['leprəsi] *n* spedalskhet *c*
less [les] *adv* mindre
lessen ['lesən] *v* minske, forminske
lesson ['lesən] *n* leksjon *c*, time *c*
***let** [let] *v* *la; leie ut; ~ **down** svik-te
lethal ['li:θəl] *adj* dødelig
letter ['letə] *n* brev *nt*; bokstav *c*; ~ **of credit** akkreditiv *nt*; ~ **of rec-ommendation** anbefalingsbrev *nt*
letter-box ['letəbɔks] *n* postkasse *c*
lettuce ['letis] *n* bladsalat *c*
level ['levəl] *adj* jevn; plan; *n* plan *nt*, nivå *nt*; vaterpass *nt*; *v* nivellere, utlikne; ~ **crossing** planovergang *c*
lever ['li:və] *n* vektstang *c*, hevarm *c*
liability [,laiə'biləti] *n* ansvarlighet *c*; hemsko *c*
liable ['laiəbəl] *adj* ansvarlig; ~ **to** utsatt for
liberal ['libərəl] *adj* liberal; rundhån-det, gavmild
liberation [,libə'reiʃən] *n* befrielse *c*
Liberia [lai'biəriə] Liberia
Liberian [lai'biəriən] *adj* liberisk; *n* li-berier *c*
liberty ['libəti] *n* frihet *c*
library ['laibrəri] *n* bibliotek *nt*
licence ['laisəns] *n* bevilling *c*; tilla-telse *c*; **driving** ~ førerkort *nt*; ~ **number** *Am* registreringsnummer *nt*; ~ **plate** nummerskilt *nt*
license ['laisəns] *v* *gi tillatelse
lick [lik] *v* slikke
lid [lid] *n* lokk *nt*

lie [lai] v lyge; n løgn c

*lie [lai] v *ligge; ~ **down** *legge seg nedpå

life [laif] n (pl lives) liv nt; ~ **insurance** livsforsikring c

lifebelt [ˈlaifbelt] n livbelte nt

lifetime [ˈlaiftaim] n levetid c

lift [lift] v løfte; n heis c

light [lait] n lys nt; adj lett; lys; ~ **bulb** lyspære c

*light [lait] v tenne

lighter [ˈlaitə] n lighter c

lighthouse [ˈlaithaus] n fyrtårn nt

lighting [ˈlaitiŋ] n belysning c

lightning [ˈlaitniŋ] n lyn nt

like [laik] v like; adj lik; conj liksom; prep liksom

likely [ˈlaikli] adj sannsynlig

like-minded [ˌlaikˈmaindid] adj likesinnet

likewise [ˈlaikwaiz] adv likeså, likeledes

lily [ˈlili] n lilje c

limb [lim] n lem nt; gren c

lime [laim] n kalk c; lind c; limett c

limetree [ˈlaimtri:] n lindetre nt

limit [ˈlimit] n grense c; v begrense

limp [limp] v halte; adj slapp

line [lain] n linje c; strek c; line c; kø c; **stand in** ~ Am stå i kø

linen [ˈlinin] n lerret nt; lintøy nt

liner [ˈlainə] n passasjerbåt c

lingerie [ˈlɔ̃ʒəri:] n dameundertøy nt

lining [ˈlainiŋ] n fôr nt

link [liŋk] v *forbinde; n lenke c; ledd nt

lion [ˈlaiən] n løve c

lip [lip] n leppe c

lipsalve [ˈlipsɑ:v] n leppepomade c

lipstick [ˈlipstik] n leppestift c

liqueur [liˈkjuə] n likør c

liquid [ˈlikwid] adj flytende; n væske c

liquor [ˈlikə] n sprit c; brennevin nt

liquorice [ˈlikəris] n lakris c

list [list] n liste c; v *innskrive, regne opp

listen [ˈlisən] v lytte

listener [ˈlisnə] n lytter c

literary [ˈlitrəri] adj litterær

literature [ˈlitrətʃə] n litteratur c

litre [ˈli:tə] n liter c

litter [ˈlitə] n avfall nt; søppel nt; kull nt

little [ˈlitəl] adj liten; lite

live[1] [liv] v leve; bo

live[2] [laiv] adj levende; direkte

livelihood [ˈlaivlihud] n levebrød nt

lively [ˈlaivli] adj livlig

liver [ˈlivə] n lever c

living-room [ˈliviŋru:m] n dagligstue c

load [loud] n last c; bør c; v laste

loaf [louf] n (pl loaves) brød nt

loan [loun] n lån nt

lobby [ˈlɔbi] n vestibyle c; foajé c

lobster [ˈlɔbstə] n hummer c

local [ˈloukəl] adj lokal, stedlig; ~ **call** lokalsamtale c; ~ **train** lokaltog nt

locality [louˈkæləti] n sted c

locate [louˈkeit] v lokalisere

location [louˈkeiʃən] n beliggenhet c

lock [lɔk] v låse; n lås c; sluse c; ~ **up** låse opp, sperre inne

locomotive [ˌloukəˈmoutiv] n lokomotiv nt

lodge [lɔdʒ] v huse; n jakthytte c

lodger [ˈlɔdʒə] n leieboer c

lodgings [ˈlɔdʒiŋz] pl losji nt

log [lɔg] n kubbe c

logic [ˈlɔdʒik] n logikk c

logical [ˈlɔdʒikəl] adj logisk

lonely [ˈlounli] adj ensom

long [lɔŋ] adj lang; langvarig; ~ **for** lengte etter; **no longer** ikke lenger

longing [ˈlɔŋiŋ] n lengsel c

longitude [ˈlɔndʒitju:d] n lengdegrad c

look [luk] v *se; synes, *se ut; n blikk nt; utseende nt; ~ **after** sørge for, passe; ~ **at** *se på; ~ **for** lete etter; ~ **out** *se opp, passe seg for; ~ **up** *slå opp

looking-glass [ˈlukiŋglɑ:s] *n* speil *nt*

loop [lu:p] *n* løkke *c*

loose [lu:s] *adj* løs

loosen [ˈlu:sən] *v* løsne

lord [lɔ:d] *n* lord *c*; herre *c*

lorry [ˈlɔri] *n* lastebil *c*

*lose [lu:z] *v* tape, miste

loss [lɔs] *n* tap *nt*

lost [lɔst] *adj* gått vill; forsvunnet; ~ **and found** hittegods *nt*; ~ **property office** hittegodskontor *nt*

lot [lɔt] *n* lodd *c*; mengde *c*, hop *c*

lotion [ˈlouʃən] *n* hudkrem *c*; **after-shave** ~ barbervann *nt*

lottery [ˈlɔtəri] *n* lotteri *nt*

loud [laud] *adj* høylydt, høy

loud-speaker [ˌlaudˈspi:kə] *n* høyttaler *c*

lounge [laundʒ] *n* salong *c*; vestibyle *c*

louse [laus] *n* (pl lice) lus *c*

love [lʌv] *v* elske, *være glad i; *n* kjærlighet *c*; **in** ~ forelsket

lovely [ˈlʌvli] *adj* yndig, herlig, skjønn

lover [ˈlʌvə] *n* elsker *c*

love-story [ˈlʌvˌstɔ:ri] *n* kjærlighetshistorie *c*

low [lou] *adj* lav; dyp; nedstemt; ~ **tide** fjære *c*

lower [ˈlouə] *v* senke; *adj* lavere

lowlands [ˈlouləndz] *pl* lavland *nt*

loyal [ˈlɔiəl] *adj* lojal

lubricate [ˈlu:brikeit] *v* *smøre

lubrication [ˌlu:briˈkeiʃən] *n* smøring *c*; ~ **oil** smøreolje *c*; ~ **system** smøringssystem *nt*

luck [lʌk] *n* hell *nt*; skjebne *c*; **bad** ~ uflaks *c*

lucky [ˈlʌki] *adj* heldig; ~ **charm** amulett *c*

ludicrous [ˈlu:dikrəs] *adj* latterlig

luggage [ˈlʌgidʒ] *n* bagasje *c*; **hand** ~ håndbagasje *c*; **left** ~ **office** bagasjeoppbevaring *c*; ~ **rack** bagasjehylle *c*; ~ **van** bagasjevogn *c*

lukewarm [ˈlu:kwɔ:m] *adj* lunken

lumbago [lʌmˈbeigou] *n* lumbago *c*

luminous [ˈlu:minəs] *adj* lysende

lump [lʌmp] *n* klump *c*, stykke *nt*; kul *c*; ~ **of sugar** sukkerbit *c*; ~ **sum** rund sum

lumpy [ˈlʌmpi] *adj* klumpet

lunacy [ˈlu:nəsi] *n* vanvidd *nt*

lunatic [ˈlu:nətik] *adj* sinnssyk; *n* sinnssyk *c*

lunch [lʌntʃ] *n* formiddagsmat *c*, lunsj *c*

luncheon [ˈlʌntʃən] *n* lunsj *c*

lung [lʌŋ] *n* lunge *c*

lust [lʌst] *n* begjær *nt*

luxurious [lʌgˈʒuəriəs] *adj* luksuriøs

luxury [ˈlʌkʃəri] *n* luksus *c*

M

machine [məˈʃi:n] *n* maskin *c*, apparat *nt*

machinery [məˈʃi:nəri] *n* maskineri *nt*

mackerel [ˈmækrəl] *n* (pl ~) makrell *c*

mackintosh [ˈmækintɔʃ] *n* regnfrakk *c*

mad [mæd] *adj* gal, vanvittig, sinnssvak; rasende

madam [ˈmædəm] *n* frue *c*

madness [ˈmædnəs] *n* galskap *c*

magazine [ˌmægəˈzi:n] *n* tidsskrift *nt*

magic [ˈmædʒik] *n* magi *c*, trolldom *c*; *adj* magisk

magician [məˈdʒiʃən] *n* tryllekunstner *c*

magistrate [ˈmædʒistreit] *n* dommer *c*

magnetic [mægˈnetik] *adj* magnetisk

magneto [mæg'ni:tou] n (pl ~s) tenn-
magnet c

magnificent [mæg'nifisənt] adj prakt-
full, storslått

magpie ['mægpai] n skjære c

maid [meid] n hushjelp c

maiden name ['meidən neim] pike-
navn nt

mail [meil] n post c; v poste; ~ order
Am postanvisning c

mailbox ['meilbɔks] nAm postkasse c

main [mein] adj hoved-; størst; ~
deck øverste dekk nt; ~ line ho-
vedlinje c; ~ road hovedvei c; ~
street hovedgate c

mainland ['meinlənd] n fastland nt

mainly ['meinli] adv hovedsakelig

mains [meinz] pl hovedledning c

maintain [mein'tein] v *opprettholde

maintenance ['meintənəns] n vedlike-
hold nt

maize [meiz] n mais c

major ['meidʒə] adj større; eldre; n
major c

majority [mə'dʒɔrəti] n flertall nt

*make [meik] v lage; tjene; nå; ~ do
with nøye seg med; ~ good *godt-
gjøre; ~ up *sette opp

make-up ['meikʌp] n sminke c

malaria [mə'leəriə] n malaria c

Malay [mə'lei] n malaysier c

Malaysia [mə'leiziə] Malaysia

Malaysian [mə'leiziən] adj malaysisk

male [meil] adj hann-

malicious [mə'liʃəs] adj ondskapsfull

malignant [mə'lignənt] adj ondartet

mallet ['mælit] n kølle c

malnutrition [ˌmælnju'triʃən] n under-
ernæring c

mammal ['mæməl] n pattedyr nt

mammoth ['mæməθ] n mammut c

man [mæn] n (pl men) mann c; men-
neske nt; men's room herretoalett
nt

manage ['mænidʒ] v bestyre; lykkes

manageable ['mænidʒəbəl] adj hånd-
terlig

management ['mænidʒmənt] n ledelse
c; administrasjon c

manager ['mænidʒə] n sjef c, direktør
c

mandarin ['mændərin] n mandarin c

mandate ['mændeit] n mandat c

manger ['meindʒə] n krybbe c

manicure ['mænikjuə] n manikyr c

mankind [mæn'kaind] n menneskehet
c

mannequin ['mænəkin] n utstillings-
dukke c

manner ['mænə] n måte c, vis nt;
manners pl manerer pl

man-of-war [ˌmænəv'wɔ:] n krigsskip
nt

manor-house ['mænəhaus] n herre-
gård c

mansion ['mænʃən] n herregård c

manual ['mænjuəl] adj hånd-, ma-
nuell

manufacture [ˌmænju'fæktʃə] v fabrik-
kere

manufacturer [ˌmænju'fæktʃərə] n fab-
rikant c

manure [mə'njuə] n gjødsel c

manuscript ['mænjuskript] n manu-
skript nt

many ['meni] adj mange

map [mæp] n kart nt

maple ['meipəl] n lønn c

marble ['ma:bəl] n marmor c; klinke-
kule c

March [ma:tʃ] mars

march [ma:tʃ] v marsjere; n marsj c

mare [meə] n hoppe c

margarine [ˌma:dʒə'ri:n] n margarin c

margin ['ma:dʒin] n marg c

maritime ['mæritaim] adj maritim

mark [ma:k] v markere; merke; kjen-
netegne; n merke nt; karakter c;

skyteskive c
market ['ma:kit] n marked nt
market-place ['ma:kitpleis] n torg nt
marmalade ['ma:məleid] n marmelade c
marriage ['mæridʒ] n ekteskap nt
marrow ['mærou] n marg c
marry ['mæri] v gifte seg, ekte; **married couple** ektepar nt
marsh [ma:ʃ] n sump c
marshy ['ma:ʃi] adj sumpet
martyr ['ma:tə] n martyr c
marvel ['ma:vəl] n vidunder nt; v undre seg
marvellous ['ma:vələs] adj vidunderlig
mascara [mæ'ska:rə] n øyensverte c
masculine ['mæskjulin] adj maskulin
mash [mæʃ] v mose
mask [ma:sk] n maske c
Mass [mæs] n messe c
mass [mæs] n mengde c; ~ production masseproduksjon c
massage ['mæsa:ʒ] n massasje c; v massere
masseur [mæ'sɔ:] n massør c
massive ['mæsiv] adj massiv
mast [ma:st] n mast c
master ['ma:stə] n mester c; skipsfører c; lektor c, lærer c; v mestre, beherske
masterpiece ['ma:stəpi:s] n mesterverk nt
mat [mæt] n matte c; adj glansløs, matt
match [mætʃ] n fyrstikk c; kamp c; v passe til
match-box ['mætʃbɔks] n fyrstikkeske c
material [mə'tiəriəl] n materiale nt; stoff nt; adj materiell
mathematical [,mæθə'mætikəl] adj matematisk
mathematics [,mæθə'mætiks] n mate-

matikk c
matrimonial [,mætri'mouniəl] adj ekteskapelig
matrimony ['mætriməni] n ekteskap nt
matter ['mætə] n stoff nt; spørsmål nt, sak c; v *være av betydning; as a ~ of fact faktisk, i virkeligheten
matter-of-fact [,mætərəv'fækt] adj realistisk
mattress ['mætrəs] n madrass c
mature [mə'tjuə] adj moden
maturity [mə'tjuərəti] n modenhet c
mausoleum [,mɔ:sə'li:əm] n mausoleum nt
mauve [mouv] adj lilla
May [mei] mai
***may** [mei] v *kunne
maybe ['meibi:] adv kanskje
mayor [mɛə] n borgermester c
maze [meiz] n labyrint c
me [mi:] pron meg
meadow ['medou] n eng c
meal [mi:l] n måltid nt
mean [mi:n] adj sjofel; n gjennomsnitt nt
***mean** [mi:n] v bety; mene
meaning ['mi:niŋ] n mening c
meaningless ['mi:niŋləs] adj meningsløs
means [mi:nz] n middel nt; by no ~ på ingen måte
in the meantime [in ðə 'mi:ntaim] i mellomtiden, imens
meanwhile ['mi:nwail] adv i mellomtiden, imens
measles ['mi:zəlz] n meslinger pl
measure ['meʒə] v måle; n mål nt; foranstaltning c
meat [mi:t] n kjøtt nt
mechanic [mi'kænik] n mekaniker c
mechanical [mi'kænikəl] adj mekanisk
mechanism ['mekənizəm] n mekanis-

me c
medal ['medəl] n medalje c
mediaeval [ˌmedi'i:vəl] adj middelaldersk
mediate ['mi:dieit] v megle
mediator ['mi:dieitə] n megler c
medical ['medikəl] adj medisinsk
medicine ['medsin] n medisin c; legevitenskap c
meditate ['mediteit] v meditere
Mediterranean [ˌmeditə'reiniən] Middelhavet
medium ['mi:diəm] adj gjennomsnittlig, middels
***meet** [mi:t] v møte; *treffe
meeting ['mi:tiŋ] n møte nt, sammenkomst c
meeting-place ['mi:tiŋpleis] n møtested nt
melancholy ['melənkəli] n melankoli c
mellow ['melou] adj bløt; moden
melodrama ['melə,dra:mə] n melodrama nt
melody ['melədi] n melodi c
melon ['melən] n melon c
melt [melt] v smelte
member ['membə] n medlem nt; **Member of Parliament** parlamentsrepresentant c
membership ['membəʃip] n medlemskap nt
memo ['memou] n (pl ~s) memorandum nt
memorable ['memərəbəl] adj minneverdig
memorial [mə'mɔ:riəl] n minnestein c
memorize ['meməraiz] v lære utenat
memory ['meməri] n hukommelse c; minne nt
mend [mend] v reparere, *gjøre i stand
menstruation [ˌmenstru'eiʃən] n menstruasjon c
mental ['mentəl] adj mental

mention ['menʃən] v nevne; n omtale c
menu ['menju:] n spisekart nt, meny c
merchandise ['mə:tʃəndaiz] n varer pl, handelsvare c
merchant ['mə:tʃənt] n kjøpmann c, grosserer c
merciful ['mə:sifəl] adj barmhjertig
mercury ['mə:kjuri] n kvikksølv nt
mercy ['mə:si] n barmhjertighet c, nåde c
mere [miə] adj ren og skjær
merely ['miəli] adv bare
merger ['mə:dʒə] n sammensmeltning c
merit ['merit] v fortjene; n fortjeneste c
mermaid ['mə:meid] n havfrue c
merry ['meri] adj munter
merry-go-round ['merigou,raund] n karusell c
mesh [meʃ] n nett nt, maske c
mess [mes] n rot nt; ~ **up** rote til
message ['mesidʒ] n beskjed c
messenger ['mesindʒə] n budbringer c
metal ['metəl] n metall nt; metall-
meter ['mi:tə] n måler c
method ['meθəd] n metode c, fremgangsmåte c; ordning c
methodical [mə'θɔdikəl] adj metodisk
methylated spirits ['meθəleitid 'spirits] denaturert sprit
metre ['mi:tə] n meter c
metric ['metrik] adj metrisk
Mexican ['meksikən] adj meksikansk; n meksikaner c
Mexico ['meksikou] Mexico
mezzanine ['mezəni:n] n mellometasje c
microphone ['maikrəfoun] n mikrofon c
midday ['middei] n middag c
middle ['midəl] n midte c; adj mel-

lomste; **Middle Ages** middelalde-ren; ~ **class** middelklasse c; **middle-class** adj borgerlig

midnight ['midnait] n midnatt c

midst [midst] n midte c

midsummer ['mid,sʌmə] n midtsom-mer c

midwife ['midwaif] n (pl -wives) jord-mor c

might [mait] n makt c

*****might** [mait] v *kunne

mighty ['maiti] adj mektig

migraine ['migrein] n migrene c

mild [maild] adj mild

mildew ['mildju] n mugg c

mile [mail] n engelsk mil

milage ['mailidʒ] n distanse c

milepost ['mailpoust] n veiskilt nt

milestone ['mailstoun] n milestein c

milieu ['mi:ljə] n miljø nt

military ['militəri] adj militær-; ~ **force** krigsmakt c

milk [milk] n melk c

milkman ['milkmən] n (pl -men) mel-kemann c

milk-shake ['milkʃeik] n milk-shake c

milky ['milki] adj melkaktig

mill [mil] n mølle c; fabrikk c

miller ['milə] n møller c

milliner ['milinə] n modist c

million ['miljən] n million c

millionaire [,miljə'neə] n millionær c

mince [mins] v finhakke

mind [maind] n sinn nt; v *ha noe imot; passe på, passe seg for, bry seg om

mine [main] n gruve c

miner ['mainə] n gruvearbeider c

mineral ['minərəl] n mineral nt; ~ **water** mineralvann nt

miniature ['minjətʃə] n miniatyr c

minimum ['miniməm] n minimum nt

mining ['mainiŋ] n gruvedrift c

minister ['ministə] n statsråd c; prest

c; **Prime Minister** statsminister c

ministry ['ministri] n departement nt; prestegjerning c

mink [miŋk] n mink c

minor ['mainə] adj mindre, liten; un-derordnet; n mindreårig c

minority [mai'nɔrəti] n mindretall nt

mint [mint] n mynte c

minus ['mainəs] prep minus

minute¹ ['minit] n minutt nt; **min-utes** referat nt

minute² [mai'nju:t] adj bitte liten

miracle ['mirəkəl] n mirakel nt

miraculous [mi'rækjuləs] adj miraku-løs

mirror ['mirə] n speil nt

misbehave [,misbi'heiv] v oppføre seg dårlig

miscarriage [mis'kæridʒ] n abort c

miscellaneous [,misə'leiniəs] adj di-verse

mischief ['mistʃif] n spillopper pl; ugagn c, skade c

mischievous ['mistʃivəs] adj skøyer-aktig

miserable ['mizərəbəl] adj elendig, ulykkelig

misery ['mizəri] n elendighet c, ulyk-ke c; nød c

misfortune [mis'fɔ:tʃən] n ulykke c, uhell nt

*****mislay** [mis'lei] v *forlegge

misplaced [mis'pleist] adj malplas-sert; mistet

mispronounce [,misprə'nauns] v uttale galt

miss¹ [mis] frøken, frøken c

miss² [mis] v miste

missing ['misiŋ] adj manglende; ~ **person** savnet person

mist [mist] n dis c, tåke c

mistake [mi'steik] n feiltakelse c, feil c

*****mistake** [mi'steik] v forveksle

mistaken [mi'steikən] adj feilaktig;
**be ~ *ta feil
mister ['mistə] herr
mistress ['mistrəs] n frue c; bestyrer-
inne c; elskerinne c
mistrust [mis'trʌst] v mistro
misty ['misti] adj disig
*misunderstand [,misʌndə'stænd] v
*misforstå
misunderstanding [,misʌndə'stændiŋ]
n misforståelse c
misuse [mis'ju:s] n misbruk nt
mittens ['mitənz] pl votter pl
mix [miks] v blande; ~ with *omgås
med
mixed [mikst] adj blandet
mixer ['miksə] n mikser c
mixture ['mikstʃə] n blanding c
moan [moun] v jamre
moat [mout] n vollgrav c
mobile ['moubail] adj bevegelig, mo-
bil
mock [mɔk] v håne
mockery ['mɔkəri] n hån c
model ['mɔdəl] n modell c; manne-
keng c; v modellere, forme
moderate ['mɔdərət] adj moderat;
middelmådig
modern ['mɔdən] adj moderne
modest ['mɔdist] adj beskjeden
modesty ['mɔdisti] n beskjedenhet c
modify ['mɔdifai] v modifisere, endre
mohair ['mouheə] n mohair c/nt
moist [mɔist] adj fuktig, våt
moisten ['mɔisən] v fukte
moisture ['mɔistʃə] n fuktighet c;
moisturizing cream fuktighets-
krem c
molar ['moulə] n jeksel c
moment ['moumənt] n øyeblikk nt
momentary ['mouməntəri] adj kortva-
rig
monarch ['mɔnək] n monark c
monarchy ['mɔnəki] n monarki nt

monastery ['mɔnəstri] n kloster nt
Monday ['mʌndi] mandag c
monetary ['mʌnitəri] adj penge-; ~
unit myntenhet c
money ['mʌni] n penger pl; ~ ex-
change vekslingskontor nt; ~ or-
der postanvisning c
monk [mʌŋk] n munk c
monkey ['mʌŋki] n ape c
monologue ['mɔnələg] n monolog c
monopoly [mə'nɔpəli] n monopol nt
monotonous [mə'nɔtənəs] adj mono-
ton
month [mʌnθ] n måned c
monthly ['mʌnθli] adj månedlig; ~
magazine månedsblad nt
monument ['mɔnjumənt] n monument
nt, minnesmerke nt
mood [mu:d] n humør nt, stemning c
moon [mu:n] n måne c
moonlight ['mu:nlait] n måneskinn nt
moor [muə] n hei c, lyngmo c
moose [mu:s] n (pl ~, ~s) elg c
moped ['mouped] n moped c
moral ['mɔrəl] n moral c; adj mo-
ralsk, sedelig
morality [mə'ræləti] n moral c
more [mɔ:] adj mer; once ~ en gang
til
moreover [mɔ:'rouvə] adv dessuten,
for øvrig
morning ['mɔ:niŋ] n morgen c, for-
middag c; ~ paper morgenavis c;
this ~ i morges
Moroccan [mə'rɔkən] adj marok-
kansk; n marokkaner c
Morocco [mə'rɔkou] Marokko
morphia ['mɔ:fiə] n morfin c
morphine ['mɔ:fi:n] n morfin c
morsel ['mɔ:səl] n bit c
mortal ['mɔ:təl] adj dødelig
mortgage ['mɔ:gidʒ] n pantelån nt;
pant c
mosaic [mə'zeiik] n mosaikk c

mosque [mɔsk] *n* moské *c*
mosquito [mɔ'ski:tou] *n* (pl ~es) mygg *c*; moskito *c*
mosquito-net [mə'ski:tounet] *n* myggnett *nt*
moss [mɔs] *n* mose *c*
most [moust] *adj* flest; **at ~** høyst; **~ of all** mest
mostly ['moustli] *adv* for det meste
motel [mou'tel] *n* motell *nt*
moth [mɔθ] *n* møll *c*; nattsvermer *c*
mother ['mʌðə] *n* mor *c*; **~ tongue** morsmål *nt*
mother-in-law ['mʌðərinlɔ:] *n* (pl mothers-) svigermor *c*
mother-of-pearl [ˌmʌðərəv'pə:l] *n* perlemor *c*
motion ['mouʃən] *n* bevegelse *c*; forslag *nt*
motive ['moutiv] *n* motiv *nt*
motor ['moutə] *n* motor *c*; *v* bile; **~ body** *nAm* karosseri *nt*; **starter ~** starter *c*
motorbike ['moutəbaik] *nAm* moped *c*
motor-boat ['moutəbout] *n* motorbåt *c*
motor-car ['moutəka:] *n* bil *c*
motor-cycle ['moutəˌsaikəl] *n* motorsykkel *c*
motoring ['moutəriŋ] *n* bilisme *c*
motorist ['moutərist] *n* bilist *c*
motorway ['moutəwei] *n* motorvei *c*
motto ['mɔtou] *n* (pl ~es, ~s) motto *nt*
mouldy ['mouldi] *adj* muggen
mound [maund] *n* haug *c*
mount [maunt] *v* *bestige; *n* berg *nt*
mountain ['mauntin] *n* fjell *nt*; **~ pass** pass *nt*; **~ range** fjellkjede *c*
mountaineering [ˌmaunti'niəriŋ] *n* fjellklatring *c*
mountainous ['mauntinəs] *adj* bergrik
mourning ['mɔ:niŋ] *n* sørgetid *c*

mouse [maus] *n* (pl mice) mus *c*
moustache [mə'sta:ʃ] *n* bart *c*
mouth [mauθ] *n* munn *c*; kjeft *c*, gap *nt*; munning *c*
mouthwash ['mauθwɔʃ] *n* munnvann *nt*
movable ['mu:vəbəl] *adj* flyttbar
move [mu:v] *v* bevege; flytte; røre seg; *n* trekk *nt*, skritt *nt*; flytting *c*
movement ['mu:vmənt] *n* bevegelse *c*
movie ['mu:vi] *n* film *c*; **movies** *Am* kino *c*; **~ theater** kino *c*
much [mʌtʃ] *adj* mange, mye; *adv* mye; **as ~** like mye; så vidt
muck [mʌk] *n* møkk *c*
mud [mʌd] *n* søle *c*
muddle ['mʌdəl] *n* forvirring *c*, rot *nt*, virvar *nt*; *v* rote
muddy ['mʌdi] *adj* sølet
mud-guard ['mʌdga:d] *n* skvettskjerm *c*
muffler ['mʌflə] *nAm* lydpotte *c*
mug [mʌg] *n* krus *nt*
mulberry ['mʌlbəri] *n* morbær *nt*
mule [mju:l] *n* mulesel *nt*, muldyr *nt*
mullet ['mʌlit] *n* multefisk *c*
multiplication [ˌmʌltipli'keiʃən] *n* multiplikasjon *c*
multiply ['mʌltiplai] *v* multiplisere
mumps [mʌmps] *n* kusma *c*
municipal [mju:'nisipəl] *adj* kommunal, by-
municipality [mju:ˌnisi'pæləti] *n* kommune *c*
murder ['mə:də] *n* mord *nt*; *v* myrde
murderer ['mə:dərə] *n* morder *c*
muscle ['mʌsəl] *n* muskel *c*
muscular ['mʌskjulə] *adj* muskuløs
museum [mju:'zi:əm] *n* museum *nt*
mushroom ['mʌʃru:m] *n* sjampinjong *c*; sopp *c*
music ['mju:zik] *n* musikk *c*; **~ academy** konservatorium *nt*
musical ['mju:zikəl] *adj* musikalsk; *n*

musical c

music-hall ['mju:zikhɔ:l] n revyteater nt

musician [mju:'ziʃən] n musiker c

muslin ['mʌzlin] n musselin c

mussel ['mʌsəl] n blåskjell nt

*must [mʌst] v *måtte

mustard ['mʌstəd] n sennep c

mute [mju:t] adj stum

mutiny ['mju:tini] n mytteri nt

mutton ['mʌtən] n fårekjøtt nt

mutual ['mju:tʃuəl] adj gjensidig

my [mai] adj min

myself [mai'self] pron meg; selv

mysterious [mi'stiəriəs] adj gåtefull, mystisk

mystery ['mistəri] n mysterium nt

myth [miθ] n myte c

N

nail [neil] n negl c; spiker c

nailbrush ['neilbrʌʃ] n neglebørste c

nail-file ['neilfail] n neglefil c

nail-polish ['neil,poliʃ] n neglelakk c

nail-scissors ['neil,sizəz] pl neglesaks c

naïve [nɑ:'i:v] adj naiv

naked ['neikid] adj naken; bar

name [neim] n navn nt; v oppkalle, kalle; **in the ~ of** i ... navn

namely ['neimli] adv nemlig

nap [næp] n lur c

napkin ['næpkin] n serviett c

nappy ['næpi] n bleie c

narcosis [nɑ:'kousis] n (pl -ses) narkose c

narcotic [nɑ:'kɔtik] n narkotisk middel

narrow ['nærou] adj trang, smal, snever

narrow-minded [,nærou'maindid] adj

sneversynt

nasty ['nɑ:sti] adj ubehagelig, vemmelig; ekkel

nation ['neiʃən] n nasjon c; folk nt

national ['næʃənəl] adj nasjonal; folke-; stats-; **~ anthem** nasjonalsang c; **~ dress** nasjonaldrakt c; **~ park** nasjonalpark c

nationality [,næʃə'næləti] n nasjonalitet c

nationalize ['næʃənəlaiz] v nasjonalisere

native ['neitiv] n innfødt c; adj innfødt; **~ country** fedreland nt; **~ language** morsmål nt

natural ['nætʃərəl] adj naturlig; medfødt

naturally ['nætʃərəli] adv selvfølgelig, naturligvis

nature ['neitʃə] n natur c

naughty ['nɔ:ti] adj uskikkelig, slem

nausea ['nɔ:siə] n kvalme c

naval ['neivəl] adj marine-

navel ['neivəl] n navle c

navigable ['nævigəbəl] adj seilbar

navigate ['nævigeit] v navigere

navigation [,nævi'geiʃən] n navigasjon c; seilas c

navy ['neivi] n flåte c

near [niə] prep nær; adj nær

nearby ['niəbai] adj nærliggende, tilstøtende

nearly ['niəli] adv nesten

neat [ni:t] adj nett, ordentlig; bar

necessary ['nesəsəri] adj nødvendig

necessity [nə'sesəti] n nødvendighet c

neck [nek] n hals c; **nape of the ~** nakke c

necklace ['nekləs] n halskjede nt

necktie ['nektai] n slips nt

need [ni:d] v behøve, trenge; n behov nt; nødvendighet c; **~ to** *måtte

needle ['ni:dəl] n nål c

needlework ['ni:dəlwə:k] n håndar-

beid *nt*
negative ['negətiv] *adj* negativ, benektende; *n* negativ *nt*
neglect [ni'glekt] *v* forsømme; *n* forsømmelse *c*
negligee ['negliʒei] *n* neglisjé *c/nt*
negotiate [ni'gouʃieit] *v* forhandle
negotiation [ni,gouʃi'eiʃən] *n* forhandling *c*
Negro ['ni:grou] *n* (pl ~es) neger *c*
neighbour ['neibə] *n* granne *c*, nabo *c*
neighbourhood ['neibəhud] *n* nabolag *nt*
neighbouring ['neibəriŋ] *adj* tilstøtende, nærliggende
neither ['naiðə] *pron* ingen av dem; **neither ... nor** verken ... eller
neon ['ni:ɔn] *n* neon *c*
nephew ['nefju:] *n* nevø *c*
nerve [nə:v] *n* nerve *c*; dristighet *c*
nervous ['nə:vəs] *adj* nervøs
nest [nest] *n* rede *nt*
net [net] *n* nett *nt*; *adj* netto
the Netherlands ['neðələndz] Nederland
network ['netwə:k] *n* nettverk *nt*; kringkastingsselskap *c*
neuralgia [njuə'rældʒə] *n* nevralgi *c*
neurosis [njuə'rousis] *n* nevrose *c*
neuter ['nju:tə] *adj* intetkjønns-
neutral ['nju:trəl] *adj* nøytral
never ['nevə] *adv* aldri
nevertheless [,nevəðə'les] *adv* ikke desto mindre
new [nju:] *adj* ny; **New Year** nyttår *nt*
news [nju:z] *n* nyheter *pl*, nyhet *c*
newsagent ['nju:,zeidʒənt] *n* avishandler *c*
newspaper ['nju:z,peipə] *n* avis *c*
newsreel ['nju:zri:l] *n* filmavis *c*
newsstand ['nju:zstænd] *n* aviskiosk *c*
New Zealand [nju: 'zi:lənd] Ny-Zealand

next [nekst] *adj* neste; ~ **to** ved siden av
next-door [,nekst'dɔ:] *adv* ved siden av, nabo-
nice [nais] *adj* koselig, snill, pen; lekker; sympatisk
nickel ['nikəl] *n* nikkel *c*; 5-cent-mynt
nickname ['nikneim] *n* kjælenavn *nt*
nicotine ['nikəti:n] *n* nikotin *c*
niece [ni:s] *n* niese *c*
Nigeria [nai'dʒiəriə] Nigeria
Nigerian [nai'dʒiəriən] *adj* nigeriansk; *n* nigerianer *c*
night [nait] *n* natt *c*; aften *c*; **by** ~ om natten; ~ **flight** nattfly *nt*; ~ **rate** natt-takst *c*; ~ **train** natt-tog *nt*
nightclub ['naitklʌb] *n* nattklubb *c*
night-cream ['naitkri:m] *n* nattkrem *c*
nightdress ['naitdres] *n* nattkjole *c*
nightingale ['naitiŋgeil] *n* nattergal *c*
nightly ['naitli] *adj* nattlig
nil [nil] ingenting; null
nine [nain] *num* ni
nineteen [,nain'ti:n] *num* nitten
nineteenth [,nain'ti:nθ] *num* nittende
ninety ['nainti] *num* nitti
ninth [nainθ] *num* niende
nitrogen ['naitrədʒən] *n* kvelstoff *nt*
no [nou] nei; *adj* ingen; ~ **one** ingen
nobility [nou'biləti] *n* adel *c*
noble ['noubəl] *adj* adelig; edel
nobody ['noubədi] *pron* ingen
nod [nɔd] *n* nikk *nt*; *v* nikke
noise [nɔiz] *n* lyd *c*; bulder *nt*, larm *c*, støy *c*
noisy ['nɔizi] *adj* støyende
nominal ['nɔminəl] *adj* nominell
nominate ['nɔmineit] *v* nominere
nomination [,nɔmi'neiʃən] *n* nominasjon *c*; utnevnelse *c*
none [nʌn] *pron* ingen
nonsense ['nɔnsəns] *n* nonsens *nt*
noon [nu:n] *n* klokken tolv

normal [ˈnɔːməl] *adj* normal
north [nɔːθ] *n* nord *c; adj* nordlig;
  North Pole Nordpolen
north-east [ˌnɔːθˈiːst] *n* nordøst *c*
northerly [ˈnɔːðəli] *adj* nordlig
northern [ˈnɔːðən] *adj* nordlig
north-west [ˌnɔːθˈwest] *n* nordvest *c*
Norway [ˈnɔːwei] Norge
Norwegian [nɔːˈwiːdʒən] *adj* norsk; *n*
  nordmann *c*
nose [nouz] *n* nese *c*
nosebleed [ˈnouzbliːd] *n* neseblod *nt*
nostril [ˈnɔstril] *n* nesebor *nt*
not [nɔt] *adv* ikke
notary [ˈnoutəri] *n* notar *c*
notary public *Am* notarius publicus
note [nout] *n* merknad *c*, notis *c;* no-
  tat *nt;* tone *c; v* notere; bemerke,
  konstatere
notebook [ˈnoutbuk] *n* notisbok *c*
noted [ˈnoutid] *adj* kjent
notepaper [ˈnoutˌpeipə] *n* brevpapir
  nt
nothing [ˈnʌθiŋ] *n* ingenting, intet *nt*
notice [ˈnoutis] *v* merke, bemerke,
  *legge merke til, oppdage; *se; *n*
  underretning *c*, kunngjøring *c;*
  oppmerksomhet *c*
noticeable [ˈnoutisəbəl] *adj* merkbar;
  bemerkelsesverdig
notify [ˈnoutifai] *v* meddele; underret-
  te
notion [ˈnouʃən] *n* anelse *c*, begrep *nt*
notorious [nouˈtɔːriəs] *adj* beryktet
nougat [ˈnuːgɑː] *n* nougat *c*
nought [nɔːt] *n* null *nt*
noun [naun] *n* substantiv *nt*
nourishing [ˈnʌriʃiŋ] *adj* nærende
novel [ˈnɔvəl] *n* roman *c*
novelist [ˈnɔvəlist] *n* romanforfatter *c*
November [nouˈvembə] november
now [nau] *adv* nå; ~ and then nå og
  da
nowadays [ˈnauədeiz] *adv* nåtildags

nowhere [ˈnouweə] *adv* ingensteds
nozzle [ˈnɔzəl] *n* tut *c*
nuance [njuˈɑːs] *n* nyanse *c*
nuclear [ˈnjuːkliə] *adj* kjerne-; ~ en-
  ergy kjernekraft *c*
nucleus [ˈnjuːkliəs] *n* kjerne *c*
nude [njuːd] *adj* naken; *n* akt *c*
nuisance [ˈnjuːsəns] *n* ulempe *c*
numb [nʌm] *adj* følelsesløs; valen
number [ˈnʌmbə] *n* nummer *nt;* tall
  nt, antall *nt*
numeral [ˈnjuːmərəl] *n* tallord *nt*
numerous [ˈnjuːmərəs] *adj* tallrik
nun [nʌn] *n* nonne *c*
nunnery [ˈnʌnəri] *n* nonnekloster *nt*
nurse [nəːs] *n* sykesøster *c*, sykeplei-
  erske *c;* barnepike *c; v* pleie; amme
nursery [ˈnəːsəri] *n* barneværelse *nt;*
  daghjem *nt;* planteskole *c*
nut [nʌt] *n* nøtt *c;* mutter *c*
nutcrackers [ˈnʌtˌkrækəz] *pl* nøtte-
  knekker *c*
nutmeg [ˈnʌtmeg] *n* muskatnøtt *c*
nutritious [njuːˈtriʃəs] *adj* nærende
nutshell [ˈnʌtʃel] *n* nøtteskall *nt*
nylon [ˈnailɔn] *n* nylon *nt*

O

oak [ouk] *n* eik *c*
oar [ɔː] *n* åre *c*
oasis [ouˈeisis] *n* (pl oases) oase *c*
oath [ouθ] *n* ed *c*
oats [outs] *pl* havre *c*
obedience [əˈbiːdiəns] *n* lydighet *c*
obedient [əˈbiːdiənt] *adj* lydig
obey [əˈbei] *v* *adlyde
object¹ [ˈɔbdʒikt] *n* objekt *nt;* gjen-
  stand *c;* formål *nt*
object² [əbˈdʒekt] *v* protestere, inn-
  vende
objection [əbˈdʒekʃən] *n* innvending *c*

objective [əb'dʒektiv] *adj* objektiv; *n* formål *nt*

obligatory [ə'bligətəri] *adj* obligatorisk

oblige [ə'blaidʒ] *v* forplikte; *be obliged to* *være forpliktet til; *være nødt til

obliging [ə'blaidʒiŋ] *adj* imøtekommende

oblong ['ɔbləŋ] *adj* avlang; *n* rektangel *nt*

obscene [əb'si:n] *adj* uanstendig

obscure [əb'skjuə] *adj* uklar, mørk

observation [ˌɔbzə'veiʃən] *n* iakttakelse *c*, observasjon *c*

observatory [əb'zə:vətri] *n* observatorium *nt*

observe [əb'zə:v] *v* *iaktta, observere

obsession [əb'seʃən] *n* besettelse *c*

obstacle ['ɔbstəkəl] *n* hindring *c*

obstinate ['ɔbstinət] *adj* sta; hardnakket

obtain [əb'tein] *v* erverve, *få

obtainable [əb'teinəbəl] *adj* oppnåelig

obvious ['ɔbviəs] *adj* innlysende

occasion [ə'keiʒən] *n* tilfelle *nt;* foranledning *c*

occasionally [ə'keiʒənəli] *adv* av og til, nå og da

occupant ['ɔkjupənt] *n* beboer *c*

occupation [ˌɔkju'peiʃən] *n* beskjeftigelse *c;* okkupasjon *c*

occupy ['ɔkjupai] *v* *besette; beskjeftige; **occupied** *adj* opptatt

occur [ə'kə:] *v* hende, *forekomme, skje

occurrence [ə'kʌrəns] *n* hendelse *c*

ocean ['ouʃən] *n* hav *nt*

October [ɔk'toubə] oktober

octopus ['ɔktəpəs] *n* blekksprut *c*

oculist ['ɔkjulist] *n* øyenlege *c*

odd [ɔd] *adj* underlig, rar; ulike

odour ['oudə] *n* lukt *c*

of [ɔv, əv] *prep* av; fra; i

off [ɔf] *adv* av; vekk; *prep* av

offence [ə'fens] *n* forseelse *c;* anstøt *nt,* fornærmelse *c*

offend [ə'fend] *v* krenke, fornærme; *forgå seg

offensive [ə'fensiv] *adj* offensiv; støtende, krenkende

offer ['ɔfə] *v* *tilby; yte; *n* tilbud *nt*

office ['ɔfis] *n* kontor *nt;* embete *nt;* ~ **hours** kontortid *c*

officer ['ɔfisə] *n* offiser *c*

official [ə'fiʃəl] *adj* offisiell

off-licence ['ɔf,laisəns] *n* alkoholutsalg *nt*

often ['ɔfən] *adv* ofte

oil [ɔil] *n* olje *c;* **fuel** ~ brenselolje *c;* ~ **filter** oljefilter *nt;* ~ **pressure** oljetrykk *nt*

oil-painting [ˌɔil'peintiŋ] *n* oljemaleri *nt*

oil-refinery ['ɔilri,fainəri] *n* oljeraffineri *nt*

oil-well ['ɔilwel] *n* oljebrønn *c*

oily ['ɔili] *adj* oljet; glatt

ointment ['ɔintmənt] *n* salve *c*

okay! [ˌou'kei] fint!

old [ould] *adj* gammel; ~ **age** alderdom *c*

old-fashioned [ˌould'fæʃənd] *adj* gammeldags

olive ['ɔliv] *n* oliven *c;* ~ **oil** olivenolje *c*

omelette ['ɔmlət] *n* omelett *c*

ominous ['ɔminəs] *adj* illevarslende

omit [ə'mit] *v* *utelate

omnipotent [ɔm'nipətənt] *adj* allmektig

on [ɔn] *prep* på; ved

once [wʌns] *adv* en gang; **at** ~ straks; ~ **more** nok en gang

oncoming ['ɔn,kʌmiŋ] *adj* kommende, møtende

one [wʌn] *num* en; *pron* man

oneself [wʌn'self] *pron* selv

onion [ˈʌnjən] n løk c

only [ˈounli] adj eneste; adv bare, alene, kun; conj men

onwards [ˈɔnwədz] adv fremover

onyx [ˈɔniks] n onyks c

opal [ˈoupəl] n opal c

open [ˈoupən] v åpne; adj åpen; åpenhjertig

opening [ˈoupəniŋ] n åpning c

opera [ˈɔpərə] n opera c; ~ house opera c

operate [ˈɔpəreit] v virke, *drive; operere

operation [ˌɔpəˈreiʃən] n virksomhet c; operasjon c

operator [ˈɔpəreitə] n telefonist c

operetta [ˌɔpəˈretə] n operette c

opinion [əˈpinjən] n oppfatning c, mening c

opponent [əˈpounənt] n motstander c

opportunity [ˌɔpəˈtjuːnəti] n leilighet c, anledning c

oppose [əˈpouz] v *motsette seg, opponere seg

opposite [ˈɔpəzit] prep overfor; adj motsatt

opposition [ˌɔpəˈziʃən] n opposisjon c

oppress [əˈpres] v undertrykke, knuge

optician [ɔpˈtiʃən] n optiker c

optimism [ˈɔptimizəm] n optimisme c

optimist [ˈɔptimist] n optimist c

optimistic [ˌɔptiˈmistik] adj optimistisk

optional [ˈɔpʃənəl] adj valgfri

or [ɔː] conj eller

oral [ˈɔːrəl] adj muntlig

orange [ˈɔrindʒ] n appelsin c; adj oransje

orchard [ˈɔːtʃəd] n frukthage c

orchestra [ˈɔːkistrə] n orkester nt; ~ seat Am orkesterplass c

order [ˈɔːdə] v beordre; bestille; n rekkefølge c, orden c; ordre c, befaling c; bestilling c; in ~ i orden; in ~ to for å; made to ~ laget på bestilling; out of ~ i uorden; postal ~ postanvisning c

order-form [ˈɔːdəfɔːm] n ordreblankett c

ordinary [ˈɔːdənri] adj vanlig, dagligdags

ore [ɔː] n malm c

organ [ˈɔːgən] n organ nt; orgel nt

organic [ɔːˈgænik] adj organisk

organization [ˌɔːgənaiˈzeiʃən] n organisasjon c

organize [ˈɔːgənaiz] v organisere

Orient [ˈɔːriənt] n Orienten

oriental [ˌɔːriˈentəl] adj orientalsk

orientate [ˈɔːriənteit] v orientere seg

origin [ˈɔridʒin] n avstamning c, opphav nt; nedstamning c, herkomst c

original [əˈridʒinəl] adj original, opprinnelig

originally [əˈridʒinəli] adv i begynnelsen

ornament [ˈɔːnəmənt] n utsmykning c

ornamental [ˌɔːnəˈmentəl] adj dekorativ

orphan [ˈɔːfən] n foreldreløst barn

orthodox [ˈɔːθədɔks] adj ortodoks

ostrich [ˈɔstritʃ] n struts c

other [ˈʌðə] adj annen

otherwise [ˈʌðəwaiz] conj ellers; adv annerledes

*ought to [ɔːt] *burde

our [auə] adj vår

ourselves [auəˈselvz] pron oss; selv

out [aut] adv ute, ut; ~ of sluppet opp for

outbreak [ˈautbreik] n utbrudd nt

outcome [ˈautkʌm] n resultat nt

*outdo [ˌautˈduː] v *overgå

outdoors [ˌautˈdɔːz] adv utendørs

outer [ˈautə] adj ytre

outfit [ˈautfit] n utrustning c; klesdrakt c

outline ['autlain] *n* kontur *c; v* tegne i omriss

outlook ['autluk] *n* utsikt *c;* syn *nt*

output ['autput] *n* produksjon *c*

outrage ['autreidʒ] *n* fornærmelse *c;* krenkelse *c*

outside [ˌaut'said] *adv* utenfor; *prep* utenfor; *n* utside *c,* ytterside *c*

outsize ['autsaiz] *n* stor størrelse

outskirts ['autskə:ts] *pl* utkant *c*

outstanding [ˌaut'stændiŋ] *adj* fremtredende, fremragende

outward ['autwəd] *adj* utvendig

outwards ['autwədz] *adv* utad

oval ['ouvəl] *adj* oval

oven ['ʌvən] *n* stekeovn *c*

over ['ouvə] *prep* over, ovenfor; *adv* over; over ende; ∼ **there** der borte

overall ['ouvərɔ:l] *adj* total

overalls ['ouvərɔ:lz] *pl* overall *c*

overcast ['ouvəka:st] *adj* overskyet

overcoat ['ouvəkout] *n* ytterfrakk *c*

***overcome** [ˌouvə'kʌm] *v* *overvinne

overdue [ˌouvə'dju:] *adj* forsinket; forfallen

overgrown [ˌouvə'groun] *adj* overgrodd

overhaul [ˌouvə'hɔ:l] *v* overhale

overhead [ˌouvə'hed] *adv* ovenfor

overlook [ˌouvə'luk] *v* *overse

overnight [ˌouvə'nait] *adv* natten over

overseas [ˌouvə'si:z] *adj* oversjøisk

oversight ['ouvəsait] *n* forglemmelse *c*

***oversleep** [ˌouvə'sli:p] *v* *forsove seg

overstrung [ˌouvə'strʌŋ] *adj* overspent

***overtake** [ˌouvə'teik] *v* kjøre forbi; **no overtaking** forbikjøring forbudt

over-tired [ˌouvə'taiəd] *adj* overtrett

overture ['ouvətʃə] *n* ouverture *c*

overweight ['ouvəweit] *n* overvekt *c*

overwhelm [ˌouvə'welm] *v* overvelde

overwork [ˌouvə'wə:k] *v* overanstrenge seg

owe [ou] *v* *være skyldig, skylde; *ha å takke for; **owing to** på grunn av

owl [aul] *n* ugle *c*

own [oun] *v* eie; *adj* egen

owner ['ounə] *n* eier *c,* innehaver *c*

ox [ɔks] *n* (pl oxen) okse *c*

oxygen ['ɔksidʒən] *n* surstoff *nt*

oyster ['ɔistə] *n* østers *c*

P

pace [peis] *n* gange *c;* skritt *nt;* tempo *nt*

Pacific Ocean [pə'sifik 'ouʃən] Stillehavet

pacifism ['pæsifizəm] *n* pasifisme *c*

pacifist ['pæsifist] *n* pasifist *c;* pasifistisk

pack [pæk] *v* pakke; *nAm* kortstokk *c;* ∼ **up** pakke ned

package ['pækidʒ] *n* pakke *c*

packet ['pækit] *n* liten pakke

packing ['pækiŋ] *n* innpakning *c*

pad [pæd] *n* pute *c;* notisblokk *c*

paddle ['pædəl] *n* padleåre *c*

padlock ['pædlɔk] *n* hengelås *c*

pagan ['peigən] *adj* hedensk; *n* hedning *c*

page [peidʒ] *n* side *c*

page-boy ['peidʒbɔi] *n* pikkolo *c*

pail [peil] *n* spann *nt*

pain [pein] *n* smerte *c;* **pains** umake *c*

painful ['peinfəl] *adj* smertefull

painless ['peinləs] *adj* smertefri

paint [peint] *n* maling *c; v* male

paint-box ['peintbɔks] *n* malerskrin *nt*

paint-brush ['peintbrʌʃ] *n* pensel *c*

painter ['peintə] *n* maler *c*

painting ['peintiŋ] *n* maleri *nt*

pair [peə] *n* par *nt*

Pakistan [ˌpɑːki'stɑːn] Pakistan

Pakistani [ˌpɑːkiˈstɑːni] adj pakistansk; n pakistaner c

palace [ˈpæləs] n palass nt

pale [peil] adj blek; lyse-

palm [pɑːm] n palme c; håndflate c

palpable [ˈpælpəbəl] adj følelig, merkbar

palpitation [ˌpælpiˈteiʃən] n hjerteklapp c

pan [pæn] n panne c; kasserolle c

pane [pein] n vindusrute c

panel [ˈpænəl] n panel nt

panelling [ˈpænəliŋ] n panelverk nt

panic [ˈpænik] n panikk c

pant [pænt] v pese

panties [ˈpæntiz] pl underbukse c, truse c

pants [pænts] pl underbukse c; bukse c

pant-suit [ˈpæntsuːt] n buksedrakt c

panty-hose [ˈpæntihouz] n strømpebukse c

paper [ˈpeipə] n papir nt; avis c; papir-; carbon ~ karbonpapir nt; ~ bag papirpose c; ~ napkin papirserviett c; typing ~ skrivemaskinpapir nt; wrapping ~ innpakningspapir nt

paperback [ˈpeipəbæk] n pocketbok c

paper-knife [ˈpeipənaif] n papirkniv c

parade [pəˈreid] n parade c; tog nt

paraffin [ˈpærəfin] n parafin c

paragraph [ˈpærəgrɑːf] n avsnitt nt; paragraf c

parakeet [ˈpærəkiːt] n papegøye c

parallel [ˈpærəlel] adj parallell; n parallell c

paralyse [ˈpærəlaiz] v lamme

parcel [ˈpɑːsəl] n pakke c

pardon [ˈpɑːdən] n tilgivelse c; benådning c

parents [ˈpeərənts] pl foreldre pl

parents-in-law [ˈpeərəntsinlɔː] pl svigerforeldre pl

parish [ˈpæriʃ] n sogn nt

park [pɑːk] n park c; v parkere

parking [ˈpɑːkiŋ] n parkering c; no ~ parkering forbudt; ~ fee parkeringsavgift c; ~ light parkeringslys nt; ~ lot Am parkeringsplass c; ~ meter parkometer nt; ~ zone parkeringssone c

parliament [ˈpɑːləmənt] n parlament nt

parliamentary [ˌpɑːləˈmentəri] adj parlamentarisk

parrot [ˈpærət] n papegøye c

parsley [ˈpɑːsli] n persille c

parson [ˈpɑːsən] n prest c

parsonage [ˈpɑːsənidʒ] n prestegård c

part [pɑːt] n del c; stykke nt; v skille; spare ~ reservedel c

partial [ˈpɑːʃəl] adj delvis; partisk

participant [pɑːˈtisipənt] n deltaker c

participate [pɑːˈtisipeit] v *delta

particular [pəˈtikjulə] adj spesiell, særegen; kresen; in ~ i særdeleshet

parting [ˈpɑːtiŋ] n avskjed c; hårskill c

partition [pɑːˈtiʃən] n skillevegg c

partly [ˈpɑːtli] adv delvis

partner [ˈpɑːtnə] n partner c; kompanjong c

partridge [ˈpɑːtridʒ] n rapphøne c

party [ˈpɑːti] n parti nt; selskap nt; gruppe c

pass [pɑːs] v *forløpe, passere; *rekke; *bestå; no passing Am forbikjøring forbudt; ~ by *gå forbi; ~ through *gå gjennom

passage [ˈpæsidʒ] n passasje c; overfart c; avsnitt nt; gjennomreise c

passenger [ˈpæsəndʒə] n passasjer c; ~ car Am passasjervogn c; ~ train persontog nt

passer-by [ˌpɑːsəˈbai] n forbipasserende c

passion ['pæʃən] *n* lidenskap *c;* raseri *nt*

passionate ['pæʃənət] *adj* lidenskape-lig

passive ['pæsiv] *adj* passiv

passport ['pɑːspɔːt] *n* pass *nt;* ~ **control** passkontroll *c;* ~ **photograph** passfoto *nt*

password ['pɑːswɔːd] *n* stikkord *nt*

past [pɑːst] *n* fortid *c; adj* forrige, tidligere; *prep* forbi, langs

paste [peist] *n* lim *nt; v* klistre

pastry ['peistri] *n* bakverk *nt;* ~ **shop** konditori *nt*

pasture ['pɑːstʃə] *n* beite *nt*

patch [pætʃ] *v* lappe

patent ['peitənt] *n* patent *nt*

path [pɑːθ] *n* sti *c*

patience ['peiʃəns] *n* tålmodighet *c*

patient ['peiʃənt] *adj* tålmodig; *n* pasient *c*

patriot ['peitriət] *n* patriot *c*

patrol [pə'troul] *n* patrulje *c; v* patruljere; overvåke

pattern ['pætən] *n* mønster *nt,* motiv *nt*

pause [pɔːz] *n* pause *c; v* *holde pause

pave [peiv] *v* *brolegge

pavement ['peivmənt] *n* fortau *nt;* veidekke *nt*

pavilion [pə'viljən] *n* paviljong *c*

paw [pɔː] *n* pote *c*

pawn [pɔːn] *v* *pantsette; *n* sjakk-bonde *c*

pawnbroker ['pɔːnˌbroukə] *n* pantelåner *c*

pay [pei] *n* gasje *c,* lønn *c*

***pay** [pei] *v* betale; lønne seg; ~ **attention to** *være oppmerksom på; **paying** lønnsom; ~ **off** nedbetale; ~ **on account** avbetale

pay-desk ['peidesk] *n* kasse *c*

payment ['peimənt] *n* betaling *c*

pea [piː] *n* ert *c*

peace [piːs] *n* fred *c*

peaceful ['piːsfəl] *adj* fredelig

peach [piːtʃ] *n* fersken *c*

peacock ['piːkɔk] *n* påfugl *c*

peak [piːk] *n* tind *c;* topp *c;* ~ **hour** rushtid *c;* ~ **season** høysesong *c*

peanut ['piːnʌt] *n* peanøtt *c*

pear [peə] *n* pære *c*

pearl [pɔːl] *n* perle *c*

peasant ['pezənt] *n* bonde *c*

pebble ['pebəl] *n* småstein *c*

peculiar [pi'kjuːljə] *adj* underlig; eien-dommelig

peculiarity [piˌkjuːliˈærəti] *n* eiendom-melighet *c*

pedal ['pedəl] *n* pedal *c*

pedestrian [pi'destriən] *n* fotgjenger *c;* **no pedestrians** ikke for fotgjen-gere; ~ **crossing** fotgjengerover-gang *c*

pedicure ['pedikjuə] *n* pedikyr *c*

peel [piːl] *v* skrelle; *n* skrell *nt*

peep [piːp] *v* kikke

peg [peg] *n* knagg *c*

pelican ['pelikən] *n* pelikan *c*

pelvis ['pelvis] *n* bekken *nt*

pen [pen] *n* penn *c*

penalty ['penəlti] *n* bot *c;* straff *c;* ~ **kick** straffespark *nt*

pencil ['pensəl] *n* blyant *c*

pencil-sharpener ['pensəlˌʃɑːpnə] *n* blyantspisser *c*

pendant ['pendənt] *n* hengesmykke *nt*

penetrate ['penitreit] *v* trenge gjen-nom

penguin ['peŋgwin] *n* pingvin *c*

penicillin [ˌpeniˈsilin] *n* penicillin *nt*

peninsula [pə'ninsjulə] *n* halvøy *c*

penknife ['pennaif] *n* (pl -knives) lommekniv *c*

pension¹ ['pɑ̃ːsiɔ̃ː] *n* pensjonat *nt*

pension² ['penʃən] *n* pensjon *c*

people ['piːpəl] *pl* folk *pl,* folk *nt; n*

folkeslag *nt*

pepper ['pepə] *n* pepper *c*

peppermint ['pepəmint] *n* pepper-mynte *c*

perceive [pə'si:v] *v* fornemme

percent [pə'sent] *n* prosent *c*

percentage [pə'sentidʒ] *n* prosentsats *c*

perceptible [pə'septibəl] *adj* merkbar

perception [pə'sepʃən] *n* fornemmelse *c*

perch [pə:tʃ] (pl ~) åbor *c*

percolator ['pə:kəleitə] *n* kaffetrakter *c*

perfect ['pə:fikt] *adj* fullkommen, perfekt

perfection [pə'fekʃən] *n* perfeksjon *c*, fullkommenhet *c*

perform [pə'fɔ:m] *v* utføre; *opptre; utøve

performance [pə'fɔ:məns] *n* forestilling *c*

perfume ['pə:fju:m] *n* parfyme *c*

perhaps [pə'hæps] *adv* kanskje; muligens

peril ['peril] *n* fare *c*

perilous ['periləs] *adj* livsfarlig

period ['piəriəd] *n* periode *c*, tid *c*; punktum *nt*

periodical [,piəri'ɔdikəl] *n* tidsskrift *nt*; *adj* periodevis

perish ['periʃ] *v* *omkomme; *forgå

perishable ['periʃəbəl] *adj* bedervelig

perjury ['pə:dʒəri] *n* mened *c*

permanent ['pə:mənənt] *adj* varig, permanent, vedvarende; blivende; fast; ~ **wave** permanent *c*

permission [pə'miʃən] *n* tillatelse *c*; lov *c*

permit[1] [pə'mit] *v* *tillate

permit[2] ['pə:mit] *n* tillatelse *c*, permisjon *c*

peroxide [pə'rɔksaid] *n* vannstoff hyperoksyd

perpendicular [,pə:pən'dikjulə] *adj* loddrett

persecute ['pə:sikju:t] *v* *forfølge, plage

Persia ['pə:ʃə] Persia

Persian ['pə:ʃən] *adj* persisk; *n* perser *c*

person ['pə:sən] *n* person *c*; **per** ~ per person

personal ['pə:sənəl] *adj* personlig

personality [,pə:sə'næləti] *n* personlighet *c*

personnel [,pə:sə'nel] *n* personale *nt*

perspective [pə'spektiv] *n* perspektiv *nt*

perspiration [,pə:spə'reiʃən] *n* svette *c*

perspire [pə'spaiə] *v* transpirere, svette

persuade [pə'sweid] *v* overtale; overbevise

persuasion [pə'sweiʒən] *n* overbevisning *c*; overtaling *c*

pessimism ['pesimizəm] *n* pessimisme *c*

pessimist ['pesimist] *n* pessimist *c*

pessimistic [,pesi'mistik] *adj* pessimistisk

pet [pet] *n* kjæledyr *nt*; kjæledegge *c*; *adj* yndlings-

petal ['petəl] *n* kronblad *nt*

petition [pi'tiʃən] *n* bønn *c*; ansøkning *c*

petrol ['petrəl] *n* bensin *c*; ~ **pump** bensinpumpe *c*; ~ **station** bensinstasjon *c*; ~ **tank** bensintank *c*

petroleum [pi'trouliəm] *n* petroleum *c*

petty ['peti] *adj* smålig, ubetydelig, liten; ~ **cash** småpenger *pl*

pewit ['pi:wit] *n* hettemåke *c*

pewter ['pju:tə] *n* tinn *nt*

phantom ['fæntəm] *n* fantasibilde *nt*; gjenferd *nt*

pharmacology [,fa:mə'kɔlədʒi] *n* farmakologi *c*

pharmacy [ˈfɑːməsi] n apotek nt
phase [feiz] n fase c
pheasant [ˈfezənt] n fasan c
Philippine [ˈfilipain] adj filippinsk
Philippines [ˈfilipiːnz] pl Filippinene
philosopher [fiˈlɔsəfə] n filosof c
philosophy [fiˈlɔsəfi] n filosofi c
phone [foun] n telefon c; v telefone-
re, ringe opp
phonetic [fəˈnetik] adj fonetisk
phoney [ˈfouni] adj falsk; n bløffma-
ker c
photo [ˈfoutou] n (pl ~s) fotografi nt
photograph [ˈfoutəgrɑːf] n fotografi
nt; v fotografere
photographer [fəˈtɔgrəfə] n fotograf c
photography [fəˈtɔgrəfi] n fotografe-
ring c
photostat [ˈfoutəstæt] n fotokopi c
phrase [freiz] n uttrykk nt
phrase-book [ˈfreizbuk] n parlør c
physical [ˈfizikəl] adj fysisk
physician [fiˈziʃən] n lege c
physicist [ˈfizisist] n fysiker c
physics [ˈfiziks] n naturvitenskap c,
fysikk c
physiology [ˌfiziˈɔlədʒi] n fysiologi c
pianist [ˈpiːənist] n pianist c
piano [piˈænou] n piano nt; **grand ~**
flygel nt
pick [pik] v plukke; *velge; n valg nt;
~ **up** *ta opp; hente; **pick-up van**
varebil c
pick-axe [ˈpikæks] n hakke c
picnic [ˈpiknik] n piknik c; v *dra på
piknik
picture [ˈpiktʃə] n maleri nt; illustra-
sjon c, stikk nt; bilde nt; ~ **post-
card** prospektkort nt; **pictures** kino
c
picturesque [ˌpiktʃəˈresk] adj pitto-
resk, malerisk
piece [piːs] n stykke nt, bit c
pier [piə] n utstikker c

pierce [piəs] v gjennombore
pig [pig] n gris c
pigeon [ˈpidʒən] n due c
pig-headed [ˌpigˈhedid] adj sta
piglet [ˈpiglət] n smågris c
pigskin [ˈpigskin] n svinelær nt
pike [paik] (pl ~) gjedde c
pile [pail] n haug c; v stable; **piles** pl
hemorroider pl
pilgrim [ˈpilgrim] n pilegrim c
pilgrimage [ˈpilgrimidʒ] n pilegrims-
reise c
pill [pil] n pille c
pillar [ˈpilə] n pilar c, stolpe c
pillar-box [ˈpiləbɔks] n postkasse c
pillow [ˈpilou] n pute c, hodepute c
pillow-case [ˈpiloukeis] n putevar nt
pilot [ˈpailət] n pilot c; los c
pimple [ˈpimpəl] n kvise c
pin [pin] n knappenål c; v feste med
nål; **bobby ~** Am hårspenne c
pincers [ˈpinsəz] pl knipetang c
pinch [pintʃ] v *klype
pineapple [ˈpaiˌnæpəl] n ananas c
ping-pong [ˈpiŋpɔŋ] n bordtennis c
pink [piŋk] adj lyserød
pioneer [ˌpaiəˈniə] n nybygger c; pio-
ner c
pious [ˈpaiəs] adj from
pip [pip] n kjerne c
pipe [paip] n pipe c; rør nt; ~ **clean-
er** piperenser c; ~ **tobacco** pipeto-
bakk c
pirate [ˈpaiərət] n sjørøver c
pistol [ˈpistəl] n pistol c
piston [ˈpistən] n stempel nt; ~ **ring**
stempelring c
piston-rod [ˈpistənrɔd] n stempel-
stang c
pit [pit] n grop c; gruve c
pitcher [ˈpitʃə] n krukke c
pity [ˈpiti] n medlidenhet c; v synes
synd på, *ha medlidenhet med;
what a pity! så synd!

placard ['plæka:d] n plakat c

place [pleis] n sted nt; v *sette, stille;
~ of birth fødested nt; *take ~
*finne sted

plague [pleig] n plage c; pest c

plaice [pleis] (pl ~) rødspette c

plain [plein] adj tydelig; alminnelig,
enkel; n slette c

plan [plæn] n plan c; v *planlegge

plane [plein] adj flat; n fly nt; ~
crash flyulykke c

planet ['plænit] n planet c

planetarium [,plæni'tɛəriəm] n plane-
tarium nt

plank [plæŋk] n planke c

plant [plɑ:nt] n plante c; fabrikk c; v
plante

plantation [plæn'teiʃən] n plantasje c

plaster ['plɑ:stə] n murpuss c, gips c;
heftplaster nt, plaster nt

plastic ['plæstik] adj plastikk-; n plas-
tikk c

plate [pleit] n tallerken c; plate c

plateau ['plætou] n (pl ~x, ~s) høy-
slette c

platform ['plætfɔ:m] n perrong c; ~
ticket perrongbillett c

platinum ['plætinəm] n platina c

play [plei] v leke; spille; n lek c; tea-
terstykke nt; one-act ~ enakter c;
~ truant skulke

player [pleiə] n spiller c

playground ['pleigraund] n lekeplass c

playing-card ['pleiiŋkɑ:d] n spillkort
nt

playwright ['pleirait] n skuespillfor-
fatter c

plea [pli:] n påstand c; bønn c

plead [pli:d] v føre en sak; trygle

pleasant ['plezənt] adj hyggelig, dei-
lig

please [pli:z] vennligst; v glede;
pleased fornøyd; pleasing behage-
lig

pleasure ['pleʒə] n behag nt, for-
nøyelse c

plentiful ['plentifəl] adj rikelig

plenty ['plenti] n rikelighet c; over-
flod c

pliers [plaiəz] pl tang c

plimsolls ['plimsəlz] pl gummisko pl

plot [plɔt] n komplott nt, sammen-
svergelse c; handling c; tomt c

plough [plau] n plog c; v pløye

plucky ['plʌki] adj modig

plug [plʌg] n stikkontakt c; ~ in set-
te i kontakten, plugge inn

plum [plʌm] n plomme c

plumber ['plʌmə] n rørlegger c

plump [plʌmp] adj lubben

plural ['pluərəl] n flertall nt

plus [plʌs] prep pluss

pneumatic [nju:'mætik] adj luft-

pneumonia [nju:'mouniə] n lungebe-
tennelse c

poach [poutʃ] v *drive krypskyting

pocket ['pɔkit] n lomme c

pocket-book ['pɔkitbuk] n lommebok
c

pocket-comb ['pɔkitkoum] n lomme-
kam c

pocket-knife ['pɔkitnaif] n (pl
-knives) lommekniv c

pocket-watch ['pɔkitwɔtʃ] n lommeur
nt

poem ['pouim] n dikt nt

poet ['pouit] n dikter c

poetry ['pouitri] n poesi c

point [pɔint] n punkt nt; spiss c; v pe-
ke; ~ of view synspunkt nt; ~ out
vise

pointed ['pɔintid] adj spiss

poison ['pɔizən] n gift c; v forgifte

poisonous ['pɔizənəs] adj giftig

Poland ['poulənd] Polen

Pole [poul] n polakk c

pole [poul] n stang c

police [pə'li:s] pl politi nt

policeman [pə'li:smən] *n* (pl -men)
politimann *c*

police-station [pə'li:s͵steiʃən] *n* politi-
stasjon *c*

policy ['pɔlisi] *n* politikk *c*; polise *c*

polio ['pouliou] *n* barnelammelse *c*,
polio *c*

Polish ['pouliʃ] *adj* polsk

polish ['pɔliʃ] *v* pusse, polere

polite [pə'lait] *adj* høflig

political [pə'litikəl] *adj* politisk

politician [͵pɔli'tiʃən] *n* politiker *c*

politics ['pɔlitiks] *n* politikk *c*

pollution [pə'lu:ʃən] *n* forurensning *c*

pond [pɔnd] *n* dam *c*

pony ['pouni] *n* ponni *c*

poor [puə] *adj* fattig; fattigslig; dår-
lig

pope [poup] *n* pave *c*

poplin ['pɔplin] *n* poplin *nt*

pop music [pɔp 'mju:zik] popmusikk *c*

poppy ['pɔpi] *n* valmue *c*

popular ['pɔpjulə] *adj* populær; folke-

population [͵pɔpju'leiʃən] *n* befolkning
c

populous ['pɔpjuləs] *adj* folkerik

porcelain ['pɔ:səlin] *n* porselen *nt*

porcupine ['pɔ:kjupain] *n* pinnsvin *nt*

pork [pɔ:k] *n* svinekjøtt *nt*

port [pɔ:t] *n* havn *c*; babord

portable ['pɔ:təbəl] *adj* transportabel

porter ['pɔ:tə] *n* bærer *c*; portner *c*

porthole ['pɔ:thoul] *n* kuøye *nt*

portion ['pɔ:ʃən] *n* porsjon *c*

portrait ['pɔ:trit] *n* portrett *nt*

Portugal ['pɔ:tjugəl] Portugal

Portuguese [͵pɔ:tju'gi:z] *adj* portugi-
sisk; *n* portugiser *c*

position [pə'ziʃən] *n* posisjon *c*; situa-
sjon *c*; holdning *c*; stilling *c*

positive ['pɔzətiv] *adj* positiv; *n* posi-
tivt bilde

possess [pə'zes] *v* eie; possessed *adj*
besatt

possession [pə'zeʃən] *n* besittelse *c*;
possessions eiendeler *pl*

possibility [͵pɔsə'biləti] *n* mulighet *c*

possible ['pɔsəbəl] *adj* mulig; even-
tuell

post [poust] *n* stolpe *c*; post *c*; *v* pos-
te; post-office postkontor *nt*

postage ['poustidʒ] *n* porto *c*; ~ paid
portofri; ~ stamp frimerke *nt*

postcard ['poustkɑ:d] *n* postkort *nt*;
prospektkort *c*

poster ['poustə] *n* plakat *c*

poste restante [poust re'stɑ:t] poste
restante

postman ['poustmən] *n* (pl -men)
postbud *nt*

post-paid [͵poust'peid] *adj* frankert

postpone [pə'spoun] *v* *utsette

pot [pɔt] *n* gryte *c*

potato [pə'teitou] *n* (pl ~es) potet *c*

pottery ['pɔtəri] *n* keramikk *c*; stein-
tøy *nt*

pouch [pautʃ] *n* pung *c*

poulterer ['poultərə] *n* vilthandler *c*

poultry ['poultri] *n* fjærkre *nt*

pound [paund] *n* pund *c*

pour [pɔ:] *v* helle, skjenke

poverty ['pɔvəti] *n* fattigdom *c*

powder ['paudə] *n* pudder *nt*; ~
compact pudderdåse *c*; talc ~ tal-
kum *c*

powder-puff ['paudəpʌf] *n* pudder-
kvast *c*

powder-room ['paudəru:m] *n* dame-
toalett *nt*

power [pauə] *n* kraft *c*, styrke *c*;
energi *c*; makt *c*

powerful ['pauəfəl] *adj* mektig; sterk

powerless ['pauələs] *adj* maktesløs

power-station ['pauə͵steiʃən] *n* kraft-
verk *nt*

practical ['præktikəl] *adj* praktisk

practically ['præktikli] *adv* praktisk
talt

practice ['præktis] n praksis c

practise ['præktis] v praktisere; øve seg

praise [preiz] v rose; n ros c

pram [præm] n barnevogn c

prawn [prɔːn] n reke c

pray [prei] v *be

prayer [preə] n bønn c

preach [priːtʃ] v preke

precarious [pri'kɛəriəs] adj risikabel; utrygg

precaution [pri'kɔːʃən] n forsiktighet c; sikkerhetsforanstaltning c

precede [pri'siːd] v *gå forut for

preceding [pri'siːdiŋ] adj foregående

precious ['preʃəs] adj kostbar; dyrebar

precipice ['presipis] n stup nt

precipitation [pri,sipi'teiʃən] n nedbør c

precise [pri'sais] adj presis, nøyaktig; pertentlig

predecessor ['priːdisesə] n forgjenger c

predict [pri'dikt] v spå

prefer [pri'fəː] v *foretrekke

preferable ['prefərəbəl] adj til å *foretrekke

preference ['prefərəns] n forkjærlighet c

prefix ['priːfiks] n forstavelse c

pregnant ['pregnənt] adj gravid, svanger

prejudice ['predʒədis] n fordom c

preliminary [pri'liminəri] adj innledende; forberedende

premature ['premətʃuə] adj forhastet

premier ['premiə] n statsminister c

premises ['premisiz] pl eiendom c

premium ['priːmiəm] n forsikringspremie c

prepaid [,priː'peid] adj forhåndsbetalt

preparation [,prepə'reiʃən] n forberedelse c

prepare [pri'pɛə] v forberede; tilberede

prepared [pri'pɛəd] adj beredt

preposition [,prepə'ziʃən] n preposisjon c

prescribe [pri'skraib] v *foreskrive

prescription [pri'skripʃən] n resept c

presence ['prezəns] n nærvær nt; tilstedeværelse c

present¹ ['prezənt] n presang c, gave c; nåtid c; adj nåværende; tilstedeværende

present² [pri'zent] v presentere; *forelegge

presently ['prezəntli] adv snart

preservation [,prezə'veiʃən] n konservering c

preserve [pri'zəːv] v konservere; hermetisere

president ['prezidənt] n president c; formann c

press [pres] n presse c; v trykke på, trykke; presse; ~ conference pressekonferanse c

pressing ['presiŋ] adj presserende, inntrengende

pressure ['preʃə] n trykk nt; press nt; atmospheric ~ lufttrykk nt

pressure-cooker ['preʃə,kukə] n trykkkoker c

prestige [pre'stiːʒ] n prestisje c

presumable [pri'zjuːməbəl] adj antakelig

presumptuous [pri'zʌmpʃəs] adj overmodig; anmassende

pretence [pri'tens] n påskudd nt

pretend [pri'tend] v *foregi, *late som

pretext ['priːtekst] n påskudd nt

pretty ['priti] adj pen; adv ganske, temmelig

prevent [pri'vent] v avverge, forhindre; forebygge

preventive [pri'ventiv] adj forebyggende

previous ['pri:viəs] adj foregående, tidligere, forrige

pre-war [,pri:'wɔ:] adj førkrigs-

price [prais] n pris c; v bestemme prisen

priceless ['praisləs] adj uvurderlig

price-list ['prais,list] n prisliste c

prick [prik] v prikke

pride [praid] n stolthet c

priest [pri:st] n katolsk prest

primary ['praiməri] adj primær; hoved-, første; elementær

prince [prins] n prins c

princess [prin'ses] n prinsesse c

principal ['prinsəpəl] adj hoved-; n rektor c, skolebestyrer c

principle ['prinsəpəl] n prinsipp nt, grunnsetning c

print [print] v trykke; n avtrykk nt; trykk nt; **printed matter** trykksak c

prior [praiə] adj forutgående

priority [prai'ɔrəti] n fortrinnsrett c, prioritet c

prison ['prizən] n fengsel nt

prisoner ['prizənə] n fange c, innsatt c; ~ **of war** krigsfange c

privacy ['praivəsi] n privatliv nt

private ['praivit] adj privat; personlig

privilege ['privilidʒ] n privilegium nt

prize [praiz] n premie c; belønning c

probable ['prɔbəbəl] adj sannsynlig

probably ['prɔbəbli] adv sannsynligvis

problem ['prɔbləm] n problem nt; spørsmål nt

procedure [prə'si:dʒə] n fremgangsmåte c

proceed [prə'si:d] v *fortsette; *gå til verks

process ['prouses] n prosess c, fremgangsmåte c; rettergang c

procession [prə'seʃən] n opptog nt, prosesjon c

proclaim [prə'kleim] v *kunngjøre

produce[1] [prə'dju:s] v fremstille, produsere

produce[2] ['prɔdju:s] n naturprodukter pl, avling c

producer [prə'dju:sə] n produsent c

product ['prɔdʌkt] n produkt nt

production [prə'dʌkʃən] n produksjon c

profession [prə'feʃən] n yrke nt; fag nt

professional [prə'feʃənəl] adj profesjonell

professor [prə'fesə] n professor c

profit ['prɔfit] n fortjeneste c, fordel c; v *ha utbytte av

profitable ['prɔfitəbəl] adj innbringende

profound [prə'faund] adj dypsindig; grundig

programme ['prougræm] n program nt

progress[1] ['prougres] n fremskritt nt

progress[2] [prə'gres] v *gjøre fremskritt

progressive [prə'gresiv] adj progressiv, fremadstrebende; tiltakende

prohibit [prə'hibit] v *forby

prohibition [,proui'biʃən] n forbud nt

prohibitive [prə'hibitiv] adj uoverkommelig

project ['prɔdʒekt] n plan c, prosjekt nt

promenade [,prɔmə'nɑ:d] n promenade c

promise ['prɔmis] n løfte nt; v love

promote [prə'mout] v forfremme, fremme

promotion [prə'mouʃən] n forfremmelse c

prompt [prɔmpt] adj omgående, straks

pronoun ['prounaun] n pronomen nt

pronounce [prə'nauns] v uttale

pronunciation [ˌprənʌnsiˈeiʃən] n uttale c

proof [pru:f] n bevis nt

propaganda [ˌprɔpəˈgændə] n propaganda c

propel [prəˈpel] v *drive frem

propeller [prəˈpelə] n propell c

proper [ˈprɔpə] adj passende; sømmelig, riktig

property [ˈprɔpəti] n eiendeler, eiendom c; egenskap c

prophet [ˈprɔfit] n profet c

proportion [prəˈpɔ:ʃən] n proporsjon c

proportional [prəˈpɔ:ʃənəl] adj forholdsmessig

proposal [prəˈpouzəl] n forslag nt

propose [prəˈpouz] v *foreslå

proposition [ˌprɔpəˈziʃən] n forslag nt

proprietor [prəˈpraiətə] n eier c

prosecute [ˈprɔsikju:t] v saksøke, anklage

prospect [ˈprɔspekt] n utsikt c

prosperity [prɔˈsperəti] n fremgang c, velstand c

prosperous [ˈprɔspərəs] adj velstående

prostitute [ˈprɔstitju:t] n prostituert c

protect [prəˈtekt] v beskytte

protection [prəˈtekʃən] n beskyttelse c

protein [ˈprouti:n] n protein nt

protest¹ [ˈproutest] n protest c

protest² [prəˈtest] v protestere

Protestant [ˈprɔtistənt] adj protestantisk

proud [praud] adj stolt; hovmodig

prove [pru:v] v bevise; vise seg

proverb [ˈprɔvə:b] n ordspråk nt

provide [prəˈvaid] v forsyne, skaffe; **provided that** forutsatt at

province [ˈprɔvins] n fylke nt; provins c

provincial [prəˈvinʃəl] adj provinsiell

provisional [prəˈviʒənəl] adj foreløpig

provisions [prəˈviʒənz] pl proviant c

prudent [ˈpru:dənt] adj klok; varsom

prune [pru:n] n sviske c

psychiatrist [saiˈkaiətrist] n psykiater c

psychic [ˈsaikik] adj psykisk

psychoanalyst [ˌsaikouˈænəlist] n psykoanalytiker c

psychological [ˌsaikəˈlɔdʒikəl] adj psykologisk

psychologist [saiˈkɔlədʒist] n psykolog c

psychology [saiˈkɔlədʒi] n psykologi c

pub [pʌb] n kro c; kneipe c

public [ˈpʌblik] adj offentlig; almen; n publikum nt; ~ **garden** offentlig parkanlegg; ~ **house** vertshus nt

publication [ˌpʌbliˈkeiʃən] n offentliggjørelse c

publicity [pʌˈblisəti] n publisitet c

publish [ˈpʌbliʃ] v *utgi, *offentliggjøre

publisher [ˈpʌbliʃə] n forlegger c

puddle [ˈpʌdəl] n pytt c

pull [pul] v *trekke; ~ **out** *trekke seg; *dra av sted; ~ **up** stanse

pulley [ˈpuli] n (pl ~s) trinse c

Pullman [ˈpulmən] n sovevogn c

pullover [ˈpuˌlouvə] n pullover c

pulpit [ˈpulpit] n prekestol c, talerstol c

pulse [pʌls] n puls c

pump [pʌmp] n pumpe c; v pumpe

punch [pʌntʃ] v *slå; n knyttneveslag nt; punsj c

punctual [ˈpʌŋktʃuəl] adj punktlig, presis

puncture [ˈpʌŋktʃə] n punktering c

punctured [ˈpʌŋktʃəd] adj punktert

punish [ˈpʌniʃ] v straffe

punishment [ˈpʌniʃmənt] n straff c

pupil [ˈpju:pəl] n elev c

puppet-show [ˈpʌpitʃou] n dukketeater nt

purchase [ˈpə:tʃəs] v kjøpe; n kjøp nt,

anskaffelse c; ~ **price** kjøpesum c;
~ **tax** omsetningsskatt c

purchaser [ˈpəːtʃəsə] n kjøper c

pure [pjuə] adj ren

purple [ˈpəːpəl] adj purpurfarget

purpose [ˈpəːpəs] n hensikt c, formål
nt; **on** ~ med vilje

purse [pəːs] n pengepung c, håndves-
ke c

pursue [pəˈsjuː] v *forfølge; strebe et-
ter

pus [pʌs] n verk c; materie c

push [puʃ] n dytt c, støt nt; v *skyve;
trenge seg frem

push-button [ˈpuʃˌbʌtən] n trykknapp
c

***put** [put] v stille, *legge, plassere;
putte; ~ **away** rydde vekk; ~ **off**
*utsette; ~ **on** *ta på; ~ **out** slok-
ke

puzzle [ˈpʌzəl] n puslespill nt; gåte c;
v volde hodebry; **jigsaw** ~ pusle-
spill nt

puzzling [ˈpʌzliŋ] adj uforståelig

pyjamas [pəˈdʒɑːməz] pl pyjamas c

Q

quack [kwæk] n sjarlatan c, kvaksal-
ver c

quail [kweil] n (pl ~, ~s) vaktel c

quaint [kweint] adj eiendommelig;
gammeldags

qualification [ˌkwɔlifiˈkeiʃən] n kvalifi-
kasjon c; forbehold nt, innskrenk-
ning c

qualified [ˈkwɔlifaid] adj kvalifisert;
kompetent

qualify [ˈkwɔlifai] v kvalifisere seg

quality [ˈkwɔləti] n kvalitet c; egen-
skap c

quantity [ˈkwɔntəti] n kvantitet c; an-

tall nt

quarantine [ˈkwɔrəntiːn] n karantene
c

quarrel [ˈkwɔrəl] v trette, krangle; n
krangel c/nt, trette c

quarry [ˈkwɔri] n steinbrudd nt

quarter [ˈkwɔːtə] n kvart c; kvartal
nt; kvarter nt; 25-cent-mynt; ~ **of
an hour** kvarter nt

quarterly [ˈkwɔːtəli] adj kvartals-

quay [kiː] n kai c

queen [kwiːn] n dronning c

queer [kwiə] adj merkelig, underlig;
sær

query [ˈkwiəri] n forespørsel c; v *fo-
respørre; betvile

question [ˈkwestʃən] n spørsmål nt,
problem nt; v *spørre ut; *dra i
tvil; ~ **mark** spørsmålstegn nt

queue [kjuː] n kø c; v *stå i kø

quick [kwik] adj hurtig

quick-tempered [ˌkwikˈtempəd] adj
hissig

quiet [ˈkwaiət] adj stille, rolig, still-
ferdig; n stillhet c, ro c

quilt [kwilt] n vatt-teppe nt

quinine [kwiˈniːn] n kinin c

quit [kwit] v slutte, stoppe

quite [kwait] adv helt; ganske, tem-
melig, særdeles

quiz [kwiz] n (pl ~zes) spørrelek c;
prøve c

quota [ˈkwoutə] n kvote c

quotation [kwouˈteiʃən] n sitat nt; ~
marks anførselstegn pl

quote [kwout] v sitere

R

rabbit [ˈræbit] n kanin c

rabies [ˈreibiz] n hundegalskap c, ra-
bies c

race [reis] n kappløp nt, veddeløp nt; rase c

race-course ['reiskɔ:s] n veddeløpsbane c

race-horse ['reishɔ:s] n veddeløpshest c

race-track ['reistræk] n veddeløpsbane c

racial ['reiʃəl] adj rase-

racket ['rækit] n rabalder nt

racquet ['rækit] n racket c

radiator ['reidieitə] n radiator c

radical ['rædikəl] adj radikal

radio ['reidiou] n radio c

radish ['rædiʃ] n reddik c

radius ['reidiəs] n (pl radii) radius c

raft [rɑ:ft] n flåte c

rag [ræg] n fille c

rage [reidʒ] n raseri nt; v rase

raid [reid] n angrep nt

rail [reil] n gelender nt, rekkverk nt

railing ['reiliŋ] n gelender nt

railroad ['reilroud] nAm jernbane c

railway ['reilwei] n jernbane c, skinnegang c

rain [rein] n regn nt; v regne

rainbow ['reinbou] n regnbue c

raincoat ['reinkout] n regnfrakk c

rainproof ['reinpru:f] adj vanntett

rainy ['reini] adj regnfull

raise [reiz] v heve; øke; dyrke, *oppdra, ale opp; *pålegge; nAm lønnstillegg nt

raisin ['reizən] n rosin c

rake [reik] n rake c

rally ['ræli] n rally nt; opptog nt; v samle seg

ramp [ræmp] n rampe c

ramshackle ['ræmˌʃækəl] adj falleferdig

rancid ['rænsid] adj harsk

rang [ræŋ] v (p ring)

range [reindʒ] n rekkevidde c

range-finder ['reindʒˌfaində] n av-

standsmåler c

rank [ræŋk] n rang c; rekke c

ransom ['rænsəm] n løsepenger pl

rape [reip] v *voldta

rapid ['ræpid] adj hurtig

rapids ['ræpidz] pl elvestryk nt

rare [reə] adj sjelden; lettstekt, blodig

rarely ['reəli] adv sjelden

rascal ['rɑ:skəl] n skurk c, slyngel c

rash [ræʃ] n utslett nt; adj forhastet, ubesindig

raspberry ['rɑ:zbəri] n bringebær nt

rat [ræt] n rotte c

rate [reit] n tariff c, pris c; fart c; at any ~ i alle fall, i hvert fall; ~ of exchange valutakurs c

rather ['rɑ:ðə] adv temmelig, ganske, riktig; heller

ration ['ræʃən] n rasjon c

rattan [ræ'tæn] n spanskrør nt

raven ['reivən] n ravn c

raw [rɔ:] adj rå; ~ material råmateriale nt

ray [rei] n stråle c

rayon ['reiən] n kunstsilke c

razor ['reizə] n barberhøvel c

razor-blade ['reizəbleid] n barberblad nt

reach [ri:tʃ] v nå; n rekkevidde c

reaction [ri'ækʃən] n reaksjon c

*read [ri:d] v lese

reading ['ri:diŋ] n lesning c

reading-lamp ['ri:diŋlæmp] n leselampe c

reading-room ['ri:diŋru:m] n lesesal c

ready ['redi] adj klar, parat; ferdig

ready-made [ˌredi'meid] adj konfeksjons-

real [riəl] adj virkelig

reality [ri'æləti] n virkelighet c

realizable ['riəlaizəbəl] adj mulig

realize ['riəlaiz] v *innse, *ha klart for seg; *virkeliggjøre, realisere

really ['riəli] *adv* virkelig, faktisk; egentlig

rear [riə] *n* bakside *c;* *v* *oppdra; heve

rear-light [riə'lait] *n* baklykt *c*

reason ['ri:zən] *n* årsak *c,* grunn *c;* fornuft *c,* forstand *c;* *v* resonnere

reasonable ['ri:zənəbəl] *adj* fornuftig; rimelig

reassure [,ri:ə'ʃuə] *v* berolige

rebate ['ri:beit] *n* fradrag *nt,* rabatt *c*

rebellion [ri'beljən] *n* oppstand *c,* opprør *nt*

recall [ri'kɔ:l] *v* erindre, minnes; tilbakekalle; annullere

receipt [ri'si:t] *n* kvittering *c;* mottakelse *c*

receive [ri'si:v] *v* *få, *motta

receiver [ri'si:və] *n* telefonrør *nt*

recent ['ri:sənt] *adj* ny

recently ['ri:səntli] *adv* forleden, nylig

reception [ri'sepʃən] *n* mottakelse *c;* ~ **office** resepsjon *c*

receptionist [ri'sepʃənist] *n* resepsjonsdame *c*

recession [ri'seʃən] *n* tilbakegang *c*

recipe ['resipi] *n* oppskrift *c*

recital [ri'saitəl] *n* solistkonsert *c*

reckon ['rekən] *v* regne; regne for; tro

recognition [,rekəg'niʃən] *n* anerkjennelse *c;* gjenkjennelse *c*

recognize ['rekəgnaiz] *v* kjenne igjen; anerkjenne

recollect [,rekə'lekt] *v* huske

recommend [,rekə'mend] *v* anbefale; tilråde

recommendation [,rekəmen'deiʃən] *n* anbefaling *c*

reconciliation [,rekənsili'eiʃən] *n* forsoning *c*

record[1] ['rekɔ:d] *n* grammofonplate *c;* rekord *c;* protokoll *c;* **long-play-**

ing ~ LP-plate *c*

record[2] [ri'kɔ:d] *v* registrere

recorder [ri'kɔ:də] *n* båndopptaker *c*

recording [ri'kɔ:diŋ] *n* opptak *nt*

record-player ['rekɔ:d,pleiə] *n* grammofon *c,* platespiller *c*

recover [ri'kʌvə] *v* *finne igjen; bli frisk, *komme seg

recovery [ri'kʌvəri] *n* helbredelse *c,* bedring *c*

recreation [,rekri'eiʃən] *n* atspredelse *c,* rekreasjon *c;* ~ **centre** rekreasjonssenter *nt;* ~ **ground** lekeplass *c*

recruit [ri'kru:t] *n* rekrutt *c*

rectangle ['rektæŋgəl] *n* rektangel *nt*

rectangular [rek'tæŋgjulə] *adj* rektangulær

rector ['rektə] *n* sogneprest *c*

rectory ['rektəri] *n* prestegård *c*

rectum ['rektəm] *n* endetarm *c*

red [red] *adj* rød; **red tape** papirmølle *c,* byråkrati *nt*

redeem [ri'di:m] *v* frelse

reduce [ri'dju:s] *v* redusere, minske

reduction [ri'dʌkʃən] *n* reduksjon *c,* avslag *nt*

redundant [ri'dʌndənt] *adj* overflødig

reed [ri:d] *n* siv *nt*

reef [ri:f] *n* rev *nt*

reference ['refrəns] *n* referanse *c,* henvisning *c;* forbindelse *c;* **with** ~ **to** vedrørende

refer to [ri'fə:] henvise til

refill ['ri:fil] *n* refill *c*

refinery [ri'fainəri] *n* raffineri *nt*

reflect [ri'flekt] *v* reflektere; gjenspeile

reflection [ri'flekʃən] *n* refleks *c;* speilbilde *nt*

reflector [ri'flektə] *n* reflektor *c*

reformation [,refə'meiʃən] *n* Reformasjonen

refresh [ri'freʃ] *v* forfriske

refreshment [ri'frefmənt] n forfriskning c

refrigerator [ri'fridʒəreitə] n kjøleskap nt

refund[1] [ri'fʌnd] v refundere

refund[2] ['ri:fʌnd] n tilbakebetaling c

refusal [ri'fju:zəl] n avslag nt

refuse[1] [ri'fju:z] v *avslå

refuse[2] ['refju:s] n avfall nt

regard [ri'ga:d] v *anse; betrakte; n respekt c; as regards angående, med hensyn til

regarding [ri'ga:diŋ] prep med hensyn til; angående

regatta [ri'gætə] n regatta c

régime [rei'ʒi:m] n regime nt

region ['ri:dʒən] n egn c; område nt

regional ['ri:dʒənəl] adj regional

register ['redʒistə] v *innskrive seg; bokføre; registered letter rekommandert brev

registration [,redʒi'streiʃən] n registrering c; ~ form innregistreringsblankett c; ~ number registreringsnummer nt; ~ plate nummerskilt nt

regret [ri'gret] v beklage; n beklagelse c

regular ['regjulə] adj regelmessig; normal, vanlig

regulate ['regjuleit] v regulere

regulation [,regju'leiʃən] n regel c, bestemmelse c; regulering c

rehabilitation [,ri:hə,bili'teiʃən] n rehabilitering c

rehearsal [ri'hə:səl] n prøve c; øvelse c

rehearse [ri'hə:s] v prøve; øve

reign [rein] n regjeringstid c; v herske

reimburse [,ri:im'bə:s] v tilbakebetale

reindeer ['reindiə] n (pl ~) reinsdyr nt

reject [ri'dʒekt] v tilbakevise, avvise; forkaste

relate [ri'leit] v *fortelle

related [ri'leitid] adj beslektet

relation [ri'leiʃən] n forhold nt, forbindelse c; slektning c

relative ['relətiv] n slektning c; adj relativ

relax [ri'læks] v slappe av

relaxation [,rilæk'seiʃən] n avslapning c

reliable [ri'laiəbəl] adj pålitelig

relic ['relik] n relikvie c

relief [ri'li:f] n lindring c, lettelse c; hjelp c; relieff nt

relieve [ri'li:v] v lindre; avløse

religion [ri'lidʒən] n religion c

religious [ri'lidʒəs] adj religiøs

rely on [ri'lai] stole på

remain [ri'mein] v *forbli; *bli igjen

remainder [ri'meində] n rest c

remaining [ri'meiniŋ] adj resterende

remark [ri'ma:k] n bemerkning c; v bemerke

remarkable [ri'ma:kəbəl] adj bemerkelsesverdig

remedy ['remədi] n legemiddel nt; botemiddel nt

remember [ri'membə] v huske

remembrance [ri'membrəns] n erindring c, minne nt

remind [ri'maind] v minne

remit [ri'mit] v overføre

remittance [ri'mitəns] n remisse c

remnant ['remnənt] n rest c, levning c

remote [ri'mout] adj fjern, avsides

removal [ri'mu:vəl] n fjerning c

remove [ri'mu:v] v fjerne

remuneration [ri,mju:nə'reiʃən] n godtgjørelse c

renew [ri'nju:] v fornye

rent [rent] v leie; n leie c

repair [ri'peə] v reparere; n reparasjon c

reparation [,repə'reiʃən] n reparasjon

c

*repay [ri'pei] v tilbakebetale

repayment [ri'peimənt] n tilbakebetaling c

repeat [ri'pi:t] v *gjenta

repellent [ri'pelənt] adj frastøtende

repentance [ri'pentəns] n anger c

repertory ['repətəri] n repertoar nt

repetition [,repə'tiʃən] n gjentakelse c

replace [ri'pleis] v erstatte

reply [ri'plai] v svare; n svar nt; in ~ som svar

report [ri'pɔ:t] v rapportere; melde; melde seg; n rapport c, melding c

reporter [ri'pɔ:tə] n reporter c

represent [,repri'zent] v representere; forestille

representation [,reprizen'teiʃən] n representasjon c

representative [,repri'zentətiv] adj representativ

reprimand ['reprima:nd] v *irettesette

reproach [ri'proutʃ] n bebreidelse c; v bebreide

reproduce [,ri:prə'dju:s] v reprodusere

reproduction [,ri:prə'dʌkʃən] n reproduksjon c

reptile ['reptail] n krypdyr nt

republic [ri'pʌblik] n republikk c

republican [ri'pʌblikən] adj republikansk

repulsive [ri'pʌlsiv] adj frastøtende

reputation [,repju'teiʃən] n rykte nt; anseelse c

request [ri'kwest] n anmodning c; ansøkning c; v anmode

require [ri'kwaiə] v kreve; behøve

requirement [ri'kwaiəmənt] n krav nt

requisite ['rekwizit] adj påkrevd

rescue ['reskju:] v redde; n redning c

research [ri'sə:tʃ] n forskning c

resemblance [ri'zembləns] n likhet c

resemble [ri'zembəl] v likne

resent [ri'zent] v *ta ille opp

reservation [,rezə'veiʃən] n reservasjon c; forbehold nt

reserve [ri'zə:v] v reservere; bestille; n reserve c

reserved [ri'zə:vd] adj reservert

reservoir ['rezəvwa:] n reservoar nt

reside [ri'zaid] v bo

residence ['rezidəns] n bolig c; ~ permit oppholdstillatelse c

resident ['rezidənt] n fastboende c; adj bosatt; stedlig

resign [ri'zain] v *fratre; *gå av

resignation [,rezig'neiʃən] n avskjedsansøkning c, avskjed c

resin ['rezin] n harpiks c

resist [ri'zist] v *gjøre motstand mot

resistance [ri'zistəns] n motstand c

resolute ['rezəlu:t] adj bestemt, besluttsom

respect [ri'spekt] n respekt c; ærbødighet c, aktelse c; v respektere

respectable [ri'spektəbəl] adj respektabel

respectful [ri'spektfəl] adj ærbødig

respective [ri'spektiv] adj respektiv

respiration [,respə'reiʃən] n åndedrett nt

respite ['respait] n henstand c

responsibility [ri,sponsə'biləti] n ansvar nt

responsible [ri'sponsəbəl] adj ansvarlig

rest [rest] n hvile c; rest c; v hvile

restaurant ['restərɔ̃:] n restaurant c

restful ['restfəl] adj beroligende

rest-home ['resthoum] n hvilehjem nt

restless ['restləs] adj urolig; rastløs

restrain [ri'strein] v tøyle

restriction [ri'strikʃən] n innskrenkning c

result [ri'zʌlt] n resultat nt; følge c; v resultere

resume [ri'zju:m] v *gjenoppta

résumé ['rezjumei] n resymé nt

retail [ˈriːteil] v *selge i detalj; ~ **trade** detaljhandel c

retailer [ˈriːteilə] n detaljist c

retina [ˈretinə] n netthinne c

retired [riˈtaiəd] adj pensjonert

return [riˈtəːn] v vende tilbake, *komme tilbake; n tilbakekomst c; ~ **flight** tilbakeflyvning c; ~ **journey** hjemreise c, tilbakereise c

reunite [ˌriːjuːˈnait] v gjenforene

reveal [riˈviːl] v åpenbare, avsløre

revelation [ˌrevəˈleiʃən] n avsløring c

revenge [riˈvendʒ] n hevn c

revenue [ˈrevənjuː] n inntekter pl, toll c

reverse [riˈvəːs] n motsetning c; bakside c; revers c; motgang c, omslag nt; adj motsatt; v rygge

review [riˈvjuː] n anmeldelse c; tidsskrift nt

revise [riˈvaiz] v revidere

revision [riˈviʒən] n revisjon c

revival [riˈvaivəl] n gjenopplivelse c

revolt [riˈvoult] v *gjøre opprør; n oppstand c, opprør nt

revolting [riˈvoultiŋ] adj motbydelig, frastøtende, opprørende

revolution [ˌrevəˈluːʃən] n revolusjon c; omdreining c

revolutionary [ˌrevəˈluːʃənəri] adj revolusjonær

revolver [riˈvɔlvə] n revolver c

revue [riˈvjuː] n revy c

reward [riˈwɔːd] n belønning c; v belønne

rheumatism [ˈruːmətizəm] n reumatisme c

rhinoceros [raiˈnɔsərəs] n (pl ~, ~es) neshorn nt

rhubarb [ˈruːbɑːb] n rabarbra c

rhyme [raim] n rim nt

rhythm [ˈriðəm] n rytme c

rib [rib] n ribbein nt

ribbon [ˈribən] n bånd nt

rice [rais] n ris c

rich [ritʃ] adj rik

riches [ˈritʃiz] pl rikdom c

riddle [ˈridəl] n gåte c

ride [raid] n tur c

*ride** [raid] v kjøre; *ride

rider [ˈraidə] n rytter c

ridge [ridʒ] n høydedrag nt

ridicule [ˈridikjuːl] v *latterliggjøre

ridiculous [riˈdikjuləs] adj latterlig

riding [ˈraidiŋ] n ridning c

riding-school [ˈraidiŋskuːl] n rideskole c

rifle [ˈraifəl] v gevær nt

right [rait] n rettighet c; adj rett, riktig; høyre; rettferdig; **all right!** bra!; * **be** ~ *ha rett; ~ **of way** forkjørsrett c

righteous [ˈraitʃəs] adj rettskaffen

right-hand [ˈraithænd] adj på høyre side, høyre

rightly [ˈraitli] adv med rette

rim [rim] n felg c; kant c

ring [riŋ] n ring c; krets c; manesje c

*ring** [riŋ] v ringe; ~ **up** ringe opp

rinse [rins] v skylle; n skylling c

riot [ˈraiət] n oppløp nt

rip [rip] v *rive i stykker

ripe [raip] adj moden

rise [raiz] n pålegg nt, gasjepålegg nt; høyde c; oppstigning c; opprinnelse c

*rise** [raiz] v reise seg; *stå opp; *stige

rising [ˈraiziŋ] n oppstand c

risk [risk] n risiko c; fare c; v risikere

risky [ˈriski] adj risikabel, dristig

rival [ˈraivəl] n rival c; konkurrent c; v rivalisere

rivalry [ˈraivəlri] n rivalitet c; konkurranse c

river [ˈrivə] n elv c; ~ **bank** elvebredd c

riverside [ˈrivəsaid] n elvebredd c

roach [routʃ] *n* (pl ~) mort *c*

road [roud] *n* gate *c*, vei *c*; ~ **fork** korsvei *c*; ~ **map** veikart *nt*; ~ **system** veinett *nt*; ~ **up** veiarbeid *nt*

roadhouse ['roudhaus] *n* veikro *c*

roadside ['roudsaid] *n* veikant *c*; ~ **restaurant** vertshus *c*

roadway ['roudwei] *nAm* kjørebane *c*

roam [roum] *v* streife omkring

roar [rɔ:] *v* brøle, bruse; *n* dur *c*, brøl *nt*

roast [roust] *v* steke, riste; *n* stek *c*

rob [rɔb] *v* rane

robber ['rɔbə] *n* ransmann *c*

robbery ['rɔbəri] *n* plyndring *c*, ran *nt*, tyveri *nt*

robe [roub] *n* lang kjole; embetsdrakt *c*

robin ['rɔbin] *n* rødstrupe *c*

robust [rou'bʌst] *adj* robust

rock [rɔk] *n* klippe *c*; *v* gynge

rocket ['rɔkit] *n* rakett *c*

rocky ['rɔki] *adj* steinet

rod [rɔd] *n* stang *c*

roe [rou] *n* rogn *c*

roll [roul] *v* rulle; *n* rull *c*; rundstykke *nt*

roller-skating ['roulə,skeitiŋ] *n* rulleskøyteløping *c*

Roman Catholic ['roumən 'kæθəlik] romersk-katolsk

romance [rə'mæns] *n* romanse *c*

romantic [rə'mæntik] *adj* romantisk

roof [ru:f] *n* tak *nt*; thatched ~ halmtak *nt*

room [ru:m] *n* rom *nt*, værelse *nt*; plass *c*; ~ **and board** kost og losji; ~ **service** værelsesbetjening *c*; ~ **temperature** værelsestemperatur *c*

roomy ['ru:mi] *adj* rommelig

root [ru:t] *n* rot *c*

rope [roup] *n* rep *nt*

rosary ['rouzəri] *n* rosenkrans *c*

rose [rouz] *n* rose *c*; *adj* rosa

rotten ['rɔtən] *adj* råtten

rouge [ru:ʒ] *n* rouge *c*

rough [rʌf] *adj* ru

roulette [ru:'let] *n* rulett *c*

round [raund] *adj* rund; *prep* om, omkring; *n* runde *c*; ~ **trip** *Am* tur-retur

roundabout ['raundəbaut] *n* rundkjøring *c*

rounded ['raundid] *adj* avrundet

route [ru:t] *n* rute *c*

routine [ru:'ti:n] *n* rutine *c*

row¹ [rou] *n* rad *c*; *v* ro

row² [rau] *n* krangel *c*/*nt*

rowdy ['raudi] *adj* ståkende, voldsom

rowing-boat ['rouiŋbout] *n* robåt *c*

royal ['rɔiəl] *adj* kongelig

rub [rʌb] *v* *gni

rubber ['rʌbə] *n* gummi *c*; viskelær *nt*; ~ **band** strikk *c*

rubbish ['rʌbiʃ] *n* avfall *nt*; tull *nt*, sludder *nt*; **talk** ~ vrøvle

rubbish-bin ['rʌbiʃbin] *n* søppelbøtte *c*

ruby ['ru:bi] *n* rubin *c*

rucksack ['rʌksæk] *n* ryggsekk *c*

rudder ['rʌdə] *n* ror *nt*

rude [ru:d] *adj* uforskammet

rug [rʌg] *n* rye *c*

ruin ['ru:in] *v* *ødelegge; *n* undergang *c*; **ruins** ruin *c*

ruination [,ru:i'neiʃən] *n* ødeleggelse *c*

rule [ru:l] *n* regel *c*; styre *nt*, makt *c*, regjering *c*; *v* regjere, herske; **as a** ~ som regel, vanligvis

ruler ['ru:lə] *n* regent *c*, monark *c*; linjal *c*

Rumania [ru:'meiniə] Romania

Rumanian [ru:'meiniən] *adj* rumensk; *n* rumener *c*

rumour ['ru:mə] *n* rykte *nt*

***run** [rʌn] *v* *løpe; *renne; ~ **into** støte på

runaway ['rʌnəwei] *n* rømling *c*

rung [rʌn] v (pp ring)
runway ['rʌnwei] n startbane c
rural ['ruərəl] adj landlig
ruse [ru:z] n list c
rush [rʌʃ] v styrte; n siv nt
rush-hour ['rʌʃauə] n rushtid c
Russia ['rʌʃə] Russland
Russian ['rʌʃən] adj russisk; n russer c
rust [rʌst] n rust c
rustic ['rʌstik] adj landsens
rusty ['rʌsti] adj rusten

S

saccharin ['sækərin] n sakkarin c/nt
sack [sæk] n sekk c
sacred ['seikrid] adj hellig
sacrifice ['sækrifais] n offer nt; v ofre
sacrilege ['sækrilidʒ] n helligbrøde c
sad [sæd] adj bedrøvet; vemodig, bedrøvelig, trist
saddle ['sædəl] n sal c
sadness ['sædnəs] n vemod nt
safe [seif] adj sikker; n safe c, pengeskap nt
safety ['seifti] n sikkerhet c
safety-belt ['seiftibelt] n sikkerhetsbelte nt
safety-pin ['seiftipin] n sikkerhetsnål c
safety-razor ['seifti,reizə] n barberhøvel c
sail [seil] v seile; n seil nt
sailing-boat ['seiliŋbout] n seilbåt c
sailor ['seilə] n sjømann c
saint [seint] n helgen c
salad ['sæləd] n salat c
salad-oil ['sælədɔil] n matolje c
salary ['sæləri] n gasje c, lønn c
sale [seil] n salg nt; clearance ~ opphørssalg nt; for ~ til salgs;

sales utslag nt; sales tax omsetningsskatt c
saleable ['seiləbəl] adj salgbar
salesgirl ['seilzgə:l] n ekspeditrise c
salesman ['seilzmən] n (pl -men) ekspeditør c; selger c
salmon ['sæmən] n (pl ~) laks c
salon ['sælɔ̃] n salong c
saloon [sə'lu:n] n bar c
salt [sɔ:lt] n salt nt
salt-cellar ['sɔ:lt,selə] n saltkar nt
salty ['sɔ:lti] adj salt
salute [sə'lu:t] v hilse
salve [sa:v] n salve c
same [seim] adj samme
sample ['sa:mpəl] n vareprøve c
sanatorium [,sænə'tɔ:riəm] n (pl ~s, -ria) sanatorium nt
sand [sænd] n sand c
sandal ['sændəl] n sandal c
sandpaper ['sænd,peipə] n sandpapir nt
sandy ['sændi] adj sandet
sanitary ['sænitəri] adj sanitær; ~ towel sanitetsbind nt
sapphire ['sæfaiə] n safir c
sardine [sa:'di:n] n sardin c
satchel ['sætʃəl] n ransel c
satellite ['sætəlait] n satellitt c
satin ['sætin] n sateng c
satisfaction [,sætis'fækʃən] n tilfredsstillelse c, tilfredshet c
satisfy ['sætisfai] v tilfredsstille; satisfied tilfreds, tilfredsstilt
Saturday ['sætədi] lørdag c
sauce [sɔ:s] n saus c
saucepan ['sɔ:spən] n kasserolle c
saucer ['sɔ:sə] n skål c
Saudi Arabia [,saudiə'reibiə] Saudi-Arabia
Saudi Arabian [,saudiə'reibiən] adj saudiarabisk
sauna ['sɔ:nə] n badstue c
sausage ['sɔsidʒ] n pølse c

savage ['sævidʒ] adj vill

save [seiv] v redde; spare

savings ['seiviŋz] pl sparepenger pl; ~ bank sparebank c

saviour ['seivjə] n redningsmann c; frelser c

savoury ['seivəri] adj velsmakende; pikant

saw¹ [sɔ:] v (p see)

saw² [sɔ:] n sag c

sawdust ['sɔ:dʌst] n sagflis c

saw-mill ['sɔ:mil] n sagbruk nt

*say [sei] v *si

scaffolding ['skæfəldiŋ] n stillas nt

scale [skeil] n målestokk c; skala c; skjell nt; scales pl vekt c

scandal ['skændəl] n skandale c

Scandinavia [ˌskændi'neiviə] Skandinavia

Scandinavian [ˌskændi'neiviən] adj skandinavisk; n skandinav c

scapegoat ['skeipgout] n syndebukk c

scar [skɑ:] n arr nt

scarce [skɛəs] adj knapp

scarcely ['skɛəsli] adv knapt

scarcity ['skɛəsəti] n knapphet c

scare [skɛə] v skremme; n panikk c

scarf [skɑ:f] n (pl ~s, scarves) skjerf nt

scarlet ['skɑ:lət] adj skarlagenrød

scary ['skɛəri] adj foruroligende; nifs

scatter ['skætə] v spre

scene [si:n] n scene c

scenery ['si:nəri] n landskap nt

scenic ['si:nik] adj naturskjønn

scent [sent] n duft c

schedule ['ʃedju:l] n ruteplan c, timeplan c

scheme [ski:m] n skjema nt; plan c

scholar ['skɔlə] n vitenskapsmann c; student c, elev c

scholarship ['skɔləʃip] n stipend nt

school [sku:l] n skole c

schoolboy ['sku:lbɔi] n skolegutt c

schoolgirl ['sku:lgə:l] n skolepike c

schoolmaster ['sku:lˌmɑ:stə] n lærer c

schoolteacher ['sku:lˌti:tʃə] n lærer c

science ['saiəns] n (natur)vitenskap c

scientific [ˌsaiən'tifik] adj vitenskapelig

scientist ['saiəntist] n vitenskapsmann c

scissors ['sizəz] pl saks c

scold [skould] v skjenne på; skjelle

scooter ['sku:tə] n scooter c; sparksykkel c

score [skɔ:] n poengsum c; v markere

scorn [skɔ:n] n hån c, forakt c; v forakte

Scot [skɔt] n skotte c

Scotch [skɔtʃ] adj skotsk

Scotland ['skɔtlənd] Skottland

Scottish ['skɔtiʃ] adj skotsk

scout [skaut] n guttespeider c

scrap [skræp] n bit c

scrap-book ['skræpbuk] n utklippsbok c

scrape [skreip] v skrape

scrap-iron ['skræpaiən] n skrapjern nt

scratch [skrætʃ] v skrape, rispe; n risp nt, skramme c

scream [skri:m] v *skrike, hyle; n hyl nt, skrik nt

screen [skri:n] n skjermbrett nt; skjerm c, filmlerret nt

screw [skru:] n skrue c; v skru

screw-driver ['skru:ˌdraivə] n skrujern nt

scrub [skrʌb] v skrubbe; n kratt nt

sculptor ['skʌlptə] n billedhogger c

sculpture ['skʌlptʃə] n skulptur c

sea [si:] n sjø c

sea-bird ['si:bə:d] n sjøfugl c

sea-coast ['si:koust] n kyst c

seagull ['si:gʌl] n havmåke c

seal [si:l] n segl nt; sel c, kobbe c

seam [si:m] n søm c

seaman ['si:mən] n (pl -men) sjømann c

seamless ['si:mləs] *adj* uten søm

seaport ['si:po:t] *n* havneby c

search [sə:tʃ] *v* lete etter; ransake; *n* leting c

searchlight ['sə:tʃlait] *n* lyskaster c

seascape ['si:skeip] *n* sjøbilde nt

sea-shell ['si:ʃel] *n* skjell nt

seashore ['si:ʃo:] *n* strand c

seasick ['si:sik] *adj* sjøsyk

seasickness ['si:,siknəs] *n* sjøsyke c

seaside ['si:said] *n* kyst c; ~ **resort** badested nt

season ['si:zən] *n* sesong c, årstid c; **high** ~ høysesong c; **low** ~ lavsesong c; **off** ~ utenfor sesongen

season-ticket ['si:zən,tikit] *n* sesongkort nt

seat [si:t] *n* sete nt; plass c, sitteplass c

seat-belt ['si:tbelt] *n* sikkerhetsbelte nt

sea-urchin ['si:,ə:tʃin] *n* sjøpinnsvin c

sea-water ['si:,wo:tə] *n* sjøvann nt

second ['sekənd] *num* annen; *n* sekund nt; øyeblikk nt

secondary ['sekəndəri] *adj* sekundær, underordnet; ~ **school** høyere skole

second-hand [,sekənd'hænd] *adj* brukt

secret ['si:krət] *n* hemmelighet c; *adj* hemmelig

secretary ['sekrətri] *n* sekretær c

section ['sekʃən] *n* seksjon c, avdeling c

secure [si'kjuə] *adj* sikker; *v* sikre seg

security [si'kjuərəti] *n* sikkerhet c; kausjon c

sedate [si'deit] *adj* sindig

sedative ['sedətiv] *n* beroligende middel

seduce [si'dju:s] *v* forføre

*see [si:] *v* *se; *innse, *begripe, *forstå; ~ **to** sørge for

seed [si:d] *n* frø nt

*seek [si:k] *v* søke

seem [si:m] *v* *late til, synes

seen [si:n] *v* (pp see)

seesaw ['si:so:] *n* vippe c

seize [si:z] *v* *gripe

seldom ['seldəm] *adv* sjelden

select [si'lekt] *v* *utvelge, *velge ut; *adj* utsøkt, utvalgt

selection [si'lekʃən] *n* utvalg nt

self-centred [,self'sentəd] *adj* selvopptatt

self-employed [,selfim'pləid] *adj* selvstendig næringsdrivende

self-evident [,sel'fevidənt] *adj* opplagt

self-government [,self'gʌvəmənt] *n* selvstyre nt

selfish ['selfiʃ] *adj* selvisk

selfishness ['selfiʃnəs] *n* egoisme c

self-service [,self'sə:vis] *n* selvbetjening c; ~ **restaurant** kafeteria c

*sell [sel] *v* *selge

semblance ['sembləns] *n* utseende nt; likhet c

semi- ['semi] halv-

semicircle ['semi,sə:kəl] *n* halvsirkel c

semi-colon [,semi'koulən] *n* semikolon nt

senate ['senət] *n* senat nt

senator ['senətə] *n* senator c

*send [send] *v* sende; ~ **back** sende tilbake, returnere; ~ **for** sende bud etter; ~ **off** sende av sted

senile ['si:nail] *adj* senil

sensation [sen'seiʃən] *n* sensasjon c; fornemmelse c, følelse c

sensational [sen'seiʃənəl] *adj* sensasjonell, oppsiktsvekkende

sense [sens] *n* sans c; fornuft c; mening c, betydning c; *v* merke; ~ **of honour** æresfølelse c

senseless ['sensləs] *adj* meningsløs

sensible ['sensəbəl] *adj* fornuftig

sensitive ['sensitiv] *adj* følsom

sentence ['sentəns] n setning c; dom c; v dømme

sentimental [,senti'mentəl] adj sentimental

separate¹ ['sepəreit] v skille, separere

separate² ['sepərət] adj særskilt, atskilt

separately ['sepərətli] adv separat

September [sep'tembə] september

septic ['septik] adj septisk; *become ~ *gå betennelse i

sequel ['si:kwəl] n fortsettelse c

sequence ['si:kwəns] n rekkefølge c; serie c

serene [sə'ri:n] adj rolig; klar

serial ['siəriəl] n føljetong c

series ['siəri:z] n (pl ~) serie c

serious ['siəriəs] adj seriøs, alvorlig

seriousness ['siəriəsnəs] n alvor nt

sermon ['sə:mən] n preken c

serum ['siərəm] n serum nt

servant ['sə:vənt] n tjener c

serve [sə:v] v servere

service ['sə:vis] n tjeneste c; betjening c; ~ charge serveringsavgift c; ~ station bensinstasjon c

serviette [,sə:vi'et] n serviett c

session ['seʃən] n sesjon c

set [set] n klikk c, sett nt

*set [set] v *sette; ~ menu fast meny; ~ out *dra av sted

setting ['setiŋ] n omgivelser pl; ~ lotion leggevann nt

settle ['setəl] v ordne, avslutte; ~ down *slå seg ned

settlement ['setəlmənt] n ordning c, overenskomst c

seven ['sevən] num syv

seventeen [,sevən'ti:n] num sytten

seventeenth [,sevən'ti:nθ] num syttende

seventh ['sevənθ] num syvende

seventy ['sevənti] num sytti

several ['sevərəl] adj atskillige, flere

severe [si'viə] adj heftig, streng

*sew [sou] v sy; ~ up sy sammen

sewer ['su:ə] n kloakk c

sewing-machine ['souiŋməˌʃi:n] n symaskin c

sex [seks] n kjønn nt; sex c

sexton ['sekstən] n kirketjener c

sexual ['sekʃuəl] adj seksuell

sexuality [,sekʃu'æləti] n seksualitet c

shade [ʃeid] n skygge c; nyanse c

shadow ['ʃædou] n skygge c

shady ['ʃeidi] adj skyggefull

*shake [ʃeik] v riste, ryste

shaky ['ʃeiki] adj vaklende

*shall [ʃæl] v *skal

shallow ['ʃælou] adj grunn

shame [ʃeim] n skam c; shame! fy!

shampoo [ʃæm'pu:] n sjampo c

shamrock ['ʃæmrɔk] n trekløver c

shape [ʃeip] n form c; v forme

share [ʃɛə] v dele; n del c; aksje c

shark [ʃɑ:k] n hai c

sharp [ʃɑ:p] adj spiss

sharpen ['ʃɑ:pən] v spisse

shave [ʃeiv] v barbere seg

shaver ['ʃeivə] n barbermaskin c

shaving-brush ['ʃeiviŋbrʌʃ] n barberkost c

shaving-cream ['ʃeiviŋkri:m] n barberkrem c

shaving-soap ['ʃeiviŋsoup] n barbersåpe c

shawl [ʃɔ:l] n sjal nt

she [ʃi:] pron hun

shed [ʃed] n skur nt

*shed [ʃed] v *utgyte; spre

sheep [ʃi:p] n (pl ~) sau c

sheer [ʃiə] adj pur, absolutt; skjær, gjennomsiktig, tynn

sheet [ʃi:t] n laken nt; ark nt; plate c

shelf [ʃelf] n (pl shelves) hylle c

shell [ʃel] n skjell nt; skall nt

shellfish ['ʃelfiʃ] n skalldyr nt

shelter ['ʃeltə] n ly nt, tilfluktssted

nt; v *gi ly

shepherd ['ʃepəd] n gjeter c

shift [ʃift] n skift nt

*****shine** [ʃain] v skinne; glinse, stråle

ship [ʃip] n skip nt; v skipe; **shipping line** skipsfartslinje c

shipowner ['ʃi,pounə] n skipsreder c

shipyard ['ʃipjɑ:d] n skipsverft nt

shirt [ʃə:t] n skjorte c

shiver ['ʃivə] v *skjelve, hutre; n skjelven c

shivery ['ʃivəri] adj hutrende

shock [ʃɔk] n sjokk nt; v sjokkere; ~ absorber støtdemper c

shocking ['ʃɔkiŋ] adj sjokkerende

shoe [ʃu:] n sko c; **gym shoes** turnsko pl; ~ polish skokrem c

shoe-lace ['ʃu:leis] n skolisse c

shoemaker ['ʃu:,meikə] n skomaker c

shoe-shop ['ʃu:ʃɔp] n skotøyforretning c

shook [ʃuk] v (p shake)

*****shoot** [ʃu:t] v *skyte

shop [ʃɔp] n forretning c; v handle; ~ assistant ekspeditør c; **shopping bag** handlebag c; **shopping centre** forretningssenter nt

shopkeeper ['ʃɔp,ki:pə] n kjøpmann c

shop-window [ʃɔp'windou] n utstillingsvindu nt

shore [ʃɔ:] n bredd c, kyst c

short [ʃɔ:t] adj kort; liten; ~ circuit kortslutning c

shortage ['ʃɔ:tidʒ] n knapphet c, mangel c

shortcoming ['ʃɔ:t,kʌmiŋ] n mangel c; lyte c

shorten ['ʃɔ:tən] v forkorte

shorthand ['ʃɔ:thænd] n stenografi c

shortly ['ʃɔ:tli] adv snart, i nær fremtid

shorts [ʃɔ:ts] pl shorts c; underbukse c

short-sighted [ʃɔ:t'saitid] adj nærsynt

shot [ʃɔt] n skudd nt; sprøyte c; scene c

*****should** [ʃud] v *skulle

shoulder ['ʃouldə] n skulder c

shout [ʃaut] v *skrike, rope; n rop nt

shovel ['ʃʌvəl] n skuffe c

show [ʃou] n oppførelse c, forestilling c; utstilling c

*****show** [ʃou] v vise; utstille, vise frem; bevise

show-case ['ʃoukeis] n monter c

shower [ʃauə] n dusj c; regnskur c, skur c

showroom ['ʃouru:m] n utstillingslokale nt

shriek [ʃri:k] v *skrike; n hvin nt

shrimp [ʃrimp] n reke c

shrine [ʃrain] n helgenskrin nt, helligdom c

*****shrink** [ʃriŋk] v krympe

shrinkproof ['ʃriŋkpru:f] adj krympefri

shrub [ʃrʌb] n busk c

shudder ['ʃʌdə] n gys nt

shuffle ['ʃʌfəl] v stokke

*****shut** [ʃʌt] v lukke; **shut** stengt, lukket; ~ in stenge inne

shutter ['ʃʌtə] n vinduslem c, skodde c

shy [ʃai] adj sjenert, sky

shyness ['ʃainəs] n skyhet c

Siam [sai'æm] Siam

Siamese [,saiə'mi:z] adj siamesisk; n siameser c

sick [sik] adj syk; kvalm

sickness ['siknəs] n sykdom c; kvalme c

side [said] n side c; parti nt; **one-sided** adj ensidig

sideburns ['saidbə:nz] pl kinnskjegg nt

sidelight ['saidlait] n sidelys nt

side-street ['saidstri:t] n sidegate c

sidewalk ['saidwɔ:k] nAm fortau nt

sideways ['saidweiz] *adv* til siden

siege [si:dʒ] *n* beleiring *c*

sieve [siv] *n* sil *c; v* sikte, sile

sight [sait] *n* syne *nt;* skue *nt,* syn; severdighet *c*

sign [sain] *n* tegn *nt;* vink *nt,* gest *c; v* undertegne

signal ['signəl] *n* signal *nt;* tegn *nt; v* signalisere

signature ['signətʃə] *n* signatur *c*

significant [sig'nifikənt] *adj* betydningsfull

signpost ['sainpoust] *n* veiviser *c*

silence ['sailəns] *n* stillhet *c; v* få til å tie

silencer ['sailənsə] *n* lydpotte *c*

silent ['sailənt] *adj* stille, taus; *be ~ tie

silk [silk] *n* silke *c*

silken ['silkən] *adj* silke-

silly ['sili] *adj* dum, tåpelig

silver ['silvə] *n* sølv *nt;* sølv-

silversmith ['silvəsmiθ] *n* sølvsmed *c*

silverware ['silvəweə] *n* sølvtøy *nt*

similar ['similə] *adj* liknende

similarity [‚simi'lærəti] *n* likhet *c*

simple ['simpəl] *adj* likefrem, enkel; vanlig

simply ['simpli] *adv* simpelthen

simulate ['simjuleit] *v* etterligne

simultaneous [‚siməl'teiniəs] *adj* samtidig

sin [sin] *n* synd *c*

since [sins] *prep* siden; *adv* siden; *conj* siden; fordi

sincere [sin'siə] *adj* oppriktig

sinew ['sinju:] *n* sene *c*

*sing [siŋ] *v* *synge

singer ['siŋə] *n* sanger *c;* sangerinne *c*

single ['siŋgəl] *adj* enkel; ugift; ~ room enkeltrom *nt*

singular ['siŋgjulə] *n* entall *nt; adj* enestående

sinister ['sinistə] *adj* illevarslende

sink [siŋk] *n* vask *c*

*sink [siŋk] *v* *synke

sip [sip] *n* slurk *c*

siphon ['saifən] *n* sifong *c*

sir [sə:] min herre

siren ['saiərən] *n* sirene *c*

sister ['sistə] *n* søster *c*

sister-in-law ['sistərinlɔ:] *n* (pl sisters-) svigerinne *c*

*sit [sit] *v* *sitte; ~ down *sette seg

site [sait] *n* sted *nt;* beliggenhet *c*

sitting-room ['sitiŋru:m] *n* stue *c*

situated ['sitʃueitid] *adj* beliggende

situation [‚sitʃu'eiʃən] *n* situasjon *c;* stilling *c*

six [siks] *num* seks

sixteen [‚siks'ti:n] *num* seksten

sixteenth [‚siks'ti:nθ] *num* sekstende

sixth [siksθ] *num* sjette

sixty ['siksti] *num* seksti

size [saiz] *n* størrelse *c,* dimensjon *c;* format *nt*

skate [skeit] *v* *gå på skøyter; *n* skøyte *c*

skating ['skeitiŋ] *n* skøyteløping *c*

skating-rink ['skeitiŋriŋk] *n* skøytebane *c*

skeleton ['skelitən] *n* skjelett *nt*

sketch [sketʃ] *n* skisse *c,* utkast *nt; v* tegne, skissere

sketch-book ['sketʃbuk] *n* skissebok *c*

ski[1] [ski:] *v* *gå på ski

ski[2] [ski:] *n* (pl ~, ~s) ski *c;* ~ boots skistøvler *pl;* ~ pants skibukse *c;* ~ poles *Am* skistaver *pl;* ~ sticks skistaver *pl*

skid [skid] *v* *gli

skier ['ski:ə] *n* skiløper *c*

skiing ['ski:iŋ] *n* skiløping *c*

ski-jump ['ski:dʒʌmp] *n* skihopp *nt;* hoppbakke *c*

skilful ['skilfəl] *adj* kyndig, flink, dyktig

ski-lift ['ski:lift] n skiheis c

skill [skil] n dyktighet c

skilled [skild] adj kyndig, dreven; faglært

skin [skin] n hud c, skinn nt; skall nt; ~ **cream** hudkrem c

skip [skip] v hoppe; hoppe over

skirt [skə:t] n skjørt nt

skull [skʌl] n skalle c

sky [skai] n himmel c; luft c

skyscraper ['skai‚skreipə] n skyskraper c

slack [slæk] adj treg; slapp

slacks [slæks] pl benklær pl

slam [slæm] v *slå igjen

slander ['sla:ndə] n bakvaskelse c

slant [slɑ:nt] v skråne

slanting ['sla:ntiŋ] adj skjev, skrånende, skrå

slap [slæp] v fike; n fik c

slate [sleit] n skifer c

slave [sleiv] n slave c

sledge [sledʒ] n slede c, kjelke c

sleep [sli:p] n søvn c

***sleep** [sli:p] v *sove

sleeping-bag ['sli:piŋbæg] n sovepose c

sleeping-car ['sli:piŋka:] n sovevogn c

sleeping-pill ['sli:piŋpil] n sovepille c

sleepless ['sli:pləs] adj søvnløs

sleepy ['sli:pi] adj søvnig

sleet [sli:t] n sludd nt

sleeve [sli:v] n erme nt; omslag nt

sleigh [slei] n kjelke c, slede c

slender ['slendə] adj slank

slice [slais] n skive c

slide [slaid] n glidning c; rutsjebane c; lysbilde nt

***slide** [slaid] v *gli

slight [slait] adj ubetydelig; svak

slim [slim] adj slank; v slanke seg

slip [slip] v *gli, skli; *smette; n feiltrinn nt; underkjole c

slipper ['slipə] n tøffel c

slippery ['slipəri] adj glatt, sleip

slogan ['slougən] n slagord nt, valgspråk nt

slope [sloup] n skråning c; v helle

sloping ['sloupiŋ] adj skrånende

sloppy ['slɔpi] adj slurvet

slot [slɔt] n myntsprekk c; åpning c

slot-machine ['slɔt‚məʃi:n] n automat c

slovenly ['slʌvənli] adj sjusket

slow [slou] adj tungnem, langsom, sakte; ~ **down** *sette ned farten, saktne farten; bremse

sluice [slu:s] n sluse c

slum [slʌm] n slum c

slump [slʌmp] n prisfall nt

slush [slʌʃ] n snøslaps nt

sly [slai] adj slu

smack [smæk] v smekke; n dask c

small [smɔ:l] adj liten; ringe

smallpox ['smɔ:lpɔks] n kopper pl

smart [sma:t] adj fiks; smart, flink

smell [smel] n lukt c

***smell** [smel] v lukte; *stinke

smelly ['smeli] adj illeluktende

smile [smail] v smile; n smil nt

smith [smiθ] n smed c

smoke [smouk] v røyke; n røyk c; **no smoking** røyking forbudt

smoker ['smoukə] n røyker c; røykekupé c

smoking-compartment ['smoukiŋ‚kəm‚pa:tmənt] n røykekupé c

smoking-room ['smoukiŋru:m] n røykerom nt

smooth [smu:ð] adj jevn, smul, glatt; myk

smuggle ['smʌgəl] v smugle

snack [snæk] n matbit c

snack-bar ['snækba:] n snackbar c

snail [sneil] n snegl c

snake [sneik] n slange c

snapshot ['snæpʃɔt] n øyeblikksfotografi nt, snapshot nt sneakers ['sni:kəz] *plAm* turnsko *pl*

sneeze [sni:z] *v* *nyse

sniper ['snaipə] *n* snikskytter *c*

snooty ['snu:ti] *adj* hoven

snore [snɔ:] *v* snorke

snorkel ['snɔ:kəl] *n* snorkel *c*

snout [snaut] *n* snute *c*

snow [snou] *n* snø *c*; *v* snø

snowstorm ['snousto:m] *n* snøstorm *c*

snowy ['snoui] *adj* snødekket

so [sou] *conj* så; *adv* slik; så, i den grad; and ~ on og så videre; ~ far hittil; ~ that så, slik at

soak [souk] *v* gjennombløte, bløte

soap [soup] *n* såpe *c*; ~ powder såpepulver *nt*

sober ['soubə] *adj* edru; nøktern

so-called [,sou'kɔ:ld] *adj* såkalt

soccer ['sɔkə] *n* fotball *c*; ~ team fotball-lag *nt*

social ['souʃəl] *adj* samfunns-, sosial

socialism ['souʃəlizəm] *n* sosialisme *c*

socialist ['souʃəlist] *adj* sosialistisk; *n* sosialist *c*

society [sə'saiəti] *n* samfunn *nt*; selskap *nt*, forening *c*

sock [sɔk] *n* sokk *c*

socket ['sɔkit] *n* pæreholder *c*; stikkontakt *c*

soda-water ['soudə,wɔ:tə] *n* selters *c*, sodavann *nt*

sofa ['soufə] *n* sofa *c*

soft [sɔft] *adj* myk; ~ drink alkoholfri drikk

soften ['sɔfən] *v* *bløtgjøre

soil [sɔil] *n* jord *c*; jordbunn, jordsmonn *nt*

soiled [sɔild] *adj* skitten

sold [sould] *v* (p, pp sell) ; ~ out utsolgt

solder ['sɔldə] *v* lodde

soldering-iron ['sɔldəriŋaiən] *n* loddebolt *c*

soldier ['sould ʒə] *n* soldat *c*

sole[1] [soul] *adj* eneste

sole[2] [soul] *n* såle *c*; flyndre *c*

solely ['soulli] *adv* utelukkende

solemn ['sɔləm] *adj* høytidelig

solicitor [sə'lisitə] *n* sakfører *c*, advokat *c*

solid ['sɔlid] *adj* solid; massiv; *n* fast stoff

soluble ['sɔljubəl] *adj* oppløselig

solution [sə'lu:ʃən] *n* løsning *c*; oppløsning *c*

solve [sɔlv] *v* løse

sombre ['sɔmbə] *adj* dyster

some [sʌm] *adj* noen; *pron* visse, enkelte; litt; ~ day en gang; ~ more litt mer; ~ time en gang

somebody ['sʌmbədi] *pron* noen

somehow ['sʌmhau] *adv* på en eller annen måte

someone ['sʌmwʌn] *pron* noen

something ['sʌmθiŋ] *pron* noe

sometimes ['sʌmtaimz] *adv* av og til

somewhat ['sʌmwɔt] *adv* nokså

somewhere ['sʌmweə] *adv* etsteds

son [sʌn] *n* sønn *c*

song [sɔŋ] *n* sang *c*

son-in-law ['sʌninlɔ:] *n* (pl sons-) svigersønn *c*

soon [su:n] *adv* fort, snart; as ~ as så snart som

sooner ['su:nə] *adv* heller

sore [sɔ:] *adj* sår, øm; *n* ømt sted; sår *nt*; ~ throat halsesyke *c*

sorrow ['sɔrou] *n* sorg *c*

sorry ['sɔri] *adj* lei for; sorry! unnskyld!, beklager!

sort [sɔ:t] *v* ordne, sortere; *n* sort *c*, slags *c/nt*; all sorts of alle slags

soul [soul] *n* sjel *c*

sound [saund] *n* klang *c*, lyd *c*; *v* *lyde; *adj* sunn; pålitelig

soundproof ['saundpru:f] *adj* lydtett

soup [su:p] *n* suppe *c*

soup-plate ['su:ppleit] *n* suppetallerken c

soup-spoon ['su:pspu:n] n suppeskje c

sour [sauə] adj sur

source [sɔ:s] n kilde c

south [sauθ] n syd c, sør c; **South Pole** Sydpolen

South Africa [sauθ 'æfrikə] Sør-Afrika

south-east [,sauθ'i:st] n sørøst c

southerly ['sʌðəli] adj sørlig

southern ['sʌðən] adj sørlig

south-west [,sauθ'west] n sørvest c

souvenir ['su:vəniə] n suvenir c

sovereign ['sɔvrin] n hersker c

Soviet ['souviət] adj sovjetisk; ~ **Union** Sovjetunionen

*sow [sou] v så

spa [spa:] n kursted nt

space [speis] n rom nt; verdensrom nt; avstand c, mellomrom nt; v ordne med mellomrom

spacious ['speiʃəs] adj rommelig

spade [speid] n spade c

Spain [spein] Spania

Spaniard ['spænjəd] n spanjol c, spanier c

Spanish ['spæniʃ] adj spansk

spanking ['spæŋkiŋ] n juling c; ris nt

spanner ['spænə] n skiftenøkkel c

spare [speə] adj reserve-, ekstra; v *unnvære; ~ **part** reservedel c; ~ **room** gjesteværelse nt; ~ **time** fritid c; ~ **tyre** reservedekk nt; ~ **wheel** reservehjul nt

spark [spa:k] n gnist c

sparking-plug ['spa:kiŋplʌg] n tennplugg c

sparkling ['spa:kliŋ] adj funklende; musserende

sparrow ['spærou] n spurv c

*speak [spi:k] v snakke

spear [spiə] n spyd nt

special ['speʃəl] adj spesiell; ~ **delivery** ekspress

specialist ['speʃəlist] n spesialist c

speciality [,speʃi'æləti] n spesialitet c

specialize ['speʃəlaiz] v spesialisere seg

specially ['speʃəli] adv i særdeleshet

species ['spi:ʃi:z] n (pl ~) art c

specific [spə'sifik] adj spesifikk

specimen ['spesimən] n prøve c, eksemplar nt

speck [spek] n flekk c

spectacle ['spektəkəl] n skue nt, syn nt; **spectacles** briller pl

spectator [spek'teitə] n tilskuer c

speculate ['spekjuleit] v spekulere

speech [spi:tʃ] n taleevne c; tale c

speechless ['spi:tʃləs] adj målløs

speed [spi:d] n hastighet c; fart c, raskhet c; **cruising** ~ marsjfart c; ~ **limit** fartsgrense c

*speed [spi:d] v kjøre fort; kjøre for fort

speeding ['spi:diŋ] n råkjøring c

speedometer [spi:'dɔmitə] n fartsmåler c

spell [spel] n fortryllelse c

*spell [spel] v stave

spelling ['speliŋ] n stavemåte c

*spend [spend] v bruke, spandere; *tilbringe

sphere [sfiə] n kule c; område nt

spice [spais] n krydder nt; **spices** krydderier pl

spiced [spaist] adj krydret

spicy ['spaisi] adj krydret

spider ['spaidə] n edderkopp c; **spider's web** spindelvev c

*spill [spil] v søle

*spin [spin] v *spinne; snurre

spinach ['spinidʒ] n spinat c

spine [spain] n ryggrad c

spinster ['spinstə] n gammel jomfru

spire [spaiə] n spir nt

spirit ['spirit] n ånd c; spøkelse nt; humør nt; **spirits** spirituosa pl,

alkoholholdige drikker; humør *nt;*
~ **stove** spritapparat *nt*
spiritual ['spiritʃuəl] *adj* åndelig
spit [spit] *n* spytt *nt;* spidd *nt*
***spit** [spit] *v* spytte
in spite of [in spait ɔv] tross, til tross
for
spiteful ['spaitfəl] *adj* ondskapsfull
splash [splæʃ] *v* skvette
splendid ['splendid] *adj* praktfull,
glimrende
splendour ['splendə] *n* prakt *c*
splint [splint] *n* beinskinne *c*
splinter ['splintə] *n* splint *c*
***split** [split] *v* kløyve
***spoil** [spɔil] *v* *ødelegge; skjemme
bort
spoke[1] [spouk] *v* (p speak)
spoke[2] [spouk] *n* eike *c*
sponge [spʌndʒ] *n* svamp *c*
spook [spu:k] *n* spøkelse *nt*
spool [spu:l] *n* spole *c*
spoon [spu:n] *n* skje *c*
spoonful ['spu:nful] *n* skjefull *c*
sport [spɔ:t] *n* sport *c*
sports-car ['spɔ:tska:] *n* sportsbil *c*
sports-jacket ['spɔ:ts,dʒækit] *n* sports-
jakke *c*
sportsman ['spɔ:tsmən] *n* (pl -men)
idrettsmann *c*
sportswear ['spɔ:tsweə] *n* sportsklær
pl
spot [spɔt] *n* flekk *c;* sted *nt*
spotless ['spɔtləs] *adj* plettfri
spotlight ['spɔtlait] *n* prosjektør *c*
spotted ['spɔtid] *adj* flekket
spout [spaut] *n* tut *c*
sprain [sprein] *v* forstue; *n* forstuing *c*
***spread** [spred] *v* spre
spring [spriŋ] *n* vår *c;* fjær *c;* kilde *c*
springtime ['spriŋtaim] *n* vår *c*
sprouts [sprauts] *pl* rosenkål *c*
spy [spai] *n* spion *c*
squadron ['skwɔdrən] *n* eskadrille *c*

square [skweə] *adj* kvadratisk; *n*
kvadrat *nt;* plass *c*
squash [skwɔʃ] *n* fruktsaft *c; v* kryste
squirrel ['skwirəl] *n* ekorn *nt*
squirt [skwə:t] *n* sprut *c*
stable ['steibəl] *adj* stabil; *n* stall *c*
stack [stæk] *n* stabel *c*
stadium ['steidiəm] *n* stadion *nt*
staff [sta:f] *n* personale *nt*
stage [steidʒ] *n* scene *c;* stadium *nt,*
fase *c;* etappe *c*
stain [stein] *v* flekke; *n* flekk *c;*
stained glass farget glass; ~ **re-**
mover flekkfjerner *c*
stainless ['steinləs] *adj* plettfri; ~
steel rustfritt stål
staircase ['steəkeis] *n* trapp *c*
stairs [steəz] *pl* trapp *c*
stale [steil] *adj* fordervet
stall [stɔ:l] *n* utsalgsbord *nt;* orkes-
terplass *c*
stamina ['stæminə] *n* utholdenhet *c*
stamp [stæmp] *n* frimerke *nt;* stem-
pel *nt; v* frankere; trampe; ~ **ma-**
chine frimerkeautomat *c*
stand [stænd] *n* stand *c;* tribune *c*
***stand** [stænd] *v* *stå
standard ['stændəd] *n* norm *c;* stan-
dard-; ~ **of living** levestandard *c*
stanza ['stænzə] *n* strofe *c;* vers *nt*
staple ['steipəl] *n* stift *c*
star [sta:] *n* stjerne *c*
starboard ['sta:bəd] *n* styrbord
starch [sta:tʃ] *n* stivelse *c; v* stive
stare [steə] *v* stirre
starling ['sta:liŋ] *n* stær *c*
start [sta:t] *v* begynne; *n* start *c;*
starter motor starter *c*
starting-point ['sta:tiŋpoint] *n* ut-
gangspunkt *nt*
state [steit] *n* stat *c;* stand *c; v* erklæ-
re
the States [ðə steits] De forente sta-
ter

statement ['steitmənt] n erklæring c

statesman ['steitsmən] n (pl -men) statsmann c

station ['steiʃən] n stasjon c; posisjon c

stationary ['steiʃənəri] adj stillestående

stationer's ['steiʃənəz] n papirhandel c

stationery ['steiʃənəri] n papirvarer pl

station-master ['steiʃən,ma:stə] n stasjonsmester c

statistics [stə'tistiks] pl statistikk c

statue ['stætʃu:] n statue c

stay [stei] v *bli; *oppholde seg, *ta inn; n opphold nt

steadfast ['stedfɑ:st] adj standhaftig

steady ['stedi] adj stø

steak [steik] n biff c

*steal [sti:l] v *stjele

steam [sti:m] n damp c

steamer ['sti:mə] n dampskip nt

steel [sti:l] n stål nt

steep [sti:p] adj bratt, steil

steeple ['sti:pəl] n kirketårn nt

steering-column ['stiəriŋ,kɔləm] n rattstamme c

steering-wheel ['stiəriŋwi:l] n ratt nt

steersman ['stiəzmən] n (pl -men) rorgjenger c

stem [stem] n stilk c

stenographer [ste'nɔgrəfə] n stenograf c

step [step] n skritt nt, steg nt; trinn nt; v *tre, trå

stepchild ['steptʃaild] n (pl -children) stebarn nt

stepfather ['step,fɑ:ðə] n stefar c

stepmother ['step,mʌðə] n stemor c

sterile ['sterail] adj steril

sterilize ['sterilaiz] v sterilisere

steward ['stju:əd] n stuert c

stewardess ['stju:ədes] n flyvertinne c

stick [stik] n stokk c

*stick [stik] v klebe

sticky ['stiki] adj klebrig

stiff [stif] adj stiv

still [stil] adv fremdeles; likevel; adj stille

stillness ['stilnəs] n stillhet c

stimulant ['stimjulənt] n stimulans c

stimulate ['stimjuleit] v stimulere

sting [stiŋ] n stikk nt

*sting [stiŋ] v *stikke

stingy ['stindʒi] adj smålig

*stink [stiŋk] v *stinke

stipulate ['stipjuleit] v *fastsette

stipulation [,stipju'leiʃən] n betingelse c

stir [stə:] v røre

stirrup ['stirəp] n stigbøyle c

stitch [stitʃ] n sting nt, hold nt

stock [stɔk] n forsyning c; v lagre; ~ exchange fondsbørs c, børs c; ~ market fondsmarked nt; stocks and shares verdipapirer pl

stocking ['stɔkiŋ] n strømpe c

stole¹ [stoul] v (p steal)

stole² [stoul] n stola c

stomach ['stʌmək] n mage c

stomach-ache ['stʌməkeik] n magesmerter pl

stone [stoun] n stein c; edelsten c; stein-; pumice ~ pimpstein c

stood [stud] v (p, pp stand)

stop [stɔp] v stoppe; avslutte, *holde opp med; n holdeplass c; stop! stopp!

stopper ['stɔpə] n kork c

storage ['stɔ:ridʒ] n lagring c

store [stɔ:] n lagerbeholdning c; forretning c; v lagre

store-house ['stɔ:haus] n lagerbygning c

storey ['stɔ:ri] n etasje c

stork [stɔ:k] n stork c

storm [stɔ:m] n storm c

stormy ['stɔ:mi] adj stormfull

story ['stɔ:ri] n fortelling c

stout [staut] adj korpulent, tykkfallen

stove [stouv] n ovn c; komfyr c

straight [streit] adj rak; ærlig; adv rett; ~ ahead rett frem; ~ away med en gang; ~ on rett frem

strain [strein] n anstrengelse c; anspennelse c; v overanstrenge; sile

strainer ['streinə] n dørslag nt

strange [streindʒ] adj fremmed; underlig

stranger ['streindʒə] n fremmed c

strangle ['stræŋgəl] v kvele

strap [stræp] n rem c

straw [strɔ:] n halm c

strawberry ['strɔ:bəri] n jordbær nt

stream [stri:m] n bekk c; strøm c; v strømme

street [stri:t] n gate c

streetcar ['stri:tka:] nAm trikk c

street-organ ['stri:,tɔ:gən] n lirekasse c

strength [streŋθ] n styrke c

stress [stres] n stress nt; trykk nt; v belaste, *legge vekt på

stretch [stretʃ] v tøye; n strekning c

strict [strikt] adj streng

strife [straif] n strid c

strike [straik] n streik c

*strike [straik] v *slå; *slå til; streike; *stryke

striking ['straikiŋ] adj påfallende, oppsiktsvekkende, slående

string [striŋ] n snor c; streng c

strip [strip] n strimmel c

stripe [straip] n stripe c

striped [straipt] adj stripet

stroke [strouk] n slaganfall nt

stroll [stroul] v slentre; n spasertur c

strong [strɔŋ] adj sterk; kraftig

stronghold ['strɔŋhould] n tilfluktssted nt; høyborg c

structure ['strʌktʃə] n struktur c

struggle ['strʌgəl] n strid c, kamp c; v *slåss, kjempe

stub [stʌb] n talong c

stubborn ['stʌbən] adj sta

student ['stju:dənt] n student c

study ['stʌdi] v studere; n studium nt; arbeidsværelse nt

stuff [stʌf] n materiale nt; saker pl

stuffed [stʌft] adj fylt

stuffing ['stʌfiŋ] n farse c; fyll nt

stuffy ['stʌfi] adj trykkende; snerpet

stumble ['stʌmbəl] v snuble

stung [stʌŋ] v (p, pp sting)

stupid ['stju:pid] adj dum

style [stail] n stil c

subject¹ ['sʌbdʒikt] n subjekt nt; undersått c; gjenstand c; emne nt; ~ to utsatt for

subject² [səb'dʒekt] v underkue

sublet [,sub'let] v fremleie

submit [səb'mit] v underkaste seg

subordinate [sə'bɔ:dinət] adj underordnet; sekundær

subscriber [səb'skraibə] n abonnent c

subscription [səb'skripʃən] n abonnement nt

subsequent ['sʌbsikwənt] adj følgende

subsidy ['sʌbsidi] n tilskudd nt

substance ['sʌbstəns] n substans c

substantial [səb'stænʃəl] adj substansiell; virkelig; anselig

substitute ['sʌbstitju:t] v erstatte; n erstatning c; stedfortreder c

subtitle ['sʌb,taitəl] n undertekst c

subtle ['sʌtəl] adj subtil

subtract [səb'trækt] v *trekke fra

suburb ['sʌbə:b] n forstad c

suburban [sə'bə:bən] adj forstadsbane c

subway ['sʌbwei] nAm undergrunnsbane c

succeed [sək'si:d] v lykkes; *etterfølge

success [sək'ses] *n* suksess *c*
successful [sək'sesfəl] *adj* vellykket
succumb [sə'kʌm] *v* bukke under
such [sʌtʃ] *adj* sånn, slik; *adv* slik; ~ **as** slik som
suck [sʌk] *v* suge
sudden [ˈsʌdən] *adj* plutselig
suddenly [ˈsʌdənli] *adv* plutselig
suede [sweid] *n* semsket skinn
suffer [ˈsʌfə] *v* *lide; *gjennomgå
suffering [ˈsʌfəriŋ] *n* lidelse *c*
suffice [sə'fais] *v* *være tilstrekkelig
sufficient [sə'fiʃənt] *adj* tilstrekkelig
suffrage [ˈsʌfridʒ] *n* stemmerett *c*
sugar [ˈʃugə] *n* sukker *nt*
suggest [sə'dʒest] *v* *foreslå
suggestion [sə'dʒestʃən] *n* forslag *nt*
suicide [ˈsuːisaid] *n* selvmord *nt*
suit [suːt] *v* passe; tilpasse; kle; *n* dress *c*
suitable [ˈsuːtəbəl] *adj* egnet
suitcase [ˈsuːtkeis] *n* koffert *c*
suite [swiːt] *n* suite *c*
sum [sʌm] *n* sum *c*
summary [ˈsʌməri] *n* sammendrag *nt*
summer [ˈsʌmə] *n* sommer *c*; ~ **time** sommertid *c*
summit [ˈsʌmit] *n* topp *c*
summons [ˈsʌmənz] *n* (pl ~es) stevning *c*
sun [sʌn] *n* sol *c*
sunbathe [ˈsʌnbeið] *v* sole seg
sunburn [ˈsʌnbəːn] *n* solbrenthet *c*
Sunday [ˈsʌndi] søndag *c*
sun-glasses [ˈsʌnˌglɑːsiz] *pl* solbriller *pl*
sunlight [ˈsʌnlait] *n* sollys *nt*
sunny [ˈsʌni] *adj* solrik
sunrise [ˈsʌnraiz] *n* soloppgang *c*
sunset [ˈsʌnset] *n* solnedgang *c*
sunshade [ˈsʌnʃeid] *n* parasoll *c*
sunshine [ˈsʌnʃain] *n* solskinn *nt*
sunstroke [ˈsʌnstrouk] *n* solstikk *nt*
suntan oil [ˈsʌntænɔil] sololje *c*

superb [su'pəːb] *adj* storartet
superficial [ˌsuːpə'fiʃəl] *adj* overfladisk
superfluous [su'pəːfluəs] *adj* overflødig
superior [su'piəriə] *adj* høyere, overlegen, bedre, større
supermarket [ˈsuːpəˌmɑːkit] *n* supermarked *nt*
superstition [ˌsuːpə'stiʃən] *n* overtro *c*
supervise [ˈsuːpəvaiz] *v* overvåke
supervision [ˌsuːpə'viʒən] *n* overoppsyn *nt*, oppsyn *nt*
supervisor [ˈsuːpəvaizə] *n* kontrollør *c*
supper [ˈsʌpə] *n* aftensmat *c*
supple [ˈsʌpəl] *adj* bøyelig, smidig, myk
supplement [ˈsʌplimənt] *n* tillegg *nt*
supply [sə'plai] *n* tilførsel *c*, levering *c*; forråd *nt*; tilbud *nt*; *v* forsyne
support [sə'pɔːt] *v* *bære, *hjelpe; *n* støtte *c*; ~ **hose** støttestrømpe *c*
supporter [sə'pɔːtə] *n* tilhenger *c*; forsørger *c*
suppose [sə'pouz] *v* *anta; **supposing that** forutsatt at
suppository [sə'pozitəri] *n* stikkpille *c*
suppress [sə'pres] *v* undertrykke
surcharge [ˈsəːtʃɑːdʒ] *n* ekstragebyr *nt*
sure [ʃuə] *adj* sikker
surely [ˈʃuəli] *adv* sikkert
surface [ˈsəːfis] *n* overflate *c*
surf-board [ˈsəːfbɔːd] *n* surfingbrett *nt*
surgeon [ˈsəːdʒən] *n* kirurg *c*; **veterinary** ~ veterinær *c*
surgery [ˈsəːdʒəri] *n* operasjon *c*; legekontor *nt*
surname [ˈsəːneim] *n* etternavn *nt*
surplus [ˈsəːpləs] *n* overskudd *nt*
surprise [sə'praiz] *n* overraskelse *c*; *v* overraske; forbause
surrender [sə'rendə] *v* *overgi seg; *n*

overgivelse *c*

surround [sə'raund] *v* *omgi, omringe

surrounding [sə'raundiŋ] *adj* om-kringliggende

surroundings [sə'raundiŋz] *pl* omegn *c*

survey ['sə:vei] *n* oversikt *c*

survival [sə'vaivəl] *n* overleving *c*

survive [sə'vaiv] *v* overleve

suspect[1] [sə'spekt] *v* mistenke; ane

suspect[2] ['sʌspekt] *n* mistenkt *c*

suspend [sə'spend] *v* suspendere

suspenders [sə'spendəz] *plAm* bukse-seler *pl*; **suspender belt** strømpe-holder *c*

suspension [sə'spenʃən] *n* fjæring *c*; ~ **bridge** hengebru *c*

suspicion [sə'spiʃən] *n* mistanke *c*; mistenksomhet *c*, anelse *c*

suspicious [sə'spiʃəs] *adj* mistenkelig; mistenksom, mistroisk

sustain [sə'stein] *v* orke; *oppretthol-de

Swahili [swə'hi:li] *n* swahili *c*

swallow ['swɔlou] *v* svelge, sluke; *n* svale *c*

swam [swæm] *v* (p swim)

swamp [swɔmp] *n* myr *c*

swan [swɔn] *n* svane *c*

swap [swɔp] *v* bytte

*swear [swɛə] *v* *sverge; banne

sweat [swet] *n* svette *c*; *v* svette

sweater ['swetə] *n* ulljakke *c*; genser *c*

Swede [swi:d] *n* svenske *c*

Sweden ['swi:dən] Sverige

Swedish ['swi:diʃ] *adj* svensk

*sweep [swi:p] *v* feie

sweet [swi:t] *adj* søt; *n* sukkertøy *nt*; dessert *c*; **sweets** sukkertøy *pl*

sweeten ['swi:tən] *v* sukre

sweetheart ['swi:thɑ:t] *n* elskling *c*

sweetshop ['swi:tʃɔp] *n* sjokoladefor-retning *c*

swell [swel] *adj* flott

*swell [swel] *v* svelle

swelling ['sweliŋ] *n* hevelse *c*

swift [swift] *adj* rask

*swim [swim] *v* svømme

swimmer ['swimə] *n* svømmer *c*

swimming ['swimiŋ] *n* svømming *c*; ~ **pool** svømmebasseng *nt*

swimming-trunks ['swimiŋtrʌŋks] *pl* badebukse *c*

swim-suit ['swimsu:t] *n* badedrakt *c*

swindle ['swindəl] *v* svindle; *n* svindel *c*

swindler ['swindlə] *n* svindler *c*

swing [swiŋ] *n* huske *c*

*swing [swiŋ] *v* svinge; huske

Swiss [swis] *adj* sveitsisk; *n* sveitser *c*

switch [switʃ] *n* bryter *c*; *v* skifte; ~ **off** *slå av; ~ **on** *slå på

switchboard ['switʃbɔ:d] *n* sentral-bord *nt*

Switzerland ['switsələnd] Sveits

sword [sɔ:d] *n* sverd *nt*

swum [swʌm] *v* (pp swim)

syllable ['siləbəl] *n* stavelse *c*

symbol ['simbəl] *n* symbol *nt*

sympathetic [ˌsimpə'θetik] *adj* delta-kende, medfølende

sympathy ['simpəθi] *n* sympati *c*; medfølelse *c*

symphony ['simfəni] *n* symfoni *c*

symptom ['simtəm] *n* symptom *nt*

synagogue ['sinəgɔg] *n* synagoge *c*

synonym ['sinənim] *n* synonym *nt*

synthetic [sin'θetik] *adj* syntetisk

syphon ['saifən] *n* sifong *c*

Syria ['siriə] Syria

Syrian ['siriən] *adj* syrisk; *n* syrer *c*

syringe [si'rindʒ] *n* sprøyte *c*

syrup ['sirəp] *n* sukkerlake *c*, sirup *c*

system ['sistəm] *n* system *nt*; **decimal** ~ desimalsystem *nt*

systematic [ˌsistə'mætik] *adj* systema-tisk

table 119 teaspoon

T

table ['teibəl] *n* bord *nt;* tabell *c;* ~ **of contents** innholdsfortegnelse *c;* ~ **tennis** bordtennis *c*

table-cloth ['teibəlklɔθ] *n* duk *c*

tablespoon ['teibəlspu:n] *n* spiseskje *c*

tablet ['tæblit] *n* tablett *c;* plate *c*

taboo [tə'bu:] *n* tabu *nt*

tactics ['tæktiks] *pl* taktikk *c*

tag [tæg] *n* merkelapp *c*

tail [teil] *n* hale *c*

tail-light ['teillait] *n* baklys *nt*

tailor ['teilə] *n* skredder *c*

tailor-made ['teiləmeid] *adj* skreddersydd

***take** [teik] *v* *ta; *gripe; *følge; skjønne, *forstå, *begripe; ~ **away** *ta med seg; fjerne, *ta vekk; ~ **off** lette; ~ **out** *ta bort; ~ **over** *overta; ~ **place** *finne sted; ~ **up** *oppta

take-off ['teikɔf] *n* start *c*

tale [teil] *n* fortelling *c,* eventyr *nt*

talent ['tælənt] *n* begavelse *c,* talent *nt*

talented ['tæləntid] *adj* begavet

talk [tɔ:k] *v* snakke; *n* samtale *c*

talkative ['tɔ:kətiv] *adj* snakkesalig

tall [tɔ:l] *adj* høy, lang

tame [teim] *adj* tam; *v* temme

tampon ['tæmpən] *n* tampong *c*

tangerine [ˌtændʒə'ri:n] *n* mandarin *c*

tangible ['tændʒibəl] *adj* følbar

tank [tæŋk] *n* tank *c*

tanker ['tæŋkə] *n* tankbåt *c*

tanned [tænd] *adj* brun

tap [tæp] *n* kran *c;* lett slag; *v* banke

tape [teip] *n* lydbånd *nt;* bånd *nt;* **adhesive** ~ limbånd *nt;* heftplaster *nt*

tape-measure ['teipˌmeʒə] *n* målebånd *nt*

tape-recorder ['teipriˌkɔ:də] *n* båndopptaker *c*

tapestry ['tæpistri] *n* veggteppe *nt,* gobelin *nt*

tar [ta:] *n* tjære *c*

target ['ta:git] *n* skyteskive *c,* mål *nt*

tariff ['tærif] *n* tariff *c*

tarpaulin [ta:'pɔ:lin] *n* presenning *c*

task [ta:sk] *n* oppgave *c*

taste [teist] *n* smak *c;* *v* smake; smake på

tasteless ['teistləs] *adj* smakløs

tasty ['teisti] *adj* velsmakende

taught [tɔ:t] *v* (p, pp teach)

tavern ['tævən] *n* kro *c*

tax [tæks] *n* skatt *c;* *v* *skattlegge

taxation [tæk'seiʃən] *n* beskatning *c*

tax-free ['tæksfri:] *adj* skattefri

taxi ['tæksi] *n* taxi *c,* drosje *c;* ~ **rank** drosjeholdeplass *c;* ~ **stand** *Am* drosjeholdeplass *c*

taxi-driver ['tæksiˌdraivə] *n* drosjesjåfør *c*

taxi-meter ['tæksiˌmi:tə] *n* taksameter *nt*

tea [ti:] *n* te *c*

***teach** [ti:tʃ] *v* lære, undervise

teacher ['ti:tʃə] *n* lektor *c,* lærer *c;* lærerinne *c,* skolelærer *c*

teachings ['ti:tʃiŋz] *pl* lære *c*

tea-cloth ['ti:klɔθ] *n* kjøkkenhåndkle *nt*

teacup ['ti:kʌp] *n* tekopp *c*

team [ti:m] *n* lag *nt*

teapot ['ti:pɔt] *n* tekanne *c*

***tear** [tɛə] *v* *rive

tear¹ [tiə] *n* tåre *c*

tear² [tɛə] *n* rift *c*

tear-jerker ['tiəˌdʒɔ:kə] *n* tåredryppende forestilling

tease [ti:z] *v* erte

tea-set ['ti:set] *n* teservise *nt*

tea-shop ['ti:ʃɔp] *n* tesalong *c*

teaspoon ['ti:spu:n] *n* teskje *c*

teaspoonful ['ti:spu:n,ful] *n* teskje *c*

technical ['teknikəl] *adj* teknisk

technician [tek'niʃən] *n* tekniker *c*

technique [tek'ni:k] *n* teknikk *c*

technology [tek'nɔlədʒi] *n* teknologi *c*

teenager ['ti:,neidʒə] *n* tenåring *c*

teetotaller [ti:'toutələ] *n* avholds-mann *c*

telegram ['teligræm] *n* telegram *nt*

telegraph ['teligra:f] *v* telegrafere

telepathy [ti'lepəθi] *n* telepati *c*

telephone ['telifoun] *n* telefon *c*; ~ **book** *Am* telefonkatalog *c*; ~ **booth** telefonkiosk *c*; ~ **call** telefonoppringning *c*, telefonsamtale *c*; ~ **directory** telefonkatalog *c*; ~ **exchange** telefonsentral *c*; ~ **operator** sentralborddame *c*; telefonist *c*

television ['teliviʒən] *n* fjernsyn *nt*; ~ **set** fjernsynsapparat *nt*

telex ['teleks] *n* fjernskriver *c*

***tell** [tel] *v* *si; *fortelle

temper ['tempə] *n* sinne *nt*

temperature ['temprətʃə] *n* temperatur *c*

tempest ['tempist] *n* storm *c*

temple ['tempəl] *n* tempel *nt*; tinning *c*

temporary ['tempərəri] *adj* midlertidig, foreløpig

tempt [tempt] *v* friste

temptation [temp'teiʃən] *n* fristelse *c*

ten [ten] *num* ti

tenant ['tenənt] *n* leieboer *c*

tend [tend] *v* *ha tendens til; passe; ~ **to** *være tilbøyelig til

tendency ['tendənsi] *n* tendens *c*, tilbøyelighet *c*

tender ['tendə] *adj* øm, myk; mør

tendon ['tendən] *n* sene *c*

tennis ['tenis] *n* tennis *c*; ~ **shoes** tennissko *pl*

tennis-court ['teniskɔ:t] *n* tennisbane

c

tense [tens] *adj* anspent

tension ['tenʃən] *n* spenning *c*

tent [tent] *n* telt *nt*

tenth [tenθ] *num* tiende

tepid ['tepid] *adj* lunken

term [tə:m] *n* uttrykk *nt*; frist *c*, termin *c*; betingelse *c*

terminal ['tə:minəl] *n* endestasjon *c*

terrace ['terəs] *n* terrasse *c*

terrain [te'rein] *n* terreng *nt*

terrible ['teribəl] *adj* fryktelig, forferdelig, grusom

terrific [tə'rifik] *adj* storartet

terrify ['terifai] *v* skremme; **terrifying** skremmende

territory ['teritəri] *n* område *nt*

terror ['terə] *n* redsel *c*

terrorism ['terərizəm] *n* terror *c*, terrorisme *c*

terrorist ['terərist] *n* terrorist *c*

terylene ['terəli:n] *n* terylen *c*

test [test] *n* prøve *c*, test *c*; *v* teste

testify ['testifai] *v* vitne

text [tekst] *n* tekst *c*

textbook ['teksbuk] *n* lærebok *c*

textile ['tekstail] *n* tekstil *c/nt*

texture ['tekstʃə] *n* struktur *c*

Thai [tai] *adj* thailandsk; *n* thailender *c*

Thailand ['tailænd] Thailand

than [ðæn] *conj* enn

thank [θæŋk] *v* takke; ~ **you** takk

thankful ['θæŋkfəl] *adj* takknemlig

that [ðæt] *adj* den; *pron* den; som; *conj* at

thaw [θɔ:] *v* tine, smelte; *n* tøvær *nt*

the [ðə,ði] *art* -en, -et; **the ... the** jo .. jo

theatre ['θiətə] *n* teater *nt*

theft [θeft] *n* tyveri *nt*

their [ðeə] *adj* deres

them [ðem] *pron* dem

theme [θi:m] *n* tema *nt*, emne *nt*

themselves [ðəm'selvz] *pron* seg; selv

then [ðen] *adv* da; deretter, så

theology [θi'ɔlədʒi] *n* teologi *c*

theoretical [θiə'retikəl] *adj* teoretisk

theory [ˈθiəri] *n* teori *c*

therapy [ˈθerəpi] *n* terapi *c*

there [ðɛə] *adv* der; dit

therefore [ˈðɛəfɔ:] *conj* derfor

thermometer [θə'mɔmitə] *n* termometer *nt*

thermostat [ˈθə:məstæt] *n* termostat *c*

these [ði:z] *adj* disse

thesis [ˈθi:sis] *n* (pl theses) tese *c*; avhandling *c*

they [ðei] *pron* de

thick [θik] *adj* tykk; tett

thicken [ˈθikən] *v* tykne

thickness [ˈθiknəs] *n* tykkelse *c*

thief [θi:f] *n* (pl thieves) tyv *c*

thigh [θai] *n* lår *nt*

thimble [ˈθimbəl] *n* fingerbøl *nt*

thin [θin] *adj* tynn; mager

thing [θiŋ] *n* ting *c*

*think [θiŋk] *v* tenke; tenke etter; ~ of tenke på; *komme på; ~ over tenke over

thinker [ˈθiŋkə] *n* tenker *c*

third [θə:d] *num* tredje

thirst [θə:st] *n* tørst *c*

thirsty [ˈθə:sti] *adj* tørst

thirteen [ˌθə:'ti:n] *num* tretten

thirteenth [ˌθə:'ti:nθ] *num* trettende

thirtieth [ˈθə:tiəθ] *num* trettiende

thirty [ˈθə:ti] *num* tretti

this [ðis] *adj* denne; *pron* denne

thistle [ˈθisəl] *n* tistel *c*

thorn [θɔ:n] *n* torn *c*

thorough [ˈθʌrə] *adj* omhyggelig, grundig

thoroughbred [ˈθʌrəbred] *adj* fullblods

thoroughfare [ˈθʌrəfɛə] *n* ferdselsåre *c*, hovedvei *c*

those [ðouz] *adj* de; *pron* de

though [ðou] *conj* selv om, skjønt; *adv* imidlertid

thought¹ [θɔ:t] *v* (p, pp think)

thought² [θɔ:t] *n* tanke *c*

thoughtful [ˈθɔ:tfəl] *adj* tankefull; omtenksom

thousand [ˈθauzənd] *num* tusen

thread [θred] *n* tråd *c*; *v* *tre

threadbare [ˈθredbɛə] *adj* loslitt

threat [θret] *n* trusel *c*

threaten [ˈθretən] *v* true

three [θri:] *num* tre

three-quarter [ˌθri:'kwɔ:tə] *adj* tre fjerdedels

threshold [ˈθreʃould] *n* terskel *c*

threw [θru:] *v* (p throw)

thrifty [ˈθrifti] *adj* sparsommelig

throat [θrout] *n* hals *c*

throne [θroun] *n* trone *c*

throttle [ˈθrɔtəl] *n* choke *c*

through [θru:] *prep* gjennom

throughout [θru:'aut] *adv* overalt; helt igjennom

throw [θrou] *n* kast *nt*

*throw [θrou] *v* slenge, kaste

thrush [θrʌʃ] *n* trost *c*

thumb [θʌm] *n* tommelfinger *c*

thumbtack [ˈθʌmtæk] *nAm* tegnestift *c*

thump [θʌmp] *v* dunke

thunder [ˈθʌndə] *n* torden *c*; *v* tordne

thunderstorm [ˈθʌndəstɔ:m] *n* tordenvær *nt*

thundery [ˈθʌndəri] *adj* torden-

Thursday [ˈθə:zdi] torsdag *c*

thus [ðʌs] *adv* slik

thyme [taim] *n* timian *c*

tick [tik] *n* merke *nt*; ~ off krysse av

ticket [ˈtikit] *n* billett *c*; lapp *c*; ~ collector konduktør *c*; ~ machine billettautomat *c*

tickle [ˈtikəl] *v* kile

tide [taid] *n* tidevann *nt*; high ~ høyvann *nt*; low ~ lavvann *nt*

tidings ['taidiŋz] *pl* nyheter *pl*

tidy ['taidi] *adj* ordentlig; ~ **up** rydde opp

tie [tai] *v* *binde, knytte; *n* slips *nt*

tiger ['taigə] *n* tiger *c*

tight [tait] *adj* stram, trang; *adv* fast

tighten ['taitən] *v* stramme; strammes

tights [taits] *pl* strømpebukse *c*

tile [tail] *n* gulvflis *c*; takstein *c*

till [til] *prep* inntil, til; *conj* inntil

timber ['timbə] *n* tømmer *nt*

time [taim] *n* tid *c*; gang *c*; takt *c*; **all the** ~ hele tiden; **in** ~ i tide; ~ **of arrival** ankomsttid *c*; ~ **of departure** avgangstid *c*

time-saving ['taim,seiviŋ] *adj* tidsbesparende

timetable ['taim,teibəl] *n* ruteplan *c*

timid ['timid] *adj* blyg

timidity [ti'midəti] *n* sjenerthet *c*

tin [tin] *n* tinn *nt*; boks *c*, hermetikkboks *c*; **tinned food** hermetikk *c*

tinfoil ['tinfɔil] *n* tinnfolie *c*

tin-opener ['ti,noupənə] *n* hermetikkåpner *c*

tiny ['taini] *adj* bitte liten

tip [tip] *n* spiss *c*; drikkepenger *pl*

tire[1] [taiə] *n* dekk *nt*

tire[2] [taiə] *v* *bli trett

tired [taiəd] *adj* utmattet, trett; ~ **of** lei av

tiring ['taiəriŋ] *adj* trettende

tissue ['tiʃu:] *n* vev *nt*; papirlommetørkle *nt*

title ['taitəl] *n* tittel *c*

to [tu:] *prep* til, på; for å

toad [toud] *n* padde *c*

toadstool ['toudstu:l] *n* fluesopp *c*

toast [toust] *n* ristet brød; skål *c*

tobacco [tə'bækou] *n* (pl ~s) tobakk *c*; ~ **pouch** tobakkspung *c*

tobacconist [tə'bækənist] *n* tobakkshandler *c*; **tobacconist's** tobakks-

forretning *c*

today [tə'dei] *adv* i dag

toddler ['tɔdlə] *n* smårolling *c*

toe [tou] *n* tå *c*

toffee ['tɔfi] *n* en slags karamell

together [tə'geðə] *adv* sammen

toilet ['tɔilət] *n* toalett *nt*; ~ **case** toalettveske *c*

toilet-paper ['tɔilət,peipə] *n* toalettpapir *nt*

toiletry ['tɔilətri] *n* toalettsaker *pl*

token ['toukən] *n* tegn *nt*; bevis *nt*; sjetong *c*

told [tould] *v* (p, pp tell)

tolerable ['tɔlərəbəl] *adj* utholdelig

toll [toul] *n* veiavgift *c*; gebyr *nt*

tomato [tə'ma:tou] *n* (pl ~es) tomat *c*

tomb [tu:m] *n* grav *c*

tombstone ['tu:mstoun] *n* gravstein *c*

tomorrow [tə'mɔrou] *adv* i morgen

ton [tʌn] *n* tonn *nt*

tone [toun] *n* tone *c*; klang *c*

tongs [tɔŋz] *pl* tang *c*

tongue [tʌŋ] *n* tunge *c*

tonic ['tɔnik] *n* styrkemiddel *nt*

tonight [tə'nait] *adv* i aften, i natt

tonsilitis [,tɔnsə'laitis] *n* betente mandler

tonsils ['tɔnsəlz] *pl* mandler *pl*

too [tu:] *adv* altfor; også

took [tuk] *v* (p take)

tool [tu:l] *n* verktøy *nt*, redskap *nt*; ~ **kit** verktøykasse *c*

toot [tu:t] *vAm* tute

tooth [tu:θ] *n* (pl teeth) tann *c*

toothache ['tu:θeik] *n* tannverk *c*

toothbrush ['tu:θbrʌʃ] *n* tannbørste *c*

toothpaste ['tu:θpeist] *n* tannkrem *c*

toothpick ['tu:θpik] *n* tannpirker *c*

toothpowder ['tu:θ,paudə] *n* tannpulver *nt*

top [tɔp] *n* topp *c*; overside *c*; lokk *nt*; øverst; **on** ~ **of** oppå; ~ **side** overside c

topcoat ['tɔpkout] n frakk c

topic ['tɔpik] n emne nt

topical ['tɔpikəl] adj aktuell

torch [tɔ:tʃ] n fakkel c; lommelykt c

torment[1] [tɔ:'ment] v pine

torment[2] ['tɔ:ment] n pine c

torture ['tɔ:tʃə] n tortur c; v torturere

toss [tɔs] v kaste

tot [tɔt] n lite barn

total ['toutəl] adj total; fullstendig; n totalsum c

totalitarian [,toutæli'tɛəriən] adj totalitær

totalizator ['toutəlaizeitə] n totalisator c

touch [tʌtʃ] v røre, berøre; n kontakt c, berøring c; følesans c

touching ['tʌtʃiŋ] adj rørende

tough [tʌf] adj seig

tour [tuə] n rundreise c

tourism ['tuərizəm] n turisttrafikk c

tourist ['tuərist] n turist c; ~ **class** turistklasse c; ~ **office** turistkontor nt

tournament ['tuənəmənt] n turnering c

tow [tou] v taue

towards [tə'wɔ:dz] prep mot; overfor

towel [tauəl] n håndkle nt

towelling ['tauəliŋ] n frotté c

tower [tauə] n tårn nt

town [taun] n by c; ~ **centre** sentrum nt; ~ **hall** rådhus nt

townspeople ['taunz,pi:pəl] pl byfolk pl

toxic ['tɔksik] adj giftig

toy [tɔi] n leketøy nt

toyshop ['tɔiʃɔp] n leketøysforretning c

trace [treis] n spor nt; v etterspore, oppspore

track [træk] n spor nt; bane c

tractor ['træktə] n traktor c

trade [treid] n handel c; yrke nt; v *drive handel

trademark ['treidma:k] n varemerke nt

trader ['treidə] n kjøpmann c

tradesman ['treidzmən] n (pl -men) handelsmann c

trade-union [,treid'ju:njən] n fagforening c

tradition [trə'diʃən] n tradisjon c

traditional [trə'diʃənəl] adj tradisjonell

traffic ['træfik] n trafikk c; ~ **jam** trafikk-kork c; ~ **light** trafikklys nt

trafficator ['træfikeitə] n retningsviser c

tragedy ['trædʒədi] n tragedie c

tragic ['trædʒik] adj tragisk

trail [treil] n sti c, spor nt

trailer ['treilə] n tilhenger c; campingvogn c

train [trein] n tog nt; v dressere, trene; **stopping** ~ somletog nt; **through** ~ hurtigtog nt; ~ **ferry** jernbaneferje c

training ['treiniŋ] n trening c

trait [treit] n trekk nt

traitor ['treitə] n forræder c

tram [træm] n trikk c

tramp [træmp] n landstryker c, vagabond c; v vagabondere

tranquil ['træŋkwil] adj rolig

tranquillizer ['træŋkwilaizə] n beroligende middel

transaction [træn'zækʃən] n transaksjon c

transatlantic [,trænzət'læntik] adj transatlantisk

transfer [træns'fə:] v overføre

transform [træns'fɔ:m] v forvandle, omdanne

transformer [træns'fɔ:mə] n transformator c

transition [træn'siʃən] n overgang c

translate [træns'leit] v *oversette

translation [træns'leiʃən] n oversettelse c

translator [træns'leitə] n oversetter c

transmission [trænz'miʃən] n sending c

transmit [trænz'mit] v sende

transmitter [trænz'mitə] n sender c

transparent [træn'spɛərənt] adj gjennomsiktig

transport¹ ['trænspɔ:t] n transport c

transport² [træn'spɔ:t] v transportere

transportation [ˌtrænspɔ:'teiʃən] n transport c

trap [træp] n felle c

trash [træʃ] n rask nt, skrap nt; ~ can Am søppelkasse c

travel ['trævəl] v reise; ~ agency reisebyrå nt; ~ agent reisebyråagent c; ~ insurance reiseforsikring c; travelling expenses reiseutgifter pl

traveller ['trævələ] n reisende c; traveller's cheque reisesjekk c

tray [trei] n brett nt

treason ['tri:zən] n forræderi nt

treasure ['treʒə] n skatt c

treasurer ['treʒərə] n kasserer c

treasury ['treʒəri] n statskasse c

treat [tri:t] v behandle

treatment ['tri:tmənt] n behandling c

treaty ['tri:ti] n traktat c

tree [tri:] n tre nt

tremble ['trembəl] v *skjelve; dirre

tremendous [tri'mendəs] adj kolossal

trespass ['trespəs] v krenke annens eiendom

trespasser ['trespəsə] n uvedkommende c

trial [traiəl] n rettssak c; forsøk nt

triangle ['traiæŋgəl] n trekant c

triangular [trai'æŋgjulə] adj trekantet

tribe [traib] n stamme c

tributary ['tribjutəri] n bielv c

tribute ['tribju:t] n hyllest c

trick [trik] n knep nt; trick nt

trigger ['trigə] n avtrekker c

trim [trim] v klippe, stusse

trip [trip] n reise c, utflukt c, tur c

triumph ['traiəmf] n triumf c; v triumfere

triumphant [trai'ʌmfənt] adj triumferende

trolley-bus ['trɔlibʌs] n trolleybuss c

troops [tru:ps] pl tropper pl

tropical ['trɔpikəl] adj tropisk

tropics ['trɔpiks] pl tropene pl

trouble ['trʌbəl] n trøbbel nt, uleilighet, besvær nt; v bry

troublesome ['trʌbəlsəm] adj brysom

trousers ['trauzəz] pl bukse c

trout [traut] n (pl ~) ørret c

truck [trʌk] nAm lastebil c

true [tru:] adj sann; ekte, virkelig; trofast, tro

trumpet ['trʌmpit] n trompet c

trunk [trʌŋk] n koffert c; stamme c; bagasjerom nt; trunks pl kortbukse c

trunk-call ['trʌŋkkɔ:l] n rikstelefonsamtale c

trust [trʌst] v stole på; n tillit c

trustworthy ['trʌstˌwə:ði] adj pålitelig

truth [tru:θ] n sannhet c

truthful ['tru:θfəl] adj sannferdig

try [trai] v prøve, forsøke, anstrenge seg; n forsøk nt; ~ on prøve

tube [tju:b] n rør nt; tube c

tuberculosis [tjuˌbə:kju'lousis] n tuberkulose c

Tuesday ['tju:zdi] tirsdag c

tug [tʌg] v taue; n slepebåt c; rykk nt

tuition [tju:'iʃən] n undervisning c; skolepenger pl

tulip ['tju:lip] n tulipan c

tumbler ['tʌmblə] n beger nt

tumour ['tju:mə] n svulst c

tuna ['tju:nə] *n* (pl ~, ~s) tunfisk *c*

tune [tju:n] *n* melodi *c*; ~ **in** stille inn

tuneful ['tju:nfəl] *adj* melodisk

tunic ['tju:nik] *n* tunika *c*

Tunisia [tju:'niziə] Tunisia

Tunisian [tju:'niziən] *adj* tunisisk; *n* tunisier *c*

tunnel ['tʌnəl] *n* tunnel *c*

turbine ['tə:bain] *n* turbin *c*

turbojet [,tə:bou'dʒet] *n* turbojet *c*

Turk [tə:k] *n* tyrker *c*

Turkey ['tə:ki] Tyrkia

turkey ['tə:ki] *n* kalkun *c*

Turkish ['tə:kiʃ] *adj* tyrkisk; ~ **bath** romerbad *nt*

turn [tə:n] *v* dreie; vende, svinge, *vri om; n* dreining *c*, vending *c*; sving *c*; tur *c*; ~ **back** vende tilbake; ~ **down** forkaste; ~ **into** forvandles til; ~ **off** stenge av; ~ **on** *sette på*; skru på; ~ **over** vende om; ~ **round** snu; snu seg

turning ['tə:niŋ] *n* sving *c*

turning-point ['tə:niŋpɔint] *n* vendepunkt *nt*

turnover ['tə:,nouvə] *n* omsetning *c*; ~ **tax** omsetningsskatt *c*

turnpike ['tə:npaik] *nAm* bomvei *c*

turpentine ['tə:pəntain] *n* terpentin *c*

turtle ['tə:təl] *n* skilpadde *c*

tutor ['tju:tə] *n* huslærer *c*; formynder *c*

tuxedo [tʌk'si:dou] *nAm* (pl ~s, ~es) smoking *c*

tweed [twi:d] *n* tweed *c*

tweezers ['twi:zəz] *pl* pinsett *c*

twelfth [twelfθ] *num* tolvte

twelve [twelv] *num* tolv

twentieth ['twentiəθ] *num* tyvende

twenty ['twenti] *num* tyve

twice [twais] *adv* to ganger

twig [twig] *n* kvist *c*

twilight ['twailait] *n* skumring *c*

twine [twain] *n* hyssing *c*

twins [twinz] *pl* tvillinger *pl*; **twin beds** dobbeltsenger *pl*

twist [twist] *v* sno; *vri; n* vridning *c*

two [tu:] *num* to

two-piece [,tu:'pi:s] *adj* todelt

type [taip] *v* *skrive på maskin; n* type *c*

typewriter ['taipraitə] *n* skrivemaskin *c*

typewritten ['taipritən] maskinskrevet

typhoid ['taifɔid] *n* tyfus *c*

typical ['tipikəl] *adj* typisk

typist ['taipist] *n* maskinskriverske *c*

tyrant ['taiərənt] *n* tyrann *c*

tyre [taiə] *n* dekk *nt*; ~ **pressure** lufttrykk *nt*

U

ugly ['ʌgli] *adj* stygg

ulcer ['ʌlsə] *n* magesår *nt*

ultimate ['ʌltimət] *adj* siste

ultraviolet [,ʌltrə'vaiələt] *adj* ultrafiolett

umbrella [ʌm'brelə] *n* paraply *c*

umpire ['ʌmpaiə] *n* dommer *c*

unable [ʌ'neibəl] *adj* ute av stand til

unacceptable [,ʌnək'septəbəl] *adj* uantakelig

unaccountable [,ʌnə'kauntəbəl] *adj* uforklarlig; uansvarlig

unaccustomed [,ʌnə'kʌstəmd] *adj* uvant

unanimous [ju:'næniməs] *adj* enstemmig

unanswered [ʌ'na:nsəd] *adj* ubesvart

unauthorized [ʌ'nɔ:θəraizd] *adj* uten fullmakt

unavoidable [,ʌnə'vɔidəbəl] *adj* uunngåelig

unaware [ˌʌnəˈweə] *adj* ubevisst

unbearable [ʌnˈbeərəbəl] *adj* uuthol-delig

unbreakable [ˌʌnˈbreikəbəl] *adj* uknu-selig

unbroken [ˌʌnˈbroukən] *adj* intakt

unbutton [ˌʌnˈbʌtən] *v* knappe opp

uncertain [ʌnˈsəːtən] *adj* uviss, usik-ker

uncle [ˈʌŋkəl] *n* onkel *c*

unclean [ˌʌnˈkliːn] *adj* uren

uncomfortable [ʌnˈkʌmfətəbəl] *adj* ubckvem

uncommon [ʌnˈkɔmən] *adj* usedvan-lig, sjelden

unconditional [ˌʌnkənˈdiʃənəl] *adj* be-tingelsesløs

unconscious [ʌnˈkɔnʃəs] *adj* bevisstløs

uncork [ˌʌnˈkɔːk] *v* *trekke opp

uncover [ʌnˈkʌvə] *v* avdekke

uncultivated [ˌʌnˈkʌltiveitid] *adj* udyr-ket

under [ˈʌndə] *prep* under, nedenfor

undercurrent [ˈʌndəˌkʌrənt] *n* under-strøm *c*

underestimate [ˌʌndəˈrestimeit] *v* un-dervurdere

underground [ˈʌndəgraund] *adj* un-derjordisk; *n* undergrunnsbane *c*

underline [ˌʌndəˈlain] *v* understreke

underneath [ˌʌndəˈniːθ] *adv* nedenun-der

underpants [ˈʌndəpænts] *plAm* truser *pl*

undershirt [ˈʌndəʃəːt] *n* undertrøye *c*

undersigned [ˈʌndəsaind] *n* undertegn-nede *c*

*understand [ˌʌndəˈstænd] *v* *forstå, fatte

understanding [ˌʌndəˈstændiŋ] *n* for-ståelse *c*

*undertake [ˌʌndəˈteik] *v* *gå i gang med

undertaker [ˈʌndəˌteikə] *n* begravel-

sesagent *c*

undertaking [ˌʌndəˈteikiŋ] *n* foreta-gende *nt*

underwater [ˈʌndəˌwɔːtə] *adj* under-vanns-

underwear [ˈʌndəweə] *n* undertøy *pl*

undesirable [ˌʌndiˈzaiərəbəl] *adj* uøns-ket

*undo [ˌʌnˈduː] *v* åpne, løse opp

undoubtedly [ʌnˈdautidli] *adv* utvil-somt

undress [ˌʌnˈdres] *v* kle av seg

undulating [ˈʌndjuleitiŋ] *adj* bølgende

unearned [ˌʌˈnəːnd] *adj* ufortjent

uneasy [ʌˈniːzi] *adj* urolig

uneducated [ʌˈnedjukeitid] *adj* uten utdannelse

unemployed [ˌʌnimˈplɔid] *adj* arbeids-løs

unemployment [ˌʌnimˈplɔimənt] *n* ar-beidsløshet *c*

unequal [ʌˈniːkwəl] *adj* ulik

uneven [ʌˈniːvən] *adj* ulik, ujevn

unexpected [ˌʌnikˈspektid] *adj* uven-tet

unfair [ˌʌnˈfeə] *adj* urettferdig

unfaithful [ˌʌnˈfeiθfəl] *adj* utro

unfamiliar [ˌʌnfəˈmiljə] *adj* ukjent

unfasten [ˌʌnˈfɑːsən] *v* løse, løsne

unfavourable [ˌʌnˈfeivərəbəl] *adj* ugunstig

unfit [ˌʌnˈfit] *adj* uegnet

unfold [ʌnˈfould] *v* brette ut, folde ut

unfortunate [ʌnˈfɔːtʃənət] *adj* uheldig

unfortunately [ʌnˈfɔːtʃənətli] *adv* uheldigvis, dessverre

unfriendly [ˌʌnˈfrendli] *adj* uvennlig

unfurnished [ˌʌnˈfəːniʃt] *adj* umøblert

ungrateful [ʌnˈgreitfəl] *adj* utakk-nemlig

unhappy [ʌnˈhæpi] *adj* ulykkelig

unhealthy [ʌnˈhelθi] *adj* usunn

unhurt [ˌʌnˈhəːt] *adj* uskadd

uniform [ˈjuːnifɔːm] *n* uniform *c*; *adj*

ensartet

unimportant [ˌʌnimˈpɔːtənt] adj uviktig

uninhabitable [ˌʌninˈhæbitəbəl] adj ubeboelig

uninhabited [ˌʌninˈhæbitid] adj ubebodd

unintentional [ˌʌninˈtenʃənəl] adj utilsiktet

union [ˈjuːnjən] n fagforening c; union c, forbund nt

unique [juːˈniːk] adj enestående

unit [ˈjuːnit] n enhet c

unite [juːˈnait] v forene

United States [juːˈnaitid steits] De forente stater

unity [ˈjuːnəti] n enhet c

universal [ˌjuːniˈvəːsəl] adj universell, generell

universe [ˈjuːnivəːs] n univers nt

university [ˌjuːniˈvəːsəti] n universitet nt

unjust [ˌʌnˈdʒʌst] adj urettferdig

unkind [ʌnˈkaind] adj uvennlig; ukjærlig

unknown [ˌʌnˈnoun] adj ukjent

unlawful [ˌʌnˈlɔːfəl] adj ulovlig

unlearn [ˌʌnˈləːn] v lære seg av med

unless [ənˈles] conj med mindre

unlike [ˌʌnˈlaik] adj forskjellig

unlikely [ʌnˈlaikli] adj usannsynlig

unlimited [ʌnˈlimitid] adj grenseløs, ubegrenset

unload [ˌʌnˈloud] v lesse av

unlock [ˌʌnˈlɔk] v lukke opp, låse inne

unlucky [ʌnˈlʌki] adj uheldig

unnecessary [ʌnˈnesəsəri] adj unødvendig

unoccupied [ˌʌˈnɔkjupaid] adj ledig

unofficial [ˌʌnəˈfiʃəl] adj uoffisiell

unpack [ˌʌnˈpæk] v pakke opp

unpleasant [ʌnˈplezənt] adj utrivelig, ubehagelig; usympatisk, utiltalende

unpopular [ˌʌnˈpɔpjulə] adj upopulær

unprotected [ˌʌnprəˈtektid] adj ubeskyttet

unqualified [ˌʌnˈkwɔlifaid] adj ukvalifisert

unreal [ˌʌnˈriəl] adj uvirkelig

unreasonable [ˌʌnˈriːzənəbəl] adj urimelig

unreliable [ˌʌnriˈlaiəbəl] adj upålitelig

unrest [ˌʌnˈrest] n uro c; rastløshet c

unsafe [ˌʌnˈseif] adj usikker, utrygg

unsatisfactory [ˌʌnsætisˈfæktəri] adj utilfredsstillende

unscrew [ˌʌnˈskruː] v skru løs

unselfish [ˌʌnˈselfiʃ] adj uselvisk

unskilled [ˌʌnˈskild] adj ufaglært

unsound [ˌʌnˈsaund] adj usunn

unstable [ˌʌnˈsteibəl] adj ustabil

unsteady [ˌʌnˈstedi] adj ustø; ustadig

unsuccessful [ˌʌnsəkˈsesfəl] adj mislykket

unsuitable [ˌʌnˈsuːtəbəl] adj uegnet

unsurpassed [ˌʌnsəˈpɑːst] adj uovertruffen

untidy [ʌnˈtaidi] adj uordentlig

untie [ˌʌnˈtai] v knytte opp

until [ənˈtil] prep inntil, til

untrue [ˌʌnˈtruː] adj usann

untrustworthy [ˌʌnˈtrʌstˌwəːði] adj upålitelig

unusual [ˌʌnˈjuːʒuəl] adj uvanlig, ualminnelig

unwell [ˌʌnˈwel] adj uvel

unwilling [ˌʌnˈwiliŋ] adj uvillig

unwise [ˌʌnˈwaiz] adj uklok

unwrap [ˌʌnˈræp] v pakke opp

up [ʌp] adv opp, oppover

upholster [ʌpˈhoulstə] v *trekke, polstre

upkeep [ˈʌpkiːp] n vedlikehold nt

uplands [ˈʌpləndz] pl høyland nt

upon [əˈpɔn] prep på

upper [ˈʌpə] adj øvre, over-

upright [ˈʌprait] adj rank; rett; adv

opprettstående
*upset [ʌpˈset] v forstyrre; adj opprørt
upside-down [ˌʌpsaidˈdaun] adv på hodet
upstairs [ˌʌpˈstɛəz] adv ovenpå
upstream [ˌʌpˈstriːm] adv mot strømmen
upwards [ˈʌpwədz] adv oppover
urban [ˈɜːbən] adj byvarn
urge [ɜːdʒ] v formane; n trang c
urgency [ˈɜːdʒənsi] n innstendighet c; viktighet c
urgent [ˈɜːdʒənt] adj presserende
urine [ˈjuərin] n urin c
Uruguay [ˈjuərəgwai] Uruguay
Uruguayan [juərəˈgwaiən] adj uruguayansk; n uruguayaner c
us [ʌs] pron oss
usable [ˈjuːzəbəl] adj anvendelig
usage [ˈjuːzidʒ] n sedvane c; bruk c
use¹ [juːz] v bruke; *be used to *være vant til; ~ up bruke opp
use² [juːs] n bruk c; nytte c; *be of ~ *være til nytte
useful [ˈjuːsfəl] adj nyttig, brukbar
useless [ˈjuːsləs] adj unyttig
user [ˈjuːzə] n bruker c
usher [ˈʌʃə] n plassanviser c
usherette [ˌʌʃəˈret] n plassanviser c
usual [ˈjuːʒuəl] adj vanlig
usually [ˈjuːʒuəli] adv vanligvis
utensil [juːˈtensəl] n redskap nt; kjøkkenredskap nt
utility [juːˈtiləti] n nytte c
utilize [ˈjuːtilaiz] v anvende
utmost [ˈʌtmoust] adj ytterst
utter [ˈʌtə] adj total, fullstendig; v ytre

V

vacancy [ˈveikənsi] n ledig post
vacant [ˈveikənt] adj ledig
vacate [vəˈkeit] v fraflytte
vacation [vəˈkeiʃən] n ferie c
vaccinate [ˈvæksineit] v vaksinere
vaccination [ˌvæksiˈneiʃən] n vaksinering c
vacuum [ˈvækjuəm] n vakuum nt; vAm støvsuge; ~ cleaner støvsuger c; ~ flask termosflaske c
vagrancy [ˈveigrənsi] n løsgjengeri nt
vague [veig] adj vag
vain [vein] adj forfengelig; forgjeves; in ~ forgjeves
valet [ˈvælit] n kammertjener c
valid [ˈvælid] adj gyldig
valley [ˈvæli] n dal c
valuable [ˈvæljubəl] adj verdifull; valuables pl verdisaker pl
value [ˈvælju:] n verdi c; v taksere, vurdere
valve [vælv] n ventil c
van [væn] n varebil c
vanilla [vəˈnilə] n vanilje c
vanish [ˈvæniʃ] v *forsvinne
vapour [ˈveipə] n damp c
variable [ˈvɛəriəbəl] adj variabel
variation [ˌvɛəriˈeiʃən] n avveksling c; forandring c
varied [ˈvɛərid] adj variert
variety [vəˈraiəti] n utvalg nt; ~ show varietéforestilling c; ~ theatre varietéteater c
various [ˈvɛəriəs] adj forskjellige, diverse
varnish [ˈvɑːniʃ] n lakk c; v lakkere
vary [ˈvɛəri] v variere; forandre; *være forskjellig
vase [vɑːz] n vase c
vast [vɑːst] adj vidstrakt, umåtelig
vault [vɔːlt] n hvelving c; bankhvelv

nt

veal [vi:l] *n* kalvekjøtt *nt*

vegetable ['vedʒətəbəl] *n* grønnsak *c;*
~ merchant grønnsakshandler *c*

vegetarian [,vedʒi'teəriən] *n* vegeta-
rianer *c*

vegetation [,vedʒi'teiʃən] *n* vekstliv *nt;*
vegetasjon *c*

vehicle ['vi:əkəl] *n* kjøretøy *nt*

veil [veil] *n* slør *nt*

vein [vein] *n* åre *c;* **varicose ~** åre-
knute *c*

velvet ['velvit] *n* fløyel *c*

velveteen [,velvi'ti:n] *n* bomullsfløyel
c

venerable ['venərəbəl] *adj* ærverdig

venereal disease [vi'niəriəl di'zi:z]
kjønnssykdom *c*

Venezuela [,veni'zweilə] Venezuela

Venezuelan [,veni'zweilən] *adj* vene-
zuelansk; *n* venezuelaner *c*

ventilate ['ventileit] *v* ventilere; lufte,
lufte ut

ventilation [,venti'leiʃən] *n* ventilasjon
c; utluftning *c*

ventilator ['ventileitə] *n* ventilator *c*

venture ['ventʃə] *v* våge

veranda [və'rændə] *n* veranda *c*

verb [və:b] *n* verb *nt*

verbal ['və:bəl] *adj* muntlig

verdict ['və:dikt] *n* kjennelse *c,* dom *c*

verge [və:dʒ] *n* kant *c;* rand *c*

verify ['verifai] *v* kontrollere

verse [və:s] *n* vers *nt*

version ['və:ʃən] *n* versjon *c;* overset-
telse *c*

versus ['və:səs] *prep* kontra

vertical ['və:tikəl] *adj* vertikal

vertigo ['və:tigou] *n* svimmelhet *c*

very ['veri] *adv* svært, meget; *adj* ek-
sakt, virkelig; absolutt

vessel ['vesəl] *n* fartøy *nt;* kar *nt*

vest [vest] *n* undertrøye *c;* vest *c*

veterinary surgeon ['vetrinəri 'sə:-

dʒən] dyrlege *c*

via [vaiə] *prep* via

vibrate [vai'breit] *v* vibrere

vibration [vai'breiʃən] *n* vibrasjon *c*

vicar ['vikə] *n* sogneprest *c*

vicarage ['vikəridʒ] *n* prestegård *c*

vice-president [,vais'prezidənt] *n* vise-
president *c*

vicinity [vi'sinəti] *n* nabolag *nt,* nær-
het *c*

vicious ['viʃəs] *adj* ondskapsfull

victim ['viktim] *n* offer *nt*

victory ['viktəri] *n* seier *c*

view [vju:] *n* utsikt *c;* oppfatning *c,*
syn; *v* betrakte

view-finder ['vju:,faində] *n* søker *c*

vigilant ['vidʒilənt] *adj* årvåken

villa ['vilə] *n* villa *c*

village ['vilidʒ] *n* landsby *c*

villain ['vilən] *n* skurk *c*

vine [vain] *n* vinranke *c*

vinegar ['vinigə] *n* eddik *c*

vineyard ['vinjəd] *n* vingård *c*

vintage ['vintidʒ] *n* vinhøst *c;* årgang
c

violation [vaiə'leiʃən] *n* krenkelse *c*

violence ['vaiələns] *n* vold *c*

violent ['vaiələnt] *adj* voldsom, heftig

violet ['vaiələt] *n* fiol *c; adj* fiolett

violin [vaiə'lin] *n* fiolin *c*

virgin ['və:dʒin] *n* jomfru *c*

virtue ['və:tʃu:] *n* dyd *c*

visa ['vi:zə] *n* visum *nt*

visibility [,vizə'biləti] *n* sikt *c*

visible ['vizəbəl] *adj* synlig

vision ['viʒən] *n* syn

visit ['vizit] *v* besøke; *n* besøk *nt,* vi-
sitt *c;* **visiting hours** besøkstid *c*

visiting-card ['vizitiŋka:d] *n* visittkort
nt

visitor ['vizitə] *n* besøkende *c*

vital ['vaitəl] *adj* vesentlig

vitamin ['vitəmin] *n* vitamin *nt*

vivid ['vivid] *adj* livfull

vocabulary [vəˈkæbjuləri] n ordforråd nt; ordliste c

vocal [ˈvoukəl] adj vokal

vocalist [ˈvoukəlist] n sanger c

voice [vɔis] n stemme c

void [vɔid] adj ugyldig

volcano [vɔlˈkeinou] n (pl ~es, ~s) vulkan c

volt [voult] n volt c

voltage [ˈvoultidʒ] n spenning c

volume [ˈvɔljum] n volum nt; bind nt

voluntary [ˈvɔləntəri] adj frivillig

volunteer [ˌvɔlənˈtiə] n frivillig c

vomit [ˈvɔmit] v kaste opp, *brekke seg

vote [vout] v stemme; n stemme c; avstemning c

voucher [ˈvautʃə] n bong c

vow [vau] n løfte nt, ed c; v *sverge

vowel [vauəl] n vokal c

voyage [ˈvɔiidʒ] n reise c

vulgar [ˈvʌlgə] adj vulgær; simpel, ordinær

vulnerable [ˈvʌlnərəbəl] adj sårbar

vulture [ˈvʌltʃə] n gribb c

W

wade [weid] v vasse

wafer [ˈweifə] n vaffelkjeks c

waffle [ˈwɔfəl] n vaffel c

wages [ˈweidʒiz] pl lønn c

waggon [ˈwægən] n godsvogn c; vogn c

waist [weist] n midje c

waistcoat [ˈweiskout] n vest c

wait [weit] v vente; ~ on oppvarte

waiter [ˈweitə] n oppvarter c, kelner c

waiting [ˈweitiŋ] n venting c

waiting-list [ˈweitiŋlist] n venteliste c

waiting-room [ˈweitiŋruːm] n vente-

værelse nt

waitress [ˈweitris] n oppvarterske c

*wake [weik] v vekke; ~ up våkne

walk [wɔːk] v *gå; spasere; n spasertur c; gange c; walking til fots

walker [ˈwɔːkə] n turgjenger c

walking-stick [ˈwɔːkiŋstik] n spaserstokk c

wall [wɔːl] n mur c; vegg c

wallet [ˈwɔlit] n lommebok c

wallpaper [ˈwɔːlˌpeipə] n tapet nt

walnut [ˈwɔːlnʌt] n valnøtt c

waltz [wɔːls] n vals c

wander [ˈwɔndə] v flakke, vandre

want [wɔnt] v *ville; ønske; n behov nt; mangel c

war [wɔː] n krig c

warden [ˈwɔːdən] n vaktmann c, oppsynsmann c

wardrobe [ˈwɔːdroub] n klesskap nt, garderobe c

warehouse [ˈweəhaus] n pakkhus nt, lagerbygning c

wares [weəz] pl varer pl

warm [wɔːm] adj varm; v varme

warmth [wɔːmθ] n varme c

warn [wɔːn] v advare

warning [ˈwɔːniŋ] n advarsel c

wary [ˈweəri] adj forsiktig

was [wɔz] v (p be)

wash [wɔʃ] v vaske; ~ and wear strykefri; ~ up vaske opp

washable [ˈwɔʃəbəl] adj vaskbar

wash-basin [ˈwɔʃˌbeisən] n håndvask c

washing [ˈwɔʃiŋ] n vask c

washing-machine [ˈwɔʃiŋməˌʃiːn] n vaskemaskin c

washing-powder [ˈwɔʃiŋˌpaudə] n vaskepulver nt

washroom [ˈwɔʃruːm] nAm toalett nt

wash-stand [ˈwɔʃstænd] n vaskeservant c

wasp [wɔsp] n veps c

waste [weist] v sløse bort; n sløseri

nt; adj øde

wasteful ['weistfəl] *adj* ødsel

wastepaper-basket [weist'peipə,bɑ:-skit] *n* papirkurv *c*

watch [wɔtʃ] *v* betrakte, *iaktta; be-vokte; n* ur *nt;* ~ **for** *holde utkikk etter;* ~ **out** *være forsiktig

watch-maker ['wɔtʃ,meikə] *n* urma-ker *c*

watch-strap ['wɔtʃstræp] *n* klokkerem *c*

water ['wɔ:tə] *n* vann *nt;* **iced** ~ is-vann *nt;* **running** ~ innlagt vann; ~ **pump** vannpumpe *c;* ~ **ski** vannski *c*

water-colour ['wɔ:tə,kʌlə] *n* vannfar-ge *c;* akvarell *c*

watercress ['wɔ:təkres] *n* vannkarse *c*

waterfall ['wɔ:təfɔ:l] *n* foss *c*

watermelon ['wɔ:tə,melən] *n* vannme-lon *c*

waterproof ['wɔ:təpru:f] *adj* vanntett

water-ski ['wɔ:tə,ski:] *n* vannski; *v* stå på vannski

waterway ['wɔ:təwei] *n* vannvei *c*

watt [wɔt] *n* watt *c*

wave [weiv] *n* bølge *c; v* vinke

wave-length ['weivleŋθ] *n* bølgelengde *c*

wavy ['weivi] *adj* bølget

wax [wæks] *n* voks *c*

waxworks ['wækswɔ:ks] *pl* vokskabi-nett *nt*

way [wei] *n* vis *nt,* måte *c;* vei *c;* ret-ning *c;* avstand *c;* **any** ~ på hvil-ken som helst måte; **by the** ~ for-resten; **one-way traffic** enveiskjø-ring *c;* **out of the** ~ avsides; **the other** ~ **round** tvert om; ~ **back** fjern fortid; ~ **in** inngang *c;* ~ **out** utgang *c*

wayside ['weisaid] *n* veikant *c*

we [wi:] *pron* vi

weak [wi:k] *adj* svak; tynn

weakness ['wi:knəs] *n* svakhet *c*

wealth [welθ] *n* rikdom *c*

wealthy ['welθi] *adj* rik

weapon ['wepən] *n* våpen *nt*

***wear** [weə] *v* *ha på seg; ~ **out** *slite ut

weary ['wiəri] *adj* trett, sliten

weather ['weðə] *n* vær *nt;* ~ **fore-cast** værmelding *c*

***weave** [wi:v] *v* veve

weaver ['wi:və] *n* vever *c*

wedding ['wediŋ] *n* vielse *c,* bryllup *nt*

wedding-ring ['wediŋriŋ] *n* vielsesring *c*

wedge [wedʒ] *n* kile *c*

Wednesday ['wenzdi] onsdag *c*

weed [wi:d] *n* ugress *nt*

week [wi:k] *n* uke *c*

weekday ['wi:kdei] *n* hverdag *c*

weekly ['wi:kli] *adj* ukentlig

***weep** [wi:p] *v* *gråte

weigh [wei] *v* veie

weighing-machine ['weiiŋmə,ʃi:n] *n* automatvekt *c*

weight [weit] *n* vekt *c*

Welch [welʃ] *adj* walisisk

welcome ['welkəm] *adj* velkommen; *n* velkomst *c; v* hilse velkommen

weld [weld] *v* sveise

welfare ['welfeə] *n* velferd *c*

well¹ [wel] *adv* godt; *adj* frisk; **as** ~ også; **as** ~ **as** så vel som; **well!** ja vel!

well² [wel] *n* kilde *c,* brønn *c*

well-founded [,wel'faundid] *adj* velbe-grunnet

well-known ['welnoun] *adj* velkjent

well-to-do [,weltə'du:] *adj* velhavende

went [went] *v* (p go)

were [wə:] *v* (p be)

west [west] *n* vest *c*

westerly ['westəli] *adj* vestlig

western ['westən] *adj* vestlig

wet [wet] *adj* våt; fuktig

whale [weil] *n* hval *c*

wharf [wɔ:f] *n* (pl ~s, wharves) kaj *c*

what [wɔt] *pron* hva; ~ for hvorfor

whatever [wɔ'tevə] *pron* hva enn

wheat [wi:t] *n* hvete *c*

wheel [wi:l] *n* hjul *nt*

wheelbarrow ['wi:l,bærou] *n* trillebår *c*

wheelchair ['wi:ltʃeə] *n* rullestol *c*

when [wen] *adv* når; *conj* når, da

whenever [we'nevə] *conj* når enn; alltid når

where [wɛə] *adv* hvor; *conj* hvor

wherever [wɛə'revə] *conj* hvor enn

whether ['weðə] *conj* om; whether ... or om ... eller

which [witʃ] *pron* hvilken; som

whichever [wi'tʃevə] *adj* hvilken som helst

while [wail] *conj* mens; *n* stund *c*

whilst [wailst] *conj* mens

whim [wim] *n* innfall *nt*, nykke *nt*

whip [wip] *n* pisk *c*; *v* vispe

whiskers ['wiskəz] *pl* kinnskjegg *nt*

whisper ['wispə] *v* hviske; *n* hvisking *c*

whistle ['wisəl] *v* plystre; *n* fløyte *nt*

white [wait] *adj* hvit

whitebait ['waitbeit] *n* småfisk *pl*

whiting ['waitiŋ] *n* (pl ~) hvitting *c*

Whitsun ['witsən] pinse *c*

who [hu:] *pron* hvem; som

whoever [hu:'evə] *pron* hvem som enn

whole [houl] *adj* fullstendig, hel; uskadd; *n* hele *nt*

wholesale ['houlseil] *n* engroshandel *c*; ~ dealer grosserer *c*

wholesome ['houlsəm] *adj* sunn

wholly ['houlli] *adv* helt

whom [hu:m] *pron* til hvem

whore [hɔ:] *n* hore *c*

whose [hu:z] *pron* hvis

why [wai] *adv* hvorfor

wicked ['wikid] *adj* ond

wide [waid] *adj* bred, vid

widen ['waidən] *v* utvide

widow ['widou] *n* enke *c*

widower ['widouə] *n* enkemann *c*

width [widθ] *n* bredde *c*

wife [waif] *n* (pl wives) kone *c*, hustru *c*

wig [wig] *n* parykk *c*

wild [waild] *adj* vill

will [wil] *n* vilje *c*; testamente *nt*

*will [wil] *v* *vil

willing ['wiliŋ] *adj* villig

will-power ['wilpauə] *n* viljestyrke *c*

*win [win] *v* *vinne

wind [wind] *n* vind *c*

*wind [waind] *v* sno seg; *trekke opp, vikle

winding ['waindiŋ] *adj* buktet

windmill ['windmil] *n* vindmølle *c*

window ['windou] *n* vindu *nt*

window-sill ['windousil] *n* vinduskarm *c*

windscreen ['windskri:n] *n* frontrute *c*; ~ wiper vindusvisker *c*

windshield ['windʃi:ld] *nAm* frontrute *c*; ~ wiper *Am* vindusvisker *c*

windy ['windi] *adj* vindhard

wine [wain] *n* vin *c*

wine-cellar ['wain,selə] *n* vinkjeller *c*

wine-list ['wainlist] *n* vinkart *nt*

wine-merchant ['wain,mə:tʃənt] *n* vinhandler *c*

wine-waiter ['wain,weitə] *n* vinkelner *c*

wing [wiŋ] *n* vinge *c*

winner ['winə] *n* vinner *c*

winning ['winiŋ] *adj* vinnende; winnings *pl* gevinst *c*

winter ['wintə] *n* vinter *c*; ~ sports vintersport *c*

wipe [waip] *v* tørke, tørke bort; tørke

av

wire [waiə] *n* metalltråd *c;* ståltråd *c*

wireless ['waiələs] *n* radio *c*

wisdom ['wizdəm] *n* visdom *c*

wise [waiz] *adj* vis

wish [wiʃ] *v* lenges etter, ønske; *n* ønske *nt*, lengsel *c*

witch [witʃ] *n* heks *c*

with [wið] *prep* med; hos; av

***withdraw** [wið'drɔ:] *v* *trekke tilbake

***withhold** [wið'hould] *v* *holde tilbake

within [wi'ðin] *prep* innenfor; *adv* innvendig

without [wi'ðaut] *prep* uten

witness ['witnəs] *n* vitne *nt*

wits [wits] *pl* forstand *c*

witty ['witi] *adj* vittig; spirituell

wolf [wulf] *n* (pl wolves) ulv *c*

woman ['wumən] *n* (pl women) kvinne *c*

womb [wu:m] *n* livmor *c*

won [wʌn] *v* (p, pp win)

wonder ['wʌndə] *n* under *nt;* forundring *c; v* undre seg

wonderful ['wʌndəfəl] *adj* skjønn, vidunderlig; herlig

wood [wud] *n* trevirke *nt;* skog *c*

wood-carving ['wud,kɑ:viŋ] *n* treskjærerarbeid *nt*

wooded ['wudid] *adj* skogkledd

wooden ['wudən] *adj* tre-; ~ **shoe** tresko *c*

woodland ['wudlənd] *n* skogtrakt *c*

wool [wul] *n* ull *c;* **darning** ~ stoppegarn *nt*

woollen ['wulən] *adj* ull-

word [wə:d] *n* ord *nt*

wore [wɔ:] *v* (p wear)

work [wə:k] *n* arbeid *nt; v* arbeide; virke, fungere; **working day** arbeidsdag *c;* ~ **of art** kunstverk *nt;* ~ **permit** arbeidstillatelse *c*

worker ['wə:kə] *n* arbeider *c*

workman ['wə:kmən] *n* (pl -men) arbeider *c*

works [wə:ks] *pl* fabrikk *c*

workshop ['wə:kʃɔp] *n* verksted *nt*

world [wə:ld] *n* verden *c;* ~ **war** verdenskrig *c*

world-famous [,wə:ld'feiməs] *adj* verdensberømt

world-wide ['wə:ldwaid] *adj* verdensomspennende

worm [wə:m] *n* mark *c*

worn [wɔ:n] *adj* (pp wear) slitt

worn-out [,wɔ:n'aut] *adj* utslitt

worried ['wʌrid] *adj* bekymret

worry ['wʌri] *v* bekymre seg; *n* bekymring *c*

worse [wə:s] *adj* verre; *adv* verre

worship ['wə:ʃip] *v* *tilbe; *n* gudstjeneste *c*

worst [wə:st] *adj* verst; *adv* verst

worsted ['wustid] *n* kamgarn *nt*

worth [wə:θ] *n* verd *nt;* ***be** ~ *være verd; ***be worth-while** *være umaken verd

worthless ['wə:θləs] *adj* verdiløs

worthy of ['wə:ði əv] verdig

would [wud] *v* (p will)

wound¹ [wu:nd] *n* sår *nt; v* såre

wound² [waund] *v* (p, pp wind)

wrap [ræp] *v* pakke inn

wreck [rek] *n* vrak *nt; v* *ødelegge

wrench [rentʃ] *n* skrunøkkel *c;* rykk *nt; v* *vri

wrinkle ['riŋkəl] *n* rynke *c*

wrist [rist] *n* håndledd *nt*

wrist-watch ['ristwɔtʃ] *n* armbåndsur *nt*

***write** [rait] *v* *skrive; **in writing** skriftlig; ~ **down** *skrive ned

writer ['raitə] *n* forfatter *c*

writing-pad ['raitiŋpæd] *n* skriveblokk *c*

writing-paper ['raitiŋ,peipə] *n* skrive-

papir *nt*
written ['ritən] *adj* (pp write) skrift-
lig
wrong [rɔŋ] *adj* gal, uriktig; *n* urett
c; *v* *gjøre urett; *be ~ *ta feil
wrote [rout] *v* (p write)

X

Xmas ['krisməs] jul *c*
X-ray ['eksrei] *n* røntgenbilde *nt*; *v*
røntgenfotografere

Y

yacht [jɔt] *n* lystbåt *c*
yacht-club ['jɔtklʌb] *n* seilerforening
c
yachting ['jɔtiŋ] *n* seilsport *c*
yard [jɑːd] *n* gårdsplass *c*; hage *c*
yarn [jɑːn] *n* garn *nt*
yawn [jɔːn] *v* gjespe
year [jiə] *n* år *nt*
yearly ['jiəli] *adj* årlig
yeast [jiːst] *n* gjær *c*
yell [jel] *v* hyle; *n* hyl *nt*
yellow ['jelou] *adj* gul
yes [jes] ja
yesterday ['jestədi] *adv* i går
yet [jet] *adv* ennå; *conj* likevel, al-

likevel, dog
yield [jiːld] *v* yte; *vike
yoke [jouk] *n* åk *nt*
yolk [jouk] *n* eggeplomme *c*
you [juː] *pron* du; deg; De; Dem; de-
re
young [jʌŋ] *adj* ung
your [jɔː] *adj* Deres; din; dine, deres
yourself [jɔːˈself] *pron* deg; selv
yourselves [jɔːˈselvz] *pron* dere; selv
youth [juːθ] *n* ungdom *c*; ~ **hostel**
ungdomsherberge *nt*
Yugoslav [ˌjuːgəˈslɑːv] *n* jugoslav *c*
Yugoslavia [ˌjuːgəˈsluːviə] Jugoslavia

Z

zeal [ziːl] *n* iver *c*
zealous ['zeləs] *adj* ivrig
zebra ['ziːbrə] *n* sebra *c*
zenith ['zeniθ] *n* senit *nt*; høydepunkt
nt
zero ['ziərou] *n* (pl ~s) null *nt*
zest [zest] *n* lyst *c*; iver *c*
zinc [ziŋk] *n* sink *c*
zip [zip] *n* glidelås *c*; ~ **code** Am
postnummer *nt*
zipper ['zipə] *n* glidelås *c*
zodiac ['zoudiæk] *n* dyrekretsen
zone [zoun] *n* sone *c*; område
zoo [zuː] *n* (pl ~s) dyrehage *c*
zoology [zouˈblədʒi] *n* zoologi *c*

Mat

almond mandel

anchovy sardell

angel food cake sukkerbrød laget av eggehviter

angels on horseback østers rullet i baconskiver og grillstekt

appetizer snacks

apple eple

~ **charlotte** slags tilslørte bondepiker stekt i ovn

~ **dumpling** innbakt eple

~ **sauce** eplemos

apricot aprikos

Arbroath smoky røkt kolje

artichoke artisjokk

asparagus asparges

~ **tip** aspargestopp

aspic kjøtt- eller fiskekabaret

assorted blandede

bagel ringformet rundstykke

baked ovnsbakt

~ **Alaska** dessert av sukkerbrød, is og marengs som gies et kort opphold i stekeovnen og deretter flamberes

~ **beans** ovnsbakte hvite bønner i tomatsaus

~ **potato** ovnsbakt potet (med skall)

Bakewell tart mandelkake med syltetøy

baloney slags servelatpølse

banana banan

~ **split** dessert av forskjellige sorter is, banan, nøtter og frukt- eller sjokoladesaus

barbecue 1) sterkt krydret kjøttsaus servert på rundstykke 2) måltid i friluft med grillstekt mat

~ **sauce** sterkt krydret tomatsaus

barbecued grillstekt (i det fri)

basil basilikum

bass havåbor

bean bønne

beef oksekjøtt

~ **olive** okserulade

beefburger hamburger (av karbonadedeig)

beet, beetroot rødbete

bilberry blåbær

bill regning

~ **of fare** spisekart, meny

biscuit kjeks, småkake

black pudding blodpølse

blackberry bjørnebær

blackcurrant solbær

bloater lettsaltet røkesild

blood sausage blodpølse

blueberry blåbær

boiled kokt

Bologna (sausage) slags servelatpølse

bone ben

boned benfri

Boston baked beans ovnsbakte hvite bønner med baconstrimler, tomatsaus og sirup

Boston cream pie kake fylt med vaniljekrem eller pisket krem og dekket med sjokolade

brains hjerne

braised surret, stekt under lokk

bramble pudding bjørnebærkompott med epleskiver

braunschweiger røkt leverpølse

bread brød

breaded panert

breakfast frokost

breast bryst (fjærkre)

brisket bringe

broad bean hestebønne

broth kraft, buljong

brown Betty slags tilslørte bondepiker

brunch kombinert frokost og lunsj

brussels sprout rosenkål

bubble and squeak slags pytt i panne

bun 1) bolle med rosiner (GB) 2) rundstykke (US)

butter smør

buttered smurt

cabbage kål

Caesar salad grønn salat med hvitløk, brødterninger, sardeller, egg og parmesanost

cake kake, terte

cakes småkaker, bakverk

calf kalvekjøtt

Canadian bacon røkt svinefilet skåret i skiver

canapé smørbrødsnitte

cantaloupe kantalupp

caper kapers

capercaillie, capercailzie tiur

caramel karamell

carp karpe

carrot gulrot

cashew akajou-nøtt

casserole gryte (rett)

catfish steinbit

catsup ketchup

cauliflower blomkål

celery selleri

cereal cornflakes

   hot ~ grøt

check regning

Cheddar (cheese) hard, lett syrlig, engelsk ost

cheese ost

   ~ **board** osteanretning

   ~ **cake** ostekake

cheeseburger hamburger med smeltet osteskive

chef's salad grønn salat med skinke, hårdkokt egg, tomater, kylling og ost

cherry kirsebær

chestnut kastanje

chicken kylling

chicory 1) endivie (GB) 2) sikori (US)

chili con carne krydret gryterett av kjøttdeig og brune bønner

chips 1) pommes frites (GB) 2) chips, potetgull (US)

chit(ter)lings innmat av svin

chive gressløk

chocolate sjokolade

   ~ **pudding** 1) ulike typer myk sjokoladekake (GB) 2) sjokoladepudding (US)

choice utvalg

chop kotelett

   ~ **suey** gryterett av oppskåret svine- eller kyllingkjøtt og grønnsaker; serveres med ris

chopped hakket

chowder tykk fiske- og skalldyrsuppe med bacon og grønnsaker

Christmas pudding mektig frukt-kake som serveres til jul; ofte flambert

chutney sterkt krydrede, sursøte, syltede grønnsaker eller frukt

cinnamon kanel

clam sandskjell

club sandwich dobbelt smørbrød med kald kylling, bacon, salat-blader, tomat og majones

cobbler fruktkompott dekket med paideig

cock-a-leekie soup hønsesuppe med purre

coconut kokosnøtt

cod torsk

Colchester oyster engelsk østers av høy kvalitet

cold cuts/meat kjøttpålegg

coleslaw kålsalat

compote kompott

condiment krydder

consommé buljong

cooked kokt, tillaget

cookie kjeks, småkake

corn 1) hvete, havre (GB) 2) mais (US)
~ **on the cob** maiskolbe

cottage pie ovnsstekt kjøttfarse dekket med potetmos

course (mat)rett

cover charge kuvertavgift

crab krabbe

cracker smørbrødkjeks

cranberry tyttebær
~ **sauce** tyttebærsyltetøy

crawfish 1) langust (GB) 2) sjø-kreps (US)

crayfish kreps

cream 1) fløte, krem 2) fromasj 3) fin suppe
~ **cheese** kremost
~ **puff** vannbakkels med krem

creamed potatoes poteter i krem-saus

creole sterk saus av tomater, pap-rika og løk

cress karse

crisps chips, potetgull

croquette krokett

crumpet slags tebrød som spises varmt med smør

cucumber slangeagurk

Cumberland sauce saus av rips-gelé tilsatt vin, appelsinjuice og krydder

cupcake småkake

cured spekt, i speke

currant 1) korint 2) rips

curried med karri

curry karri

custard 1) vaniljesaus 2) egge-krem

cutlet liten kjøttskive (med eller uten ben)

dab sandflyndre

Danish pastry wienerbrød

date daddel

Derby cheese skarp, gul ost

devilled meget sterkt krydret

devil's food cake myk og mektig sjokoladekake

devils on horseback plommer kokt i vin og fylt med mandler og sardeller, rullet i bacon og grillet

Devonshire cream tykk fløte

diced skåret i terninger

diet food diettmat

dinner middag

dish rett

donut smultring

double cream tykk kremfløte

doughnut smultring

Dover sole sjøtunge (av høy kva-litet)

dressing 1) salatdressing 2) fyll i fjærkre

Dublin Bay prawn sjøkreps
duck and
duckling andunge
dumpling 1) innbakt frukt 2) suppebolle, kumle
Dutch apple pie eplepai dekket med melis og smør
éclair vannbakkels
eel ål
egg(s) egg
 boiled ~ kokt
 fried ~ speilegg
 hard-boiled ~ hårdkokt
 poached ~ forlorent
 scrambled ~ eggerøre
 soft-boiled ~ bløtkokt
eggplant aubergine
endive 1) sikori (GB) 2) endivie (US)
entrée 1) forrett 2) mellomrett
fennel fennikel
fig fiken
fillet filet
finnan haddock røkt kolje
fish fisk
 ~ **and chips** frityrstekt fisk og pommes frites
 ~ **cake** fiskekrokett
flan fruktterte
flapjack liten, tykk pannekake
flounder flyndre
fool slags fruktfromasj
forcemeat kjøttfarse, fyll
fowl fjærkre
frankfurter frankfurterpølse
French bean grønn bønne, snittebønne
French bread pariserloff
French dressing 1) salatdressing av olje og vineddik (GB) 2) salatdressing med majones og ketchup (US)
french fries franske poteter, pommes frites

French toast arme riddere
fresh fersk
fried stekt (i olje)
fritter innbakte og friterte biter av kjøtt, skalldyr eller frukt
frogs' legs froskelår
frosting glasur
fruit frukt
fry frityrstekt mat
galantine stykker av fugle-, kalve- eller fiskekjøtt i aspik
game vilt
gammon røke- eller spekeskinke
garfish horngjel
garlic hvitløk
garnish garnityr, pynt
gherkin sylteagurk
giblets innmat av fugl, krås
ginger ingefær
goose gås
 ~ **berry** stikkelsbær
grape drue
grated revet
gravy saus av kjøttkraft
grayling harr (laksefisk)
green bean grønn bønne, brekk-bønne
green pepper grønn paprika
green salad grønn salat
greens grønnsaker
grilled grillstekt, griljert
grilse liten sommerlaks
grouse rype
gumbo kreolsk rett med kjøtt, grønnsaker, fisk eller skalldyr og *okra*-skudd
haddock kolje
haggis hakket innmat av får, blandet med havregryn og løk
hake lysing
half halv, halvparten
halibut hellefisk
ham skinke
 ~ **and eggs** skinke og egg

haricot bean grønn eller gul bønne
hash rett av finskåret kjøtt
hazelnut hasselnøtt
heart hjerte
herbs krydderurter
herring sild
home-made hjemmelaget
hominy grits slags maisgrøt
honey honning
honeydew melon melon med gul-grønt kjøtt
horse-radish pepperrot
hot 1) varm(t) 2) sterkt krydret
huckleberry blåbær
hush puppy bakverk av maismel
ice-cream iskrem
iced 1) isavkjølt 2) med glasur
icing glasur
Idaho baked potato stor ovnsbakt potet
Irish stew lammeragu med poteter og løk
Italian dressing salatdressing av olje, vineddik, hvitløk og krydderurter
jam syltetøy
jellied i gelé
Jell-O gelédessert
jelly gelé
Jerusalem artichoke jordskokk
John Dory sanktpetersfisk
jugged hare hareragu
juniper berry einebær
junket kalvedans
kale grønnkål
kedgeree slags plukkfisk med ris og hårdkokt egg
kidney nyre
kipper røkesild
lamb lam
Lancashire hot pot gryterett av lammekoteletter og -nyrer, poteter og løk

larded spekket
lean mager
leek purre
leg lår
lemon sitron
 ~ **sole** sandflyndre
lentil linse
lettuce hodesalat
lima bean slags hestebønne
lime slags grønn sitron
liver lever
loaf brød
lobster hummer
loin 1) kotelettrad (svin) 2) nyre-stykke (kalv)
Long Island duck and av høy kva-litet
low calorie kalorifattig
lox røkelaks
lunch lunsj
macaroon makron
mackerel makrell
maize mais
maple syrup lønnesirup
marinated marinert, nedlagt
marjoram merian
marrow marg
 ~ **bone** margben
marshmallow søtsak av maissirup, sukker, eggehvite og gelatin
mashed potatoes potetstappe
mayonnaise majones
meal måltid
meat kjøtt
 ~ **ball** kjøttbolle
 ~ **loaf** forloren hare, slags kjøttpudding
 ~ **pâté** kjøttpostei
medium medium stekt (om biff)
melted smeltet
Melton Mowbray pie kjøttpai
menu spisekart, meny
meringue marengs
mince 1) hakkekjøtt 2) finhakke

140

~ **pie** pai med eplebiter, rosi-
ner, sukat og krydder
minced hakket
~ **meat** hakkekjøtt
mint mynte
minute steak raskt stekt, tynn biff
mixed blandet
~ **grill** forskjellige sorter kjøtt
og grønnsaker grillstekt på
spidd
molasses sirup
morel morkel
mousse 1) fin farse av fugl, skinke
eller fisk 2) fromasj
mulberry morbær
mullet multe (fisk)
mulligatawny soup hønsesuppe
sterkt krydret med karri
mushroom sopp
muskmelon slags melon
mussel blåskjell
mustard sennep
mutton fårekjøtt
noodles nudler
nut nøtt
oatmeal havregrøt
oil olje
okra abelmoskus (afrikansk
grønnsak)
olive oliven
onion løk
orange appelsin
ox tongue oksetunge
oxtail oksehale
oyster østers
pancake tykk pannekake
parsley persille
parsnip pastinakk
partridge rapphøne
pastry (konditor)kake
pasty postei, pai
pea ert
peach fersken
peanut peanøtt, jordnøtt

~ **butter** peanøttsmør
pear pære
pearl barley perlegryn
peppermint peppermynte
perch åbor
persimmon daddelplomme, kaki-
plomme
pheasant fasan
pickerel ung gjedde
pickled marinert
pickles 1) grønnsaker eller frukt
nedlagt i saltlake eller eddik
2) sylteagurker (US)
pie pai, ofte dekket med et
deiglokk
pigeon due
pigs' feet/trotters griselabber
pike gjedde
pineapple ananas
plaice rødspette
plain naturell, uten saus eller
krydder
plate tallerken
plum plomme
~ **pudding** flambert fruktkake
som serveres i julen
poached porchert
popover lett, luftig småkake
pork svinekjøtt
porridge grøt
porterhouse steak tykk biff av
filetkammen
pot roast grytestek med grønn-
saker
potato potet
~ **chips** 1) pommes frites (GB)
2) potetgull (US)
~ **in its jacket** kokt potet med
skall
potted shrimps reker nedlagt i
kryddersmør; serveres kaldt
poultry fjærkre
prawn stor reke
prune sviske

141

ptarmigan fjellrype
pumpkin gresskar
quail vaktel
quince kvede
rabbit kanin
radish reddik
rainbow trout regnbueørret
raisin rosin
rare råstekt (om biff)
raspberry bringebær
raw rå
red mullet rødmulle
red (sweet) pepper rød paprika
redcurrant rips
relish slags tykk kald kryddersaus
  med hakkede grønnsaker og
  olivener
rhubarb rabarbra
rib (of beef) oksekamstek
rib-eye steak entrecôte (biff)
rice ris
rissole krokett av kjøtt- eller fiske-
  postei
river trout bekkørret
roast 1) stek 2) stekt
Rock Cornish hen broiler
roe rogn
roll rundstykke
rollmop herring sammenrullet
  marinert sildefilet med løk eller
  sylteagurker
round steak lårstek
Rubens sandwich sprengt okse-
  kjøtt på rugbrød med gjæret
  surkål, ost og salatdressing;
  serveres varmt
rusk kavring
rye bread rugbrød
saddle sadel
saffron safran
sage salvie
salad salat
  ~ bar salat- og grønnsakbuffet
  ~ cream lett sukret, kremaktig

salatdressing
salmon laks
  ~ trout ørret, aure
salted saltet
sandwich dobbelt smørbrød
sauce saus
sauerkraut gjæret surkål
sausage pølse
sautéed lettstekt i smør eller olje
scallop kammusling
scampi sjøkrepshale
scone rundstykke av havre- eller
  byggmel
Scotch broth suppe av okse- eller
  fårekjøtt, grønnsaker og perle-
  gryn
Scotch egg hårdkokt egg dekket
  med pølsefarse og stekt
Scotch woodcock ristet brød med
  eggerøre og ansjos(postei)
sea bass havåbor
sea bream dorade (fisk)
sea kale strandkål
seafood fisk og skalldyr
(in) season (i) sesong(en)
seasoning krydder
service charge serviceavgift
service (not) included service
  (ikke) inkludert
set menu fast meny
shad stamsild
shallot sjalottløk
shellfish skalldyr
sherbet sorbett (is)
shoulder bog
shredded finstrimlet
  ~ wheat hvetecornflakes
shrimp reke
silverside (of beef) lårtunge av
  okse
sirloin steak mørbradstek
skewer spidd
slice skive
sliced skåret i skiver

sloppy Joe kjøttfarse med tomat; serveres på brød
smelt krøkle (laksefisk)
smoked røkt
sole sjøtunge
soup suppe
sour sur
soused herring nedlagt sild, sursild
spare-rib grillstekt svineribbe
spice krydder
spinach spinat
spiny lobster langust
(on a) spit (på) spidd
sponge cake sukkerbrød
sprat brisling
squash slags gresskar
starter forrett
steak-and-kidney pie paiskjell fylt med kjøtt- og nyrestuing
steamed dampkokt
stew stuing, ragu
Stilton (cheese) slags bløt normannaost
strawberry jordbær
string bean grønn bønne, snittebønne
stuffed fylt, spekket
stuffing fyll, farse
suck(l)ing pig pattegris
sugar sukker
sugarless usukret
sundae iskrem med frukt, nøtter, pisket krem og fruktsauser
supper sen middag
swede kålrabi
sweet 1) søt 2) dessert
  ~ **corn** mais
  ~ **potato** søtpotet
sweetbread brissel
Swiss cheese sveitserost
Swiss roll swissroll, rullekake
Swiss steak skive av oksekjøtt surret med tomat og løk

T-bone steak T-benstek
table d'hôte fast meny
tangerine slags mandarin
tarragon estragon
tart terte
tenderloin filet
Thousand Island dressing salatdressing laget av majones og chilisaus og hakket paprika
thyme timian
toad-in-the-hole biter av oksekjøtt eller pølse dekket med pannekakerøre og stekt i ovn
toast ristet loff
toasted ristet
  ~ **cheese** ristet ostesmørbrød
  ~ **(cheese) sandwich** ristet dobbelt smørbrød med skinke og ost
tomato tomat
tongue tunge
treacle sirup
trifle sukkerbrød med syltetøy dekket med knuste mandelmakroner; serveres med pisket krem og vaniljekrem
tripe kalun (innmat)
trout ørret
truffle trøffel
tuna, tunny tunfisk
turbot piggvar
turkey kalkun
turnip turnips; nepe
turnover liten terte med syltetøy- eller fruktfyll
turtle soup skilpaddesuppe
underdone råstekt (om biff)
vanilla vanilje
veal kalvekjøtt
  ~ **birds** benløse fugler (av kalvekjøtt)
  ~ **cutlet** kalveschnitzel
vegetable grønnsak
  ~ **marrow** slags lite gresskar

0,95 liter)
root beer alkoholfri leskedrikk
rum rom
rye (whiskey) amerikansk whisky
  laget av rug; tyngre og sterkere
  smak enn *bourbon*
scotch (whisky) skotsk whisky
screwdriver cocktail av vodka og
  appelsinjuice
shandy bittert øl blandet med
  ingefærøl eller brus
short drink dram
shot dram
sloe gin-fizz plommelikør med
  soda, sitronsaft og sukker
soda water sodavann
soft drink brus, leskedrikk
sour 1) sur 2) om drink tilsatt

sitronsaft
spirits brennevin
stinger cocktail av konjakk og
  peppermyntelikør
stout sterkt, mørkt engelsk øl
straight ublandet (rent brenne-
  vin)
sweet søt
tea te
Tom Collins cocktail av gin, soda,
  sitronsaft og sukker
water vann
whisky sour cocktail av whisky,
  soda, sitronsaft og sukker
wine vin
  red ~ rød
  sparkling ~ musserende
  white ~ hvit

Uregelmessige engelske verb

Her er en liste over uregelmessige engelske verb. Sammensatte verb, eller verb som har prefiks, bøyes etter samme mønster som det enkle verbet; eks.: *overdrive* bøyes som *drive, mistake* som *take*.

Infinitiv	Imperfektum	Perfektum partisipp	
arise	arose	arisen	*stå opp*
awake	awoke	awoken/awaked	*vekke; våkne*
be	was	been	*være*
bear	bore	borne	*bære*
beat	beat	beaten	*slå*
become	became	become	*bli*
begin	began	begun	*begynne*
bend	bent	bent	*bøye*
bet	bet	bet	*vedde*
bid	bade/bid	bidden/bid	*by (befale)*
bind	bound	bound	*binde*
bite	bit	bitten	*bite*
bleed	bled	bled	*blø*
blow	blew	blown	*blåse*
break	broke	broken	*brekke*
breed	bred	bred	*ale opp*
bring	brought	brought	*bringe*
build	built	built	*bygge*
burn	burnt/burned	burnt/burned	*brenne*
burst	burst	burst	*briste*
buy	bought	bought	*kjøpe*
can*	could	–	*kunne*
cast	cast	cast	*kaste*
catch	caught	caught	*gripe*
choose	chose	chosen	*velge*
cling	clung	clung	*klamre seg til*
clothe	clothed/clad	clothed/clad	*kle på*
come	came	come	*komme*
cost	cost	cost	*koste*
creep	crept	crept	*krype*
cut	cut	cut	*skjære*
deal	dealt	dealt	*handle*
dig	dug	dug	*grave*
do (he does*)	did	done	*gjøre*
draw	drew	drawn	*trekke*
dream	dreamt/dreamed	dreamt/dreamed	*drømme*
drink	drank	drunk	*drikke*
drive	drove	driven	*kjøre*
dwell	dwelt	dwelt	*bo*
eat	ate	eaten	*spise*
fall	fell	fallen	*falle*

* presens indikativ

feed	fed	fed	*fôre*
feel	felt	felt	*føle*
fight	fought	fought	*slåss*
find	found	found	*finne*
flee	fled	fled	*flykte*
fling	flung	flung	*kaste*
fly	flew	flown	*fly*
forsake	forsook	forsaken	*svikte*
freeze	froze	frozen	*fryse*
get	got	got	*få*
give	gave	given	*gi*
go (he goes*)	went	gone	*gå*
grind	ground	ground	*male, knuse*
grow	grew	grown	*gro*
hang	hung	hung	*henge*
have (he has*)	had	had	*ha*
hear	heard	heard	*høre*
hew	hewed	hewed/hewn	*hugge*
hide	hid	hidden	*gjemme*
hit	hit	hit	*slå*
hold	held	held	*holde*
hurt	hurt	hurt	*såre*
keep	kept	kept	*beholde*
kneel	knelt	knelt	*knele*
knit	knitted/knit	knitted/knit	*strikke*
know	knew	known	*vite*
lay	laid	laid	*legge*
lead	led	led	*lede*
lean	leant/leaned	leant/leaned	*lene*
leap	leapt/leaped	leapt/leaped	*hoppe*
learn	learnt/learned	learnt/learned	*lære*
leave	left	left	*forlate*
lend	lent	lent	*låne (ut)*
let	let	let	*la; leie ut*
lie	lay	lain	*ligge*
light	lit/lighted	lit/lighted	*tenne*
lose	lost	lost	*miste*
make	made	made	*lage*
may*	might	–	*kunne (få lov)*
mean	meant	meant	*mene*
meet	met	met	*møte*
mow*	mowed	mowed/mown	*slå (gress)*
must*	must	–	*måtte*
ought* (to)	ought	–	*burde*
pay	paid	paid	*betale*
put	put	put	*legge*
read	read	read	*lese*
rid	rid	rid	*befri*
ride	rode	ridden	*ride*

---

* presens indikativ

ring	rang	rung	*ringe*
rise	rose	risen	*reise seg*
run	ran	run	*løpe*
saw	sawed	sawn	*sage*
say	said	said	*si*
see	saw	seen	*se*
seek	sought	sought	*søke*
sell	sold	sold	*selge*
send	sent	sent	*sende*
set	set	set	*sette*
sew	sewed	sewed/sewn	*sy*
shake	shook	shaken	*riste*
shall *	should	–	*skulle*
shed	shed	shed	*felle*
shine	shone	shone	*skinne*
shoot	shot	shot	*skyte*
show	showed	shown	*vise*
shrink	shrank	shrunk	*krympe*
shut	shut	shut	*lukke*
sing	sang	sung	*synge*
sink	sank	sunk	*synke*
sit	sat	sat	*sitte*
sleep	slept	slept	*sove*
slide	slid	slid	*gli*
sling	slung	slung	*kaste*
slink	slunk	slunk	*luske*
slit	slit	slit	*flenge*
smell	smelled/smelt	smelled/smelt	*lukte*
sow	sowed	sown/sowed	*så*
speak	spoke	spoken	*snakke*
speed	sped/speeded	sped/speeded	*haste*
spell	spelt/spelled	spelt/spelled	*stave*
spend	spent	spent	*gi ut; tilbringe*
spill	spilt/spilled	spilt/spilled	*søle, spille*
spin	spun	spun	*spinne*
spit	spat	spat	*spytte*
split	split	split	*splitte*
spoil	spoilt/spoiled	spoilt/spoiled	*ødelegge; skjemme bort*
spread	spread	spread	*spre*
spring	sprang	sprung	*hoppe opp*
stand	stood	stood	*stå*
steal	stole	stolen	*stjele*
stick	stuck	stuck	*klebe*
sting	stung	stung	*stikke*
stink	stank/stunk	stunk	*stinke*
strew	strewed	strewed/strewn	*strø*
stride	strode	stridden	*skride*
strike	struck	struck/stricken	*slå*

---

* presens indikativ

string	strung	strung	*tre på snor*
strive	strove	striven	*streve*
swear	swore	sworn	*banne; sverge*
sweep	swept	swept	*feie*
swell	swelled	swollen/swelled	*hovne*
swim	swam	swum	*svømme*
swing	swung	swung	*svinge*
take	took	taken	*ta*
teach	taught	taught	*undervise*
tear	tore	torn	*rive*
tell	told	told	*fortelle*
think	thought	thought	*tenke*
throw	threw	thrown	*kaste*
thrust	thrust	thrust	*støte*
tread	trod	trodden	*trå*
wake	woke/waked	woken/waked	*våkne; vekke*
wear	wore	worn	*ha på seg*
weave	wove	woven	*veve*
weep	wept	wept	*gråte*
will *	would	—	*ville*
win	won	won	*vinne*
wind	wound	wound	*sno*
wring	wrung	wrung	*vri*
write	wrote	written	*skrive*

* presens indikativ

Engelske forkortelser

AA	*Automobile Association*	en britisk automobilforening
AAA	*American Automobile Association*	en amerikansk automobilforening
ABC	*American Broadcasting Company*	et privat amerikansk radio- og fjernsynsselskap
A.D.	*anno Domini*	e.Kr.
Am.	*America; American*	Amerika; amerikansk
a.m.	*ante meridiem (before noon)*	mellom kl. 00.00 og 12.00
Amtrak	*American railroad corporation*	sammenslutning av private amerikanske jernbane- selskaper
AT & T	*American Telephone and Telegraph Company*	et privat amerikansk telefon- og telegrafkompani
Ave.	*avenue*	aveny
B.C.	*before Christ*	f.Kr.
bldg.	*building*	bygning
Blvd.	*boulevard*	boulevard
B.R.	*British Rail*	Britiske statsbaner
Brit.	*Britain; British*	Storbritannia; britisk
Bros.	*brothers*	brødrene (i firmanavn)
¢	*cent*	1/100 dollar
Can.	*Canada; Canadian*	Canada; kanadisk
CBS	*Columbia Broadcasting System*	et privat amerikansk radio- og fjernsynsselskap
CID	*Criminal Investigation Department*	Det britiske kriminalpoliti
CNR	*Canadian National Railway*	Kanadiske statsbaner
c/o	*(in) care of*	adressert
Co.	*company*	kompani
Corp.	*corporation*	samvirkelag
CPR	*Canadian Pacific Railways*	et privat kanadisk jernbaneselskap
D.C.	*District of Columbia*	Columbia-distriktet (Washington, D.C.)
DDS	*Doctor of Dental Science*	tannlege
dept.	*department*	departement
EEC	*European Economic Community*	EEC
e.g.	*for instance*	f.eks.

Eng.	*England; English*	England; engelsk
excl.	*excluding; exclusive*	ikke inkludert, eksklusiv
ft.	*foot/feet*	fot (30,5 cm)
GB	*Great Britain*	Storbritannia
H.E.	*His/Her Excellency;*	Hans/Hennes Eksellense;
	His Eminence	Hans Eminense
		(om kardinaler, etc.)
H.H.	*His Holiness*	Hans Hellighet
H.M.	*His/Her Majesty*	Hans/Hennes Majestet
H.M.S.	*Her Majesty's ship*	britisk marineskip
hp	*horsepower*	hestekraft
Hwy	*highway*	hovedvei
i.e.	*that is to say*	dvs.
in.	*inch*	tommc (2,54 cm)
Inc.	*incorporated*	A/S
incl.	*including, inclusive*	inkludert, inklusiv
£	*pound sterling*	engelsk pund
L.A.	*Los Angeles*	Los Angeles
Ltd.	*limited*	A/S
M.D.	*Doctor of Medicine*	lege
M.P.	*Member of Parliament*	medlem av Det britiske
		parlament
mph	*miles per hour*	eng. mil i timen
Mr.	*Mister*	herr
Mrs.	*Missis*	fru
Ms.	*Missis/Miss*	fru/frk.
nat.	*national*	nasjonal
NBC	*National Broadcasting*	et privat amerikansk radio- og
	Company	fjernsynsselskap
No,	*number*	nr
N.Y.C.	*New York City*	byen New York
O.B.E.	*Officer (of the Order)*	ridder av Den britiske
	of the British Empire	imperieorden
p.	*page; penny/pence*	side; 1/100 pund
p.a.	*per annum*	pr. år
Ph.D.	*Doctor of Philosophy*	dr. philos.
p.m.	*post meridiem*	mellom kl. 12.00 og 24.00
	(after noon)	
PO	*Post Office*	postkontor
POO	*post office order*	postanvisning
pop.	*population*	befolkning, innbyggere
P.T.O.	*please turn over*	vennligst bla om
RAC	*Royal Automobile Club*	Den kongelige engelske
		automobilforening

RCMP	*Royal Canadian Mounted Police*	Det kongelige kanadiske ridende politi
Rd.	*road*	vei, veg
ref.	*reference*	referanse
Rev.	*reverend*	pastor
RFD	*rural free delivery*	postboks (på landsbygda)
RR	*railroad*	jernbane
RSVP	*please reply*	vennligst svar
$	*dollar*	dollar
Soc.	*society*	selskap
St.	*saint ; street*	sankt ; gate
STD	*Subscriber Trunk Dialling*	automattelefon
UN	*United Nations*	FN
UPS	*United Parcel Service*	et privat firma som foretar pakkeforsendelser
US	*United States*	USA
USS	*United States Ship*	amerikansk marineskip
VAT	*value added tax*	meromsetningsskatt
VIP	*very important person*	betydningsfull person
Xmas	*Christmas*	jul
yd.	*yard*	yard (91,44 cm)
YMCA	*Young Men's Christian Association*	KFUM
YWCA	*Young Women's Christian Association*	KFUK
ZIP	*ZIP code*	postnummer

Tall

Grunntall		Ordenstall	
0	zero	1st	first
1	one	2nd	second
2	two	3rd	third
3	three	4th	fourth
4	four	5th	fifth
5	five	6th	sixth
6	six	7th	seventh
7	seven	8th	eighth
8	eight	9th	ninth
9	nine	10th	tenth
10	ten	11th	eleventh
11	eleven	12th	twelfth
12	twelve	13th	thirteenth
13	thirteen	14th	fourteenth
14	fourteen	15th	fifteenth
15	fifteen	16th	sixteenth
16	sixteen	17th	seventeenth
17	seventeen	18th	eighteenth
18	eighteen	19th	nineteenth
19	nineteen	20th	twentieth
20	twenty	21st	twenty-first
21	twenty-one	22nd	twenty-second
22	twenty-two	23rd	twenty-third
23	twenty-three	24th	twenty-fourth
24	twenty-four	25th	twenty-fifth
25	twenty-five	26th	twenty-sixth
30	thirty	27th	twenty-seventh
40	forty	28th	twenty-eighth
50	fifty	29th	twenty-ninth
60	sixty	30th	thirtieth
70	seventy	40th	fortieth
80	eighty	50th	fiftieth
90	ninety	60th	sixtieth
100	a/one hundred	70th	seventieth
230	two hundred and thirty	80th	eightieth
1,000	a/one thousand	90th	ninetieth
10,000	ten thousand	100th	hundredth
100,000	a/one hundred thousand	230th	two hundred and thirtieth
1,000,000	a/one million	1,000th	thousandth

Klokken

Både engelskmennene og amerikanerne anvender uttrykkene *a.m. (ante meridiem)* om tiden etter midnatt frem til kl. 12, og *p.m. (post meridiem)* om tiden etter kl. 12 frem til midnatt. I England går man imidlertid mer og mer over til å bruke 24-timerssystemet.

Eksempler:

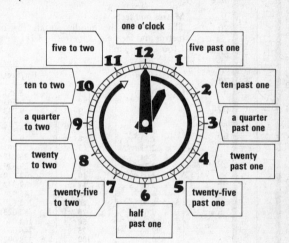

I'll come at seven a.m.	Jeg kommer kl. 7 om morgenen.
I'll come at two p.m.	Jeg kommer kl. 2 om etter-middagen.
I'll come at eight p.m.	Jeg kommer kl. 8 om kvelden.

Dagene

Sunday	søndag	*Thursday*	torsdag
Monday	mandag	*Friday*	fredag
Tuesday	tirsdag	*Saturday*	lørdag
Wednesday	onsdag		

Conversion tables/ Omregningstabeller

Meter og fot
Tallene i midten gjelder både for meter og fot, dvs. 1 meter = 3,281 fot, og 1 fot = 0,30 meter.

Metres and feet
The figure in the middle stands for both metres and feet, e.g. 1 metre = 3.281 ft. and 1 foot = 0.30 m.

Meter/Metres		Fot/Feet
0.30	1	3.281
0.61	2	6.563
0.91	3	9.843
1.22	4	13.124
1.52	5	16.403
1.83	6	19.686
2.13	7	22.967
2.44	8	26.248
2.74	9	29.529
3.05	10	32.810
3.66	12	39.372
4.27	14	45.934
6.10	20	65.620
7.62	25	82.023
15.24	50	164.046
22.86	75	246.069
30.48	100	328.092

Temperatur
For å regne om fra celsius- til fahrenheitgrader, ganger en med 1,8 og legger til 32.
Omvendt – for å regne om fra fahrenheit- til celsiusgrader – trekker en fra 32 og deler med 1,8.

Temperature
To convert Centigrade to Fahrenheit, multiply by 1.8 and add 32.
To convert Fahrenheit to Centigrade, subtract 32 from Fahrenheit and divide by 1.8.

Noen vanlige uttrykk

Some Basic Phrases

Vennligst.	Please.
Mange takk.	Thank you very much.
Ingen årsak.	Don't mention it.
God morgen.	Good morning.
God dag *(ettermiddag)*.	Good afternoon.
God kveld.	Good evening.
God natt.	Good night.
Adjø.	Good-bye.
På gjensyn.	See you later.
Hvor er…?	Where is/Where are…?
Hva heter (kalles) dette?	What do you call this?
Hva betyr det?	What does that mean?
Snakker De engelsk?	Do you speak English?
Snakker De tysk?	Do you speak German?
Snakker De fransk?	Do you speak French?
Snakker De spansk?	Do you speak Spanish?
Snakker De italiensk?	Do you speak Italian?
Kunne De snakke litt langsommere?	Could you speak more slowly, please?
Jeg forstår ikke.	I don't understand.
Kan jeg få…?	Can I have…?
Kan De vise meg…?	Can you show me…?
Kan De si meg…?	Can you tell me…?
Kan De være så vennlig å hjelpe meg?	Can you help me, please?
Jeg vil gjerne ha…	I'd like…
Vi ville gjerne ha…	We'd like…
Vennligst, gi meg…	Please give me…
Vennligst, hent…til meg.	Please bring me…
Jeg er sulten.	I'm hungry.
Jeg er tørst.	I'm thirsty.
Jeg har gått meg vill.	I'm lost.
Skynd Dem!	Hurry up!

Det finnes…	There is/There are…
Det finnes ikke…	There isn't/There aren't…

Ankomst | ## Arrival

Passet, takk.	Your passport, please.
Har De noe å fortolle?	Have you anything to declare?
Nei, ingenting.	No, nothing at all.
Kan De hjelpe meg med bagasjen?	Can you help me with my luggage, please?
Hvor tar man bussen til sentrum?	Where's the bus to the centre of town, please?
Denne vei.	This way, please.
Hvor kan jeg få tak i en drosje?	Where can I get a taxi?
Hva koster det til…?	What's the fare to…?
Vennligst, kjør meg til denne adressen.	Take me to this address, please.
Jeg har det travelt.	I'm in a hurry.

Hotell | ## Hotel

Mitt navn er…	My name is…
Har De bestilt?	Have you a reservation?
Jeg vil gjerne ha et rom med bad.	I'd like a room with a bath.
Hva koster det for en natt?	What's the price per night?
Kan jeg få se rommet?	May I see the room?
Hvilket værelsesnummer har jeg?	What's my room number, please?
Her er ikke noe varmt vann.	There's no hot water.
Kan jeg få snakke med direktøren?	May I see the manager, please?
Har det vært noen telefon til meg?	Did anyone telephone me?
Er det noe post til meg?	Is there any mail for me?
Kan jeg få regningen, takk.	May I have my bill (check), please?

Restaurant | ## Eating out

Har De en fast meny?	Do you have a fixed-price menu?
Kan jeg få se spisekartet?	May I see the menu?

Kan vi få et askebeger, takk?	May we have an ashtray, please?
Hvor er toalettet?	Where's the toilet, please?
Jeg vil gjerne ha en forrett.	I'd like an hors d'œuvre (starter).
Har De suppe?	Have you any soup?
Jeg vil gjerne ha fisk.	I'd like some fish.
Hva slags fisk har dere?	What kind of fish do you have?
Jeg vil gjerne ha en biff.	I'd like a steak.
Hvilke grønnsaker har dere?	What vegetables have you got?
Takk, jeg er forsynt.	Nothing more, thanks.
Hva vil De ha å drikke?	What would you like to drink?
Jeg vil gjerne ha en øl, takk.	I'll have a beer, please.
Jeg vil gjerne ha en flaske vin.	I'd like a bottle of wine.
Regningen, takk!	May I have the bill (check), please?
Er service inkludert?	Is service included?
Takk. Det smakte utmerket.	Thank you, that was a very good meal.

På reise / Travelling

Hvor er jernbanestasjonen?	Where's the railway station, please?
Unnskyld, kan De si meg hvor billettluken er?	Where's the ticket office, please?
Jeg vil gjerne ha en billett til...	I'd like a ticket to...
Første eller annen klasse?	First or second class?
Første, takk.	First class, please.
Enkeltbillett eller tur-retur?	Single or return (one way or roundtrip)?
Må jeg bytte tog?	Do I have to change trains?
Fra hvilken plattform går toget til...?	What platform does the train for... leave from?
Hvor er nærmeste undergrunnsstasjon?	Where's the nearest underground (subway) station?
Hvor er buss-stasjonen?	Where's the bus station, please?
Når går den første bussen til...?	When's the first bus to...?
Vil De slippe meg av på neste holdeplass?	Please let me off at the next stop.

Fornøyelser

Hva går på kino?

Når begynner filmen?

Er det noen billetter igjen til i kveld?

Hvor kan vi gå for å danse?

Relaxing

What's on at the cinema (movies)?

What time does the film begin?

Are there any tickets for tonight?

Where can we go dancing?

Bekjentskap

God dag.

Hvordan står det til?

Bare bra, takk. Og med Dem?

Kan jeg få presentere...?

Mitt navn er...

Gleder meg (å treffe Dem).

Hvor lenge har De vært her?

Det var hyggelig å treffe Dem.

Har De noe imot at jeg røyker?

Unnskyld, kan De gi meg fyr på sigaretten?

Kan jeg by Dem på en drink?

Vil De spise middag med meg i kveld?

Hvor skal vi møtes?

Meeting people

How do you do.

How are you?

Very well, thank you. And you?

May I introduce...?

My name is...

I'm very pleased to meet you.

How long have you been here?

It was nice meeting you.

Do you mind if I smoke?

Do you have a light, please?

May I get you a drink?

May I invite you for dinner tonight?

Where shall we meet?

Forretninger, varehus, etc.

Unnskyld, hvor er nærmeste bank?

Hvor kan jeg innløse reisesjekker?

Kan De gi meg litt vekslepenger?

Hvor er nærmeste apotek?

Hvordan kommer jeg dit?

Er det langt å gå dit?

Shops, stores and services

Where's the nearest bank, please?

Where can I cash some travellers' cheques?

Can you give me some small change, please?

Where's the nearest chemist's (pharmacy)?

How do I get there?

Is it within walking distance?

Kan De være så vennlig å hjelpe meg? — Can you help me, please?

Hvor mye koster dette? Og det? — How much is this? And that?

Det er ikke akkurat hva jeg vil ha. — It's not quite what I want.

Jeg liker det. — I like it.

Kan De anbefale noe for solforbrenning? — Can you recommend something for sunburn?

Jeg vil gjerne ha håret klippet. — I'd like a haircut, please.

Jeg vil gjerne ha en manikyr. — I'd like a manicure, please.

Vi spør om veien — Street directions

Kan De vise meg på dette kartet hvor jeg er? — Can you show me on the map where I am?

De er på feil vei. — You are on the wrong road.

Kjør/Gå rett frem. — Go/Walk straight ahead.

Det er på venstre/på høyre side. — It's on the left/on the right.

Ulykker — Emergencies

Tilkall en lege – fort. — Call a doctor quickly.

Ring etter en sykebil. — Call an ambulance.

Tilkall politiet. — Please call the police.

norwegian-english

norsk-engelsk

Abbreviations

adj	adjective	*pl*	plural
adv	adverb	*plAm*	plural (American)
Am	American		
art	article	*pp*	past participle
c	common gender	*pr*	present tense
conj	conjunction	*pref*	prefix
n	noun	*prep*	preposition
nAm	noun (American)	*pron*	pronoun
nt	neuter	*suf*	suffix
num	numeral	*v*	verb
p	past tense	*vAm*	verb (American)

Introduction

This dictionary has been designed to take account of your practical needs. Unnecessary linguistic information has been avoided. The entries are listed in alphabetical order, regardless of whether the entry is printed in a single word or in two or more separate words. As the only exception to this rule, a few idiomatic expressions are listed alphabetically as main entries by the most significant word of the expression. When an entry is followed by sub-entries, such as expressions and locutions, these are also listed in alphabetical order[1].

Each main-entry word is followed by a phonetic transcription (see guide to pronunciation). Following the transcription, the part of speech of the entry word is indicated, whenever applicable. If an entry word is used as more than one part of speech, the translations are grouped together after the respective part of speech.

In the regular indefinite plural, both common and neuter nouns take an *-(e)r* ending. Exceptions: common nouns ending in *-er* take ~e (e.g.: arbeider, pl arbeidere), and monosyllabic neuter nouns remain unchanged (e.g.: barn, pl barn).

All irregular plural forms of nouns not conforming to these rules are given in brackets after the part of speech.

Whenever an entry word is repeated in irregular forms or sub-entries, a tilde (~) is used to represent the full word. In plurals of long words, only the part that changes is written out fully, whereas the unchanged part is represented by a hyphen (-).

Entry word: mus *c* (pl ~)   Plural: mus
   vidunder *nt* (pl ~, ~e)   vidunder, vidundere
   antibiotikum *nt* (pl -ka)   antibiotika

An asterisk (*) in front of a verb indicates that it is irregular. For more detail, refer to the list of irregular verbs.

---
[1] Note that the Norwegian alphabet comprises 29 letters; æ, ø and å are considered independent characters and come after *z*, in that order.

Guide to Pronunciation

Each main entry in this part of the dictionary is followed by a phonetic transcription which shows you how to pronounce the words. This transcription should be read as if it were English. It is based on Standard British pronunciation, though we have tried to take account of General American pronunciation also. Below, only those letters and symbols are explained which we consider likely to be ambiguous or not immediately understood.

The syllables are separated by hyphens, and stressed syllables are printed in *italics*.

Of course, the sounds of any two languages are never exactly the same, but if you follow carefully our indications, you should be able to pronounce the foreign words in such a way that you'll be understood. To make your task easier, our transcriptions occasionally simplify slightly the sound system of the language while still reflecting the essential sound differences.

Consonants

g	always hard, as in **g**o
kh	quite like **h** in **h**uge, but with the tongue raised a little higher
r	rolled in the front of the mouth, except in south-eastern Norway, where it's pronounced in the back of the mouth
s	always hard, as in **s**o

The consonants **d, l, n, s, t**, if preceded by **r**, are generally pronounced with the tip of the tongue turned up well behind the upper front teeth. The **r** then ceases to be pronounced.

Vowels and Diphthongs

aa	long **a**, as in c**a**r, without any **r**-sound
ah	a short version of **aa**; between **a** in c**a**t and **u** in c**u**t
aw	as in r**aw** (British pronunciation)
æ	like **a** in c**a**t
ææ	a long **æ**-sound
eh	like **e** in g**e**t
er	as in oth**er**, without any **r**-sound
ew	a "rounded **ee**-sound". Say the vowel sound **ee** (as in s**ee**), and while saying it, round your lips as for **oo** (as in s**oo**n), without moving your tongue; when your lips are in the **oo** position, but your tongue in the **ee** position, you should be pronouncing the correct sound
igh	as in s**igh**
o	always as in h**o**t (British pronunciation)
ou	as in l**ou**d
ur	as in f**ur**, but with rounded lips and no **r**-sound

1) A bar over a vowel symbol (e.g. $\overline{\text{ew}}$) shows that this sound is long.

2) Raised letters (e.g. ^{y}**aa**, **ew**^{ee}) should be pronounced only fleetingly.

Tones

In Norwegian there are two "tones": one is rising, the other consists of a falling pitch followed by a rise. As these tones are complex and very hard to copy, we do not indicate them, but mark their position as stressed.

A

abbedi (ah-ber-*dee*) *nt* abbey

abnorm (ahb-*norm*) *adj* abnormal

abonnement (ah-boo-ner-*mahngng*) *nt* subscription

abonnent (ah-boo-*nehnt*) *c* subscriber

abort (ah-*bott*) *c* abortion; miscarriage

absolutt (ahp-soo-*lewtt*) *adj* very, sheer; *adv* absolutely

abstrakt (ahp-*strahkt*) *adj* abstract

absurd (ahp-*sewrd*) *adj* absurd

addisjon (ah-di-*shōōn*) *c* addition

adekvat (ah-deh-*kvaat*) *adj* adequate

adel (*aa*-derl) *c* nobility

adelig (aa-der-li) *adj* noble

adgang (*aad*-gahng) *c* admission, entrance, admittance, entry; ~ **forbudt** no entry, no admittance

adjektiv (*ahd*-Yehk-tiv) *nt* adjective

adjø! (ahd-*Yur*) good-bye!

adkomst (*aad*-komst) *c* access

*adlyde (*aad*-lēw-der) *v* obey

administrasjon (ahd-mi-ni-strah-*shōōn*) *c* administration

administrerende (ahd-mi-ni-*strāy*-rer-ner) *adj* administrative; executive

admiral (ahd-mi-*raal*) *c* admiral

adoptere (ah-doop-*tāy*-rer) *v* adopt

adressat (ahd-reh-*saat*) *c* addressee

adresse (ah-*drehss*-ser) *c* address

adressere (ahd-reh-*sāy*-rer) *v* address

advare (*aad*-vaa-rer) *v* caution, warn

advarsel (*aad*-vah-sherl) *c* (pl -sler) warning

adverb (ahd-*værb*) *nt* adverb

advokat (ahd-voo-*kaat*) *c* lawyer, barrister; solicitor, attorney

affektert (ah-fehk-*tāyt*) *adj* affected

affære (ah-*fææ*-rer) *c* business

Afrika (*aaf*-ri-kah) Africa

afrikaner (ahf-ri-*kaa*-nerr) *c* African

afrikansk (ahf-ri-*kaansk*) *adj* African

aften (*ahf*-tern) *c* night, evening; **i ~** tonight

aftensmat (*ahf*-terns-maat) *c* supper

agent (ah-*gehnt*) *c* agent

agentur (ah-gehn-*tēwr*) *nt* agency

aggressiv (*ah*-greh-seev) *adj* aggressive

agn (ahngn) *nt* bait

agurk (ah-*gewrk*) *c* cucumber

akademi (ah-kah-day-*mee*) *nt* academy

akkompagnere (ah-koom-pahn-*Yāy*-rer) *v* accompany

akkreditiv (ah-kreh-di-*teev*) *nt* letter of credit

akkurat (ah-kew-*raat*) *adj* just; exact; *adv* exactly

aksel (*ahk*-serl) *c* (pl aksler) axle

akselerere (*ahk*-ser-ler-*rāy*-rer) *v* ac-

celerate
aksent (ahk-*sahngng*) c accent
akseptere (ahk-sehp-*tāy*-rer) v accept
aksje (*ahk*-sher) c share, stock
aksjon (ahk-*shōōn*) c action
akt (ahkt) c act; nude
akte (*ahk*-ter) v esteem
aktelse (*ahk*-terl-ser) c respect; esteem
akterspeil (*ahk*-ter-shpayl) nt (pl ~) stern, rear
aktiv (*ahk*-tiv) adj active
aktivitet (ahk-ti-vi-*tāyt*) c activity
aktuell (ahk-tew-*ehll*) adj topical; current
akutt (ah-*kewtt*) adj acute
akvarell (ahk-vah-*rehll*) c water-colour
alarm (ah-*lahrm*) c alarm
alarmere (ah-lahr-*māy*-rer) v alarm
albue (*ahl*-bēw-er) c elbow
album (*ahl*-bewm) nt album
alder (*ahl*-derr) c (pl ~e, aldrer) age
alderdom (*ahl*-der-dom) c old age, age
aldri (*ahl*-dri) adv never
alene (ah-*lāy*-ner) adv alone; only
ale opp (*aa*-ler) *breed, raise
alfabet (ahl-fah-*bāyt*) nt alphabet
algebra (*ahl*-geh-brah) c algebra
Algerie (ahl-sheh-*ree*) Algeria
algerier (ahl-*shāy*-ri-err) c Algerian
algerisk (ahl-*shāy*-risk) adj Algerian
alkohol (ahl-koo-*hōōl*) c alcohol
alkoholholdig (ahl-koo-*hōōl*-hol-di) adj alcoholic; **alkoholholdige drikker** spirits
all (ahll) adj all
allé (ah-*lāy*) c alley
allerede (ah-ler-*rāy*-der) adv already
allergi (ahl-ær-*gee*) c allergy
allianse (ah-li-*ahng*-ser) c alliance
allierte (ah-li-*āy*-ter) pl Allies pl
allikevel (ah-*lee*-ker-vehl) conj yet
allmektig (*ahl*-mehk-ti) adj omnipotent

allsidig (*ahl*-see-di) adj all-round
alltid (*ahl*-ti) adv always; ever
allting (*ahl*-ting) pron everything
alm (ahlm) c elm
almanakk (ahl-mah-*nahkk*) c diary, almanac
almen (*ahl*-māyn) adj public; general
alminnelig (ahl-*min*-ner-li) adj plain, customary, common
alpelue (*ahl*-per-lēw-er) c beret
alt (ahlt) pron everything; c alto
alter (*ahl*-terr) nt (pl altre) altar
alternativ (ahl-tæ-nah-teev) nt alternative
altfor (*ahlt*-for) adv too
altså (*ahlt*-so) adv consequently
alv (ahlv) c elf
alvor (*ahl*-vor) nt seriousness, gravity
alvorlig (ahl-*vaw*-li) adj serious, bad, grave
ambassade (ahm-bah-*saa*-der) c embassy
ambassadør (ahm-bah-sah-*dūrr*) c ambassador
ambisiøs (ahm-bi-si-*ūrss*) adj ambitious
ambulanse (ahm-bew-*lahng*-ser) c ambulance
Amerika (ah-*māy*-ri-kah) America
amerikaner (ah-meh-ri-*kaa*-nerr) c American
amerikansk (ah-meh-ri-*kaansk*) adj American
ametyst (ah-mer-*tewst*) c amethyst
amme (*ahm*-mer) v nurse
amnesti (ahm-ner-*stee*) nt amnesty
amulett (ah-mew-*lehtt*) c lucky charm, charm
analfabet (ahn-nahl-fah-*bāyt*) c illiterate
analyse (ahn-ah-*lēw*-ser) c analysis
analysere (ahn-ah-lew-*sāy*-rer) v analyse
analytiker (ahn-ah-*lewt*-ti-kerr) c ana-

lyst

ananas (*ahn*-nah-nahss) *c* pineapple

anarki (ahn-ahr-*kee*) *nt* anarchy

anatomi (ahn-ah-too-*mee*) *c* anatomy

anbefale (*ahn*-beh-faa-ler) *v* recommend

anbefaling (*ahn*-beh-faa-ling) *c* recommendation

and (ahnn) *c* (pl ender) duck

ane (*aa*-ner) *v* suspect, guess

anelse (*aa*-nerl-ser) *c* notion; suspicion

anemi (ahn-eh-*mee*) *c* anaemia

anerkjenne (ahn-nær-kheh-ner) *v* recognize, acknowledge

anerkjennelse (*ahn*-nær-kheh-nerl-ser) *c* recognition

anfall (*ahn*-fahl) *nt* (pl ~) fit

anfører (*ahn*-für-rerr) *c* leader

anførselstegn (*ahn*-fur-sherls-tayn) *pl* quotation marks

anger (*ahng*-ngerr) *c* repentance

***angi** (*ahn*-Yee) *v* indicate

angre (*ahng*-rer) *v* regret, repent

angrep (*ahn*-grāyp) *nt* (pl ~) attack; raid

***angripe** (*ahn*-gree-per) *v* attack, assault

angst (ahngst) *c* fright

***angå** (*ahn*-gaw) *v* concern

angående (*ahn*-gaw-erner) *prep* regarding, about, as regards, concerning

ankel (*ahng*-kerl) *c* (pl ankler) ankle

anker (*ahng*-kerr) *nt* (pl ankre) anchor

anklage¹ (*ahn*-klaa-ger) *v* accuse, charge

anklage² (*ahn*-klaa-ger) *c* charge

anklagede (*ahn*-klaa-ger-der) accused

***ankomme** (*ahn*-ko-mer) *v* arrive

ankomst (*ahn*-komst) *c* arrival

ankomsttid (*ahn*-komst-teed) *c* time of arrival

anledning (ahn-*lāyd*-ning) *c* chance, opportunity; ***ha ~ til** afford

anlegg (*ahn*-lehg) *nt* (pl ~) aptitude; construction

anliggende (*ahn*-li-ger-ner) *nt* affair, concern

anmassende (*ahn*-mah-ser-ner) *adj* presumptuous

anmelde (*ahn*-meh-ler) *v* report; review

anmeldelse (*ahn*-meh-lerl-ser) *c* review

anmode (*ahn*-mōō-der) *v* request

anmodning (*ahn*-mōōd-ning) *c* request

anneks (ah-*nehks*) *nt* annex

annektere (ah-nehk-*tāy*-rer) *v* annex

annen (*aa*-ern) *num* second; *pron* other

annerledes (*ahn*-ner-lāy-derss) *adv* otherwise; *adj* different

annetsteds (*aa*-ern-stehss) *adv* elsewhere

annonse (ah-*nong*-ser) *c* advertisement

annullere (ah-new-*lāy*-rer) *v* cancel; recall

annullering (ah-new-*lāy*-ring) *c* cancellation

anonym (ah-noo-*nēwm*) *adj* anonymous

anordning (*ahn*-nod-ning) *c* arrangement

ansatt (*ahn*-saht) *c* (pl ~e) employee

***anse** (*ahn*-sāy) *v* consider, regard

anseelse (*ahn*-sāy-erl-ser) *c* reputation

anselig (ahn-*sāy*-li) *adj* considerable, substantial

***ansette** (*ahn*-seh-ter) *v* engage

ansikt (*ahn*-sikt) *nt* face

ansiktskrem (*ahn*-sikts-krāym) *c* facecream

ansiktsmaske (*ahn*-sikts-mahss-ker) *c* face-pack

ansiktsmassasje (*ahn*-sikts-mah-saa-sher) *c* face massage

ansiktspudder (*ahn*-sikts-pew-derr) *nt* face-powder

ansiktstrekk (*ahn*-sikts-trehk) *nt* feature

ansjos (ahn-shōōss) *c* anchovy

anskaffe (*ahn*-skah-fer) *v* *buy, *get

anskaffelse (*ahn*-skah-ferl-ser) *c* purchase

anspennelse (*ahn*-speh-nerl-ser) *c* strain

anspent (*ahn*-spehnt) *adj* tense

anspore (*ahn*-spōō-rer) *v* incite

anstalt (*ahn*-stahlt) *c* institute

anstendig (ahn-*stehn*-di) *adj* decent

anstendighet (ahn-*stehn*-di-hāyt) *c* decency

anstrengelse (*ahn*-strayng-erl-ser) *c* effort, strain

anstrenge seg (*ahn*-streh-nger) labour; try

anstøt (*ahn*-stūrt) *nt* (pl ∼) offence

anstøtende (*ahn*-stūrt-erner) *adj* offensive

ansvar (*ahn*-svahr) *nt* liability, responsibility

ansvarlig (ahn-*svaa*-li) *adj* liable, responsible; ∼ **for** in charge of

ansøke (*ahn*-sūr-ker) *v* apply

ansøkning (*ahn*-sūrk-ning) *c* request; application

***anta** (*ahn*-taa) *v* assume, suppose; guess.

antakelig (ahn-*taa*-ker-li) *adj* presumable

antall (*ahn*-tahl) *nt* (pl ∼) number; quantity

antenne (ahn-*tehn*-ner) *c* aerial

antibiotikum (ahn-ti-bi-ōō-ti-kewm) *nt* (pl -ka) antibiotic

antikk (ahn-*tikk*) *adj* antique

antikvitet (ahn-ti-kvi-*tāyt*) *c* antique

antikvitetshandler (ahn-ti-kvi-*tāyts*-hahnd-lerr) *c* antique dealer

antipati (ahn-ti-pah-*tee*) *c* dislike

antologi (ahn-too-loo-*gee*) *c* anthology

antyde (*ahn*-tēw-der) *v* indicate; imply

anvende (*ahn*-veh-ner) *v* employ, apply; utilize

anvendelig (ahn-*vehn*-ner-li) *adj* usable

anvendelse (*ahn*-veh-nerl-ser) *c* application

anvise (*ahn*-vee-ser) *v* indicate

ape (*aa*-per) *c* monkey

aperitiff (ah-peh-ri-*tiff*) *c* aperitif

apotek (ah-poo-*tāyk*) *nt* pharmacy, chemist's; drugstore *nAm*

apoteker (ah-poo-*tāy*-kerr) *c* chemist

apparat (ah-pah-*raat*) *nt* apparatus, machine; appliance

appell (ah-*pehll*) *c* appeal

appelsin (ah-perl-*seen*) *c* orange

appetitt (ah-per-*titt*) *c* appetite

appetittlig (ah-per-*tit*-li) *adj* appetizing

appetittvekker (ah-per-*tit*-veh-kerr) *c* appetizer

applaudere (ahp-lou-*dāy*-rer) *v* clap

applaus (ah-*plouss*) *c* applause

aprikos (ahp-ri-*kōōss*) *c* apricot

april (ah-*preel*) April

araber (ah-*raa*-berr) *c* Arab

arabisk (ah-*raa*-bisk) *adj* Arab

arbeid (*ahr*-bay) *nt* labour, work; employment

arbeide (ahr-*bay*-der) *v* work

arbeider (ahr-*bay*-derr) *c* labourer, worker, workman

arbeidsbesparende (*ahr*-bayss-beh-spaa-rer-ner) *adj* labour-saving

arbeidsdag (*ahr*-bayss-daag) *c* working day

arbeidsformidling (*ahr*-bayss-for-mid-ling) *c* employment exchange

arbeidsgiver (*ahr*-bayss-Υee-verr) *c*

employer; master

arbeidsløs (*ahr*-bayss-lūrss) *adj* unemployed

arbeidsløshet (*ahr*-bayss-lūrss-hāyt) *c* unemployment

arbeidstillatelse (*ahr*-bayss-ti-laa-terl-ser) *c* work permit; labor permit *Am*

areal (ah-reh-*aal*) *nt* area

Argentina (ahr-gern-*tee*-nah) Argentina

argentiner (ahr-gern-*tee*-nerr) *c* Argentinian

argentinsk (ahr-gern-*teensk*) *adj* Argentinian

argument (ahr-gew-*mehnt*) *nt* argument

argumentere (ahr-gew-mehn-*tāy*-rer) *v* argue

ark (ahrk) *nt* sheet

arkade (ahr-*kaa*-der) *c* arcade

arkeolog (ahr-keh-oo-*lawg*) *c* archaeologist

arkeologi (ahr-keh-oo-loo-*gee*) *c* archaeology

arkitekt (ahr-ki-*tehkt*) *c* architect

arkitektur (ahr-ki-tehk-*tewr*) *c* architecture

arkiv (ahr-*keev*) *nt* archives *pl*

arm (ahrm) *c* arm; **arm i arm** arm-in-arm

armbånd (*ahrm*-bon) *nt* (pl ∼) bangle, bracelet

armbåndsur (*ahrm*-bons-ēwr) *nt* (pl ∼) wrist-watch

armé (ahr-*māy*) *c* army

aroma (ah-*rōō*-mah) *c* aroma

arr (ahrr) *nt* scar

arrangere (ah-rahng-*shāy*-rer) *v* arrange

arrestasjon (ah-reh-stah-*shōōn*) *c* arrest, capture

arrestere (ah-reh-*stāy*-rer) *v* arrest

art (ahtt) *c* species

artikkel (ah-*tik*-kerl) *c* (pl artikler) article

artisjokk (ah-ti-*shokk*) *c* artichoke

artistisk (ah-*tiss*-tisk) *adj* artistic

arv (ahrv) *c* inheritance

arve (*ahr*-ver) *v* inherit

arvelig (*ahr*-ver-li) *adj* hereditary

asbest (ahss-*behst*) *c* asbestos

asfalt (*ahss*-fahlt) *c* asphalt

Asia (*aa*-si-ah) Asia

asiat (ah-si-*aat*) *c* Asian

asiatisk (ah-si-*aa*-tisk) *adj* Asian

aske (*ahss*-ker) *c* ash

askebeger (*ahss*-ker-bāy-gerr) *nt* (pl -gre) ashtray

asparges (ah-*spahr*-gerss) *c* (pl ∼) asparagus

aspekt (ah-*spehkt*) *nt* aspect

aspirin (ahss-pi-*reen*) *c* aspirin

assistanse (ah-si-*stahng*-ser) *c* assistance

assistent (ah-si-*stehnt*) *c* assistant

astma (*ahst*-mah) *c* asthma

astronomi (ah-stroo-noo-*mee*) *c* astronomy

asyl (ah-*sēwl*) *nt* asylum

at (ahtt) *conj* that

ateist (ah-teh-*ist*) *c* atheist

Atlanterhavet (aht-*lahn*-terr-haa-ver) Atlantic

atlet (aht-*lāyt*) *c* athlete

atmosfære (aht-mooss-*fææ*-rer) *c* atmosphere

atom (ah-*tōōm*) *nt* atom; **atom-** atomic

atskillelse (*aat*-shi-lerl-ser) *c* separation

atskillige (aht-*shil*-li-er) *adj* several

atskilt (*aat*-shilt) *adj* separate; *adv* apart

atspredelse (*aat*-sprāy-derl-ser) *c* amusement, diversion; recreation

atten (*aht*-tern) *num* eighteen

attende (*aht*-terner) *num* eighteenth

atter (aht-terr) adv again
attest (ah-tehst) c certificate
attraksjon (ah-trahk-shoon) c attraction
attrå (aht-raw) c desire, lust
attråverdig (aht-raw-vær-di) adj desirable
aubergine (o-behr-sheen) c eggplant
auditorium (ou-di-too-ri-ewm) nt (pl -ier) auditorium
august (ou-gewst) August
auksjon (ouk-shoon) c auction
Australia (ou-straa-li-ah) Australia
australier (ou-straa-li-err) c Australian
australsk (ou-straalsk) adj Australian
autentisk (ou-tehn-tisk) adj authentic
automat (ou-too-maat) c slot-machine; vending machine
automatisering (ou-too-mah-ti-say-ring) c automation
automatisk (ou-too-maa-tisk) adj automatic
automobilklubb (ou-too-moo-beel-klewb) c automobile club
autorisasjon (ou-too-ri-sah-shoon) c authorization
autoritet (ou-too-ri-tayt) c authority
autoritær (ou-too-ri-tæær) adj authoritarian
av (aav) prep by, of; for, with, adv off, prep from; off; ~ **og til** sometimes, occasionally
avansert (ah-vahng-sayt) adj advanced
avbestille (aav-beh-sti-ler) v cancel
avbetale (aav-beh-tah-ler) v *pay on account; *pay instalments on
avbetalingskjøp (aav-beh-tah-lings-khurp) nt (pl ~) hire-purchase
***avbryte** (aav-brew-ter) v interrupt
avbrytelse (aav-brewt-erl-ser) c interruption
avdekke (aav-deh-ker) v uncover

avdeling (ahv-day-ling) c department; division, section
avdrag (aav-draag) nt (pl ~) instalment
aveny (ah-ver-new) c avenue
avfall (aav-fahl) nt rubbish, refuse, garbage, litter
avfatte (aav-fah-ter) v *draw up
avføringsmiddel (aav-fur-rings-mi-derl) nt (pl -midler) laxative
avgangstid (aav-gahngs-teed) c time of departure
avgifter (aav-Yif-terr) pl dues pl
avgiftspliktig (aav-Yifts-plik-ti) adj dutiable
***avgjøre** (aav-Yur-rer) v decide
avgjørelse (aav-Yur-rerl-ser) c decision
avgrunn (aav-grewn) c abyss
avgud (aav-gewd) c idol
avhandling (aav-hahnd-ling) c essay, treatise
avhengig (aav-heh-ngi) adj dependant
avhente (aav-hehn-ter) v collect, fetch
***avholde seg fra** (aav-ho-ler) abstain from
avholdsmann (aav-hols-mahn) c (pl -menn) teetotaller
avis (ah-veess) c newspaper
avishandler (ah-vee-s-hahnd-lerr) c newsagent
aviskiosk (ah-veess-khosk) c newsstand
avlang (aav-lahng) adj oblong
avle (ahv-ler) v generate
avleiring (aav-lay-ring) c deposit
avlevere (aav-leh-vay-rer) v deliver
avling (ahv-ling) c harvest, crop
avløp (aav-lurp) nt (pl ~) drain
avløse (aav-lur-ser) v relieve
avreise (aav-ray-ser) c departure
avrundet (aav-rew-nert) adj rounded
avsende (aav-seh-ner) v dispatch, despatch
avsides (aav-see-derss) adj out of the

way, remote

avskaffe (*aav*-skah-fer) *v* abolish

avskjed (*aav*-shāyd) *c* parting; resignation

avskjedige (*aav*-shāy-di-er) *v* dismiss, fire

avskjedsansøkning (*aav*-shāyd-sahn-sūrk-ning) *c* resignation

avskrift (*aav*-skrift) *c* copy

avsky[1] (*aav*-shēw) *v* hate, dislike

avsky[2] (*aav*-shēw) *c* dislike

avskyelig (ahv-*shēw*-er-li) *adj* hideous, horrible, disgusting

avslag (*aav*-shlaag) *nt* (pl ~) refusal; discount, reduction

avslapning (*aav*-shlahp-ning) *c* relaxation

avslappet (*aav*-shlah-pert) *adj* easy-going

avslutning (*aav*-shlewt-ning) *c* ending

avslutte (*aav*-shlew-ter) *v* stop, finish; settle

avsløre (*aav*-shlūr-rer) *v* reveal

avsløring (*aav*-shlūr-ring) *c* revelation

*avslå** (*aav*-shlaw) *v* refuse

avsnitt (*aav*-snit) *nt* (pl ~) paragraph; passage

avspark (*aav*-spahrk) *nt* kick-off

avstamning (*aav*-stahm-ning) *c* origin

avstand (*aav*-stahn) *c* distance; space; way

avstandsmåler (*aav*-stahns-maw-lerr) *c* range-finder

avstemning (*aav*-stehm-ning) *c* vote

*avta** (*aav*-taa) *v* decrease

avtale (*aav*-taa-ler) *c* agreement, engagement; date, appointment

avtrekker (*aav*-treh-kerr) *c* trigger

avtrykk (*aav*-trewk) *nt* (pl ~) print

avveksling (*aav*-vehks-ling) *c* variation

avvente (aa-*vehn*-ter) *v* await

avverge (aa-*vær*-ger) *v* prevent

*avvike** (aa-*vee*-ker) *v* deviate

avvise (aa-*vee*-ser) *v* reject

B

babord (*baa*-boor) *c* port

baby (*bay*-bi) *c* baby

babybag (*bay*-bi-bæg) *c* carry-cot

bacon (*bay*-kern) *nt* bacon

bad (baad) *nt* bath

bade (*baa*-der) *v* bathe

badebukse (*baa*-der-book-ser) *c* swimming-trunks *pl*, bathing-suit

badedrakt (*baa*-der-drahkt) *c* swimsuit, bathing-suit

badehette (*baa*-der-heh-ter) *c* bathing-cap

badehåndkle (*baa*-der-hong-kler) *nt* (pl -lær) bath towel

badekåpe (*baa*-der-kaw-per) *c* bathrobe

badesalt (*baa*-der-sahlt) *nt* bath salts

badested (*baa*-der-stāy) *nt* seaside resort

badeværelse (*baa*-der-væl-ser) *nt* bathroom

badstue (*bahss*-tēwer) *c* sauna

bagasje (bah-*gaa*-sher) *c* luggage, baggage

bagasjehylle (bah-*gaa*-sher-hew-ler) *c* luggage rack

bagasjeoppbevaring (bah-*gaa*-sher-oop-ber-*vaa*-ring) *c* left luggage office; baggage deposit office *Am*

bagasjerom (bah-*gaa*-sher-room) *nt* (pl ~) boot; trunk *nAm*

bagasjevogn (bah-*gah*-sher-vongn) *c* luggage van

bak (baak) *prep* behind; *adv* behind; *c* bottom

bake (*baa*-ker) *v* bake

baker (*baa*-kerr) *c* baker

bakeri (bah-ker-*ree*) *nt* bakery

bakgrunn (*baak*-grewn) *c* background

bakhold (*baak*-hol) *nt* (pl ~) ambush

bakke (*bahk*-ker) *c* hill; earth

bakketopp (*bahk*-ker-top) *c* hilltop

baklengs (*baak*-lehngs) *adv* backwards

baklykt (*baak*-lewkt) *c* rear-light

baklys (*baak*-lewss) *nt* (pl ~) tail-light

bakside (*baak*-see-der) *c* rear; reverse

bakterie (bahk-*tay*-ri-er) *c* bacterium

bakvaskelse (*baak*-vahss-kerl-ser) *c* slander

bakverk (*baak*-værk) *nt* pastry

balanse (bah-*lahng*-ser) *c* balance

balkong (bahl-*kongng*) *c* balcony; dress circle

ball (bahll) *c* ball; *nt* ball

ballett (bah-*lehtt*) *c* ballet

ballong (bah-*longng*) *c* balloon

ballsal (*bahll*-saal) *c* ballroom

bambus (*bahm*-bewss) *c* bamboo

banan (bah-*naan*) *c* banana

bandasje (bahn-*daa*-sher) *c* bandage

bande (*bahn*-der) *c* gang

banditt (bahn-*ditt*) *c* bandit

bane (*baa*-ner) *c* track

bank (bahngk) *c* bank; *c/nt* tap; **sette i banken* deposit

banke (*bahng*-ker) *v* knock, tap

bankett (bahng-*kehtt*) *c* banquet

bankettsal (bahng-*kehtt*-saal) *c* banqueting-hall

bankhvelv (bahngk-vehlv) *nt* (pl ~) vault

banking (*bahng*-king) *c* knock

bankkonto (*bahng*-ker-kon-too) *c* (pl ~er, -ti) bank account

banne (*bahn*-ner) *v* curse, **swear*

banner (*bahn*-nerr) *nt* (pl ~, ~e) banner

banning (*bahn*-ning) *c* curse

bar (baar) *adj* bare, naked; neat; *c* bar, saloon

barberblad (bahr-*bayr*-blaa) *nt* (pl ~) razor-blade

barbere seg (bahr-*bay*-rer) shave

barberhøvel (bahr-*bair*-hur-verl) *c* (pl -vler) safety-razor, razor

barberkost (bahr-*bayr*-koost) *c* shaving-brush

barberkrem (bahr-*bayr*-kraym) *c* shaving-cream

barbermaskin (bahr-*bayr*-mah-sheen) *c* electric razor, shaver

barbersåpe (bahr-*bayr*-saw-per) *c* shaving-soap

barbervann (bahr-*bayr*-vahn) *nt* after-shave lotion

bare (*baarer*) *adv* only, merely

bark (bahrk) *c* bark

barm (bahrm) *c* bosom

barmhjertig (bahrm-*Yæ*-ti) *adj* merciful

barmhjertighet (bahrm-*Yæ*-ti-hayt) *c* mercy

barn (baan) *nt* child; kid; **foreldreløst** ~ orphan

barnehage (*baa*-ner-haa-ger) *c* kindergarten

barnelammelse (*baa*-ner-lah-merl-ser) *c* polio

barnepike (*baa*-ner-pee-ker) *c* nurse

barnevakt (*baa*-ner-vahkt) *c* babysitter

barnevogn (*baa*-ner-voangn) *c* pram; baby carriage *Am*

barneværelse (*baa*-ner-væ-rerl-ser) *nt* nursery

barokk (bah-*rokk*) *adj* baroque

barometer (bah-roo-*may*-terr) *nt* (pl -tre) barometer

barriere (bah-ri-*æ*-rer) *c* barrier; crash barrier

barsk (bahshk) *adj* bleak; tough

bart (bahtt) *c* moustache

bartender (*baa*-tehn-derr) *c* bartender, barman

baryton (*bah*-ri-ton) *c* baritone

basar (bah-*saar*) *c* fair

base (*baa*-ser) *c* base

basere (bah-*say*-rer) v base

basilika (bah-*see*-li-kah) c basilica

basill (bah-*sill*) c germ

basis (*baa*-siss) c basis, base

bass (bahss) c bass

bastard (bah-*stahrd*) c bastard

batteri (bah-ter-*ree*) nt battery

*be (bay) v ask; beg; pray

bebo (beh-*boo*) v inhabit

beboelig (beh-*boo*-er-li) adj habitable, inhabitable

beboer (beh-*boo*-err) c occupant, inhabitant

bebreide (beh-*bray*-der) v blame, reproach

bebreidelse (beh-*bray*-derl-ser) c blame, reproach

bedervelig (beh-*dær*-ver-li) adj perishable

*bedra (beh-*draa*) v deceive

bedrag (beh-*draag*) nt (pl ~) deceit

bedrageri (beh-drah-ger-*ree*) nt fraud

bedre (*bayd*-rer) adj better; superior

bedrift (beh-*drift*) c concern; feat

bedring (*bayd*-ring) c recovery

bedrøvelig (beh-*drūr*-ver-li) adj sad, dreary

bedrøvet (beh-*drūr*-vert) adj sad

bedømme (beh-*durm*-mer) v judge

bedøvelse (beh-*dūr*-verl-ser) c anaesthesia

bedøvelsesmiddel (beh-*dūr*-verl-serss-mi-derl) nt (pl -midler) anaesthetic

bedårende (beh-*daw*-rer-ner) adj enchanting

befale (beh-*faa*-ler) v command

befaling (beh-*faa*-ling) c order, command

befalshavende (beh-*faals*-haa-ver-ner) c commander

befolkning (beh-*folk*-ning) c population

befrielse (beh-*free*-erl-ser) c liberation

befruktning (beh-*frewkt*-ning) c conception, fertilization

begavelse (beh-*gaa*-verl-ser) c talent, faculty

begavet (beh-*gaa*-vert) adj gifted, talented; clever, brilliant

begeistret (beh-*gayss*-trert) adj keen, enthusiastic

beger (*bay*-gerr) nt (pl ~, begre) tumbler

begge (*behg*-ger) pron both; either

begivenhet (beh-ᵞee-vern-*hayt*) c event, happening

begjær (beh-ᵞ*æær*) nt desire; lust

begjære (beh-ᵞ*ææ*-rer) v desire

begrave (beh-*graa*-ver) v bury

begravelse (beh-*graa*-verl-ser) c funeral; burial

begrense (beh-*grehn*-ser) v limit

begrenset (beh-*grehn*-sert) adj limited

begrep (beh-*grayp*) nt notion, idea

*begripe (beh-*gree*-per) v *see, *understand

begunstige (beh-*gewns*-ti-er) v favour

begynne (beh-ᵞ*ewn*-ner) v start, commence, *begin; ~ igjen recommence

begynnelse (beh-ᵞ*ewn*-nerl-ser) c beginning; i begynnelsen at first; originally

*begå (beh-*gaw*) v commit

behagelig (beh-*haa*-ger-li) adj agreeable, pleasing, enjoyable

behandle (beh-*hahnd*-ler) v handle, treat

behandling (beh-*hahnd*-ling) c treatment

*beholde (beh-*hol*-ler) v *keep

beholder (beh-*hol*-lerr) c container

behov (beh-*hōōv*) nt (pl ~) need; want

behøve (beh-*hūr*-ver) v need; demand

beige (*baysh*) adj beige

bein (bayn) nt (pl ~) leg; bone

beinskinne (*bāyn*-shi-ner) *c* splint

beite (*bay*-ter) *nt* pasture; *v* graze

bekjempe (beh-*khehm*-per) *v* combat

bekjenne (beh-*kheh*-ner) *v* confess

bekjent (beh-*khehnt*) *c* acquaintance

*bekjentgjøre** (beh-*khehnt*-ᵞūr-rer) *v* announce

bekjentgjørelse (beh-*khehnt*-ᵞūr-rerl-ser) *c* announcement

bekk (behkk) *c* stream, brook

bekken (*behk*-kern) *nt* pelvis

beklage (beh-*klaager*) *v* regret

beklagelse (beh-*klaa*-gerl-ser) *c* regret

beklager! (beh-*klaa*-gerr) sorry!

bekrefte (beh-*krehf*-ter) *v* confirm; acknowledge

bekreftelse (beh-*krehf*-terl-ser) *c* confirmation

bekreftende (beh-*krayf*-ter-ner) *adj* affirmative

bekvem (beh-*kvehmm*) *adj* comfortable; easy, convenient

bekvemmelighet (beh-*kvehm*-mer-li-hāyt) *c* comfort

bekymre seg (beh-*khewm*-rer) worry; **bekymre seg om** care about

bekymret (beh-*khewm*-rert) *adj* concerned, worried

bekymring (beh-*khewm*-ring) *c* anxiety, worry; concern, care

belastning (beh-*lahst*-ning) *c* load, strain

beleilig (beh-*lay*-li) *adj* convenient

beleiring (beh-*lay*-ring) *c* siege

Belgia (*behl*-gi-ah) Belgium

belgier (*behl*-gi-err) *c* Belgian

belgisk (*behl*-gisk) *adj* Belgian

beliggende (beh-*lig*-ger-ner) *adj* situated

beliggenhet (beh-*lig*-gern-hāyt) *c* location, site

belte (*behl*-ter) *nt* belt

belyse (beh-*lew*-ser) *v* illuminate

belysning (beh-*lewss*-ning) *c* lighting, illumination

belønne (beh-*lurn*-ner) *v* reward

belønning (beh-*lurn*-ning) *c* reward; prize

beløp (beh-*lūrp*) *nt* (pl ~) amount

*beløpe seg til** (beh-*lūr*-per) amount to

bemerke (beh-*mær*-ker) *v* note, notice; remark

bemerkelsesverdig (beh-*mær*-kerl-serss-vær-di) *adj* noticeable, remarkable

bemerkning (beh-*mærk*-ning) *c* remark

benekte (beh-*nehk*-ter) *v* deny

benektende (beh-*nehk*-ter-ner) *adj* negative

benevnelse (beh-*nehv*-nerl-ser) *c* name, designation, denomination

benk (behngk) *c* bench

bensin (behn-*seen*) *c* fuel, petrol; gas *nAm*, gasoline *nAm*

bensinpumpe (behn-*seen*-poom-per) *c* petrol pump; fuel pump *Am;* gas pump *Am*

bensinstasjon (behn-*seen*-stah-shōōn) *c* service station, petrol station, filling station; gas station *Am*

bensintank (behn-*seen*-tahngk) *c* petrol tank gas tank *nAm*

benytte (beh-*newt*-ter) *v* use, make use of

benådning (beh-*nawd*-ning) *c* pardon

beordre (beh-*or*-drer) *v* order

beredt (beh-*reht*) *adj* prepared

beregne (beh-*ray*-ner) *v* calculate

berettiget (beh-*reht*-ti-ert) *adj* justified

berg (bærg) *nt* mountain

berglendt (*bærg*-lehnt) *adj* mountainous

berolige (beh-*rōō*-li-er) *v* reassure, calm down

beroligende (beh-*rōō*-li-er-ner) *adj*

restful; ~ **middel** sedative, tran-
quillizer

bero på (beh-*rōō*) depend on

beruset (beh-*rēw*-sert) *adj* intoxicat-
ed, drunk

beryktet (beh-*rewk*-tert) *adj* notorious

berømmelse (beh-*rurm*-merl-ser) *c*
fame, glory, celebrity

berømt (beh-*rurmt*) *adj* famous

berøre (beh-*rūr*-rer) *v* touch

berøring (beh-*rūr*-ring) *c* touch

besatt (beh-*sahtt*) *adj* possessed

beseire (beh-*say*-rer) *v* conquer

*****besette** (beh-*seht*-ter) *v* occupy

besettelse (beh-*seht*-terl-ser) *c* ob-
session

besittelse (beh-*sit*-terl-ser) *c* posses-
sion

beskatning (beh-*skaht*-ning) *c* tax-
ation

beskjed (beh-*shēr*) *c* message

beskjeden (beh-*shāy*-dern) *adj* modest

beskjedenhet (beh-*shāy*-dern-hāyt) *c*
modesty

beskjeftige (beh-*shehf*-ti-er) *v* employ,
occupy

beskjeftigelse (beh-*shehf*-ti-erl-ser) *c*
employment, occupation

beskrive (beh-*skree*-ver) *v* describe

beskrivelse (beh-*skree*-verl-ser) *c* de-
scription

beskylde (beh-*shewl*-ler) *v* accuse

beskytte (beh-*shewt*-ter) *v* protect

beskyttelse (beh-*shewt*-terl-ser) *c* pro-
tection

*****beslaglegge** (beh-*shlaag*-leh-ger) *v*
impound, confiscate

beslektet (beh-*shlehk*-tert) *adj* related

beslutning (beh-*shlewt*-ning) *c* deci-
sion

besluttsom (beh-*shlewt*-som) *adj* res-
olute

best (behst) *adj* best

bestanddel (beh-*stahn*-dāyl) *c* el-

ement, ingredient

bestefar (*behss*-ter-faar) *c* (pl -fedre)
grandfather, granddad

besteforeldre (*behss*-ter-fo-rehl-drer)
pl grandparents *pl*

bestemme (beh-*stehm*-mer) *v* define,
determine; designate, destine

bestemmelse (beh-*stehm*-merl-ser) *c*
regulation

bestemmelsessted (beh-*stehm*-merl-
serss-stāy) *nt* destination

bestemor (*behss*-ter-mōōr) *c* (pl
-mødre) grandmother

bestemt (beh-*stehmt*) *adj* definite;
resolute

*****bestige** (beh-*stee*-ger) *v* ascend;
mount

bestikk (beh-*stikk*) *nt* cutlery; silver-
ware *nAm*

*****bestikke** (beh-*stik*-ker) *v* corrupt,
bribe

bestikkelse (beh-*stik*-kerl-ser) *c* cor-
ruption, bribery; bribe

bestille (beh-*stil*-ler) *v* order; book,
engage, reserve

bestilling (beh-*stil*-ling) *c* order; book-
ing; **laget på** ~ made to order

bestrebelse (beh-*strāy*-berl-ser) *c* ef-
fort

*****bestride** (beh-*stree*-der) *v* dispute

bestyre (beh-*stēw*-rer) *v* manage

bestyrerinne (beh-stew-rer-*rin*-ner) *c*
manageress

*****bestå** (beh-*staw*) *v* exist; pass a test;
~ **av** consist of

besvare (beh-*svaa*-rer) *v* answer

besvime (beh-*svee*-mer) *v* faint

besvær (beh-*svæær*) *nt* trouble, in-
convenience

besværlig (beh-*svææ*-li) *adj* inconven-
ient

besøk (beh-*sūrk*) *nt* (pl ~) call, visit

besøke (beh-*sūr*-ker) *v* call on, visit

besøkende (beh-*sūr*-ker-ner) *c* visitor

besøkstid (beh-*sūrks*-teed) *c* visiting hours

betagende (beh-*taa*-ger-ner) *adj* moving; beautiful

betalbar (beh-*taal*-bahr) *adj* due; payable

betale (beh-*taa*-ler) *v* *pay

betaling (beh-*taa*-ling) *c* payment

bete (*bāy*-ter) *c* beet

betegnende (beh-*tay*-ner-ner) *adj* characteristic

betenkt (beh-*tehngkt*) *adj* uneasy

betennelse (beh-*tehn*-nerl-ser) *c* inflammation; ***gå ~ i** *become septic

betingelse (beh-*ting*-ngerl-ser) *c* term; stipulation

betingelsesløs (beh-*ting*-ngerl-serss-lūrss) *adj* unconditional

betinget (beh-*ting*-ngert) *adj* conditional

betjene (beh-*tᵞāy*-ner) *v* attend on; serve

betjening (beh-*tᵞāy*-ning) *c* service

betong (beh-*tongng*) *c* concrete

betoning (beh-*tōō*-ning) *c* accent

betrakte (beh-*trahk*-ter) *v* consider, regard; view, watch; **i betraktning av** considering

betraktelig (beh-*trahk*-ter-li) *adj* considerable

betro (beh-*trōō*) *v* confide in

betvile (beh-*tvee*-ler) *v* query, doubt

bety (beh-*tēw*) *v* *mean

betydelig (beh-*tēw*-der-li) *adj* considerable

betydning (beh-*tēwd*-ning) *c* sense; importance; *være av ~ matter

betydningsfull (beh-*tēwd*-nings-fewl) *adj* important; significant

beundre (beh-*ewn*-drer) *v* admire

beundrer (beh-*ewn*-drerr) *c* fan

beundring (beh-*ewn*-dring) *c* admiration

bevare (beh-*vaa*-rer) *v* *keep; *uphold

bevege (beh-*vāy*-ger) *v* move

bevegelig (beh-*vāy*-ger-li) *adj* mobile

bevegelse (beh-*vāy*-gerl-ser) *c* motion, movement

bever (*bāy*-verr) *c* beaver

beverte (beh-*væ*-ter) *v* entertain, treat

bevilge (beh-*veel*-ger) *v* extend, grant; allow

bevis (beh-*veess*) *nt* proof, evidence; token

bevise (beh-*vee*-ser) *v* prove; demonstrate, *show

bevisst (beh-*vist*) *adj* conscious

bevissthet (beh-*vist*-hāyt) *c* consciousness

bevisstløs (beh-*vist*-lūrss) *adj* unconscious

bevokte (beh-*vok*-ter) *v* watch, guard

bevæpne (beh-*vāyp*-ner) *v* arm

bevæpnet (beh-*vāyp*-nert) *adj* armed

bibel (*bee*-berl) *c* (pl bibler) bible

bibetydning (*bee*-beh-tēwd-ning) *c* connotation

bibliotek (bi-bli-oo-*tāyk*) *nt* library

bidrag (*bee*-draag) *nt* (pl ~) contribution; allowance

bie (*bee*-er) *c* bee

bielv (*bee*-ehlv) *c* tributary

bifalle (*bee*-fah-ler) *v* consent; applaud

biff (biff) *c* steak

bikube (*bee*-kew-ber) *c* beehive

bil (beel) *c* automobile, motor-car, car

bilde (*bil*-der) *nt* picture, image

bile (*bee*-ler) *v* motor

bilhorn (*beel*-hōōn) *nt* (pl ~) hooter

bilisme (bi-*liss*-mer) *c* motoring

bilist (bi-*list*) *c* motorist

biljard (bil-*ᵞaad*) *c* billiards *pl*

bille (*bil*-ler) *c* beetle; bug

billedhogger (*bil*-lerd-ho-gerr) *c* sculptor

billett (bi-*lehtt*) *c* ticket

billettautomat (bi-*lehtt*-ou-too-maat) *c* ticket machine

billettkontor (bi-*leht*-koon-*toor*) *nt* box-office

billettluke (bi-*leht*-lew-ker) *c* box-office window

billettpris (bi-*leht*-preess) *c* fare; admission fee

billig (*bil*-li) *adj* cheap, inexpensive

bilpanser (*beel*-pahn-serr) *nt* bonnet; hood *nAm*

bilutleie (*beel*-oot-lay-er) *c* car hire; car rental *Am*

bind (binn) *nt* volume

***binde** (*bin*-ner) *v* *bind; tie; ~ **sammen** bundle

bindestrek (*bin*-ner-strayk) *c* hyphen

biologi (bi-oo-loo-*gee*) *c* biology

biskop (*biss*-kop) *c* bishop

***bistå** (*bee*-staw) *v* assist, aid

bit (beet) *c* bit, piece; scrap, morsel; bite

***bite** (*bee*-ter) *v* *bite

bitter (*bit*-terr) *adj* bitter

bjelke (b*Y*ehl-ker) *c* beam

bjelle (b*Y*ehl-ler) *c* small bell

bjørk (b*Y*urrk) *c* birch

bjørn (b*Y*urn) *c* bear

bjørnebær (b*Yur*-ner-bæær) *nt* (pl ~) blackberry

blad (blaa) *nt* leaf; blade

bladgull (*blaa*-gewl) *nt* gold leaf

bladsalat (*blaa*-sah-laht) *c* lettuce

blakk (blahkk) *adj* broke

blande (*blahn*-ner) *v* mix; ~ **seg inn i** interfere with

blandet (*blahn*-nert) *adj* mixed

blanding (*blahn*-ning) *c* mixture

blank (blahngk) *adj* glossy; blank

blankett (blahng-*kehtt*) *c* form

blant (blahnt) *prep* amid; among; ~ **annet** among other things

bleie (*blay*-er) *c* nappy; diaper *nAm*

blek (blayk) *adj* pale

bleke (*blay*-ker) *v* bleach

blekk (blehkk) *nt* ink

blekksprut (*blehk*-sprewt) *c* octopus

blekne (*blayk*-ner) *v* fade; *grow pale

blemme (*blehm*-mer) *c* blister

blende (*blehn*-ner) *v* blind

blendende (*blehn*-ner-ner) *adj* glaring

***bli** (blee) *v* *become, *be, *get, *grow; stay; ~ **igjen** remain

blikk (blikk) *nt* glance, look; **kaste et** ~ glance

blind (blinn) *adj* blind

blindgate (*blin*-gaa-ter) *c* cul-de-sac

blindtarm (*blin*-tahrm) *c* appendix

blindtarmbetennelse (*blin*-tahrm-beh-teh-nerl-ser) *c* appendicitis

blinklys (*blingk*-lewss) *nt* (pl ~) trafficator; blinker *nAm*

blitzlampe (*blits*-lahm-per) *c* flashbulb

blivende (*blee*-ver-ner) *adj* permanent

blod (bloo) *nt* blood

blodforgiftning (*bloo*-for-*Y*ift-ning) *c* blood-poisoning

blodkar (*bloo*-kaar) *nt* (pl ~) blood-vessel

blodomløp (*bloo*-oom-lurp) *nt* (pl ~) circulation

blodtrykk (*bloo*-trewk) *nt* (pl ~) blood pressure

blokkere (blo-*kay*-rer) *v* block

blomkål (*blom*-kawl) *c* cauliflower

blomst (blomst) *c* flower

blomsterbed (*blom*-sterr-behd) *nt* (pl ~) flowerbed

blomsterforretning (*blom*-sterr-for-reht-ning) *c* flower-shop

blomsterhandler (*blom*-sterr-hahnd-lerr) *c* florist

blomsterløk (*blom*-sterr-lurk) *c* bulb

blond (blonn) *adj* fair

blondine (blon-*dee*-ner) *c* blonde

*blottlegge (*blott*-leh-ger) *v* expose

bluse (*blew*-ser) *c* blouse

bly (blew) *nt* lead

blyant (*blew*-ahnt) *c* pencil

blyantspisser (*blew*-ahnt-spi-serr) *c* pencil-sharpener

blyg (blewg) *adj* timid

blære (*blææ*-rer) *c* bladder

blærekatarr (*blææ*-rer-kah-tahr) *c* cystitis

blø (blūr) *v* *bleed

blødning (*blūrd*-ning) *c* haemorrhage

bløt (blūt) *adj* mellow

bløte (*blūr*-ter) *v* soak

*bløtgjøre (*blūrt*-ʸūr-rer) *v* soften

blå (blaw) *adj* blue; **blått merke** bruise

blåse (*blaw*-ser) *v* *blow; ~ **opp** inflate

blåsende (*blaw*-ser-ner) *adj* gusty

blåskjell (*blo*-shehl) *nt* (pl ~) mussel

bo (bōō) *v* live, reside

boble (*bob*-ler) *c* bubble

bok (bōōk) *c* (pl bøker) book

bokbind (*bōōk*-bin) *nt* (pl ~) binding

bokføre (*bōōk*-fūr-rer) *v* enter, book

bokhandel (*bōōk*-hahn-derl) *c* (pl -dler) bookstore

bokhandler (*bōōk*-hahndl-lerr) *c* bookseller

boks (boks) *c* can, tin

bokse (*bok*-ser) *v* box

boksekamp (*bok*-ser-kahmp) *c* boxing match

bokstav (book-*staav*) *c* letter; **stor ~** capital letter

boksåpner (*boks*-awp-nerr) *c* can opener

bolig (*bōō*-li) *c* house, residence

Bolivia (boo-*lee*-vi-ah) Bolivia

bolivianer (boo-li-vi-*aa*-nerr) *c* Bolivian

boliviansk (boo-li-vi-*aansk*) *adj* Bolivian

bolle (*bol*-ler) *c* bowl; basin

bolt (bolt) *c* bolt

bom (boomm) *c* barrier; miss

bombardere (boom-bah-*dāy*-rer) *v* bomb

bombe (*boom*-ber) *c* bomb

bomme (*boom*-mer) *v* miss

bomull (*boom*-mewl) *c* cotton; **bomulls-** cotton

bomullsfløyel (*boom*-mewls-flur ᵉʷ-erl) *c* velveteen

bomvei (*boom*-vay) *c* turnpike *nAm*

bonde (*boon*-ner) *c* (pl bønder) peasant, farmer

bondegård (*boon*-ner-gawr) *c* farm

bondekone (*boon*-ner-kōō-ner) *c* farmer's wife

bong (bong) *c* voucher

bopel (*bōō*-pāyl) *c* domicile

bor (borr) *nt* drill

bord (bōōr) *nt* table

bordell (boo-*dehl*) *nt* brothel

bordtennis (*bōō*-teh-niss) *c* ping-pong, table tennis

bore (*bōō*-rer) *v* bore, drill

borg (borg) *c* castle

borger (*bor*-gerr) *c* citizen; **borger-** civic

borgerlig (*bor*-ger-li) *adj* middle-class

borgermester (*bor*-ger-mehss-terr) *c* (pl -tre) mayor

bort (boott) *adv* away; ***gå ~** *leave, *go away

borte (*boot*-ter) *adv* gone; off

bortenfor (*boot*-tern-for) *adv* beyond; *prep* off; beyond

bortsett fra (*boot*-seht) apart from

bosatt (*bōō*-saht) *adj* resident

boss (boss) *c* boss

bot (bōōt) *c* (pl bøter) fine

botanikk (boo-tah-*nikk*) *c* botany

botemiddel (*bōō*-ter-mi-derl) *nt* (pl -midler) remedy

bowlingbane (*bov*-ling-baa-ner) *c* bowling alley

bra (braa) *adj* good; **bra!** all right!

brann (brahnn) *c* fire

brannalarm (*brahn*-nah-lahrm) *c* fire-alarm

brannsikker (*brahn*-si-kerr) *adj* fire-proof

brannslokker (*brahn*-shloo-kerr) *c* fire-extinguisher

brannsår (*brahn*-sawr) *nt* (pl ~) burn

branntrapp (*brahn*-trahp) *c* fire-escape

brannvesen (*brahn*-vāy-sern) *nt* fire-brigade

Brasil (brah-*seel*) Brazil

brasilianer (brah-si-li-*aa*-nerr) *c* Brazilian

brasiliansk (brah-si-li-*aansk*) *adj* Brazilian

brasme (*brahss*-mer) *c* bream

bratt (brahtt) *adj* steep

bred (brāy) *adj* wide, broad

bredd (brehdd) *c* shore, bank; embankment

bredde (*brehd*-der) *c* width, breadth

breddegrad (*brehd*-der-graad) *c* latitude

***brekke** (*brehk*-ker) *v* fracture; ~ **seg** vomit

brekkjern (*brehk*-Ɏæn) *nt* crowbar

bremse (*brehm*-ser) *c* brake; *v* slow down

bremselys (*brehm*-ser-lēwss) *pl* brake lights

bremsetrommel (*brehm*-ser-troo-merl) *c* (pl -tromler) brake drum

***brenne** (*brehn*-ner) *v* *burn

brennemerke (*brehn*-ner-mær-ker) *nt* brand; stigma

brennpunkt (*brehn*-poongkt) *nt* focus

brensel (*brehn*-sherl) *nt* fuel

brenselolje (*brehn*-sherl-ol-Ɏer) *c* fuel oil

brett (brehtt) *nt* tray

brette (*breht*-ter) *v* fold; ~ **ut** unfold

brev (brāyv) *nt* letter; **rekommandert** ~ registered letter

brevkort (*brāyv*-kot) *nt* (pl ~) card

brevpapir (*brāyv*-pah-peer) *nt* notepaper

brevveksle (*brāyvehk*-shler) *v* correspond

brevveksling (*brāyvehk*-shling) *c* correspondence

briller (*bril*-lerr) *pl* spectacles, glasses

***bringe** (*bring*-nger) *v* *bring; ~ **tilbake** *bring back

bringebær (*bring*-nger-bæær) *nt* (pl ~) raspberry

bris (breess) *c* breeze

***briste** (*briss*-ter) *v* *burst

brite (*brit*-ter) *c* Briton

britisk (*brit*-tisk) *adj* British

bro (brōō) *c* bridge

brodere (broo-*dāy*-rer) *v* embroider

broderi (broo-der-*ree*) *nt* embroidery

broiler (*broi*-lerr) *c* chicken

brokk (brokk) *c* hernia

***brolegge** (*brōō*-leh-ger) *v* pave

bronkitt (broong-*kitt*) *c* bronchitis

bronse (*brong*-sher) *c* bronze; **bronse-** bronze

bror (brōōr) *c* (pl brødre) brother

brorskap (*brōōsh*-kaap) *c*/*nt* fraternity, brotherhood

brosje (*brosh*-sher) *c* brooch

brosjyre (bro-*shēw*-rer) *c* brochure

brud (brēwd) *c* bride

brudd (brewdd) *nt* fracture, break

bruddstykke (*brewd*-stew-ker) *nt* fragment

brudgom (*brewd*-gom) *c* (pl ~mer) bridegroom

bruk (brewk) *c* use

brukbar (*brēwk*-baar) *adj* useful

bruke (*brēw*-ker) *v* apply, use; *spend; ~ **opp** use up

bruker (*brēw*-kerr) *c* user

bruksanvisning (*brewks*-ahn-viss-ning)

c directions for use

brukt (brewkt) *adj* second-hand

brumme (*broom*-mer) *v* growl

brun (brewn) *adj* brown; tanned

brunette (brew-*neht*-ter) *c* brunette

brus (brewss) *nt* fizz; *c* lemonade; soft drink *Am*

bruse (*brew*-ser) *v* roar

brusk (brewsk) *c* cartilage

brutal (brew-*taal*) *adj* brutal

brutto (brewt-too) *adj* gross

bry (brew) *v* trouble; *nt* bother; ~ **seg** bother; ~ **seg om** mind; care for

brydd (brewdd) *adj* embarrassed; *gjøre ~ embarrass

brygge (brewg-ger) *v* brew

bryggeri (brew-ger-*ree*) *nt* brewery

bryllup (*brewl*-lewp) *nt* wedding

bryllupsreise (*brewl*-lewps-ray-ser) *c* honeymoon

brysom (*brew*-som) *adj* troublesome

bryst (brewst) *nt* chest, breast; bosom

brystholder (*brewst*-ho-lerr) *c* brassiere, bra

brystkasse (*brewst*-kah-ser) *c* chest

brystsvømming (*brewst*-svur-ming) *c* breaststroke

***bryte** (*brew*-ter) *v* *break; ~ **sammen** collapse

bryter (*brew*-terr) *c* switch

brød (brūr) *nt* bread; loaf; **ristet ~** toast

brøkdel (*brūrk*-dāyl) *c* fraction

brøl (brūrl) *nt* roar

brøle (*brūr*-ler) *v* roar

brønn (brurnn) *c* well

bråk (brawk) *nt* fuss

bu (bew) *c* booth

bud (bewd) *nt* messenger; **sende ~ etter** *send for

budsjett (bewd-*shehtt*) *nt* budget

bue (*bew*-er) *c* bow; arch

bueformet (*bew*-er-for-mert) *adj* arched

buegang (*bew*-er-gahng) *c* arcade

buet (*bew*-ert) *adj* curved

bukett (bew-*kehtt*) *c* bouquet, bunch

bukke (*book*-ker) *v* bow; ~ **under** succumb

bukse (*book*-ser) *c* trousers *pl;* pants *plAm*

buksedrakt (*book*-ser-drahkt) *c* pantsuit

bukseseler (*book*-ser-*sāy*-lerr) *pl* braces *pl;* suspenders *plAm*

buksesmekk (*book*-ser-smehk) *c* fly

bukt (bookt) *c* bay

buktet (*book*-tert) *adj* winding

bulder (*bewl*-derr) *nt* noise

bulgarer (bewl-*gaa*-rerr) *c* Bulgarian

Bulgaria (bewl-*gaa*-ri-ah) Bulgaria

bulgarsk (bewl-*gaashk*) *adj* Bulgarian

bulk (bewlk) *c* dent

bunke (*boong*-ker) *c* batch

bunn (bewnn) *c* bottom

bunnfall (*bewn*-fahl) *nt* (pl ~) deposit; sediment

bunt (bewnt) *c* bundle

bunte (*bewn*-ter) *v* bundle

buntmaker (*bewnt*-maa-kerr) *c* furrier

bur (bewr) *nt* cage

***burde** (*bew*-der) *v* *ought to

busk (bewsk) *c* bush; shrub

buss (bewss) *c* bus; coach

butikk (bew-*tikk*) *c* shop; boutique

butt (bewtt) *adj* blunt

butterfly (*burt*-ter-fligh) *c* butterfly stroke

by (bew) *c* town, city; **by-** urban

byfolk (*bew*-folk) *pl* townspeople *pl*

bygg (bewgg) *nt* barley; building

bygge (*bewg*-ger) *v* construct, *build

byggekunst (*bewg*-ger-kewnst) *c* architecture

bygning (*bewg*-ning) *c* construction, building

byll (bewll) c abscess, boil

byrde (bewrr-der) c burden; charge

byrå (bew-raw) nt agency

byråkrati (bew-ro-krah-tee) nt bureaucracy

byste (bewss-ter) c bust

bytte (bewt-ter) v exchange, swap; nt exchange

bær (bæær) nt berry

*bære (bææ-rer) v carry, *bear; support

bærer (bææ-rerr) c porter

bøddel (burd-derl) c (pl bødler) executioner

bøk (būrk) c beech

bølge (burl-ger) c wave

bølgelengde (burl-ger-lehng-der) c wave-length

bølgende (burl-ger-ner) adj undulating

bølget (burl-gert) adj wavy

bølle (burl-ler) c brute

bøllete (burl-ler-ter) adj rowdy

bønn (burnn) c prayer

bønne (burn-ner) c bean

*bønnfalle (burnn-fah-ler) v beg

bør (būrr) c load

børs (būrsh) c stock exchange

børste (bursh-ter) v brush; c brush

bøyd (bur^ewd) adj bent

bøye (bur^ew-er) v *bend; c buoy; ~ seg *bend down

bøyelig (bur^ew-er-li) adj flexible, supple

bøyning (bur^ew-ning) c bend

både ... og (baw-der aw) both ... and

bål (bawl) nt bonfire

bånd (bonn) nt band; ribbon; tape; leash

båndopptaker (bonn-op-taa-kerr) c tape-recorder

bås (bawss) c booth

båt (bawt) c boat

C

campe (kæm-per) v camp

camping (kæm-ping) c camping

campinggjest (kæm-ping-Yehst) c camper

campingplass (kæm-ping-plahss) c camping site

campingvogn (kæm-ping-vongn) c caravan; trailer nAm

Canada (kahn-nah-dah) Canada

cape (kāyp) c cape

celle (sehl-ler) c cell

cellofan (sehloa-faan) c cellophane

celsius (sehl-si-ewss) centigrade

cembalo (shehm-bah-loo) c harpsichord

centimeter (sehn-ti-māy-terr) c (pl ~) centimetre

champagne (shahm-pahn-Yer) c champagne

charterflygning (chaa-terr-flēwg-ning) c charter flight

chassis (shahss-siss) nt chassis

Chile (chee-ler) Chile

chilener (chi-lāy-nerr) c Chilean

chilensk (chi-lāynsk) adj Chilean

cirka (seer-kah) adv approximately

clutch (klurch) c clutch

cocktail (kok-tayl) c cocktail

Colombia (koo-loom-bi-ah) Colombia

colombianer (koo-loom-bi-aa-nerr) c Colombian

colombiansk (koo-loom-bi-aansk) adj Colombian

container (koon-tay-nerr) c container

cricket (kri-kertt) c cricket

cruise (krēwss) nt (pl ~) cruise

Cuba (kēw-bah) Cuba

D

da (daa) *conj* when; *adv* then
daddel (*dahd*-derl) *c* (pl dadler) date
dag (daag) *c* day; i ~ today; om da-
gen by day; per ~ per day
dagbok (*daag*-bōōk) *c* (pl -bøker) dia-
ry
daggry (*daa*-grēw) *nt* daybreak, dawn
daghjem (*daag*-Yehm) *nt* (pl ~) nurs-
ery
daglig (*daag*-li) *adj* everyday, daily
dagligdags (*daag*-li-dahks) *adj* ordi-
nary
dagligstue (*daag*-li-stēw-er) *c* living-
room
dagsavis (*dahks*-ahveess) *c* daily
newspaper
dagslys (*dahks*-lēwss) *nt* daylight
dagsorden (*dahk*-so-dern) *c* agenda
dagstur (*dahks*-tēwr) *c* day trip
dal (daal) *c* valley
dam (dahmm) *c* (pl ~mer) pond
dambrett (*dahm*-breht) *nt* draught-
board; checkerboard *nAm*
dame (*daa*-mer) *c* lady
dametoalett (*daa*-mer-too-ah-leht) *nt*
powder-room, ladies' room
dameundertøy (*daa*-mer-ew-ner-tur^ew)
nt lingerie
damp (dahmp) *c* steam, vapour
dampskip (*dahmp*-sheep) *nt* (pl ~)
steamer
damspill (*dahm*-spil) *nt* (pl ~)
draughts; checkers *plAm*
Danmark (*dahn*-mahrk) Denmark
dans (dahns) *c* dance
danse (*dahn*-ser) *v* dance
dansk (dahnsk) *adj* Danish
danske (*dahn*-sker) *c* Dane
dask (dahsk) *c* smack
data (*daa*-tah) *pl* data *pl*
dato (*daa*-too) *c* date

datter (*daht*-terr) *c* (pl døtre) daugh-
ter
datterdatter (*daht*-ter-dah-terr) *c* (pl
-døtre) granddaughter
dattersønn (*daht*-ter-shurn) *c* grand-
son
De (dee) *pron* you
de (dee) *pron* those, they; *adj* those
debatt (deh-*bahtt*) *c* debate, dis-
cussion
debattere (deh-bah-*tāy*-rer) *v* argue,
discuss
debet (*dāy*-bert) *c* debit
defekt (deh-*fehkt*) *c* fault; *adj* faulty
definere (deh-fi-*nāy*-rer) *v* define
definisjon (deh-fi-ni-*shōōn*) *c* defini-
tion
deg (day) *pron* yourself; you
deig (day) *c* batter, dough
deilig (*day*-li) *adj* enjoyable, deli-
cious; pleasant
dekk (dehkk) *nt* tire, tyre; deck; øver-
ste ~ main deck
dekke (*dehk*-ker) *v* cover
dekkslugar (*dehks*-lew-gaar) *c* deck
cabin
deklarasjon (dehk-lah-rah-*shōōn*) *c*
declaration
deklarere (dehk-lah-*rāy*-rer) *v* declare
dekorasjon (deh-koo-rah-*shōōn*) *c* dec-
oration
del (dāyl) *c* part; share
dele (*dāy*-ler) *v* divide; share; ~ seg
fork; ~ ut *deal
delegasjon (deh-leh-gah-*shōōn*) *c* del-
egation
delikat (deh-li-*kaat*) *adj* delicate
delikatesse (deh-li-kah-*tehss*-ser) *c*
delicatessen
deling (*dāy*-ling) *c* division
*delta (*dāyl*-taa) *v* participate
deltakelse (*dāyl*-taa-kerl-ser) *c* partici-
pation
deltakende (*dāyl*-taa-ker-ner) *adj*

sympathetic

deltaker (*dáyl*-taa-kerr) *c* participant

delvis (*dáyl*-veess) *adv* partly; *adj* partial

Dem (dehmm) *pron* you

dem (dehmm) *pron* them

demning (*dehm*-ning) *c* dam; dike

demokrati (deh-moo-krah-*tee*) *nt* democracy

demokratisk (deh-moo-*kraa*-tisk) *adj* democratic

demonstrasjon (deh-moon-strah-*shóon*) *c* demonstration

demonstrere (deh-moon-*stráy*-rer) *v* demonstrate

den (dehnn) *pron* (nt det, pl de) that

denne (*dehn*-ner) *pron* (nt dette) this; *adj* this

deodorant (deh-oo-doo-*rahnt*) *c* deodorant

departement (deh-pah-ter-*mahngng*) *nt* department; ministry

deponere (deh-poo-*náy*-rer) *v* deposit

depositum (deh-*póo*-si-tewm) *nt* (pl -ta) deposit

depresjon (deh-preh-*shóon*) *c* depression

deprimere (deh-pri-*máy*-rer) *v* depress

deprimerende (deh-pri-*máy*-rer-ner) *adj* depressing

deprimert (deh-pri-*máyt*) *adj* depressed

deputert (deh-pew-*táyt*) *c* deputy

der (dæær) *adv* there; ~ **borte** over there

dere (*dáy*-rer) *pron* you, yourselves

Deres (*dáy*-rerss) *pron* your

deres (*dáy*-rerss) *pron* your; their

derfor (*dær*-for) *adv* therefore

dersom (*dæ*-shom) *conj* if, in case

desember (deh-*sehm*-berr) December

desertere (deh-sæ-*táy*-rer) *v* desert

desimalsystem (deh-si-*maal*-sewss-tãym) *nt* decimal system

desinfisere (dehss-sin-fi-*sáy*-rer) *v* disinfect; **desinfiserende middel** disinfectant

dessert (deh-*sæær*) *c* dessert; sweet

dessuten (*deh*-sēw-tern) *adv* moreover, also, furthermore, besides

dessverre (dehss-*vær*-rer) *adv* unfortunately

det (dãy) *pron* it

detalj (deh-*tahlʸ*) *c* detail

detaljert (deh-tahl-*ʸáyt*) *adj* detailed

detaljhandel (deh-*tahlʸ*-hahn-derl) *c* (pl -dler) retail trade

detaljist (deh-tahl-*ʸist*) *c* retailer

detektiv (deht-tehk-teev) *c* detective

detektivroman (*deht*-tehk-tiv-roo-maan) *c* detective story

devaluere (deh-vah-lew-*áy*-rer) *v* devalue

devaluering (deh-vah-lew-*áy*-ring) *c* devaluation

diabetes (di-ah-*báy*-terss) *c* diabetes

diabetiker (di-ah-*báy*-ti-kerr) *c* diabetic

diagnose (di-ahg-*nóo*-ser) *c* diagnosis; **stille en ~** diagnose

diagonal (di-ah-goo-*naal*) *c* diagonal; *adj* diagonal

diagram (di-ah-*grahmm*) *nt* (pl ~mer) chart, graph, diagram

dialekt (di-ah-*lehkt*) *c* dialect

diamant (di-ah-*mahnt*) *c* diamond

diaré (di-ah-*ráy*) *c* diarrhoea

diesel (*dee*-serl) *c* diesel

diett (di-*ehtt*) *c* diet

difteri (dif-ter-*ree*) *c* diphtheria

dike (*dee*-ker) *nt* dike

dikt (dikt) *nt* poem

diktafon (dik-tah-*fóon*) *c* dictaphone

diktat (dik-*taat*) *c* dictation

diktator (dik-*taa*-toor) *c* dictator

dikter (*dik*-terr) *c* poet

diktere (dik-*táy*-rer) *v* dictate

dimensjon (di-mehn-*shóon*) *c* size; dimension

din (deen) *pron* your

dine (*dee*-ner) *pron* your

diplom (di-*ploom*) *nt* certificate, diploma

diplomat (dip-loo-*maat*) *c* diplomat

direksjon (deer-ehk-*shoon*) *c* board of directors

direkte (di-*rehk*-ter) *adj* direct

direktiv (di-rehk-*teev*) *nt* directive; direction

direktør (di-rehk-*türr*) *c* executive, manager, director

dirigent (di-ri-*gehnt*) *c* conductor

dirigere (di-ri-*gāy*-rer) *v* conduct

dirre (*deer*-rer) *v* tremble

dis (deess) *c* mist, haze

disig (*dee*-si) *adj* hazy; misty

disiplin (di-si-*pleen*) *c* discipline

disk (disk) *c* counter

diskonto (diss-*kon*-too) *c* bank-rate

diskusjon (diss-kew-*shoon*) *c* discussion; argument

diskutere (diss-kew-*tāy*-rer) *v* discuss; argue

disponibel (diss-poo-*nee*-berl) *adj* available

disposisjon (diss-poo-si-*shoon*) *c* disposal

disse (*diss*-ser) *pron* these

distrikt (diss-*trikt*) *nt* district

dit (deet) *adv* there

divan (di-*vaan*) *c* couch

diverse (di-*væsh*-sher) *adj* miscellaneous, various

djerv (d^Yærv) *adj* fearless, bold

djevel (d^Yāy-verl) *c* (pl -vler) devil

dobbel (*dob*-berl) *adj* double

dobbeltsenger (*dob*-berlt-seh-ngerr) *pl* twin beds

dog (dawg) *conj* but, yet

dokk (dokk) *c* dock

***dokksette** (*dok*-seh-ter) *v* dock

doktor (*dok*-toor) *c* doctor

dokument (doo-kew-*mehnt*) *nt* certificate, document

dokumentmappe (doo-kew-*mehnt*-mah-per) *c* attaché case, briefcase

dom (domm) *c* (pl ~mer) judgment; verdict, sentence

domfellelse (*dom*-feh-lerl-ser) *c* conviction

domfelt (*dom*-fehltt) *c* (pl ~e) convict

dominere (doo-mi-*nāy*-rer) *v* dominate

domkirke (*dom*-kheer-ker) *c* cathedral

dommer (*dom*-merr) *c* judge; magistrate; umpire

domstol (*dom*-stool) *c* court, law court

donasjon (doo-nah-*shoon*) *c* donation

dose (*doo*-ser) *c* dose

dott (dott) *c* wisp; tuft; wad

doven (*daw*-vern) *adj* lazy

***dra** (draa) *v* pull; travel, *go; ~ av sted *set out

drake (*draa*-ker) *c* kite; dragon

drakt (drahkt) *c* costume

dram (drahmm) *c* drink of liquor

drama (*draa*-mah) *nt* drama

dramatiker (drah-*maa*-ti-kerr) *c* dramatist

dramatisk (drah-*maa*-tisk) *adj* dramatic

drap (draap) *nt* manslaughter, homicide

dreie (*dray*-er) *v* turn, resolve

dreining (*dray*-ning) *c* turn

drenere (dreh-*nāy*-rer) *v* drain

drepe (*drāy*-per) *v* kill

dress (drehss) *c* suit

dressere (dreh-*sāy*-rer) *v* train

dressjakke (*drehss*-Yahk-ker) *c* jacket

dreven (*drāy*-vern) *adj* skilled, clever

drikk (drikk) *c* drink; beverage; **alkoholfri ~** soft drink

***drikke** (*drik*-ker) *v* *drink

drikkelig (*drik*-ker-li) *adj* drinkable

drikkepenger (*drik*-ker-peh-ngerr) *pl*

tip, gratuity

drikkevann (*drik*-ker-vahn) *nt* drinking-water

drink (dringk) *c* drink

dristig (*driss*-ti) *adj* bold, daring; risky

dristighet (*driss*-ti-hāyt) *c* daring

*****drive frem** (*dree*-ver) propel

drivhus (*dreev*-hewss) *nt* (pl ~) greenhouse

drivkraft (*dreev*-krahft) *c* driving force

dronning (*droan*-ning) *c* queen

drosje (*drosh*-sher) *c* cab, taxi

drosjeholdeplass (*drosh*-sher-ho-ler-plahss) *c* taxi rank; taxi stand *Am*

drosjesjåfør (*drosh*-sher-sho-fürr) *c* cab-driver, taxi-driver

druer (*drēw*-err) *pl* grapes *pl*

drukne (*drook*-ner) *v* *be drowned; drown

dryppe (*drewp*-per) *v* drip

drøm (drurmm) *c* (pl ~mer) dream

drømme (*drurm*-mer) *v* *dream

dråpe (*draw*-per) *c* drop

du (dēw) *pron* you

due (*dēw*-er) *c* pigeon

duft (dewft) *c* scent

dugg (dewgg) *c* dew

duk (dēwk) *c* table-cloth

dukke (*dewk*-ker) *v* dive; *c* doll

dukketeater (*dewk*-ker-teh-*aa*-terr) *nt* (pl ~, -tre) puppet-show

dum (doomm) *adj* stupid, dumb; foolish, silly

dun (dēwn) *nt* down

dunke (*doong*-ker) *v* thump, bump

dunkel (*doong*-kerl) *adj* dim

dur (dēwr) *c* roar

dusin (dew-*seen*) *nt* (pl ~) dozen

dusj (dewshsh) *c* shower

duskregn (*dewsk*-rehngn) *nt* drizzle

dverg (dværg) *c* dwarf

dybde (*dewb*-der) *c* depth

dyd (dēwd) *c* virtue

dykke (*dewk*-ker) *v* dive

dykkermaske (*dew*-ker-*mahss*-ker) *c* goggles *pl*

dyktig (*dewk*-ti) *adj* able, capable, skilful

dyktighet (*dewk*-ti-hāyt) *c* ability, skill

dynamo (dew-*naa*-moo) *c* dynamo

dyne (*dēw*-ner) *c* eiderdown

dyp (dēwp) *adj* deep; low

dypfryser (*dēwp*-frēw-serr) *c* deep-freeze

dypfryst mat (*dēwp*-frewst maat) frozen food

dypsindig (*dēwp*-sin-di) *adj* profound

dyr (dēwr) *nt* beast, animal; *adj* expensive

dyrebar (*dēw*-rer-baar) *adj* precious; dear

dyrekretsen (*dēw*-rer-kreht-sern) zodiac

dyrke (*dewr*-ker) *v* raise, cultivate, *grow

dyrlege (*dēwr*-lāy-ger) *c* veterinary surgeon

dysenteri (dew-sehn-ter-*ree*) *c* dysentery

dyster (*dewss*-terr) *adj* gloomy, sombre

dytt (dewtt) *c* push

dø (dūr) *v* die

død (dūr) *adj* dead; *c* death

dødelig (*dūr*-der-li) *adj* mortal, fatal

dødsfall (*durts*-fahl) *nt* (pl ~) death

dødsstraff (*durt*-strahf) *c* death penalty

døgn (durngn) *nt* twenty-four hours

dømme (*durm*-mer) *v* sentence; judge

døpe (*dūr*-per) *v* baptize, christen

dør (dūrr) *c* door

dørslag (*dūr*-shlaag) *nt* (pl ~) strainer

dørvokter (*dūrr*-vok-terr) *c* door-keeper

døv (dūrv) *adj* deaf
dåd (dawd) *c* exploit, achievement
dåkalv (*daw*-kahlv) *c* fawn
dåp (dawp) *c* christening, baptism
dårlig (*daw*-li) *adj* ill, bad; poor
dåse (*daw*-ser) *c* canister

E

ebbe (*ehb*-ber) *c* ebb
Ecuador (ehk-vah-*dawr*) Ecuador
ecuadorianer (ehk-vah-do-ri-*aa*-nerr) *c* Ecuadorian
ed (āyd) *c* oath, vow
edderkopp (*ehd*-derr-kop) *c* spider
eddik (*ehd*-dik) *c* vinegar
edel (*āy*-derl) *adj* noble
edelsten (*āy*-derl-stāyn) *c* gem
edru (*āyd*-rēw) *adj* sober
effekt (eh-*fehkt*) *c* effect
effektiv (*ehf*-fehk-tiv) *adj* effective; efficient
eføy (*āy*-fur^ew) *c* ivy
egen (*āy*-gern) *adj* own; peculiar, odd
egenskap (*āy*-gern-skaap) *c* quality, characteristic
egentlig (*āy*-gernt-li) *adv* really
egg (ehgg) *nt* egg
eggeglass (*ehg*-ger-glahss) *nt* (pl ~) egg-cup
eggeplomme (*ehg*-ger-plo-mer) *c* yolk, egg-yolk
egn (ayn) *c* region
egnet (*ay*-nert) *adj* convenient, suitable, fit
egoisme (eh-goo-*iss*-mer) *c* selfishness
egoistisk (eh-goo-*iss*-tisk) *adj* egoistic
Egypt (eh-*gewpt*) Egypt
egypter (eh-*gewp*-terr) *c* Egyptian
egyptisk (eh-*gewp*-tisk) *adj* Egyptian
eie (*ay*-er) *v* own; possess, *nt* possession; **eiendeler** belongings *pl*

eiendom (*ay*-ern-dom) *c* (pl ~mer) property; estate; premises *pl*
eiendommelig (ay-ern-*dom*-li) *adj* peculiar; quaint
eiendommelighet (ay-ern-*dom*-li-hāyt) *c* peculiarity
eiendomsmegler (*ay*-ern-doms-mehg-lerr) *c* house-agent; realtor *nAm*
eier (*ay*-err) *c* owner, proprietor
eik (ayk) *c* oak
eike (*ay*-ker) *c* spoke
eikenøtt (*ay*-ker-nurt) *c* acorn
ekkel (*ehk*-kerl) *adj* nasty
ekko (*ehk*-koo) *nt* echo
ekorn (*ehk*-koon) *nt* squirrel
eksakt (ehk-*sahkt*) *adj* exact
eksamen (ehk-*saa*-mern) *c* examination; ***ta** ~ graduate
eksem (ehk-*sāym*) *c/nt* eczema
eksempel (ehk-*sehm*-perl) *nt* (pl -pler) example, instance; **for** ~ for instance, for example
eksemplar (ehk-sehm-*plaar*) *nt* specimen; copy
eksentrisk (ehk-*sehn*-trisk) *adj* eccentric
eksil (ehk-*seel*) *nt* exile
eksistens (ehk-si-*stehns*) *c* existence
eksistere (ehk-si-*stāy*-rer) *v* exist
eksklusiv (*ehks*-klew-seev) *adj* exclusive
eksos (ehk-*sōōss*) *c* exhaust gases
eksospotte (ehk-*sōōss*-po-ter) *c* silencer; muffler *nAm*
eksosrør (ehk-*sōōss*-rūrr) *nt* (pl ~) exhaust pipe
eksotisk (ehk-*soo*-tisk) *adj* exotic
ekspedisjon (ehk-sper-di-*shōōn*) *c* expedition
ekspeditrise (ehk-sper-di-*tree*-ser) *c* salesgirl
ekspeditør (ehk-sper-di-*tūrr*) *c* shop assistant, salesman
eksperiment (ehk-speh-ri-*mehnt*) *nt*

experiment

eksperimentere (ehk-speh-ri-mehn-*tay*-rer) *v* experiment

ekspert (ehk-*spæt*) *c* expert

eksplodere (ehk-sploo-*day*-rer) *v* explode

eksplosiv (ehk-sploo-*seev*) *adj* explosive

eksplosjon (ehk-sploo-*shoon*) *c* blast, explosion

eksponering (ehk-spoo-*nay*-ring) *c* exposure

eksport (ehk-*spot*) *c* exports *pl*

eksportere (ehk-spo-*tay*-rer) *v* export

ekspress- (ehk-*sprehss*) express

ekstase (ehk-*staa*-ser) *c* ecstasy

ekstra (*ehk*-strah) *adj* additional, extra; spare

ekstravagant (ehk-strah-vah-*gahnt*) *adj* extravagant

ekstrem (ehk-*straym*) *adj* extreme

ekte (*ehk*-ter) *adj* genuine, authentic, true; *v* marry

ektemann (*ehk*-ter-mahn) *c* (pl -menn) husband

ektepar (*ehk*-ter-paar) *nt* married couple

ekteskap (*ehk*-teh-skaap) *nt* matrimony, marriage

ekteskapelig (ehk-ter-*skaaper*-li) *adj* matrimonial

ekvator (ehk-*vaa*-toor) *c* equator

elastisk (eh-*lahss*-tisk) *adj* elastic

eldre (*ehl*-drer) *adj* older; elderly; **eldst** eldest

elefant (eh-ler-*fahnt*) *c* elephant

eleganse (eh-ler-*gahng*-ser) *c* elegance

elegant (eh-ler-*gahnt*) *adj* elegant

elektriker (eh-*lehk*-tri-kerr) *c* electrician

elektrisitet (eh-lehk-tri-si-*tayt*) *c* electricity

elektrisk (eh-*lehk*-trisk) *adj* electric

elektronisk (eh-lehk-*troo*-nisk) *adj*

electronic

element (eh-ler-*mehnt*) *nt* element

elementær (eh-ler-mehn-*tæær*) *adj* primary

elendig (eh-*lehn*-di) *adj* miserable

elendighet (eh-*lehn*-di-hayt) *c* misery

elev (eh-*layv*) *c* pupil

elfenbein (*ehl*-fern-bayn) *nt* ivory

elg (ehlg) *c* moose, elk

eliminere (eh-li-mi-*nay*-rer) *v* eliminate

eller (*ehl*-lerr) *conj* or; **enten . . . eller** either . . . or; **om . . . eller** whether . . . or

ellers (*ehl*-lersh) *adv* otherwise; else

elleve (*ehl*-ver) *num* eleven

ellevte (*ehl*-lerf-ter) *num* eleventh

elske (*ehl*-sker) *v* love

elsker (*ehl*-skerr) *c* lover

elskerinne (ehl-sker-*rin*-ner) *c* mistress

elsket (*ehl*-skert) *adj* beloved

elskling (*ehlsk*-ling) *c* sweetheart

elv (ælv) *c* river

elvebredd (*æl*-ver-brehd) *c* river bank, riverside

elvemunning (*æl*-ver-mew-ning) *c* estuary

emalje (eh-*mahl*-Yer) *c* enamel

emaljert (eh-mahl-*Yayt*) *adj* enamelled

embete (*ehm*-ber-ter) *nt* civil service affice

embetsmann (*ehm*-berts-mahnn) *c* (pl -menn) civil servant

emblem (ehm-*blaym*) *nt* emblem

emigrant (eh-mi-*grahnt*) *c* emigrant

emigrasjon (eh-mi-grah-*shoon*) *c* emigration

emne (*ehm*-ner) *nt* topic, theme

en (ayn) *art* (nt et) a *art*; *num* one; **-en** the *art*

enakter (*ayn*-ahk-terr) *c* one-act play

ende (*ehn*-ner) *c* end

endelig (*ehn*-der-li) *adv* finally

endestasjon (*ehn*-ner-stah-shōōn) *c* terminal

endetarm (*ehn*-ner-tahrm) *c* rectum

endog (ehn-dawg) *adv* even

endossere (ahng-do-*sāy*-rer) *v* endorse

endre (*ehn*-drer) *v* alter; modify

endring (*ehn*-dring) *c* alteration; change

eneforhandler (*āy*-ner-for-hahnd-lerr) *c* sole distributor

energi (eh-nær-*gee*) *c* power, energy

energisk (eh-*nær*-gisk) *adj* energetic

eneste (*āy*-nerss-ter) *adj* sole, only

enestående (*āy*-ner-sto-er-ner) *adj* exceptional, unique; singular

eng (ehngng) *c* meadow

engangs- (*āy*n-gahngs) disposable

engel (*āy*-ngerl) *c* (pl engler) angel

engelsk (*eh*-ngerlsk) *adj* English

engelskmann (*eh*-ngerlsk-mahn) *c* (pl -menn) Englishman; Briton

England (*ehng*-lahn) England

engroshandel (ahng-*graw*-hahn-derl) *c* (pl -dler) wholesale-trade

engstelig (*ehng*-ster-li) *adj* anxious; afraid

engstelse (*ehng*-sterl-ser) *c* fear

enhet (*āy*n-hāȳt) *c* unity; unit

enhver (ehn-*væær*) *pron* anyone; everybody, everyone

enig (*āy*-ni) *adj* unanimous, agreed; *‘*være ~ agree

enke (*ehng*-ker) *c* widow

enkel (*ehng*-kerl) *adj* simple; plain; single

enkelt (*ehng*-kerlt) *adj* individual

enkelte (*ehng*-kerl-ter) *pron* some

enkeltperson (*ehng*-kerlt-pæ-shōōn) *c* individual

enkeltrom (*ehng*-kerlt-room) *nt* (pl ~) single room

enkemann (*ayng*-ker-mahn) *c* (pl -menn) widower

enn (ehnn) *conj* than

ennå (*ehn*-naw) *adv* yet

enorm (eh-*norm*) *adj* enormous; huge, immense, gigantic

ensartet (*āy*n-saa-tert) *adj* uniform

ensidig (*āy*n-see-di) *adj* one-sided

ensom (*āy*n-som) *adj* lonely

enstemmig (*āy*n-steh-mi) *adj* unanimous

entall (*āy*n-tahl) *nt* singular

entrénøkkel (ahng-*trāy*-nur-kerl) *c* (pl -nøkler) latchkey

entreprenør (ahng-trer-preh-*nūrr*) *c* contractor

entusiasme (ehn-tew-si-*ahss*-mer) *c* enthusiasm

entusiastisk (ehn-tew-si-*ahss*-tisk) *adj* enthusiastic

enveiskjøring (*āy*n-vayss-khūr-ring) *c* one-way traffic

epidemi (eh-pi-der-*mee*) *c* epidemic

epilepsi (eh-pi-lehp-*see*) *c* epilepsy

epilog (eh-pi-*lawg*) *c* epilogue

episk (*āy*-pisk) *adj* epic

episode (eh-pi-*sōō*-der) *c* episode

eple (*ehp*-ler) *nt* apple

epos (*āy*-pooss) *nt* epic

erfare (ær-*faa*-rer) *v* experience

erfaren (ær-*faa*-rern) *adj* experienced

erfaring (ær-*faa*-ring) *c* experience

ergerlig (*ær*-ger-li) *adj* annoying

ergre (*ær*-grer) *v* annoy; irritate

ergrelse (*ær*-grerl-ser) *c* annoyance

erindre (eh-*rin*-drer) *v* recall

erindring (eh-*rin*-dring) *c* remembrance

erkebiskop (*ær*-ker-biss-kop) *c* archbishop

erkjenne (ær-*khehn*-ner) *v* acknowledge; confess, admit

erklære (ær-*klææ*-rer) *v* declare; state

erklæring (ær-*klææ*-ring) *c* declaration, statement

erme (*ær*-mer) *nt* sleeve

erobre (æ-*rōōb*-rer) *v* conquer; capture

erobrer (æ-*rōōb*-rerr) *c* conqueror

erobring (æ-*rōōb*-ring) *c* conquest; capture

erstatning (æ-*shtaht*-ning) *c* indemnity; substitute

erstatte (æ-*shtaht*-ter) *v* replace, substitute

ert (ætt) *c* pea

erte (æ-ter) *v* tease

erverve (ær-*vær*-ver) *v* acquire; obtain

ervervelse (ær-*vær*-verl-ser) *c* acquisition

esel ($\overline{ay}$-serl) *nt* (pl esler) ass, donkey

eskadrille (ehss-kah-*dril*-ler) *c* squadron

eske (*ehss*-ker) *c* box

eskorte (ehss-*kot*-ter) *c* escort

eskortere (ehss-ko-*tāy*-rer) *v* escort

esplanade (ehss-plah-*naa*-der) *c* esplanade

essay (*ehss*-say) *nt* (pl ~, ~s) essay

essens (eh-*sehns*) *c* essence

etablere (eh-tah-*blāy*-rer) *v* establish

etappe (eh-*tahp*-per) *c* stage, leg

etasje (eh-*taa*-sher) *c* storey, floor; **første** ~ ground floor

eter ($\overline{ay}$-terr) *c* ether

etikett (eh-ti-*kehtt*) *c* label

Etiopia (eh-ti-$\overline{oo}$-pi-ah) Ethiopia

etiopier (eh-ti-$\overline{oo}$-pi-err) *c* Ethiopian

etiopisk (eh-ti-$\overline{oo}$-pisk) *adj* Ethiopian

etsteds (eht-*stehss*) *adv* somewhere

etter (*eht*-terr) *prep* after; ~ **at** after

etterforske (*eht*-terr-fosh-ker) *v* investigate

etterforskning (*eht*-terr-foshk-ning) *c* inquiry

*****etterfølge** (*eht*-terr-fur-ler) *v* succeed

etterkommer (*eht*-terr-ko-merr) *c* descendant

*****etterlate** (*eht*-ter-laa-ter) *v* *leave behind; *leave

etterligne (*eht*-ter-ling-ner) *v* copy, imitate

etterligning (*eht*-ter-ling-ning) *c* imitation

ettermiddag (*eht*-terr-mi-dah) *c* afternoon; **i** ~ this afternoon

etternavn (*eht*-ter-nahvn) *nt* (pl ~) family name, surname

etterpå (*eht*-terr-paw) *adv* afterwards

ettersende (*eht*-ter-sheh-ner) *v* forward

ettersom (*eht*-ter-shom) *conj* as, because

etterspore (*eht*-ter-shp$\overline{oo}$-rer) *v* trace

etterspørsel (*eht*-ter-shpur-sherl) *c* demand

etui (eh-tew-*ee*) *nt* case

Europa (ou-*r$\overline{oo}$*-pah) Europe

europeer (ou-roo-*pāy*-err) *c* European

europeisk (ou-roo-*pāy*-isk) *adj* European

evakuere (eh-vah-kew-*āy*-rer) *v* evacuate

evangelium (eh-vahng-*gāy*-li-ewm) *nt* (pl -ier) gospel

eventuell (eh-vehn-tew-*ehll*) *adj* possible

eventyr ($\overline{ay}$-vern-tēwr) *nt* (pl ~) fairytale; tale; adventure

evig ($\overline{ay}$-vi) *adj* eternal

evighet ($\overline{ay}$-vi-hāyt) *c* eternity

evne (*ehv*-ner) *c* faculty, gift; ability, capacity

evolusjon (eh-voo-lew-*sh$\overline{oo}$n*) *c* evolution

F

fabel (*faa*-berl) *c* (pl fabler) fable

fabrikant (fahb-ri-*kahnt*) *c* manufacturer

fabrikk (fahb-*rikk*) *c* works *pl*, mill,

plant, factory

fabrikkere (fahb-ri-*kay*-rer) v manufacture

fag (faag) nt profession

fagforening (*faag*-fo-reh-ning) c trade-union; union

fagmann (*faag*-mahnn) c (pl -menn) expert

fajanse (fah-*Yahng*-ser) c faience

fakkel (*fahk*-kerl) c (pl fakler) torch

faktisk (*fahk*-tisk) adv as a matter of fact, really, actually, in effect, in fact; adj actual, factual

faktor (*fahk*-toor) c factor

faktum (*fahk*-tewm) nt (pl -ta) fact

faktura (fahk-*tew*-rah) c invoice

fakturere (fahk-tew-*ray*-rer) v bill

fakultet (fah-kewl-*tayt*) nt faculty

fald (fahll) c hem

falk (fahlk) c hawk

fall (fahll) nt fall; **i alle** ~ at any rate; **i hvert** ~ anyway, at any rate

***falle** (*fahl*-ler) v *fall; ~ **sammen med** coincide; ***la** ~ drop

falleferdig (*fahl*-ler-fæ-di) adj ramshackle

fallitt (fah-*litt*) adj bankrupt

falme (*fahl*-mer) v fade

falsk (fahlsk) adj false

familie (fah-*mee*-li-er) c family

familiær (fah-mi-li-*æær*) adj familiar

fanatisk (fah-*naa*-tisk) adj fanatical

fange (*fahng*-nger) v capture; *catch; c prisoner; ***ta til** ~ capture

fangenskap (*fahng*-ngern-skaap) nt imprisonment

fangevokter (*fahng*-nger-vok-terr) c prison guard, jailer

fangst (fahngst) c catch

fantasi (fahn-tah-*see*) c fantasy, imagination, fancy

fantasifoster (fahn-tah-*seefooss*-terr) nt illusion

fantastisk (fahn-*tahss*-tisk) adj fantastic

fantom (fahn-*toom*) nt phantom

far (faar) c (pl fedre) father; dad

fare (*faa*-rer) c peril, danger; risk

farfar (*fahr*-faar) c (pl -fedre) grandfather

farge (*fahr*-ger) c colour; dye; v dye; ~ **av** discolour

fargeblind (*fahr*-ger-blin) adj colour-blind

fargeekte (*fahr*-ger-ehk-ter) adj fast-dyed

fargefilm (*fahr*-ger-film) c colour film

fargemiddel (*fahr*-ger-mi-derl) nt (pl -midler) colourant

fargerik (*fahr*-ger-reek) adj colourful; gay

farget (*fahr*-gert) adj coloured

farlig (*faa*-li) adj dangerous

farmakologi (fahr-mah-koo-loo-*gee*) c pharmacology

farmor (*fahr*-moor) c (pl -mødre) grandmother

farse (*fah*-sher) c stuffing; farce

fart (fahtt) c rate, speed; **i full** ~ in a hurry; **saktne farten** slow down; **øke farten** accelerate

fartsgrense (*fahts*-grehn-ser) c speed limit

fartsmåler (*fahts*-maw-lerr) c speedometer

fartøy (*faa*-tur^{ew}) nt vessel

fasade (fah-*saa*-der) c façade

fasan (fah-*saan*) c pheasant

fascisme (fah-*shiss*-mer) c fascism

fascist (fah-*shist*) c fascist

fascistisk (fah-*shiss*-tisk) adj fascist

fase (*faa*-ser) c stage, phase

fast (fahst) adj firm; fixed; permanent; adv tight

fastboende (*fahst*-boo-er-ner) c (pl ~) resident

***fastholde** (*fahst*-ho-ler) v insist

fastland (*fahst*-lahn) nt mainland;

continent

*fastsette (*fahst*-seh-ter) v determine

*fastslå (*fahst*-shlo) v establish; ascertain

fat (faat) nt dish; cask, barrel

fatal (fah-*taal*) adj fatal

fatning (*faht*-ning) c composure

fatte (*faht*-ter) v *understand, grasp

fattig (*faht*-ti) adj poor

fattigdom (*faht*-ti-dom) c poverty

fattigslig (*faht*-tik-sli) adj poor

favoritt (fah-voo-*ritt*) c favourite

fe (fāy) c fairy

feber (*fāy*-berr) c fever

feberaktig (*fāy*-berr-ahk-ti) adj feverish

februar (feh-brew-*aar*) February

fedme (*fehd*-mer) c fatness

fedreland (*fāy*-drer-lahn) nt fatherland, native country

feie (*fay*-er) v *sweep

feig (fayg) adj cowardly

feiging (*fay*-ging) c coward

feil (fayl) c (pl ~) fault, error, mistake; adj incorrect; *ta ~ *be mistaken

feilaktig (fayl-*ahk*-ti) adj mistaken

feile (*fay*-ler) v err

feilfri (*fayl*-free) c faultless

feiltakelse (fayl-*taa*-kerl-ser) c mistake, error

feiltrinn (*fayl*-trin) nt slip

feinschmecker (*fighn*-shmeh-kerr) c gourmet

feire (*fay*-rer) v celebrate

feiring (*fay*-ring) c celebration

fekte (*fehk*-ter) v fence

fele (*fai*-ler) c fiddle

felg (fehlg) c rim

felle (*fehl*-ler) c trap

felles (*fehl*-lerss) adj common; joint

i fellesskap (*fehl*-ler-skaap) jointly

felt (fehlt) nt field

feltkikkert (*fehlt*-khi-kert) c field glasses

feltseng (*fehlt*-sehng) c camp-bed; cot nAm

fem (fehmm) num five

feminin (feh-mi-*neen*) adj feminine

femte (*fehm*-ter) num fifth

femten (*fehm*-tern) num fifteen

femtende (*fehm*-ter-ner) num fifteenth

femti (*fehm*-ti) num fifty

fengsel (*fehng*-sherl) nt (pl -sler) jail, gaol, prison

fengsle (*fehng*-shler) v imprison; fascinate

ferdig (*fææ*-di) adj finished

ferdselsåre (*færd*-serls-aw-rer) c thoroughfare

ferie (*fāy*-ri-er) c vacation, holiday; på ~ on holiday

ferieleir (*fāy*-ri-er-layr) c holiday camp

feriested (*fāy*-ri-er-stāy) nt holiday resort

ferje (*fær*-Yer) c ferry-boat

fersk (fæshk) adj fresh

fersken (*fæsh*-kern) c peach

ferskvann (*fæshk*-vahn) nt fresh water

fest (fehst) c feast, party

feste (*fehss*-ter) v attach, fasten; ~ med nål pin

festeinnretning (*fehss*-ter-in-reht-ning) c fastener

festival (fehss-ti-*vaal*) c festival

festlig (*fehst*-li) adj festive

festning (*fehst*-ning) c fortress; stronghold

fet (fāyt) adj fat

fett (fehtt) nt grease, fat

fetter (*feht*-terr) c cousin

fettet (*feht*-tert) adj greasy

fettholdig (*feht*-hol-di) adj fatty

fiasko (fi-*ahss*-koo) c failure

fiber (*fee*-berr) c (pl fibrer) fibre

fiende (*fee*-ern-der) *c* enemy
fiendtlig (*fee*-ern-tli) *adj* hostile
figur (fi-*gewr*) *c* figure
fik (feek) *c* slap, blow
fike (*fee*-ker) *v* slap
fiken (*fee*-kern) *c* fig
fiks (fiks) *adj* smart
fil (feel) *c* file; lane
filial (fi-li-*aal*) *c* branch
filipens (fi-li-*pehns*) *c* acne
Filippinene (fi-li-*pee*-ner-ner) Philip-
  pines *pl*
filippiner (fi-li-*pee*-nerr) *c* Filipino
filippinsk (fi-li-*peensk*) *adj* Philippine
fille (*fil*-ler) *c* rag
film (film) *c* movie, film
filmavhees (film-ahveess) *c* newsreel
filme (*fil*-mer) *v* film
filmkamera (*film*-kaa-mer-rah) *nt* cam-
  era
filmlerret (film-lær-rert) *nt* screen
filosof (fi-loo-*soof*) *c* philosopher
filosofi (fi-loo-soo-*fee*) *c* philosophy
filt (filt) *c* felt
filter (*fil*-terr) *nt* (pl -tre) filter
fin (feen) *adj* fine
finanser (fi-*nahng*-serr) *pl* finances *pl*
finansiell (fi-nahng-si-*ehll*) *adj* finan-
  cial
finansiere (fi-nahng-si-*aȳ*-rer) *v* fi-
  nance
finger (*fing*-ngerr) *c* (pl -gre) finger
fingeravtrykk (*fing*-ngerr-ahv-trewk) *nt*
  (pl ~) fingerprint
fingerbøl (*fing*-ngerr-burl) *nt* (pl ~)
  thimble
finhakke (*feen*-hah-ker) *v* mince
finke (*fing*-ker) *c* finch
Finland (*fin*-lahn) Finland
finmale (*feen*-maa-ler) *v* *grind
finne[1] (*fin*-ner) *c* Finn
***finne**[2] (*fin*-ner) *v* *find; ~ **igjen** re-
  cover; ~ **skyldig** convict; ~ **sted**
  *take place

finsk (finsk) *adj* Finnish
fint! (feent) all right!, okay!
fiol (fi-*ool*) *c* violet
fiolett (fi-oo-*lehtt*) *adj* violet
fiolin (fi-oo-*leen*) *c* violin
fire (*fee*-rer) *num* four
firma (*feer*-mah) *nt* firm, company
fisk (fisk) *c* fish
fiske (*fiss*-ker) *v* fish; angle
fiskebein (*fiss*-ker-bayn) *nt* bone, fish-
  bone
fiskeforretning (*fiss*-ker-fo-reht-ning) *c*
  fish shop
fiskegarn (*fiss*-ker-gaan) *nt* (pl ~)
  fishing net
fiskekort (*fiss*-ker-kot) *nt* (pl ~) fish-
  ing licence
fiskekrok (*fiss*-ker-krōōk) *c* fishing
  hook
fisker (*fiss*-kerr) *c* fisherman
fiskeredskap (*fiss*-ker-rehss-kaap) *nt*
  fishing tackle
fiskeri (*fiss*-ker-*ree*) *nt* fishing
  industry
fiskesnøre (*fiss*-ker-snūr-rer) *nt* fish-
  ing line
fiskestang (*fiss*-ker-stahng) *c* (pl
  -stenger) fishing rod
fiskeutstyr (*fiss*-ker-ewt-stēwr) *nt*
  fishing gear
fjell (fᵞehll) *nt* mountain
fjelldal (fᵞehll-daal) *c* glen
fjellkjede (fᵞehl-khāȳ-der) *c* mountain
  range
fjellklatring (fᵞehl-klaht-ring) *c* moun-
  taineering
fjerde (fᵞææ-rer) *num* fourth
fjern (fᵞææn) *adj* far-away, far, dis-
  tant, remote, far-off
fjerne (fᵞææ-ner) *v* *take away, re-
  move
fjerning (fᵞææ-ning) *c* removal
fjernskriver (fᵞææn-skree-verr) *c* telex
fjernsyn (fᵞææn-sēwn) *nt* television

fjernsynsapparat (fᵞææn-sēwn-sah-pah-raat) nt television set

fjernvalgnummer (fᵞææn-vahlg-noo-merr) nt (pl -numre) area code

fjollet (fᵞol-lert) adj foolish

i fjor (ee fᵞōor) last year

fjord (fᵞōor) c fjord

fjorten (fᵞoot-tern) num fourteen; ~ dager fortnight

fjortende (fᵞoot-ter-ner) num fourteenth

fjær (fᵞæær) c (pl ~) feather; spring

fjære (fᵞææ-rer) c low tide

fjæring (fᵞææ-ring) c suspension

fjærkre (fᵞæær-krāy) nt (pl ~) fowl, poultry

flagg (flahgg) nt flag

flakke (flahk-ker) v wander

flamingo (flah-ming-goo) c flamingo

flamme (flahm-mer) c flame

flanell (flah-nehll) c flannel

flaske (flahss-ker) c bottle; flask

flaskehals (flahss-ker-hahls) c bottle-neck

flaskeåpner (flahss-ker-awp-nerr) c bottle opener

flass (flahss) nt dandruff

flat (flaat) adj flat; plane

flekk (flehkk) c spot, stain; speck, blot

flekke (flehk-ker) v stain

flekket (flehk-kert) adj spotted

flekkfjerner (flehk-fᵞæ-nerr) c stain remover

flere (flāy-rer) adj several; flest most

flertall (flāy-tahl) nt majority; plural

flid (fleed) c diligence

flink (flingk) adj clever, skilful, smart

flintstein (flint-stayn) c flint

flis (fleess) c chip; tile

flittig (fli-ti) adj diligent; industrious

flo (floo) c flood

flokk (flokk) c herd, flock; bunch

flott (flott) adj swell

flottør (flo-tūrr) c float

flue (flēw-er) c fly

flukt (flewkt) c escape

fluktstol (flewkt-stōōl) c deck chair

fly (flēw) nt aircraft, aeroplane, plane; airplane nAm

*fly (flēw) v *fly

flygel (flēw-gerl) nt (pl -gler) grand piano

flyhavn (flēw-hahvn) c airport

flykaptein (flēw-kahp-tayn) c captain

flykte (flewk-ter) v escape

flyktig (flewk-ti) adj casual

flymaskin (flēw-mah-sheen) c aircraft

flyndre (flewnd-rer) c sole

flyplass (flēw-plahss) c airfield

flyselskap (flēw-sehl-skaap) nt airline

*flyte (flēw-ter) v flow; float

flytende (flēw-ter-ner) adj fluent; fluid, liquid

flyttbar (flewt-baar) adj movable

flytte (flewt-ter) v move

flytur (flēw-tēwr) c flight

flyulykke (flēw-ew-lew-ker) c plane crash

flyvertinne (flēw-væ-ti-ner) c stewardess

fløte (flūr-ter) c cream

fløteaktig (flūr-ter-ahk-ti) adj creamy

fløyel (flurᵉʷ-erl) c velvet

fløyte (flurᵉʷ-ter) c flute; whistle

flå (flaw) v fleece

flåte (flaw-ter) c raft; fleet; navy

fnise (fnee-ser) v giggle

foajé (foo-ah-ᵞay) c foyer, lobby

fokk (fokk) c foresail

fold (foll) c crease, fold

folde (fol-ler) v fold; ~ sammen fold; ~ ut v unfold

foldekniv (fol-ler-kneev) c clasp-knife

folk (folk) nt people, nation; pl people; folke- popular; national

folkedans (fol-ker-dahns) c folk-dance

folkemengde (fol-ker-mehng-der) c crowd

folkerik (*fol*-ker-reek) *adj* populous

folkeslag (fol-ker-*shlaag*) *nt* (pl ~) people

folkevise (*fol*-ker-vee-ser) *c* folk song

folklore (folk-*law*-rer) *c* folklore

fond (fonn) *nt* fund

fondsbørs (*fons*-būrsh) *c* stock exchange

fondsmarked (fons-mahr-kerd) *nt* stock market

fonetisk (foo-*nāy*-tisk) *adj* phonetic

for[1] (forr) *conj* for; *prep* for; ~ **hånden** available; ~ **å** in order to, to

fôr[2] (fōōr) *nt* lining; fodder

forakt (for-*ahkt*) *c* scorn, contempt

forakte (for-*ahk*-ter) *v* despise, scorn

foran (for-rahn) *prep* before, ahead of, in front of

forandre (for-*ahn*-drer) *v* change; vary, alter

forandring (for-*ahn*-dring) *c* variation, change; alteration

foranledning (*for*-rahn-lāyd-ning) *c* occasion

foranstaltning (*for*-rahn-stahlt-ning) *c* measure

forargelse (for-*ahr*-gerl-ser) *c* indignation

forbanne (for-*bahn*-ner) *v* curse

forbause (for-*bou*-ser) *v* astonish; amaze, surprise

forbauselse (for-*bou*-serl-ser) *c* astonishment; amazement

forbausende (for-*bou*-ser-ner) *adj* astonishing

forbedre (for-*bāyd*-rer) *v* improve

forbedring (for-*bāyd*-ring) *c* improvement

forbehold (*for*-ber-hol) *nt* qualification; reservation

forberede (*for*-ber-rāy-der) *v* prepare

forberedelse (*for*-ber-rāy-derl-ser) *c* preparation

forberedende (*for*-ber-rāy-der-ner) *adj* preliminary

forbi (for-*bee*) *prep* past, beyond, past; *gå* ~ pass by

*forbinde** (for-*bin*-ner) *v* connect, link, join; dress; associate

forbindelse (for-*bin*-nerl-ser) *c* connection; relation, reference

forbipasserende (for-*bee*-pah-sāy-rer-ner) *c* (pl ~) passer-by

*forbli** (for-*blee*) *v* remain

forbløffe (for-blurf-fer) *v* astonish

forbokstav (*for*-book-staav) *c* initial

forbruk (for-*brēwk*) *nt* expenditure

forbruker (for-*brēw*-kerr) *c* consumer

forbrytelse (for-*brēw*-terl-ser) *c* crime

forbryter (for-*brēw*-terr) *c* criminal

forbrytersk (for-*brēw*-tershk) *adj* criminal

forbud (*for*-bēwd) *nt* (pl ~) prohibition

forbudt (for-*bewtt*) *adj* prohibited; **forbikjøring forbudt** no passing *Am*

forbund (*for*-bewn) *nt* (pl ~) league, union; **forbunds-** federal

forbundsfelle (*for*-bewns-feh-ler) *c* associate

forbundsstat (*for*-bewn-staat) *c* federation

*forby** (for-*bēw*) *v* *forbid, prohibit

fordampe (fo-*dahm*-per) *v* evaporate

fordel (fo-*dāyl*) *c* benefit, advantage, profit; *ha* ~ **av** benefit; **til** ~ **for** for the benefit of

fordelaktig (fo-dāyl-ahk-ti) *adj* advantageous

fordele (fo-*dāy*-ler) *v* divide

fordervet (fo-*dær*-vert) *adj* stale

fordi (fo-*dee*) *conj* as, because; since

fordom (*fo*-dom) *c* (pl ~mer) prejudice

fordreid (fo-*drayd*) *adj* crooked, twisted

fordring (*fod*-ring) *c* claim

*__fordrive__ (fo-*dree*-ver) v expel; chase

__fordum__ (*fo*-dewm) adv formerly

__fordøye__ (fo-*dur*^(ew)-er) v digest

__fordøyelig__ (fo-*dur*^(ew)-er-li) adj digestible

__fordøyelse__ (fo-*dur*^(ew)-erl-ser) c digestion; dårlig ~ indigestion

__forebygge__ (*faw*-rer-bew-ger) v prevent

__forebyggende__ (*faw*-rer-bew-ger-ner) adj preventive

__foredrag__ (*faw*-rer-draag) nt (pl ~) lecture

*__foregi__ (*faw*-rer-Yee) v pretend

*__foregripe__ (*faw*-rer-gree-per) v anticipate

__foregående__ (*faw*-rer-gaw-er-ner) adj preceding, previous

*__forekomme__ (*faw*-rer-ko-mer) v occur

__foreldet__ (for-*ehl*-dert) adj out of date

__foreldre__ (for-*ehl*-drer) pl parents pl

*__forelegge__ (*faw*-rer-leh-ger) v present

__forelesning__ (*faw*-rer-lāyss-ning) c lecture

__forelsket__ (for-*ehl*-skert) adj in love

__foreløpig__ (*faw*-rer-lūr-pi) adj provisional, temporary

__forene__ (for-*āy*-ner) v join, unite

__forening__ (for-*āy*-ning) c association; club, society

__forent__ (for-*āynt*) adj joint

__De forente stater__ (di for-*āyn*-ter *staa*-terr) the States, United States

*__foreskrive__ (*faw*-rer-skree-ver) v prescribe

*__foreslå__ (*faw*-rer-shlaw) v propose, suggest

*__forespørre__ (*faw*-rer-spur-rer) v inquire, query, enquire

__forespørsel__ (*faw*-rer-spur-sherl) c (pl -sler) inquiry, query, enquiry

__forestille__ (*faw*-rer-sti-ler) v represent; ~ seg conceive; imagine, fancy

__forestilling__ (*faw*-rer-sti-ling) c show, performance; idea, conception

__foretagende__ (*faw*-rer-taa-ger-ner) nt undertaking; concern

*__foretrekke__ (*faw*-rer-treh-ker) v prefer; å ~ preferable

__forfader__ (for-*faa*-derr) c (pl -fedre) ancestor

__forfallen__ (for-*fahl*-lern) adj dilapidated; overdue

__forfalske__ (for-*fahl*-sker) v counterfeit, forge

__forfalskning__ (for-*fahlsk*-ning) c fake

__forfatter__ (for-*faht*-terr) c author, writer

__forfengelig__ (for-*fehng*-nger-li) adj vain

__forferdelig__ (for-*fæ*-der-li) adj awful, dreadful, frightful, terrible

__forfremme__ (for-*frehm*-mer) v promote

__forfremmelse__ (for-*frehm*-merl-ser) c promotion

__forfriske__ (for-*friss*-ker) v refresh

__forfriskende__ (for-*friss*-ker-ner) adj refreshing

__forfriskning__ (for-*frisk*-ning) c refreshment

*__forfølge__ (for-*furl*-ler) v pursue, chase

__forføre__ (for-*fūr*-rer) v seduce

__forgasser__ (for-*gahss*-serr) c carburettor

__forgifte__ (for-Y*if*-ter) v poison

__forgjenger__ (for-Y*eh*-ngerr) c predecessor

__forgjeves__ (for-Y*āy*-verss) adv in vain; adj vain

__forglemmelse__ (for-*glehm*-merl-ser) c oversight

__forgrunn__ (for-*grewn*) c foreground

__forgylt__ (for-Y*ewlt*) adj gilt

__i forgårs__ (ee for-*gosh*) the day before yesterday

*__forgå seg__ (for-*gaw*) offend

__forhandle__ (for-*hahnd*-ler) v negotiate

__forhandler__ (for-*hahnd*-lerr) c dealer

__forhandling__ (for-*hahnd*-ling) c negotiation

forhastet (for-*hahss*-tert) *adj* rash; premature

forhekse (for-*hehk*-ser) *v* bewitch

forhenværende (*for*-hehn-vææ-rer-ner) *adj* former

forhindre (for-*hin*-drer) *v* prevent

forhold (*for*-hol) *nt* (pl ~) relation; affair

forholdsmessig (*for*-hols-meh-si) *adj* proportional

forhør (for-*hūrr*) *nt* (pl ~) interrogation, examination

forhøre (for-*hūr*-rer) *v* interrogate; ~ **seg** inquire

på forhånd (po for-*hon*) in advance

forhåndsbetalt (*for*-hons-beh-tahlt) *adj* prepaid

forkaste (for-*kahss*-ter) *v* reject, turn down

forkjemper (for-*khehm*-perr) *c* champion

forkjærlighet (for-*khææ*-li-hāyt) *c* preference

forkjølelse (for-*khūr*-lerl-ser) *c* cold; *bli forkjølet *catch a cold

forkjørsrett (*for*-khūrsh-reht) *c* right of way

forklare (for-*klaa*-rer) *v* explain

forklaring (for-*klaa*-ring) *c* explanation

forklarlig (for-*klaa*-li) *adj* accountable

forkle (*for*-kler) *nt* (pl -lær) apron

forkledning (for-*klāyd*-ning) *c* disguise

forkle seg (for-*klāy*) disguise

forkorte (for-*kot*-ter) *v* shorten

forkortelse (for-*ko*-terl-ser) *c* abbreviation

forlange (fo-*lahng*-nger) *v* demand

*forlate** (fo-*laa*-ter) *v* check out, *leave; desert

forleden (fo-*lāy*-dern) *adv* recently

forlegen (fo-*lāy*-gern) *adj* embarrassed; *gjøre ~ embarrass

*forlegge** (fo-*leh*-ger) *v* *mislay

forlegger (fo-*leh*-gerr) *c* publisher

forlenge (fo-*lehng*-nger) *v* lengthen; extend

forlengelse (fo-*lehng*-ngerl-ser) *c* extension

forlovede (fo-*law*-ver-der) *c* fiancé; fiancée

forlovelse (fo-*law*-verl-ser) *c* engagement

forlovelsesring (fo-*law*-verl-serss-ring) *c* engagement ring

forlovet (fo-*law*-vert) *adj* engaged

forlystelse (fo-*lewss*-terl-ser) *c* entertainment, amusement

*forløpe** (fo-*lūr*-per) *v* pass

form (form) *c* form, shape

formalitet (for-mah-li-*rāyt*) *c* formality

formane (for-*maa*-ner) *v* urge

formann (for-*mahn*) *c* (pl -menn) president, chairman; foreman

format (for-*maat*) *nt* size

forme (*for*-mer) *v* shape, model, form

formel (*for*-merl) *c* (pl -mler) formula

formell (for-*mehll*) *adj* formal

formiddag (*for*-mi-dah) *c* morning

formiddagsmat (*for*-mi-dahks-maat) *c* lunch

forminske (for-*min*-sker) *v* lessen

formodning (for-*mōōd*-ning) *c* guess

formue (*for*-moo-er) *c* fortune

formynder (for-*mewn*-derr) *c* tutor, guardian

formynderskap (for-*mewn*-der-shkaap) *nt* custody

formørkelse (for-*murr*-kerl-ser) *c* eclipse

formål (*for*-mawl) *nt* (pl ~) purpose, objective, object

formålstjenlig (*for*-mawls-tᵞāyn-li) *adj* appropriate

fornavn (*fo*-nahvn) *nt* (pl ~) first name, Christian name

fornemme (fo-*nehm*-mer) *v* perceive

fornemmelse (fo-*nehm*-merl-ser) *c* perception; sensation

fornuft (fo-*newft*) *c* reason, sense

fornuftig (fo-*newf*-ti) *adj* reasonable, sensible

fornye (fo-*nēw*-er) *v* renew

fornærme (fo-*nær*-mer) *v* offend; insult

fornærmelse (fo-*nær*-merl-ser) *c* offence; insult

fornøyd (for-*nurᵉʷd*) *adj* pleased; glad

fornøyelse (for-*nurᵉʷ*-erl-ser) *c* pleasure

forpakte bort (for-*pahk*-ter bot) lease

forpaktning (for-*pahkt*-ning) *c* lease

forplikte (for-*plik*-ter) *v* oblige; ~ **seg** engage; ***være forpliktet til** *be obliged to

forpliktelse (for-*plik*-terl-ser) *c* engagement

forresten (fo-*rehss*-tern) *adv* besides; by the way

forretning (fo-*reht*-ning) *c* store, shop; business

forretninger (fo-*reht*-ni-ngerr) *pl* business; **i** ~ on business

forretningsmann (fo-*reht*-nings-mahn) *c* (pl -menn) businessman

forretningsmessig (fo-*reht*-nings-meh-si) *adj* business-like

forretningsreise (fo-*reht*-nings-ray-ser) *c* business trip

forretningssenter (fo-*reht*-ning-sehn-terr) *nt* (pl -trer) shopping centre

forrett (*for*-reht) *c* hors-d'œuvre

forrige (*for*-ᶻer) *adj* previous, last, past

forræder (fo-*rāy*-derr) *c* traitor

forræderi (fo-reh-der-*ree*) *nt* treason

forråd (*foar*-rawd) *nt* (pl ~) supply

forråde (fo-*raw*-der) *v* betray

forsamling (fo-*shahm*-ling) *c* assembly, rally

forseelse (fo-*shāy*-erl-ser) *c* offence, misdemeanour

forsere (fo-*shāy*-rer) *v* force

forside (fo-shee-der) *c* front

forsikre (fo-*shik*-rer) *v* assure; insure

forsikring (fo-*shik*-ring) *c* insurance

forsikringspolise (fo-*shik*-rings-poo-lee-ser) *c* insurance policy

forsikringspremie (fo-*shik*-rings-prāy-mi-er) *c* premium

forsiktig (fo-*shik*-ti) *adj* careful, cautious; gentle; wary; ***være** ~ watch out

forsiktighet (fo-*shik*-ti-hāyt) *c* caution, precaution

forsinke (fo-*shing*-ker) *v* delay

forsinkelse (fo-*shing*-kerl-ser) *c* delay

forsinket (fo-*shing*-kert) *adj* overdue

forskjell (fo-shehl) *c* distinction, difference; ***gjøre** ~ distinguish

forskjellig (fo-*shehl*-li) *adj* different, unlike, distinct; ***være** ~ vary, differ

forskning (*foshk*-ning) *c* research

forskole (fo-shkōō-ler) *c* kindergarten

forskrekke (fo-*shkrehk*-ker) *v* frighten; ***bli forskrekket** *be frightened

forskrekkelig (fo-*shkrehk*-ker-li) *adj* frightful

forskudd (fo-shkewd) *nt* (pl ~) advance; **betale på** ~ advance; **på** ~ in advance

forslag (fo-shlaag) *nt* (pl ~) proposal, suggestion, proposition; motion

forsoning (fo-*shōō*-ning) *c* reconciliation

***forsove seg** (fo-*shaw*-ver) *oversleep

forsprang (fo-shprahng) *nt* (pl ~) lead

forstad (fo-shtaad) *c* (pl -steder) suburb; **forstads-** suburban

forstand (fo-*shtahn*) *c* reason; brain, wits *pl*, intellect

forstavelse (fo-shtaa-verl-ser) *c* prefix

forstmann (*fosht*-mahn) *c* (pl -menn)

foreser

forstoppelse (fo-*shtop*-perl-ser) *c* constipation

forstoppet (fo-*shtop*-pert) *adj* constipated

forstue (fo-*shtew*-er) *v* sprain

forstuing (fo-*shtew*-ing) *c* sprain

forstyrre (fo-*shtewr*-rer) *v* disturb; *upset

forstyrrelse (fo-*shtewr*-rerl-ser) *c* disturbance

forstørre (fo-*shturr*-rer) *v* enlarge

forstørrelse (fo-*shturr*-rerl-ser) *c* enlargement

forstørrelsesglass (fo-*shturr*-rerl-serss-glahss) *nt* (pl ~) magnifying glass

*forstå (fo-*shtaw*) *v* *understand; *see

forståelse (fo-*shtaw*-erl-ser) *c* understanding

forsvar (fo-*shvaar*) *nt* defence

forsvare (fo-*shvaa*-rer) *v* defend

forsvarstale (fo-shvaa-sh-taa-ler) *c* plea

*forsvinne (fo-*shvin*-ner) *v* disappear, vanish

forsvunnet (fo-*shvewn*-nert) *adj* lost

forsyne (fo-*shew*-ner) *v* provide, furnish, supply; ~ med furnish with

forsyning (fo-*shew*-ning) *c* stock

forsøk (fo-*shurk*) *nt* (pl ~) try, attempt; trial; experiment

forsøke (fo-*shur*-ker) *v* try, attempt

forsømme (fo-*shurm*-mer) *v* neglect; fail

forsømmelig (fo-*shurm*-mer-li) *adj* neglectful

forsømmelse (fo-*shurm*-merl-ser) *c* neglect

fort[1] (foott) *adv* quickly

fort[2] (fott) *nt* fort

*forta seg (fo-*taa*) *wear away

fortau (fo-*tou*) *nt* (pl ~) pavement; sidewalk *nAm*

fortauskant (fo-touss-kahnt) *c* curb

*fortelle (fo-*tehl*-ler) *v* *tell; relate

fortelling (fo-*tehl*-ling) *c* story, tale

forte seg (foot-ter) hurry

fortid (fo-teed) *c* past

fortjene (fo-tˠay-ner) *v* deserve, merit

fortjeneste (fo-tˠay-nerss-ter) *c* profit, gain; merit

fortred (fo-trayd) *c* harm, mischief

fortrinnsrett (fo-trins-reht) *c* priority

fortryllelse (fo-trewl-lerl-ser) *c* spell

fortryllende (fo-trewl-ler ner) *adj* charming

*fortsette (fot-seh-ter) *v* continue; *keep on, carry on, *go on, proceed, *go ahead

fortsettelse (fot-seh-terl-ser) *c* sequel

fortvile (fo-tvee-ler) *v* despair

fortvilet (fo-tvee-lt) *adj* desperate

fortynne (fo-tewn-ner) *v* dilute

forundre (for-ewn-drer) *v* amaze

forundring (for-ewn-dring) *c* wonder

forurensning (for-rew-rehns-ning) *c* pollution

forurolige (for-rew-rōō-li-er) *v* alarm

foruroligende (for-rew-rōō-li-er-ner) *adj* scary

foruten (for-ēw-tern) *prep* besides

forutgående (for-rewt-gaw-er-ner) *adj* prior

forutsatt at (for-ēwt-sahtt ahtt) provided that, supposing that

*forutse (for-rēwt-sāy) *v* anticipate

*forutsi (for-rewt-see) *v* predict, forecast

forutsigelse (for-rewt-see-erl-ser) *c* prediction

forvaltende (for-vahl-ter-ner) *adj* administrative

forvaltningsrett (for-vahlt-nings-reht) *c* administrative law

forvandle (for-vahnd-ler) *v* transform; **forvandles til** turn into

forvaring (for-*vaa*-ring) c custody

forveksle (for-*vehk*-shler) v *mistake, confuse

forventning (for-*vehnt*-ning) c expectation

forvirre (for-*veer*-rer) v confuse

forvirret (for-*veer*-rert) adj confused

forvirring (for-*veer*-ring) c confusion; disturbance; muddle

forvisse seg om (for-*viss*-ser) ascertain

forårsake (for-ro-*shaa*-ker) v cause

foss (foss) c waterfall

fossestryk (*foss*-ser-strewk) nt (pl ~) rapids pl

fot (foot) c (pl føtter) foot; **til fots** on foot, walking

fotball (*foot*-bahl) c soccer; football

fotballkamp (*foot*-bahl-kahmp) c football match

fotbrems (*foot*-brehms) c foot-brake

fotgjenger (*foot*-Yehng-err) c pedestrian

fotgjengerovergang (*foot*-Yayng-err-aw-verr-gahng) c crossing, pedestrian crossing; crosswalk nAm

fotoforretning (*foo*-too-fo-reht-ning) c camera shop

fotograf (foo-too-*graaf*) c photographer

fotografere (foo-too-grah-*fay*-rer) v photograph

fotografering (foo-too-grah-*fay*-ring) c photography

fotografi (foo-too-grah-*fee*) nt photograph, photo

fotografiapparat (foo-too-grah-*fee*-ah-pah-raat) nt camera

fotokopi (*foot*-too-koo-pee) c photostat

fotpudder (*foot*-pew-derr) nt foot powder

fotspesialist (*foot*-speh-si-ah-list) c chiropodist

fottur (*foot*-tewr) c hike

fra (fraa) prep from; out of; as from; ~ **og med** from, as from

fradrag (*fraa*-draag) nt (pl ~) deduction; rebate

fraflytte (*fraa*-flew-ter) v vacate

frakk (frahkk) c topcoat, coat

frakt (frahkt) c cargo, freight

frankere (frahng-*kay*-rer) v stamp

franko (*frahng*-koo) adv post-paid

Frankrike (*frahngk*-ree-ker) France

fransk (frahnsk) adj French

franskmann (*frahnsk*-mahn) c (pl -menn) Frenchman

fraråde (fraa-*raw*-der) v dissuade from

frastøtende (fraa-*stur*-ter-ner) adj revolting, repellent, repulsive

*frata (*fraa*-taa) v deprive of

*fratre (*fraa*-tray) v resign

fravær (*fraa*-vær) nt (pl ~) absence

fraværende (*fraa*-vææ-rer-ner) adj absent

fred (frayd) c peace

fredag (*fray*-dah) c Friday

fredelig (*fray*-der-li) adj peaceful

frekk (frehkk) adj insolent, bold

frekkhet (*frehk*-hayt) c impertinence

frekvens (freh-*kvehns*) c frequency

frelse (*frehl*-ser) v redeem, save; c salvation

frem (frehmm) adv forward

fremad (*frehm*-maad) adv forward

fremadstrebende (*frehm*-maad-stray-ber-ner) adj go-ahead

*frembringe (*frehm*-bri-nger) v effect

fremdeles (frehm-*day*-lerss) adv still

fremgang (*frehm*-gahng) c prosperity

fremgangsmåte (*frehm*-gahngs-maw-ter) c approach; method, process, procedure

*fremgå (*frehm*-gaw) v appear

fremkalle (*frehm*-kah-ler) v develop

fremme (*frehm*-mer) v promote

fremmed (*frehm*-merd) *adj* strange;
foreign; *c* stranger

fremover (*frehm*-maw-verr) *adv* on-
wards, ahead

fremragende (*frehm*-raa-ger-ner) *adj*
outstanding, excellent

fremskritt (*frehm*-skrit) *nt* (pl ~)
progress; advance; *gjøre ~ *get
on, advance

fremstille (*frehm*-sti-ler) *v* produce

fremstående (*frehm*-staw-er-ner) *adj*
distinguished

fremtid (*frehm*-tee) *c* future

fremtidig (*frehm*-tee-di) *adj* future

fremtoning (*frehm*-tōō-ning) *c* appear-
ance

***fremtre** (*frehm*-trāy) *v* appear

fremtredende (*frehm*-trāy-der-ner) *adj*
outstanding, distinguished

fremvise (*frehm*-vee-ser) *v* exhibit

fri (free) *adj* free

fribillett (*free*-bi-leht) *c* free ticket

frifinnelse (*free*-fi-nerl-ser) *c* acquittal

frigjørelse (*free*-ᵞūr-rerl-ser) *c* emanci-
pation

frihet (*free*-hāyt) *c* freedom, liberty

friidrett (*free*-id-reht) *c* athletics *pl*

friksjon (frik-*shōōn*) *c* friction

frikvarter (*free*-kvah-tāyr) *nt* break;
recess *nAm*

frimerke (*free*-mær-ker) *nt* postage
stamp, stamp

frimerkeautomat (*free*-mær-ker-ou-
too-maat) *c* stamp machine

frisk (frisk) *adj* well; **bli ~** recover

frist (frist) *c* term

friste (*friss*-ter) *v* tempt

fristelse (*friss*-terl-ser) *c* temptation

frisyre (fri-*sēw*-rer) *c* hair-do

frisør (fri-*sūrr*) *c* hairdresser

***frita** (*free*-taa) *v* exempt; **~ for** dis-
charge of

fritakelse (*free*-taa-kerl-ser) *c* exemp-
tion

fritatt (*free*-taht) *adj* exempt

fritid (*free*-teed) *c* spare time; leisure

frivillig[1] (*free*-vi-li) *adj* voluntary

frivillig[2] (*free*-vi-li) *c* (pl ~e) volun-
teer

frokost (*frōō*-kost) *c* breakfast

from (fromm) *adj* pious

frontlys (*front*-lēwss) *nt* (pl ~) head-
lamp, headlight

frontrute (*front*-rēw-ter) *c* wind-
screen; windshield *nAm*

frosk (frosk) *c* frog

frossen (*fross*-sern) *adj* frozen

frost (frost) *c* frost

frostknute (*frost*-knēw-ter) *c* chilblain

frotté (fro-*tāy*) *c* towelling

frue (*frēw*-er) *c* madam; mistress

frukt (frewkt) *c* fruit

fruktbar (*frewkt*-baar) *adj* fertile

frukthage (*frewkt*-haa-ger) *c* orchard

fruktsaft (*frewkt*-sahft) *c* squash

fryd (frēwd) *c* delight, joy

frykt (frewkt) *c* fear, dread

frykte (*frewk*-ter) *v* fear, dread

fryktelig (*frewk*-ter-li) *adj* terrible,
dreadful

frynse (*frewn*-ser) *c* fringe

fryse (*frēw*-ser) *v* *freeze

***fryse** (*frēw*-ser) *v* *freeze

frysepunkt (*frēw*-ser-pewngt) *nt*
freezing-point

frysevæske (*frēw*-ser-vehss-ker) *c*
antifreeze

frø (frūr) *nt* seed

frøken (*frūr*-kern) *c* (pl -kner) miss

fugl (fewll) *c* bird

fukte (*fook*-ter) *v* moisten, damp

fuktig (*fook*-ti) *adj* wet, damp, hu-
mid, moist

fuktighet (*fook*-ti-hāyt) *c* damp, hu-
midity, moisture

fuktighetskrem (*fook*-ti-hāyts-krāym)
c moisturizing cream

full (fewll) *adj* full; drunk

fullblods (*fewl*-bloots) *adj* thorough-bred

fullende (*fewl*-leh-ner) *v* accomplish, complete, finish

fullføre (*fewl*-fūr-rer) *v* complete

fullkommen (*fewl*-ko-mern) *adj* perfect

fullkommenhet (*fewl*-ko-mern-hāyt) *c* perfection

fullsatt (*fewl*-saht) *adj* full up

fullstappet (*fewl*-stah-pert) *adj* chock-full

fullstendig (fewl-*stehn*-di) *adv* alto-gether, *adj* total; utter, whole, complete

fundament (fewn-dah-*mehnt*) *nt* base

fundamental (fewn-dah-mehn-*taal*) *adj* fundamental

fungere (fewng-*gāy*-rer) *v* work

funklende (*foongk*-ler-ner) *adj* spark-ling

funksjon (fewngk-*shōōn*) *c* function; operation

fure (*few*-rer) *c* groove

furu (*few*-rew) *c* pine

fy! (*few*) shame!

fyldig (*fewl*-di) *adj* bulky, plump

fylke (*fewl*-ker) *nt* province

fyll (fewll) *nt* filling

fylle (*fewl*-ler) *v* fill; ~ opp fill up; ~ ut fill in; fill out *Am*

fyllepenn (*fewl*-ler-pehn) *c* fountain-pen

fylt (fewlt) *adj* stuffed

fyr (fēwr) *c* chap, fellow

fyring (*few*-ring) *c* heating

fyrstikk (*fewsh*-tik) *c* match

fyrstikkeske (*fewsh*-ti-kehss-ker) *c* match-box

fyrtårn (*fēw*-tawn) *nt* (pl ~) light-house

fysiker (*few*-si-kerr) *c* physicist

fysikk (few-*sikk*) *c* physics

fysiologi (few-si-oo-loo-*gee*) *c* physiol-

ogy

fysisk (*fēw*-sisk) *adj* physical

føde (*fūr*-der) *c* nourishment

fødested (*fūr*-der-stāyd) *nt* place of birth

fødsel (*furt*-serl) *c* (pl -sler) birth; childbirth

fødselsdag (*furt*-serls-daag) *c* birth-day

fødselsveer (*furt*-serls-vāy-err) *pl* la-bour pains

født (furtt) *adj* born

følbar (*fūrl*-baar) *adj* tangible

føle (*fūr*-ler) *v* *feel; ~ på *feel

følelig (*fūr*-ler-li) *adj* perceptible

følelse (*fūr*-lerl-ser) *c* sensation, feel-ing; emotion

følelsesløs (*fūr*-lerl-serss-lūrss) *adj* numb

følesans (*fūr*-ler-sahns) *c* touch

følge (*furl*-ler) *c* consequence; result; *holde ~ med *keep up with

***følge** (*furl*-ler) *v* follow, accompany

følgende (*furl*-ger-ner) *adj* subse-quent, following

føljetong (furl-Yer-*tongng*) *c* serial

følsom (*fūrl*-som) *adj* sensitive

før (fūrr) *conj* before; *prep* before

føre (*fūr*-rer) *v* *lead, conduct

fører (*fūr*-rerr) *c* leader; driver, con-ductor

førerhund (*fūr*-rerr-hewn) *c* guide-dog

førerkort (*fūr*-rerr-kot) *nt* (pl ~) driving licence

førerskap (*fūr*-rer-shkaap) *nt* leader-ship

førkrigs- (*fūrr*-kriks) pre-war

først (fursht) *adv* at first; ~ og fremst especially, essentially

første (*fursh*-ter) *num* first; *adj* fore-most, primary

førstehjelp (*fursh*-ter-ᵞehlp) *c* first-aid

førstehjelpsskrin (*fursh*-ter-ᵞehlp-skreen) *nt* first-aid kit

førstehjelpsstasjon (*fursh*-ter-ᵞehlp-stah-shoon) *c* first-aid post

førsteklasses (*fursh*-ter-klah-serss) *adj* first-class, first-rate

førsterangs (*fursh*-ter-rahngs) *adj* first-rate

førti (*furt*-ti) *num* forty

føydal (fur^ew-*daal*) *adj* feudal

få (faw) *adj* few

*****få** (faw) *v* *get; obtain, receive; *have; ~ til å cause to

fårekjøtt (*faw*-rer-khurtt) *nt* mutton

G

gaffel (*gahf*-ferl) *c* (pl gafler) fork

gal (gaal) *adj* wrong, false; mad, crazy

galge (*gahl*-ger) *c* gallows *pl*

galle (*gahl*-ler) *c* bile, gall

galleblære (*gahl*-ler-blææ-rer) *c* gall bladder

galleri (gah-ler-*ree*) *nt* gallery

gallestein (*gahl*-ler-stayn) *c* gallstone

galopp (gah-*lopp*) *c* gallop

galskap (*gaal*-skaap) *c* madness

gammel (*gahm*-merl) *adj* ancient, old; aged

gammeldags (*gahm*-merl-dahks) *adj* ancient, old-fashioned; quaint

gang¹ (gahngng) *c* time; en ~ once; some time, some day; en ~ til once more; gang på gang again and again; *gå i ~ med *undertake; med en ~ straight away; nok en ~ once more

gang² (gahngng) *c* aisle; hallway

gangart (*gahng*-aat) *c* gait

gange (*gahng*-nger) *c* pace, walk

gangsti (*gahng*-sti) *c* footpath

ganske (*gahn*-sker) *adv* quite, fairly, pretty, rather

gap (gaap) *nt* mouth

garantere (gah-rahn-*tay*-rer) *v* guarantee

garanti (gah-rahn-*tee*) *c* guarantee

garasje (gah-*raa*-sher) *c* garage

garderobe (gahr-der-*roo*-ber) *c* (pl ~) wardrobe; checkroom *nAm*, cloakroom

garderobeskap (gahr-der-*roo*-ber-skaap) *nt* (pl ~) closet *nAm*

gardin (gah-*deen*) *c/nt* curtain

garn (gaan) *nt* yarn

gartner (*gaht*-nerr) *c* gardener

gas (gaass) *c* (pl ~) gauze

gasje (*gaa*-sher) *c* pay, salary

gasjepålegg (*gaa*-sher-paw-lehg) *nt* (pl ~) rise

gass (gahss) *c* gas

gasskomfyr (*gahss*-koom-few) *c* gas cooker

gassovn (*gahss*-ovn) *c* gas stove

gasspedal (*gahss*-peh-daal) *c* accelerator

gassverk (*gahss*-værk) *nt* gasworks

gate (*gaa*-ter) *c* street, road

gatekryss (*gaa*-ter-krewss) *nt* (pl ~) crossroads

gave (*gaa*-ver) *c* present, gift

gavl (gahvl) *c* gable

gavmild (*gaav*-mil) *adj* liberal, generous

gavmildhet (*gaav*-mil-hayt) *c* generosity

gebiss (geh-*biss*) *nt* denture, false teeth

geit (ᵞayt) *c* goat

geitebukk (ᵞay-ter-book) *c* goat

geiteskinn (ᵞay-ter-shin) *nt* kid

gelé (sheh-*lay*) *c* jelly

gelender (geh-*lehn*-derr) *nt* (pl -dre) banisters *pl*; railing, rail

gemen (geh-*mayn*) *adj* foul, mean

general (geh-ner-*raal*) *c* general

generasjon (geh-ner-rah-*shōōn*) c generation

generator (geh-ner-*raa*-toor) c generator

generell (sheh-ner-rehll) *adj* universal, general

generøs (sheh-ner-*rūrss*) *adj* generous

geni (sheh-*nee*) *nt* genius

genser (*gehn*-serr) c jersey

geografi (geh-oo-grah-*fee*) c geography

geologi (geh-oo-loo-*gee*) c geology

geometri (geh-oo-meh-*tree*) c geometry

gest (shehst) c gesture

gestikulere (gehss-ti-kew-*lāy*-rer) *v* gesticulate

gevinst (geh-*vinst*) c prize

gevir (geh-*veer*) *nt* antlers *pl*

gevær (geh-*væær*) *nt* rifle, gun

*****gi** (Yee) *v* *give; ~ **etter** indulge, *give in; ~ **opp** *v* *give up; ~ **seg** *give in

gift (Yift) c poison

gifte seg (*Yif*-ter) marry

giftig (*Yif*-ti) *adj* toxic, poisonous

gikt (Yikt) c gout

gips (Yips) c plaster

gir (geer) *nt* gear; **skifte ~** change gear

girkasse (*geer*-kah-ser) c gear-box

girstang (*gee*-shtahng) c (pl -stenger) gear lever

gissel (*giss*-serl) *nt* (pl gisler) hostage

gitar (gi-*taar*) c guitar

gjedde (*Yayd*-der) c pike

gjeld (Yehll) c debt

*****gjelde** (*Yehl*-ler) *v* concern, apply

gjelle (*Yehl*-ler) c gill

gjemme (*Yehm*-mer) *v* *hide

gjenforene (*Yehn*-fo-rāy-ner) *v* reunite

gjeng (Yehngng) c gang

gjenlyd (*Yehn*-lēwd) c echo

gjennom (*Yehn*-noom) *prep* through;

*****gå ~** pass through

gjennombløte (*Yehn*-noom-blūr-ter) *v* soak

gjennombore (*Yehn*-noom-bōō-rer) *v* pierce

*****gjennomgå** (*Yehn*-noom-gaw) *v* *go through, suffer

gjennomreise (*Yehn*-noom-ray-ser) c passage

gjennomsiktig (*Yehn*-noom-sik-ti) *adj* sheer, transparent

gjennomsnitt (*Yehn*-noom-snit) *nt* (pl ~) average, mean; **i ~** on the average

gjennomsnittlig (*Yehn*-noom-snit-li) *adj* average, medium

gjennomtrenge (*Yehn*-noom-treh-nger) *v* penetrate

gjenopplivelse (*Yehn*-noop-lee-verl-ser) c revival

*****gjenoppta** (*Yehn*-nop-taa) *v* resume

gjenpart (*Yehn*-paht) c carbon copy

gjensidig (*Yehn*-see-di) *adj* mutual

gjenstand (*Yehn*-stahn) c object; article

*****gjenta** (*Yehn*-taa) *v* repeat

gjentakelse (*Yehn*-taa-kerl-ser) c repetition

gjerde (*Yææ*-der) *nt* fence

gjerne (*Yææ*-ner) *adv* willingly, gladly

gjerning (*Yææ*ning) c deed

gjerrig (*Yær*-ri) *adj* avaricious

gjespe (*Yehss*-per) *v* yawn

gjest (Yehst) c guest

gjesteværelse (*Yehss*-ter-vææ-rerl-ser) *nt* guest room

gjestfri (*Yehst*-free) *adj* hospitable

gjestfrihet (*Yehst*-fri-hāyt) c hospitality

gjeter (*Yāy*-terr) c shepherd

gjette (*Yeht*-ter) *v* guess

gjær (Yæær) c yeast

gjære (*Yææ*-rer) *v* ferment

gjø (Yür) v bark, bay

gjødsel (Yurt-serl) c manure, dung

gjødseldynge (Yurt-serl-dew-nger) c dunghill

gjøk (Yürk) c cuckoo

*gjøre (Yür-rer) v *do

gjørlig (Yür-li) adj feasible

glad (glaa) adj cheerful, glad, joyful, happy; *være ~ i love

glans (glahns) c gloss

glansløs (glahns-lürss) adj mat

glass (glahss) nt glass; farget ~ stained glass; glass- glass

glassmaleri (glahss-maa-ler-ree) nt stained glass

glasur (glah-sewr) c icing, frosting

glatt (glahtt) adj slippery; smooth

glede (glay-der) c gladness, joy, delight; v please, delight; *ha ~ av enjoy; med ~ gladly

glemme (glehm-mer) v *forget

glemsom (glehm-som) adj forgetful

*gli (glee) v *slide, glide; skid, slip

glidefly (glee-der-flew) nt (pl ~) glider

glidelås (glee-der-lawss) c zip, zipper

glimrende (glim-rer-ner) adj splendid

glimt (glimt) nt flash; glimpse

glinse (glin-ser) v *shine

glis (gleess) nt grin

glise (glee-ser) v grin

globus (gloo-bewss) c globe

glød (glürd) c glow

gløde (glür-der) v glow

*gni (gnee) v rub

gnist (gnist) c spark

gobelin (goo-beh-lehngng) nt tapestry

god (goo) adj good; kind

godkjenne (goo-kheh-ner) v approve of, approve

godkjennelse (goo-kheh-nerl-ser) c approval

godlyndt (goo-lewnt) adj good-humoured

godmodig (goo-moo-di) adj good-tempered, good-natured

*godskrive (goo-skree-ver) v credit

godstog (goots-tawg) nt (pl ~) goods train; freight-train nAm

godsvogn (goots-vongn) c waggon

godt (gott) adv well

*godtgjøre (got-Yür-rer) v *make good

godtgjørelse (got-Yür-rerl-ser) c remuneration

godtroende (goo-troo-er-ner) adj credulous

godvilje (goo-vil-Yer) c goodwill

golf (golf) c golf; gulf

golfbane (golf-baa-ner) c golf-links, golf-course

gondol (gon-dool) c gondola

gotter (got-terr) pl candy nAm

grad (graad) c degree; grade; i den ~ so

gradvis (graad-veess) adv gradually; adj gradual

grafisk (graa-fisk) adj graphic; ~ fremstilling diagram

gram (grahmm) nt gram

grammatikk (grah-mah-tikk) c grammar

grammatisk (grah-maa-tisk) adj grammatical

grammofon (grah-moo-foon) c record-player, gramophone

grammofonplate (grah-moo-foon-plaa-ter) c disc, record

gran (graan) c fir-tree

granitt (grah-nitt) c granite

granne (grahn-ner) c neighbour

grapefrukt (grayp-frewkt) c grapefruit

grasiøs (grah-si-ürss) adj graceful

gratis (graa-tiss) adj free, gratis; free of charge

gratulasjon (grah-tew-lah-shoon) c congratulation

gratulere (grah-too-*lāy*-rer) v congratulate

grav (graav) c tomb, grave

grave (*graa*-ver) v *dig; ~ **ned** bury

gravere (grah-*vāy*-rer) v engrave

gravid (grah-*veed*) adj pregnant

gravlund (*graav*-lewn) c cemetery

gravstein (*graav*-stayn) c tombstone, gravestone

gravør (grah-*vurr*) c engraver

gre (greh) v comb

greker (*grāy*-kerr) c Greek

gren (*grāyn*) c branch, bough

grense (*grehn*-ser) c limit, bound, boundary; frontier, border

grenseløs (*grehn*-ser-*lūrss*) adj unlimited

grep (*grāyp*) nt grasp; clutch, grip

gresk (*grāysk*) adj Greek

gress (grehss) nt grass

gresshoppe (*grehss*-ho-per) c grasshopper

gressløk (*grehss*-lūrk) c chives pl

gressplen (*grehss*-*plāyn*) c lawn

gresstrå (*greh*-straw) nt (pl ~) blade of grass

greve (*grāy*-ver) c earl, count

grevinne (greh-*vin*-ner) c countess

grevskap (*grāyv*-skaap) nt county

gribb (gribb) c vulture

grille (*gril*-ler) v grill

grillrom (*grill*-room) nt (pl ~) grill-room

grind (grinn) c gate

*gripe (*gree*-per) v *take, *catch, grasp, seize, grip; ~ **inn** intervene, interfere

gris (greess) c pig

grisk (grisk) adj greedy

griskhet (*grisk*-*hāyt*) c greed

grop (*grōōp*) c pit

gross (gross) nt gross

grosserer (groo-*sāy*-rerr) c wholesale dealer

grotte (*grot*-ter) c cave, grotto

grov (grawv) adj coarse, gross

grovsmed (*grawv*-smāy) c blacksmith

gru (grew) c horror

grundig (*grewn*-di) adj thorough

grunn¹ (grewnn) c reason; cause; **på ~ av** owing to, because of, for, on account of

grunn² (grewnn) c ground

grunn³ (grewnn) adj shallow

grunnlag (*grewn*-laag) nt (pl ~) basis

*grunnlegge (*grewn*-leh-ger) v found

grunnleggende (*grewn*-leh-ger-ner) adj basic

grunnlov (*grewn*-lawv) c constitution

grunnsetning (*grewn*-seht-ning) c principle

gruppe (*grewp*-per) c group; party

gruppere (grew-*pāy*-rer) v classify

grus (*grēwss*) c gravel, grit

grusom (*grēw*-som) adj cruel, harsh; terrible, horrible

gruve (*grēw*-ver) c pit, mine

gruvearbeider (*grēw*-ver-ahr-bay-derr) c miner

gruvedrift (*grēw*-ver-drift) c mining

gryte (*grēw*-ter) c pot

grøft (grurft) c ditch

grønn (grurnn) adj green; **grønt kort** green card

grønnsak (*grurn*-saak) c vegetable

grønnsakhandler (*grurn*-saak-hahnd-lerr) c greengrocer; vegetable man

grøt (grurt) c porridge

grå (graw) adj grey

grådig (*graw*-di) adj greedy

*gråte (*graw*-ter) v *weep, cry

gud (gewd) c god

guddommelig (gew-*dom*-mer-li) adj divine

gudfar (*gēw*-faar) c (pl -fedre) godfather

gudinne (gew-*din*-ner) c goddess

gudstjeneste (gewts-t▽ā̄y-nerss-ter) *c* worship, service
guide (gighd) *c* guide
gul (gēw̄l) *adj* yellow
gull (gewll) *nt* gold
gullgruve (gewl-grēw̄-ver) *c* goldmine
gullsmed (gewl-smā̄y) *c* jeweller, goldsmith
gulrot (gēw̄l-rōōt) *c* (pl -røtter) carrot
gulsott (gēw̄l-sot) *c* jaundice
gulv (gewlv) *nt* floor
gulvteppe (gewlv-teh-per) *nt* carpet
gummi (gewm-mi) *c* rubber, gum
gummisko (gewm-mi-skōō) *pl* plimsolls *pl*
gunstig (gewn-sti) *adj* favourable; cheap
gurgle (gewr-gler) *v* gargle
gutt (gewtt) *c* boy; lad
guttespeider (gewt-ter-spay-derr) *c* scout, boy scout
guvernante (gew-veh-nahn-ter) *c* governess
guvernør (gew-veh-nū̄rr) *c* governor
gyldig (▽ew̄l-di) *adj* valid
gyllen (▽ew̄l-lern) *adj* golden
gymnastikk (gewm-nah-stikk) *c* physical education; gymnastics *pl*
gymnastikksal (gewm-nah-stik-saal) *c* gymnasium
gynekolog (gew-ner-koo-lawg) *c* gynaecologist
gynge (▽ewng-nger) *v* rock
gys (▽ēw̄ss) *nt* shudder
gøy (gur^ew) *c/nt* fun
gøyal (gur^ew-ahl) *adj* amusing
*gå (gaw) *v* *go, walk; pull out; ~ **bort** *leave, *go away; ~ **forbi** pass by; ~ **forut for** precede; ~ **fottur** hike; ~ **fra borde** disembark; ~ **gjennom** pass through; ~ **hjem** *go home; ~ **igjennom** *go through; ~ **i land** land; ~ **inn** enter, *go in; ~ **med på** agree; ~

ned descend; ~ **om bord** embark; ~ **over** cross; ~ **sin vei** depart; ~ **tilbake** *get back; ~ **til verks** proceed; ~ **ut** *go out; ~ **videre** *go ahead, *go on
i går (i-gawr) yesterday
gårdsplass (gawsh-plahss) *c* backyard, courtyard
gås (gawss) *c* (pl gjess) goose
gåsehud (gaw-ser-hēw̄d) *c* goose-flesh
gåte (gaw-ter) *c* puzzle, enigma, riddle
gåtefull (gaw-ter-fewl) *adj* mysterious

H

*ha (haa) *v* *have; ~ **noe imot** mind; ~ **på seg** *wear
hage (haa-ger) *c* garden
hagl (hahgl) *nt* hail; buckshot
hai (high) *c* shark
haike (high-ker) *v* hitchhike
haiker (high-kerr) *c* hitchhiker
hake (haa-ker) *c* chin
hakke (hahk-ker) *v* chop; *c* pick-axe
hale (haa-ler) *c* tail
hallo! (hah-lōō) hello!
halm (hahlm) *c* straw
halmtak (hahlm-taak) *nt* (pl ~) thatched roof
hals (hahls) *c* throat, neck
halsbrann (hahls-brahn) *c* heartburn
halsbånd (hahls-bon) *nt* (pl ~) collar
halsesyke (hahl-ser-sēw̄-ker) *c* sore throat
halskjede (hahls-khā̄y-der) *nt* necklace
halt (hahlt) *adj* lame
halte (hahl-ter) *v* limp
halv (hahll) *adj* half; **halv-** semi-
halvdel (hahl-dā̄yl) *c* half
halvere (hahl-vā̄y-rer) *v* halve
halvsirkel (hahl-seer-kerl) *c* (pl -kler)

semicircle

halvt (hahlt) *adv* half

halvtid (hahl-teed) *c* half-time

halvveis (hahl-vayss) *adv* halfway

halvøy (hahl-lur^(ew)) *c* peninsula

ham (hahmm) *pron* him

hammer (hahm-merr) *c* hammer

hamp (hahmp) *c* hemp

han (hahnn) *pron* he; **hann-** male

handel (hahn-derl) *c* (pl -dler) commerce, business, trade; deal; **drive ~ trade; **handels-** commercial

handelsmann (hahn-derls-mahn) *c* (pl -menn) tradesman

handelsrett (hahn-derls-reht) *c* commercial law

handelsvare (hahn-derls-vaa-rer) *c* merchandise

handle (hahnd-ler) *v* shop; act; ~ **med** **deal with

handlebag (hahnd-ler-bæg) *c* shopping bag

handlende (hahnd-ler-ner) *c* (pl ~) dealer

handling (hahnd-ling) *c* action, act, deed; plot

hane (haa-ner) *c* cock

hans (hahns) *pron* his

hanske (hahn-sker) *c* glove

hard (haar) *adj* hard

hardnakket (haanah-kert) *adj* obstinate

hare (haa-rer) *c* hare

harmoni (hahr-moo-nee) *c* harmony

harpe (hahr-per) *c* harp

harpiks (hahr-piks) *c* resin

harsk (hahshk) *adj* rancid

hasselnøtt (hahss-serl-nurt) *c* hazelnut

hast (hahst) *c* haste

hastig (hahss-ti) *adj* hasty

hastighet (hahss-ti-hāyt) *c* speed

hastverk (hahst-værk) *nt* hurry

hat (haat) *nt* hatred, hate

hate (haa-ter) *v* hate

hatt (hahtt) *c* hat

haug (hou) *c* pile, heap; mound

hauk (houk) *c* hawk

hav (haav) *nt* ocean

havfrue (haav-frēw-er) *c* mermaid

havmåke (haav-maw-ker) *c* seagull

havn (hahvn) *c* port, harbour

havnearbeider (hahv-ner-ahr-bay-derr) *c* docker

havneby (hahv-ner-bēw) *c* seaport

havre (hahv-rer) *c* oats *pl*

hebraisk (heh-braa-isk) *nt* Hebrew

hedensk (hāy-dernsk) *adj* pagan, heathen

heder (hāy-derr) *c* glory

hederlig (hāy-der-li) *adj* honourable

hedning (hāyd-ning) *c* pagan, heathen

hedre (hāy-drer) *v* honour

heftig (hehf-ti) *adj* severe, violent, fierce

heftplaster (hehft-plahss-terr) *nt* (pl -tre) plaster, adhesive tape

hegre (hāy-grer) *c* heron

hei (hay) *c* heath, moor

heis (hayss) *c* lift; elevator *nAm*

heise (hay-ser) *v* hoist

heisekran (hay-ser-kraan) *c* crane

hekk (hehkk) *c* hedge

hekle (hehk-ler) *v* crochet

heks (hehks) *c* witch

hel (hāyl) *adj* entire, whole

helbrede (hehl-brāy-der) *v* cure, heal

helbredelse (hehl-brāy-derl-ser) *c* recovery, cure

heldig (hehl-di) *adj* lucky, fortunate

hele (hāy-ler) *nt* whole; **i det ~** altogether

helgen (hehl-gern) *c* saint

helgenskrin (hehl-gern-skreen) *nt* (pl ~) reliquary

helkornbrød (hāyl-kōon-brūr) *nt* (pl ~) wholemeal bread

hell (hehll) *nt* luck

Hellas (*hehl*-lahss) Greece
helle (*hehl*-ler) v pour; slope
heller (*hehl*-lerr) adv sooner, rather
hellig (*hehl*-li) adj holy, sacred
helligbrøde (*hehl*-li-brūr-der) c sacrilege
helligdag (*hehl*-li-daag) c holiday, Sunday
helligdom (*hehl*-li-dom) c (pl ~mer) shrine
hellige (*hehl*-li-er) v dedicate
helling (*hehl*-ling) c gradient
helse (*hehl*-ser) c health
helseattest (*hehl*-ser-ah-tehst) c health certificate
helt¹ (hehlt) c hero
helt² (hāylt) adv wholly, entirely, quite, completely
heltinne (hehlt-*inn*-ner) c heroine
helvete (*hehl*-ver-ter) nt hell
hemmelig (*hehm*-li) adj secret
hemmelighet (*hehm*-li-hāyt) c secret
hemorroider (heh-moo-*ree*-derr) pl piles pl, haemorrhoids pl
hende (*hehn*-ner) v happen, occur
hendelse (*hehn*-nerl-ser) c incident, happening, occurrence
hendig (*hehn*-di) adj handy
*henge (*hehng*-nger) v *hang
hengebru (*hehng*-nger-brēw) c suspension bridge
hengekøye (*hehng*-nger-kurᵉʷ-er) c hammock
hengelås (*heh*-nger-lawss) c padlock
henger (*hehng*-ngerr) c hanger
hengesmykke (*hehng*-nger-smew-ker) nt pendant
hengiven (*hehn*-ᵞee-vern) adj affectionate
hengivenhet (*hehn*-ᵞee-vern-hāyt) c affection
hengsel (*hehng*-sherl) nt (pl -sler) hinge
henne (*hehn*-ner) pron her

hennes (*hehn*-nerss) pron her
henrettelse (*hehn*-reh-terl-ser) c execution
henrivende (*hehn*-ree-ver-ner) adj adorable, delightful, enchanting
henrykt (*hehn*-rewkt) adj delighted
hensikt (*hehn*-sikt) c intention, purpose, design; *ha til ~ intend
henstand (*hehn*-stahn) c respite
hensyn (*hehn*-sēwn) nt regard; med ~ til as regards, regarding
hensynsfull (*hehn*-sēwns-fewl) adj considerate
hensynsfullhet (*hehn*-sēwns-fewl-hāyt) c consideration
hente (*hehn*-ter) v fetch; *get, pick up, collect
henvende seg til (*hehn*-veh-ner) address
henvise til (*hehn*-vee-ser) refer to
henvisning (*hehn*-veess-ning) c reference
her (hæær) adv here
herberge (*hær*-bær-ger) nt hostel
heretter (*hææ*-reh-terr) adv henceforth
herkomst (*hæær*-komst) c origin
herlig (*hææ*-li) adj wonderful, lovely, delightful
hermetikk (hær-mer-*tikk*) c tinned food
hermetikkboks (hær-mer-*tik*-boks) c tin; can nAm
hermetikkåpner (hær-mer-*tik*-awp-nerr) c tin-opener
hermetisere (hær-mah-ti-*sāy*-rer) v preserve
herr (hærr) mister
herre (*hær*-rer) c gentleman
herredømme (*hær*-rer-dur-mer) nt dominion
herrefrisør (*hær*-rer-fri-sūrr) c barber
herregård (*hær*-rer-gawr) c mansion, manor-house

herretoalett (hær-rer-too-ah-leht) *nt* men's room

herske (hæsh-ker) *v* reign, rule

hersker (hæsh-kerr) *c* sovereign

hertug (hæt-tewg) *c* duke

hertuginne (hæ-tew-*gin*-ner) *c* duchess

hes (hāyss) *adj* hoarse

hest (hehst) *c* horse

hestekraft (hehss-ter-krahft) *c* (pl -krefter) horsepower

hestesko (hehss-ter-skōo) *c* (pl ~) horseshoe

hesteveddeløp (hehss-ter-veh-der-lūrp) *nt* (pl ~) horserace

het (hāyt) *adj* hot

hete (hāy-ter) *c* heat

***hete** (hāy-ter) *v* *be called

heteroseksuell (hāy-ter-roo-sehk-sew-ehl) *adj* heterosexual

hette (heht-ter) *c* hood

hevarm (hāyv-ahrm) *c* lever

heve (hāy-ver) *v* raise; *draw, cash

hevelse (hāy-verl-ser) *c* swelling

hevn (hehvn) *c* revenge

hi (hee) *nt* den

hierarki (hi-eh-rahr-*kee*) *nt* hierarchy

hikke (hik-ker) *c* hiccup

hilse (hil-ser) *v* greet; salute

hilsen (hil-sern) *c* greeting

himmel (him-merl) *c* (pl himler) sky; heaven

hindre (hin-drer) *v* hinder, impede

hindring (hin-dring) *c* obstacle, impediment

hinsides (heen-see-derss) *prep* beyond

hissig (hiss-si) *adj* hot-tempered, quick-tempered

historie (hiss-tōo-ri-er) *c* history

historiker (hiss-tōo-ri-kerr) *c* historian

historisk (hiss-tōo-risk) *adj* historic, historical

hittegods (hit-ter-goots) *nt* lost and found

hittegodskontor (hit-ter-goots-koon-tōor) *nt* lost property office

hittil (heet-til) *adv* so far

hjelm (Yehlm) *c* helmet

hjelp (Yehlp) *c* aid, assistance, help; relief

***hjelpe** (Yehl-per) *v* help, aid; support, assist

hjelper (Yehl-perr) *c* helper

hjelpsom (Yehlp-som) *adj* helpful

hjem (Yehmm) *nt* home

hjemlengsel (Yehm-lehng-serl) *c* homesickness

hjemme (Yehm-mer) *adv* at home

hjemmelaget (Yehm-mer-laa-gert) *adj* home-made

hjemover (Yehm-maw-verr) *adv* homeward

hjemreise (Yehm-ray-ser) *c* return journey

hjerne (Yææ-ner) *c* brain

hjernerystelse (Yææ-ner-rewss-terl-ser) *c* concussion

hjerte (Yæt-ter) *nt* heart

hjerteanfall (Yæt-ter-ahn-fahl) *nt* (pl ~) heart attack

hjerteklapp (Yæt-ter-klahp) *c* palpitation

hjertelig (Yæt-li) *adj* cordial, hearty

hjerteløs (Yæt-ter-lūrss) *adj* heartless

hjort (Yott) *c* deer

hjul (Yēwl) *nt* wheel

hjørne (Yūr-ner) *nt* corner

hode (hōo-der) *nt* head; på hodet upside-down

hodepine (hōo-der-pee-ner) *c* headache

hodepute (hōo-der-pēw-ter) *c* pillow

hoff (hoff) *nt* court

hofte (hof-ter) *c* hip

hofteholder (hof-ter-ho-lerr) *c* girdle

hold (holl) *nt* stitch

***holde** (hol-ler) *v* *hold; *keep; ~ oppe *hold up; ~ opp med stop;

~ **på** *hold; ~ **på med** *keep at;
~ **seg borte fra** *keep away from;
~ **seg fast** *hold on; ~ **tilbake**
keep back, *withhold ~ **ut** *keep
up; *bear, endure; ~ **utkikk etter**
watch for
holdeplass (*hol*-ler-plahss) *c* stop
holdning (*hold*-ning) *c* position, atti-
tude
Holland (*hol*-lahn) Holland
hollandsk (*hol*-lahnsk) *adj* Dutch
hollender (*hol*-lehn-derr) *c* Dutchman
homoseksuell (*hōō*-moo-sehk-sew-ehl)
adj homosexual
honning (*hon*-ning) *c* honey
honorar (hoo-noo-*raar*) *nt* fee
hop (hōōp) *c* lot; heap
hopp (hopp) *nt* jump, leap, hop
hoppe[1] (*hop*-per) *v* jump; skip, hop;
*leap; ~ **over** skip
hoppe[2] (*hop*-per) *c* mare
hore (*hōō*-rer) *c* whore
horisont (hoo-ri-*sont*) *c* horizon
horisontal (hoo-ri-son-*taal*) *adj* hori-
zontal
horn (hōōn) *nt* horn
hornorkester (*hōō*-nor-kehss-terr) *nt*
(pl -tre) brass band
hos (hooss) *prep* with; at
hospital (hooss-pi-*taal*) *nt* hospital
hoste (*hooss*-ter) *v* cough; *c* cough
hotell (hoo-*tehll*) *nt* hotel
hov (hōōv) *c* hoof
hoved- (*hōō*-verd) capital, cardinal,
chief, main, primary, principal
hovedgate (*hōō*-verd-gaa-ter) *c* main
street
hovedkvarter (*hōō*-verd-kvah-tāyr) *nt*
headquarters *pl*
hovedledning (*hōō*-verd-lāyd-ning) *c*
mains *pl*
hovedlinje (*hōō*-verd-lin-Yer) *c* main
line
hovedsakelig (*hōō*-verd-saa-ker-li) *adv*

mainly
hovedstad (*hōō*-verd-staad) *c* (pl -ste-
der) capital
hovedvei (*hōō*-verd-vay) *c* thorough-
fare, main road
hoven (*haw*-vern) *adj* snooty
hovmester (*hawv*-mehss-terr) *c* (pl
-tre) head-waiter
hovmodig (hov-*mōō*-di) *adj* haughty;
proud
hud (hewd) *c* skin; **hard** ~ callus
hudfarge (*hewd*-fahr-ger) *c* com-
plexion
hudkrem (*hewd*-krāym) *c* skin cream
hukommelse (hew-*kom*-merl-ser) *c*
memory
hul (hewl) *adj* hollow
hule (*hew*-ler) *c* cave, cavern
hull (hewll) *nt* hole
hulrom (*hewl*-room) *nt* (pl ~) cavity
humle (*hoom*-ler) *c* bumblebee; hops
hummer (*hoom*-merr) *c* lobster
humor (*hew*-moor) *c* humour
humoristisk (hew-moo-*riss*-tisk) *adj*
humorous
humpet (*hoom*-pert) *adj* bumpy
humør (hew-*mūrr*) *nt* spirit, mood;
spirits
hun (hewnn) *pron* she; **hunn-** female
hund (hewnn) *c* dog
hundehus (*hewn*-ner-hēwss) *nt* (pl ~)
kennel
hunderem (*hewn*-ner-rehmm) *c* (pl
~mer) lead
hundre (*hewn*-drer) *num* hundred
hurtig (*hewt*-ti) *adj* fast, quick, rapid
hurtigtog (*hewt*-ti-tawg) *nt* (pl ~)
through train, express train
hus (hēwss) *nt* house; **hus-** domestic
husarbeid (*hēwss*-ahr-bayd) *nt* house-
work
husbåt (*hēwss*-bawt) *c* houseboat
husdyr (*hēwss*-dēwr) *nt* (pl ~)
domestic animal

huse (hew̄-ser) v lodge
huseier (hew̄ss-ay-err) c landlord
hushjelp (hew̄ss-Ɣerlp) c maid, house-maid
husholderske (hew̄ss-ho-lersh-ker) c housekeeper
husholdning (hew̄ss-hol-ning) c house-keeping
huske (hewss-ker) v remember; recol-lect; *swing; c swing
huslærer (hew̄ss-læ-rerr) c tutor
husmor (hew̄ss-mōōr) c (pl -mødre) housewife
husrom (hew̄ss-room) nt accommo-dation; skaffe ~ accommodate
husstand (hew̄-stahn) c household
hustru (hewss-trew) c wife
husvert (hew̄ss-væt) c landlord
husvogn (hew̄ss-vongn) c caravan
hutre (hewt-rer) v shiver
hutrende (hewt-rer-ner) adj shivery
hva (vaa) pron what; ~ enn what-ever; ~ som helst anything
hval (vaal) c whale
hvelv (vehlv) nt arch
hvelving (vehl-ving) c vault
hvem (vehmm) pron who; ~ som enn whoever; ~ som helst any-body; til ~ whom
hver (væær) adj every, each
hverandre (væ-rahn-drer) pron each other
hverdag (vææ-daag) c weekday
hvete (vāy-ter) c wheat
hvetebolle (vāy-ter-bo-ler) c bun
hvetebrødsdager (vāy-ter-brürss-daa-gerr) pl honeymoon
hvile (vee-ler) v rest; c rest
hvilehjem (vee-ler-Ɣehm) nt (pl ~) rest-home
hvilken (vil-kern) pron which; ~ som helst whichever; hvilke som helst any
hvin (veen) nt shriek

hvis (viss) conj if; in case
hviske (viss-ker) v whisper
hvisking (viss-king) c whisper
hvit (veet) adj white
hvitløk (veet-lūk) c garlic
hvitting (vit-ting) c whiting
hvor (vōōr) adv where; how; ~ enn wherever; ~ mange how many; ~ mye how much; ~ som helst any-where
hvordan (voo-dahn) adv how
hvorfor (voor-for) adv why; what for
hyggelig (hewg-ger-li) adj pleasant, enjoyable
hygiene (hew-gi-āy-ner) c hygiene
hygienisk (hew-gi-āy-nisk) adj hygien-ic
hykler (hewk-lerr) c hypocrite
hykleri (hewk-ler-ree) nt hypocrisy
hyklersk (hewk-lehshk) adj hypocriti-cal
hyl (hēwl) nt scream, yell
hyle (hēw-ler) v scream, yell
hylle (hewl-ler) c shelf; v *pay tribute to
hyllest (hewl-lerst) c homage, tribute
hymne (hewm-ner) c hymn
hypotek (hew-poo-tāyk) nt mortgage
hyppig (hewp-pi) adj frequent
hyppighet (hewp-pi-hāyt) c frequency
hyssing (hewss-sing) c twine
hysterisk (hewss-tāy-risk) adj hysteri-cal
hytte (hewt-ter) c cabin, hut; chalet; cottage
hæl (hææl) c heel
høflig (hurf-li) adj polite, civil
høne (hūr-ner) c hen
hørbar (hūrr-baar) adj audible
høre (hūr-rer) v *hear
hørsel (hursh-sherl) c hearing
høst (hurst) c autumn; fall nAm
høste (hurss-ter) v gather
høvding (hurv-ding) c chieftain

høvisk (*hūr*-visk) *adj* courteous
høy (hur^(ew)) *adj* tall, high; loud; *nt* hay
høyde (*hurew*-der) *c* height; altitude, rise
høydepunkt (*hurew*-der-poongt) *nt* zenith, height
høyderygg (*hurew*-der-rewgg) *c* ridge
høyere (*hurew*-er-rer) *adj* superior, higher
høyland (*hurew*-lahn) *nt* (pl ~) uplands *pl*
høylydt (*hurew*-lewt) *adj* loud
høyre (*hurew*-rer) *adj* right; right-hand; på ~ side right-hand
høyrød (*hurew*-rūr) *adj* crimson
høysesong (*hurew*-seh-song) *c* peak season, high season
høyslette (*hurew*-shleh-ter) *c* plateau
høysnue (*hurew*-snew-er) *c* hay fever
høyst (hur^(ew)st) *adv* at most
høyt (hur^(ew)t) *adv* aloud
høytidelig (hur^(ew)-*tee*-der-li) *adj* solemn
høyttaler (*hurew*-taa-lerr) *c* loud-speaker
høyvann (*hurew*-vahn) *nt* high tide
hån (hawn) *c* mockery, scorn
hånd (honn) *c* (pl hender) hand; hånd- manual; *ta ~ om attend to
håndarbeid (*hon*-nahr-bayd) *nt* needlework
håndbagasje (*hon*-bah-gaa-sher) *c* hand luggage; hand baggage *Am*
håndbok (*hon*-bōōk) *c* (pl -bøker) handbook
håndbrems (*hon*-brehms) *c* hand-brake
håndflate (*hon*-flaa-ter) *c* palm
håndfull (*hon*-fewl) *c* handful
håndjern (*hon*-Yææn) *pl* handcuffs *pl*
håndkle (*hong*-kler) *nt* (pl -lær) towel
håndkrem (*hon*-krāym) *c* hand cream
håndlaget (*hon*-laa-gert) *adj* hand-made
håndledd (*hon*-lehd) *nt* (pl ~) wrist
håndskrift (*hon*-skrift) *c* handwriting
håndtak (*hon*-taak) *nt* (pl ~) handle
håndtere (hon-*tāy*-rer) *v* handle
håndterlig (hon-*tāy*-li) *adj* manageable
håndtrykk (*hon*-trewk) *nt* (pl ~) handshake
håndvask (*hon*-vahsk) *c* wash-basin
håndverk (*hon*-værk) *nt* (pl ~) handicraft
håndveske (*hon* vehзз-ker) *c* bag, handbag
håne (*haw*-ner) *v* mock
håp (hawp) *nt* hope
håpe (*haw*-per) *v* hope
håpefull (*haw*-per-fewl) *adj* hopeful
håpløs (*hawp*-lūrss) *adj* hopeless
håpløshet (*hawp*-lūrss-hāyt) *c* despair
hår (hawr) *nt* hair
hårbørste (*hawr*-bursh-ter) *c* hair-brush
håret (*haw*-rert) *adj* hairy
hårfrisyre (*hawr*-fri-sēw-rer) *c* hair-do
hårklipp (*hawr*-klip) *c* haircut
hårkrem (*hawr*-krāym) *c* hair cream
hårlakk (*haw*-lahk) *c* hair-spray
hårnett (*haw*-neht) *nt* (pl ~) hair-net
hårolje (*hawr*-ol-^(Y)er) *c* hair-oil
hårrull (*haw*-rewl) *c* curler
hårskill (*haw*-shil) *c* parting
hårspenne (*haw*-shpeh-ner) *c* hair-grip; bobby pin *Am*
hårtørker (*haw*-turr-kerr) *c* hair-dryer
hårvann (*hawr*-vahn) *nt* hair tonic

I

i (ee) *prep* in; for, at
*iaktta (i-*ahk*-tah) *v* observe, watch

iakttakelse (i-*ahk*-taa-kerl-ser) *c* observation

ibenholt (*ee*-bern-holt) *c/nt* ebony

idé (i-*day*) *c* idea

ideal (i-deh-*aal*) *nt* ideal

ideell (i-deh-*ehll*) *adj* ideal

identifisere (i-dehn-ti-fi-*say*-rer) *v* identify

identifisering (i-dehn-ti-fi-*say*-ring) *c* identification

identisk (i-*dehn*-tisk) *adj* identical

identitet (i-dehn-ti-*tayt*) *c* identity

identitetskort (i-dehn-ti-*tayts*-kot) *nt* (pl ~) identity card

idiom (i-di-*oom*) *nt* idiom

idiomatisk (i-di-oo-*maa*-tisk) *adj* idiomatic

idiot (i-di-*oot*) *c* idiot

idiotisk (i-di-*oo*-tisk) *adj* idiotic

idol (i-*dool*) *nt* idol

idrettsmann (*eed*-rehts-mahn) *c* (pl -menn) sportsman

ifølge (i-*furl*-ger) *prep* according to

igjen (i-*Yehn*) *adv* again

ignorere (ig-noo-*ray*-rer) *v* ignore

ikke (*ik*-ker) *adv* not

ikon (i-*koon*) *c/nt* icon

ild (ill) *c* fire

ildfast (*il*-fahst) *adj* fireproof, ovenproof

ildfarlig (*ils*-faa-li) *adj* inflammable

ildsted (*il*-stayd) *nt* hearth

illegal (*il*-leh-gaal) *adj* illegal

illeluktende (*il*-ler-look-ter-ner) *adj* smelly

illevarslende (*il*-ler-vahsh-ler-ner) *adj* sinister, ominous

illusjon (i-lew-*shoon*) *c* illusion

illustrasjon (i-lew-strah-*shoon*) *c* illustration; picture

illustrere (i-lew-*stray*-rer) *v* illustrate

imens (i-*mehns*) *adv* meanwhile, in the meantime

imidlertid (i-*mid*-ler-ti) *adv* though, in

the meantime

imitasjon (i-mi-tah-*shoon*) *c* imitation

imitere (i-mi-*tay*-rer) *v* imitate

immigrant (i-mi-*grahnt*) *c* immigrant

immigrasjon (i-mi-grah-*shoon*) *c* immigration

immigrere (i-mi-*gray*-rer) *v* immigrate

*gjøre immun (*Yur*-rer i-*mewn*) immunize

immunitet (i-mew-ni-*tayt*) *c* immunity

imperium (im-*pay*-ri-ewm) *nt* (pl -ier) empire

imponere (im-poo-*nay*-rer) *v* impress

imponerende (im-poo-*nay*-rer-ner) *adj* impressive, imposing

import (im-*pott*) *c* import

importavgift (im-*pot*-taav-Yift) *c* import duty

importere (im-po-*tay*-rer) *v* import

importvarer (im-*pot*-vaa-rerr) *pl* imported goods

importør (im-po-*turr*) *c* importer

impotens (im-poo-*tehns*) *c* impotence

impotent (im-poo-*tehnt*) *adj* impotent

improvisere (im-proo-vi-*say*-rer) *v* improvise

impuls (im-*pewls*) *c* impulse

impulsiv (*im*-pewl-seev) *adj* impulsive

imøtekommende (i-*mur*-ter-ko-mer-ner) *adj* obliging

indeks (*in*-dehks) *c* index

inder (*in*-derr) *c* Indian

India (*in*-di-ah) India

indianer (in-di-*aa*-nerr) *c* Indian

indiansk (in-di-*aansk*) *adj* Indian

indirekte (*in*-di-rehk-ter) *adj* indirect

indisk (*in*-disk) *adj* Indian

individ (in-di-*veed*) *nt* individual

individuell (in-di-vi-dew-*ehll*) *adj* individual

Indonesia (in-doo-*nay*-si-ah) Indonesia

indonesier (in-doo-*nay*-si-err) *c* Indonesian

indonesisk (in-doo-*nay*-sisk) *adj* Indonesian

indre (*in*-drer) *adj* internal; inside, inner

industri (in-dew-*stree*) *c* industry

industriell (in-dew-stri-*ehll*) *adj* industrial

industriområde (in-dew-*stree*-om-raw-der) *nt* industrial area

infanteri (in-fahn-ter-*ree*) *nt* infantry

infeksjon (in-fehk-*shōōn*) *c* infection

infinitiv (in-*fin*-ni-teev) *c* infinitive

infisere (in-fi-*sāy*-rer) *v* infect

inflasjon (in-flah-*shōōn*) *c* inflation

influensa (in-flew-*ehn*-sah) *c* flu, influenza

informasjon (in-for-mah-*shōōn*) *c* information

informasjonskontor (in-for-mah-*shōōns*-koon-tōōr) *nt* inquiry office, information bureau

informere (in-for-*māy*-rer) *v* inform

infrarød (in-frah-*rūr*) *adj* infra-red

ingefær (*ing*-nger-fææær) *c* ginger

ingen (*ing*-ngern) *pron* nobody, no one; none; *adj* no; ~ **av dem** neither

ingeniør (in-shern-*Yūrr*) *c* engineer

ingensteds (*ing*-ngern-stehss) *adv* nowhere

ingenting (*ing*-ngern-ting) *pron* nil, nothing

ingrediens (ing-greh-di-*ehns*) *c* ingredient

initiativ (i-nit-si-ah-*teev*) *nt* initiative

injeksjon (in-Yehk-*shōōn*) *c* injection

inkludert (in-klew-*dāyt*) *adj* included; **alt** ~ all included

inklusive (in-klew-seever) *adv* inclusive

inkompetent (in-kom-per-*tehnt*) *adj* incompetent

inn (inn) *adv* in; ~ **i** into

innbefatte (*in*-beh-fah-ter) *v* comprise, include

innbille seg (*in*-bi-ler) imagine

innbilsk (*in*-bilsk) *adj* conceited

innbilt (*in*-bilt) *adj* imaginary

innblande (*in*-blah-ner) *v* involve

innblandet (*in*-blah-nert) *adj* concerned, involved

innblanding (*in*-blah-ning) *c* interference

innbringende (*in*-bri-nger-ner) *adj* profitable

innbrudd (*in*-brewd) *nt* burglary

innbruddstyv (*in*-brewds-tēwv) *c* burglar

*****innby** (*in*-bēw) *v* ask; invite

innbydelse (*in*-bēw-derl-ser) *c* invitation

innbygger (*in*-bew-gerr) *c* inhabitant

inndele (*in*-dāy-ler) *v* *break down, divide into

inne (*in*-ner) *adv* indoors; inside

*****innebære** (*in*-ner-bææ-rer) *v* imply

innehaver (*in*-ner-haa-verr) *c* owner, bearer

*****inneholde** (*in*-ner-ho-ler) *v* contain

innen (*in*-nern) *prep* inside; ~ **lenge** soon, shortly

innendørs (*in*-nern-dūrsh) *adj* indoor

innenfor (*in*-nern-for) *prep* inside; within

innenlands (*in*-nern-lahns) *adj* domestic

innfall (*in*-fahl) *nt* (pl ~) idea; whim; brain-wave

innfatning (*in*-faht-ning) *c* frame

innflytelse (*in*-flēw-terl-ser) *c* influence

innflytelsesrik (in-flēw-terl-serss-reek) *adj* influential

innfødt[1] (*in*-furt) *c* (pl ~e) native

innfødt[2] (*in*-furt) *adj* native

innføre (*in*-fūr-rer) *v* import; introduce

innføring (*in*-fūr-ring) *c* entry

innførsel (*in*-fur-sherl) *c* import

innførselstoll (*in*-fur-sherls-tol) *c* duty

inngang (*in*-gahng) *c* entrance, entry; way in

inngangspenger (*in*-gahngs-peh-ngerr) *pl* entrance-fee

innhold (*in*-hol) *nt* contents *pl*

innholdsfortegnelse (*in*-hols-fo-tay-nerl-ser) *c* table of contents

inni (*in*-ni) *adv* within; inside

innkassere (*in*-kah-*say*-rer) *v* collect

innkomst (*in*-komst) *c* revenue

innledende (*in*-*lay*-der-ner) *adj* preliminary

innledning (*in*-*layd*-ning) *c* introduction

innlysende (*in*-*lew*-ser-ner) *adj* obvious

innover (*in*-naw-verr) *adv* inwards

innpakning (*in*-pahk-ning) *c* packing, wrapping

innpakningspapir (*in*-pahk-nings-pah-peer) *nt* wrapping paper

innregistreringsblankett (*in*-reh-gi-*stray*-rings-blahng-kehtt) *c* registration form

innrette (*in*-reh-ter) *v* furnish; arrange

innrømme (*in*-rur-mer) *v* acknowledge, admit

innsamler (*in*-sahm-lerr) *c* collector

innsats (*in*-sahts) *c* achievement; contribution; stake

innsatt (*in*-saht) *c* (pl ~e) prisoner

*innse (*in*-*say*) *v* realize, *see

inside (*in*-see-der) *c* inside; interior

innsikt (*in*-sikt) *c* insight

innsirkle (*in*-seer-kler) *v* encircle

innsjø (*in*-shur) *c* lake

innskipning (*in*-ship-ning) *c* embarkation

innskrenkning (*in*-skrehngk-ning) *c* reduction, restriction

*innskrive (*in*-skree-ver) *v* list, enter, register; ~ seg register

*innskyte (*in*-shew-ter) *v* insert

innskytelse (*in*-shew-terl-ser) *c* impulse

innsprøyte (*in*-sprur*ew*-ter) *v* inject

innstendig (*in*-stehn-di) *adj* urgent

inntekt (*in*-tehkt) *c* income, earnings *pl;* inntekter *pl* revenue

inntektsskatt (*in*-tehkt-skaht) *c* income-tax

inntil (*in*-til) *conj* until, till; *prep* till

inntreden (*in*-*tray*-dern) *c* entrance

inntrengende (*in*-treh-nger-ner) *adj* pressing

inntrykk (*in*-trewk) *nt* impression; *gjøre ~ på impress

innvende (*in*-veh-ner) *v* object; ~ mot object to

innvendig (*in*-vehn-di) *adv* within

innvending (*in*-veh-ning) *c* objection

innviklet (*in*-vik-lert) *adj* complex, complicated

innvilge (*in*-vil-ger) *v* grant

innvoller (*in*-vo-lerr) *pl* insides

innånde (*in*-no-ner) *v* inhale

insekt (*in*-sehkt) *nt* insect; bug *nAm*

insektmiddel (*in*-sehkt-mi-derl) *nt* (pl -midler) insecticide, insect repellent

insinuere (in-si-new-*ay*-rer) *v* hint

insistere (in-si-*stay*-rer) *v* insist

inskripsjon (in-skrip-*shoon*) *c* inscription

inspeksjon (in-spehk-*shoon*) *c* inspection

inspektør (in-spayk-*turr*) *c* inspector

inspirere (in-spi-*ray*-rer) *v* inspire

inspisere (in-spi-*say*-rer) *v* inspect

installasjon (in-stah-lah-*shoon*) *c* installation

installere (in-stah-*lay*-rer) *v* install

instinkt (in-*stingt*) *nt* instinct

institusjon (in-sti-tew-*shoon*) *c* institution

institutt (in-sti-*tewtt*) *nt* institution,

institute
instruktør (in-strewk-*turr*) *c* instructor
instrument (in-strew-*mehnt*) *nt* instrument
instrumentbord (in-strew-*mehnt*-boor) *nt* (pl ~) dashboard
intakt (in-*tahkt*) *adj* intact; unbroken
intellekt (in-teh-*lehkt*) *nt* intellect
intellektuell (in-teh-lehk-tew-*ehll*) *adj* intellectual
intelligens (in-teh-li-*gehns*) *c* intelligence
intelligent (in-teh-li-*gehnt*) *adj* intelligent; clever
intens (in-*tehns*) *adj* intense
interessant (in-ter-reh-*sahngng*) *adj* interesting
interesse (in-ter-*rehss*-ser) *c* interest
interessere (in-ter-reh-*sāy*-rer) *v* interest
interessert (in-ter-reh-*sāyt*) *adj* interested
internasjonal (*in*-ter-nah-shoo-naal) *adj* international
intervall (in-terr-*vahl*) *nt* interval
intervju (in-terr-*vҌew*) *nt* interview
intet (*in*-tert) *nt* nothing
intetkjønns- (*in*-tert-khurns) neuter
intetsigende (*in*-tert-see-er-ner) *adj* insignificant, petty
intim (in-*teem*) *adj* intimate
intrige (in-*tree*-ger) *c* intrigue
introduksjonsskriv (in-troo-dewk-*shoon*-skreev) *nt* (pl ~) letter of recommendation
introdusere (in-troo-dew-*sāy*-rer) *v* introduce
invadere (in-vah-*dāy*-rer) *v* invade
invalid (in-vah-*leed*) *c* invalid; *adj* disabled
invasjon (in-vah-*shoon*) *c* invasion
investere (in-vehss-*tāy*-rer) *v* invest
investering (in-vehss-*tāy*-ring) *c* investment

invitere (in-vi-*tāy*-rer) *v* invite
Irak (i-*raak*) Iraq
iraker (i-*raa*-kerr) *c* Iraqi
irakisk (i-*raa*-kisk) *adj* Iraqi
Iran (i-*raan*) Iran
iraner (i-*raa*-nerr) *c* Iranian
iransk (i-*rahnsk*) *adj* Iranian
Irland (*eer*-lahn) Ireland
irlending (*eer*-leh-ning) *c* Irishman
ironi (i-roo-*nee*) *c* irony
ironisk (i-*rōō*-nisk) *adj* ironical
irritabel (i-ri-*taa*-berl) *adj* irritable
irritere (i-ri-*tāy*-rer) *v* irritate; annoy
irriterende (i-ri-*tāy*-rer-ner) *adj* annoying
irsk (eeshk) *adj* Irish
is (eess) *c* ice
isbre (*eess*-brāy) *c* glacier
iskald (*eess*-kahl) *adj* freezing
iskrem (*eess*-krāym) *c* ice-cream
Island (*eess*-lahn) Iceland
islandsk (*eess*-lahnsk) *adj* Icelandic
islending (*eess*-leh-ning) *c* Icelander
isolasjon (i-soo-lah-*shōōn*) *c* isolation; insulation
isolator (i-soo-*laa*-toor) *c* insulator
isolere (i-soo-*lāy*-rer) *v* insulate; isolate
isolert (i-soo-*lāyt*) *adj* isolated
ispose (*eess*-pōō-ser) *c* ice-bag
Israel (*eess*-rah-ehl) Israel
israeler (iss-rah-*āy*-lerr) *c* Israeli
israelsk (iss-rah-*āy*lsk) *adj* Israeli
istedenfor (i-*stāy*-dern-for) *prep* instead of
isvann (*eess*-vahn) *nt* iced water
især (i-*sæær*) *adv* especially
Italia (i-*taa*-li-ah) Italy
italiener (i-tah-li-*āy*-nerr) *c* Italian
italiensk (i-tah-li-*āynsk*) *adj* Italian
iver (*ee*-verr) *c* zeal
ivrig (*eev*-ri) *adj* zealous; anxious, eager

J

ja (Yaa) yes; ~ vel! well!

jade (Yaa-der) c jade

jage (Yaa-ger) v hunt, chase; ~ bort chase

jakke (Yahk-ker) c jacket

jakt (Yahkt) c hunt; chase

jakte (Yahk-ter) v hunt

jakthytte (Yahkt-hew-ter) c lodge

jamre (Yahm-rer) v moan

januar (Yah-new-aar) January

Japan (Yaa-pahn) Japan

japaner (Yah-paa-nerr) c Japanese

japansk (Yaa-pahnsk) adj Japanese

jeg (Yay) pron I

jekk (Yehkk) c jack

jeksel (Yehk-serl) c (pl -sler) molar

jente (Yehn-ter) c girl

jern (Yææn) nt iron

jernbane (Yææn-baa-ner) c railway; railroad nAm

jernbaneferje (Yææn-baa-ner-fær-Yer) c train ferry

jernbaneovergang (Yææn-baa-ner-aw-verr-gahng) c crossing

jernbanevogn (Yææn-baa-ner-vongn) c coach

jernvarehandel (Yææn-vaa-rer-hahn-derl) c (pl -dler) hardware store

jernvarer (Yææn-vaa-rerr) pl hardware

jernverk (Yææn-værk) nt (pl ~) ironworks

jersey (Yæsh-shi) c jersey

jetfly (Yeht-flew) nt (pl ~) jet

jevn (Yehvn) adj level; smooth, even

jo (Yoo) adv yes; certainly; jo . . . jo the ... the

jobb (Yobb) c job

jockey (Yok-ki) c jockey

jod (Yodd) c iodine

jolle (Yol-ler) c dinghy

jomfru (Yom-frew) c virgin; gammel ~ spinster

jord (Voor) c earth; ground, soil

Jordan (Yoo-dahn) Jordan

jordaner (Yoo-daa-nerr) c Jordanian

jordansk (Yoo-daansk) adj Jordanian

jordbruk (Voor-brewk) nt agriculture; jordbruks- agrarian

jordbunn (Voor-bewn) c soil

jordbær (Voor-bæær) nt (pl ~) strawberry

jordklode (Voor-kloo-der) c globe

jordmor (Voor-moor) c (pl -mødre) midwife

jordskjelv (Voor-shehlv) c/nt (pl ~) earthquake

jordsmonn (Voosh-mon) nt soil

journalist (shoo-nah-list) c journalist

journalistikk (shoor-nah-li-stikk) c journalism

jubileum (Yew-bi-lay-ewm) nt (pl -eer) jubilee; anniversary

jugoslav (Yew-goo-shlaav) c Yugoslav, Jugoslav

Jugoslavia (Yew-goo-shlaa-vi-ah) Yugoslavia, Jugoslavia

jugoslavisk (Yew-goo-shlaa-visk) adj Jugoslav

jukse (Yook-ser) v cheat

jul (Vewl) c Christmas, Xmas

juli (Vew-li) July

juling (Vew-ling) c spanking

jumper (Yoom-perr) c jumper

jungel (Yoong-ngerl) c jungle

juni (Vew-ni) June

junior (Vew-ni-oor) adj junior

juridisk (Yew-ree-disk) adj legal

jurist (Yew-rist) c lawyer

jury (Vew-ri) c jury

justere (Yewss-tay-rer) v adjust

juvel (Yew-vayl) c gem

jøde (Vur-der) c Jew

jødisk (Vur-disk) adj Jewish

K

kabaret (kah-bah-*rāy*) c cabaret

kabel (*kaa*-berl) c (pl kabler) cable

kabin (kah-*been*) c cabin

kabinett (kah-bi-*nehtt*) nt cabinet

kader (*kaa*-derr) c (pl kadrer) cadre

kafé (kah-*fāy*) c café

kafeteria (kah-feh-*tāy*-ri-ah) c cafeteria; self-service restaurant

kaffe (*kahf*-fer) c coffee

kaffein (kah-feh-*een*) c caffeine

kaffeinfri (kah-feh-*een*-free) adj decaffeinated

kaffetrakter (*kahf*-fer-trahk-terr) c percolator

kagge (*kahg*-ger) c keg

kai (kigh) c dock, quay

kajakk (kah-*Yahkk*) c kayak

kake (*kaa*-ker) c cake

kaki (*kaa*-ki) c khaki

kald (kahll) adj cold

kalender (kah-*lehn*-derr) c (pl -drer) calendar

kalk (kahlk) c lime

kalkun (kahl-*kewn*) c turkey

kalle (*kahl*-ler) v call, name

kalori (kah-loo-*ree*) c calorie

kalsium (*kahl*-si-ewm) nt calcium

kalv (kahlv) c calf

kalvekjøtt (*kahl*-ver-khurt) nt veal

kalveskinn (*kahl*-ver-shin) nt (pl ~) calf skin

kalvinisme (kahl-vi-*niss*-mer) c Calvinism

kam (kahmm) c (pl ~mer) comb

kamaksel (*kahm*-mahk-serl) c (pl -sler) camshaft

kamé (kah-*māy*) c cameo

kamerat (kah-mer-*raat*) c friend, comrade

kamgarn (*kahm*-gaan) nt worsted

kammertjener (*kahm*-mer-tᵛ*āy*-nerr) c valet

kamp (kahmp) c fight, battle, combat; struggle; match

kampanje (kahm-*pahn*-ᵛer) c campaign

kanadier (kah-*naa*-di-err) c Canadian

kanadisk (kah-*naa*-disk) adj Canadian

kanal (kah-*naal*) c channel, canal; **Den engelske ~** English Channel

kanarifugl (kah-*naa*-ri-fewl) c canary

kandelaber (kahn-der-*laa*-berr) c (pl -bre) candelabrum

kandidat (kahn-di-*daat*) c candidate

kanel (kah-*nāyl*) c cinnamon

kanin (kah-*neen*) c rabbit

kano (*kaa*-noo) c canoe

kanon (kah-*nōōn*) c gun

kanskje (*kahn*-sher) adv perhaps, maybe

kant (kahnt) c edge, verge, rim, border

kantine (kahn-*tee*-ner) c canteen

kaos (*kaa*-oss) nt chaos

kaotisk (kah-*ōō*-tisk) adj chaotic

kapasitet (kah-pah-si-*tāyt*) c capacity

kapell (kah-*pehll*) nt chapel

kapellan (kah-peh-*laan*) c chaplain

kapital (kah-pi-*taal*) c capital

kapitalanbringelse (kah-pi-*taal*-ahn-bri-ngerl-ser) c investment

kapitalisme (kah-pi-tah-*liss*-mer) c capitalism

kapitulasjon (kah-pi-tew-lah-*shōōn*) c capitulation

kapp (kahpp) nt cape

kappe (*kahp*-per) c cloak

kappløp (*kahp*-lūrp) nt race

kapre (*kaap*-rer) v hijack

kaprer (*kaap*-rerr) c hijacker

kapsel (*kahp*-serl) c (pl -sler) capsule

kaptein (kahp-*tayn*) c captain

kar (kaar) nt vessel; c guy

karaffel (kah-*rahf*-ferl) c (pl -afler) carafe

karakter (kah-rahk-*tayr*) *c* character; mark

karakterisere (kah-rahk-teh-ri-*say*-rer) *v* characterize

karakteristisk (kah-rahk-teh-riss-tisk) *adj* characteristic

karaktertrekk (kah-rahk-*tay*-trehk) *nt* (pl ~) characteristic

karamell (kah-rah-*mehll*) *c* caramel

karantene (kah-rahn-*tay*-ner) *c* quarantine

karat (kah-*raat*) *c* carat

kardinal (kahr-di-*naal*) *c* cardinal

karneval (kaa-ner-vahl) *nt* carnival

karosseri (kah-ro-ser-*ree*) *nt* bodywork; body *nAm*

karpe (*kahr*-per) *c* carp

karri (*kahr*-ri) *c* curry

karriere (kah-ri-*ææ*-rer) *c* career

kart (kahtt) *nt* map

kartong (kahr-*tongng*) *c* carton; **kartong-** cardboard

karusell (kah-rew-*sehll*) *c* merry-go-round

kaserne (kah-*sææ*-ner) *c* barracks *pl*

kasino (kah-*see*-noo) *nt* casino

kasjmir (kahsh-*meer*) *c* cashmere

kasse (*kahss*-ser) *c* pay-desk

kassere (kah-*say*-rer) *v* discard

kasserer (kah-*say*-rerr) *c* cashier; treasurer; teller *nAm*

kassererske (kah-*say*-rersh-ker) *c* cashier

kasserolle (kah-ser-*rol*-ler) *c* saucepan

kast (kahst) *nt* throw, cast

kastanje (kah-*stahn*-Yer) *c* chestnut

kastanjebrun (kah-stahn-Yer-*brewn*) *adj* auburn

kaste (*kahss*-ter) *v* *cast, *throw; toss; ~ **opp** vomit

katakombe (kah-tah-*koom*-ber) *c* catacomb

katalog (kah-tah-*lawg*) *c* catalogue

katarr (kah-*tahrr*) *c* catarrh

katastrofal (kah-tah-stroo-*faal*) *adj* disastrous

katastrofe (kah-tah-*stroo*-fer) *c* catastrophe, calamity, disaster

katedral (kah-ter-*draal*) *c* cathedral

kategori (kah-ter-goo-*ree*) *c* category

kateter (kah-*tay*-terr) *nt* (pl -tre) desk

katolsk (kah-*toolsk*) *adj* catholic

katt (kahtt) *c* cat

kausjon (kou-*shoon*) *c* bail, security; guarantee

kausjonist (kou-shoo-*nist*) *c* guarantor

kaviar (kah-vi-*aar*) *c* caviar

keiser (*kay*-serr) *c* emperor

keiserdømme (*kay*-ser-dur-mer) *nt* empire

keiserinne (kay-ser-*rin*-ner) *c* empress

keiserlig (*kay*-ser-li) *adj* imperial

keivhendt (*khayv*-hehnt) *adj* left-handed

kelner (*kehl*-nerr) *c* waiter

kenguru (*kehng*-gew-rew) *c* kangaroo

kennel (*kehn*-nerl) *c* kennel

Kenya (*kehn*-Yah) Kenya

keramikk (kheh-rah-*mikk*) *c* ceramics *pl*; pottery

kikke (*khik*-ker) *v* peep

kikkert (*khik*-kert) *c* binoculars *pl*

kilde (*khil*-der) *c* fountain, source, well, spring

kile (*khee*-ler) *v* tickle; *c* wedge

kilespill (*kee*-ler-spil) *nt* (pl ~) bowling

kilo (*khee*-loo) *c/nt* kilogram

kilometer (*khil*-loo-may-terr) *c* (pl ~) kilometre

kilometertall (*khil*-loo-may-ter-tahl) *nt* (pl ~) distance in kilometres

kim (kheem) *c* germ

Kina (*khee*-nah) China

kineser (khi-*nay*-serr) *c* Chinese

kinesisk (khi-*nay*-sisk) *adj* Chinese

kinin (khi-*neen*) *c* quinine

kinn (khinn) *nt* cheek

kinnbein (khin-bayn) *nt* (pl ~) cheekbone

kinnskjegg (khin-shegg) *nt* sideburns *pl*, whiskers *pl*

kino (khee-noo) *c* cinema, pictures; movies *Am*, movie theater *Am*

kiosk (khosk) *c* kiosk

kirke (kheer-ker) *c* church; chapel

kirkegård (kheer-ker-gawr) *c* graveyard, churchyard

kirketjener (kheer-ker-tyāy-nerr) *c* sexton

kirketårn (kheer-ker-tawn) *nt* (pl ~) steeple

kirsebær (khish-sher-bæær) *nt* (pl ~) cherry

kirurg (khi-*rewrg*) *c* surgeon

kiste (khiss-ter) *c* chest; coffin

kjede (khāy-deh) *v* bore

kjedelig (khāy-der-li) *adj* dull, boring

kjeft (khehft) *c* mouth

kjeks (khehks) *c* (pl ~) cookie; biscuit

kjele (khāy-ler) *c* kettle

kjelke (khæl-ker) *c* sledge, sleigh

kjeller (khehl-lerr) *c* cellar

kjelleretasje (khehl-lerr-eh-taa-sher) *c* basement

kjemi (kheh-mee) *c* chemistry

kjemisk (khāy-misk) *adj* chemical

kjempe (khehm-per) *v* combat, *fight, struggle, battle; *c* giant

kjenne (khehn-ner) *v* *know; ~ igjen recognize

kjennelse (khehn-nerl-ser) *c* verdict

kjennemerke (khehn-ner-mær-ker) *nt* feature

kjenner (khehn-nerr) *c* connoisseur

kjennetegn (khehn-ner-tayn) *nt* (pl ~) characteristic

kjennetegne (khehn-ner-tay-ner) *v* mark, characterize

kjennskap (khehn-skaap) *nt* knowledge

kjent (khehnt) *adj* noted

kjepphest (khehp-hehst) *c* hobbyhorse

kjerne (khææ-ner) *c* pip; heart, essence, core, nucleus; **kjerne-** nuclear

kjernehus (khææ-ner-hēwss) *nt* (pl ~) fruit core

kjernekraft (khææ-ner-krahft) *c* nuclear energy

kjerre (khær-rer) *c* cart

kjertel (khæt-terl) *c* (pl -tler) gland

kjetting (kheht-ting) *c* chain

kjeve (khāy-ver) *c* jaw

kjole (khōō-ler) *c* gown, dress; frock; **lang ~** robe

kjælenavn (khāy-ler-nahvn) *nt* (pl ~) nickname

kjær (khæær) *adj* dear

kjæreste (khææ-rerss-ter) *c* darling

kjærlig (khææ-li) *adj* affectionate

kjærlighet (khææ-li-hāyt) *c* love

kjærlighetsaffære (khææ-li-hāyt-sah-fææ-rer) *c* affair

kjærlighetshistorie (khææ-li-hāyts-hiss-tōō-ri-er) *c* love-story

kjøkken (khurk-kern) *nt* kitchen

kjøkkenhage (khurk-kern-haager) *c* kitchen garden

kjøkkenhåndkle (khurk-kern-hong-kler) *nt* (pl -lær) kitchen towel

kjøkkenredskap (tʸurk-kehn-reh-skaap) *nt* utensil

kjøkkensjef (khurk-kern-shāyf) *c* chef

kjøl (khūrl) *c* keel

kjøleskap (khūr-ler-skaap) *nt* (pl ~) refrigerator, fridge

kjølesystem (khūr-ler-sew-stāym) *nt* cooling system

kjølig (khūr-li) *adj* chilly, cool

kjønn (khurnn) *nt* sex; gender; **kjønns-** genital

kjønnssykdom (khurn-sēwk-dom) *c*

venereal disease

kjøp (khūrp) *nt* purchase; **godt ~** bargain

kjøpe (*khūr*-per) *v* purchase, *buy

kjøper (khūr-perr) *c* purchaser, buyer

kjøpesum (*khūr*-per-sewm) *c* (pl ~mer) purchase price

kjøpmann (*khūrp*-mahn) *c* (pl -menn) shopkeeper; trader, merchant

***kjøpslå** (*khūrp*-shlo) *v* bargain

kjøre (*khūr*-rer) *v* *drive; *ride; ~ **forbi** *overtake; pass *vAm*; ~ **for fort** *speed

kjørebane (*khūr*-rer-baa-ner) *c* carriageway; roadway *nAm*

kjøretur (*khūr*-rer-tewr) *c* drive

kjøretøy (*khūr*-rer-tur^ew) *nt* vehicle

kjøtt (khurtt) *nt* meat; flesh

klage (*klaa*-ger) *v* complain; *c* complaint

klagebok (*klaa*-ger-bōōk) *c* (pl -bøker) complaints book

klandre (*klahn*-drer) *v* blame

klang (klahngng) *c* tone; sound

klappe (*klahp*-per) *v* clap

klar (klaar) *adj* clear; serene; ready; ***ha klart for seg** realize; ~ **over** aware

***klargjøre** (*klaar*-ʸūr-rer) *v* elucidate, clarify

***klarlegge** (*klaar*-leh-ger) *v* clarify

klasse (*klahss*-ser) *c* class; form

klassekamerat (*klahss*-ser-kah-mer-raat) *c* class-mate

klasseværelse (*klahss*-ser-væ-rerl-ser) *nt* classroom

klassifisere (klah-si-fi-*sāy*-rer) *v* classify, class

klassisk (*klahss*-sisk) *adj* classical

klatre (*klaht*-rer) *v* climb

klatring (*klaht*-ring) *c* climb

klausul (*klou*-sewl) *c* clause

kle (klāy) *v* *become; suit; ~ **av seg** undress; ~ **på** dress ~ **på seg** dress; ~ **seg** dress; ~ **seg om** change

klebe (*klāy*-beh) *v* *stick

klebrig (*klāyb*-ri) *adj* sticky

klem (klehm) *c* (pl ~mer) hug

klemme (*klehm*-mer) *v* squeeze; cuddle, hug

klenodie (kleh-*nōō*-di-er) *nt* gem

klesbørste (*klāyss*-bursh-ter) *c* clothes-brush

kleshenger (*klāyss*-heh-ngerr) *c* coat-hanger

klesskap (*klāy*-skaap) *nt* (pl ~) wardrobe

klient (kli-*ehnt*) *c* client

klikk (klik) *c* set, clique; *nt* click

klima (*klee*-mah) *nt* climate

klinikk (kli-*nikk*) *c* clinic

klinkekule (*kling*-ker-kōō-ler) *c* marble

klippe (*klip*-per) *v* *cut; *c* cliff, rock; ~ **av** *cut off

klistre (*kliss*-trer) *v* paste

klo (klōō) *c* (pl klør) claw

kloakk (kloo-*ahkk*) *c* sewer

klok (klōōk) *adj* clever

klokke (*klok*-ker) *c* clock; bell; **klokken . . .** at ... o'clock

klokkerem (*klok*-ker-rehm) *c* (pl ~mer) watch-strap

klokkespill (*klok*-ker-spil) *nt* chimes *pl*

klor (klōōr) *c* chlorine

kloss (kloss) *c* block

klosset (*kloss*-sert) *adj* awkward, clumsy

kloster (*kloss*-terr) *nt* (pl -tre) convent, monastery, cloister

klovn (klovn) *c* clown

klubb (klewbb) *c* club

klubbe (*klewb*-ber) *c* cudgel, club

klukke (*klook*-ker) *v* chuckle

klump (kloomp) *c* lump

klumpet (*kloom*-pert) *adj* lumpy

klut (klewt) *c* cloth

***klype** (*klew*-per) *v* pinch

klær (klæær) *pl* clothes *pl*
klø (klūr) *v* itch
kløe (klūr-er) *c* itch
kløft (klurft) *c* chasm, cleft
kløver (klurv-verr) *c* clover
kløyve (klurew-ver) *v* *split
knagg (knahgg) *c* peg
knaggrekke (knahg-reh-ker) *c* hat rack
knapp (knahpp) *c* button; *adj* scarce
knappe (knahp-per) *v* button; ~ **opp** unbutton
knappenål (knahp-per-nawl) *c* pin
knapphet (knahp-hāyt) *c* scarcity, shortage
knapphull (knahp-hewl) *nt* buttonhole
knapt (knahpt) *adv* scarcely
kne (knāy) *nt* (pl knær) knee
kneipe (knay-per) *c* pub
knekk (knehkk) *c/nt* (pl ~) toffee
***knekke** (knehk-ker) *v* crack; break
knekt (knehkt) *c* knave
knele (knāy-ler) *v* *kneel
knep (knāyp) *nt* trick
kneskål (knāy-skawl) *c* kneecap
knipetang (knee-per-tahng) *c* (pl -tenger) pincers *pl*
knipling (knip-ling) *c* lace
knirke (kneer-ker) *v* creak
kniv (kneev) *c* knife
knoke (knōō-ker) *c* knuckle
knopp (knopp) *c* bud
knott (knott) *c* knob
knurre (knewr-rer) *v* grumble
knust (knēwst) *adj* broken
knute (knēw-ter) *c* knot
knutepunkt (knēw-ter-poongt) *nt* junction
knytte (knēw-ter) *v* tie, knot; ~ **til** attach to; ~ **opp** untie
knyttneve (knewt-nāy-ver) *c* fist
knyttneveslag (knewt-nāy-ver-shlaag) *nt* (pl ~) punch
koagulere (koo-ah-gew-lāy-rer) *v* co-

agulate
kobbe (kob-ber) *c* seal
kode (kōō-der) *c* code
koffert (koof-fert) *c* case, suitcase, bag; trunk
kokain (koo-kah-een) *c/nt* cocaine
koke (kōō-ker) *v* boil
kokebok (kōō-ker-bōōk) *c* (pl -bøker) cookery-book; cookbook *nAm*
kokk (kokk) *c* cook
kokosnøtt (kook-kooss-nurt) *c* coconut
koldtbord (kolt-bōōr) *nt* (pl ~) buffet
kolje (kol-Yer) *c* haddock
kolle (kol-ler) *c* hill, peak
kollega (koo-lāy-gah) *c* colleague
kollektiv (kol-lerk-teev) *adj* collective
kollidere (koo-li-dāy-rer) *v* collide, crash
kollisjon (koo-li-shōōn) *c* crash, collision
koloni (koo-loo-nee) *c* colony
kolonialvarer (koo-loo-ni-aal-vaa-rerr) *pl* groceries *pl*
kolonne (koo-lon-ner) *c* column
kolossal (koo-loo-saal) *adj* enormous, tremendous
koma (kōō-mah) *c* coma
kombinasjon (koom-bi-nah-shōōn) *c* combination
kombinere (koom-bi-nāy-rer) *v* combine
komedie (koo-māy-di-er) *c* comedy
komfort (koom-fawr) *c* comfort
komfortabel (koom-fo-taa-berl) *adj* comfortable
komfyr (koom-fēwr) *c* cooker; stove
komiker (kōō-mi-kerr) *c* comedian
komisk (kōō-misk) *adj* funny, comic
komité (koo-mi-tāy) *c* committee
komma (kom-mah) *nt* comma
komme (kom-mer) *nt* coming
***komme** (kom-mer) *v* *come; ~ **over**

*come across; ~ **på** *think of; ~
seg recover; ~ **tilbake** return

kommende (*kom*-mer-ner) *adj* oncom-
ing

kommentar (koo-mehn-*taar*) *c* com-
ment

kommentere (koo-mehn-*tāy*-rer) *v*
comment

kommersiell (koo-mæ-shi-*ehll*) *adj*
commercial

kommisjon (koo-mi-*shōōn*) *c* com-
mission

kommode (koo-*mōō*-der) *c* chest of
drawers; bureau *nAm*

kommunal (koo-mew-*naal*) *adj* mu-
nicipal

kommune (koo-*mēw*-ner) *c* local au-
thority, municipality

kommunestyre (koo-*mēw*-ner-stēw-
rer) *nt* local council

kommunikasjon (koo-mew-ni-kah-
shōōn) *c* communication

kommuniké (koo-mew-ni-*kāy*) *nt* com-
muniqué

kommunisme (koo-mew-*niss*-mer) *c*
communism

kommunist (koo-mew-*nist*) *c* commu-
nist

kompakt (koom-*pahkt*) *adj* compact

kompani (koom-pah-*nee*) *nt* company

kompanjong (koom-pahn-*ᵞongng*) *c*
partner, associate

kompass (koom-*pahss*) *c/nt* compass

kompensasjon (koom-pehn-sah-*shōōn*)
c compensation

kompensere (koom-pehn-*sāy*-rer) *v*
compensate

kompetent (koom-per-*tehnt*) *adj*
qualified; capable

kompleks (koom-*plehks*) *nt* complex

komplett (koom-*plehtt*) *adj* complete

kompliment (koom-pli-*mahngng*) *c*
compliment

komplimentere (koom-pli-mehn-*tāy*-
rer) *v* compliment

komplisert (koom-pli-*sāyt*) *adj* com-
plicated

komplott (koom-*plott*) *nt* plot

komponist (koom-poo-*nist*) *c* com-
poser

komposisjon (koom-poo-si-*shōōn*) *c*
composition

kompromiss (koom-proo-*miss*) *nt*
compromise

kondisjon (koon-di-*shōōn*) *c* physical
fitness

konditor (koon-*dit*-toor) *c* confection-
er

konditori (koon-di-too-*ree*) *nt* pastry
shop

konduktør (koon-dewk-*tūrr*) *c* ticket
collector

kone (*kōō*-ner) *c* wife

konfeksjons- (koon-fehk-*shōōns*)
ready-made

konfekt (koon-*fehkt*) *c* chocolate

konferanse (koon-fer-*rahng*-ser) *c* con-
ference

konfidensiell (koon-fi-dehn-si-*ehll*) *adj*
confidential

konfiskere (koon-fiss-*kāy*-rer) *v* con-
fiscate

konflikt (koon-*flikt*) *c* conflict

konfrontere (kon-fron-*tāy*-rer) *v* face

konge (*kong*-nger) *c* king

kongelig (*kong*-nger-li) *adj* royal

kongerike (*kong*-nger-ree-ker) *nt* king-
dom

kongress (kong-*grehss*) *c* congress

konjakk (kon-*ᵞahkk*) *c* cognac

konklusjon (koong-klew-*shōōn*) *c* con-
clusion

konkret (koong-*krāyt*) *adj* concrete

konkurranse (koong-kew-*rahng*-ser) *c*
contest, competition; rivalry

konkurrent (koong-kew-*rehnt*) *c* rival,
competitor

konkurrere (koong-kew-*rāy*-rer) *v*

compete

konkurs (koong-_kēwsh_) _adj_ bankrupt

konsekvens (kon-ser-_kvehns_) _c_ consequence

konsentrasjon (koon-sehn-trah-_shōōn_) _c_ concentration

konsentrere (koon-sehn-_trāy_-rer) _v_ concentrate

konsert (koon-_sætt_) _c_ concert

konsertsal (koon-_sæt_-saal) _c_ concert hall

konservativ (koon-_sær_-vah-teev) _adj_ conservative

konservatorium (koon-sær-vah-_tōō_-ri-ewm) _nt_ (pl -ier) music academy

konservere (kon-sær-_vāy_-rer) _v_ preserve

konservering (kon-sær-_vāy_-ring) _c_ preservation

konsesjon (koon-seh-_shōōn_) _c_ licence; concession

konsis (koon-_seess_) _adj_ concise

konstant (koon-_stahnt_) _adj_ constant; even

konstatere (koon-stah-_tāy_-rer) _v_ note; diagnose, ascertain

konstruere (koon-strew-_āy_-rer) _v_ construct

konstruksjon (koon-strewk-_shōōn_) _c_ construction

konsul (_kon_-sewl) _c_ consul

konsulat (kon-sew-_laat_) _nt_ consulate

konsultasjon (kon-sewl-tah-_shōōn_) _c_ consultation

konsultasjonstid (kon-sewl-tah-_shōōns_-teed) _c_ consultation hours

konsument (koon-sew-_mehnt_) _c_ consumer

kontakt (koon-_tahkt_) _c_ touch, contact

kontakte (koon-_tahk_-ter) _v_ contact

kontaktlinser (koon-_tahkt_-lin-serr) _pl_ contact lenses

kontanter (koon-_tahn_-terr) _pl_ cash

kontinent (koon-ti-_nehnt_) _nt_ continent

kontinental (koon-ti-nehn-_taal_) _adj_ continental

kontinuerlig (koon-ti-new-_āy_-li) _adj_ continuous

konto (_kon_-too) _c_ (pl ~er, -ti) account

kontor (koon-_tōōr_) _nt_ office

kontorist (koon-too-_rist_) _c_ clerk

kontormann (koon-_tōōr_-mahn) _c_ (pl -menn) clerk

kontortid (koon-_tōō_-teed) _c_ office hours, business hours

kontra (_kon_-trah) _prep_ versus

kontrakt (koon-_trahkt_) _c_ contract; agreement

kontrast (koon-_trahst_) _c_ contrast

kontroll (koon-_troll_) _c_ control; inspection

kontrollere (koon-troo-_lāy_-rer) _v_ verify, check, control

kontrollør (koon-troo-_lürr_) _c_ supervisor

kontroversiell (kon-troo-væ-shi-_ehll_) _adj_ controversial

kontur (kon-_tōōr_) _c_ outline

konversasjon (koon-væ-shah-_shōōn_) _c_ conversation

konvolutt (koon-voo-_lewtt_) _c_ envelope

kooperativ (koo-_op_-rah-teev) _adj_ cooperative

koordinasjon (koo-o-di-nah-_shōōn_) _c_ co-ordination

kopi (koo-_pee_) _c_ copy

kopiere (koo-pi-_āy_-rer) _v_ copy

kople (_kop_-ler) _v_ connect; ~ til connect

kopp (kopp) _c_ cup

kopper (_kop_-perr) _pl_ smallpox; _nt_ copper

kor (_kōōr_) _nt_ choir

korall (koo-_rahll_) _c_ coral

kordfløyel (_kawd_-flur^(ew)-erl) _c_ corduroy

korint (koo-_rint_) _c_ currant

kork (kork) c cork; stopper

korketrekker (*kor*-ker-treh-kerr) c corkscrew

korn (kōōn) nt grain, corn

kornåker (*kōō*-naw-kerr) c (pl -krer) cornfield

korpulent (kor-pew-*lehnt*) adj stout, corpulent

korrekt (koo-*rehkt*) adj correct

korrespondanse (koo-rer-spoon-*dahng*-ser) c correspondence

korrespondent (koo-rer-spoon-*dehnt*) c correspondent

korridor (koo-ri-*dōōr*) c corridor

korrigere (koo-ri-*gāy*-rer) v correct

korrupt (koo-*rewpt*) adj corrupt

kors (koshsh) nt cross

korsett (ko-*shehtt*) nt corset

korsfeste (kosh-*fehss*-ter) v crucify

korsfestelse (kosh-*fehss*-terl-ser) c crucifixion

korstog (*kosh*-tawg) nt (pl ∼) crusade

korsvei (*kosh*-vay) c road fork

kort (kott) adj short; brief; nt card

kortevarehandel (*ko*-ter-vaa-rer-hahn-derl) c (pl -dler) haberdashery

kortfattet (*kot*-fah-tert) adj brief

kortslutning (*kot*-slewt-ning) c short circuit

kortstokk c pack *nAm*

kortvarig (*kot*-vaa-ri) adj momentary

koselig (*kōō*-ser-li) adj cosy; nice

kosmetika (koss-meh-*tikk*) pl cosmetics pl

kost[1] (kost) c fare; ∼ **og losji** room and board, bed and board, board and lodging

kost[2] (koost) c broom

kostbar (*kost*-baar) adj expensive; precious

koste (*koss*-ter) v *cost

kostfri (*kost*-free) adj free of charge

kostnad (*kost*-nah) c cost

kotelett (ko-ter-*lehtt*) c cutlet, chop

krabbe (*krahb*-ber) v crawl; c crab

kraft (krahft) c (pl krefter) force; energy, power

kraftig (*krahf*-ti) adj strong

kraftverk (*krahft*-værk) nt power-station

krage (*kraa*-ger) c collar

kragebein (*kraa*-ger-bayn) nt (pl ∼) collarbone

krageknapp (*kraa*-ger-knahp) c collar stud

krampe (*krahm*-per) c cramp; clamp

krampetrekning (*krahm*-per-trehk-ning) c convulsion

kran (kraan) c crane; tap

krangel (*krahng*-ngerl) c/nt (pl -gler) dispute, row, quarrel

krangle (*krahng*-ler) v quarrel

krater (*kraa*-terr) nt crater

kratt (krahtt) nt scrub

krav (kraav) nt demand, claim; requirement

kreditor (*krāy*-di-toor) c creditor

kreditt (kreh-*ditt*) c credit

kredittkort (kreh-*dit*-kot) nt (pl ∼) credit card; charge plate *Am*

kreere (kreh-*āy*-rer) v create

kreft (krehft) c cancer

krem (krāym) c cream

kremere (kreh-*māy*-rer) v cremate

kremering (kreh-*māy*-ring) c cremation

kremgul (*krāy*-m-gēwl) adj cream

krenke (*krehng*-ker) v offend, injure; trespass

krenkelse (*krehng*-kerl-ser) c violation

krenkende (*krehng*-ker-ner) adj offensive

kresen (*krāy*-sern) adj particular

krets (krehts) c ring, circle

kretsløp (*krehts*-lūrp) nt (pl ∼) cycle

kreve (*krāy*-ver) v require, claim; charge

krig (kreeg) c war

krigsfange (kriks-fah-nger) c prisoner of war

krigsmakt (kriks-mahkt) c armed forces

krigsskip (krik-sheep) nt warship

kriminalitet (kri-mi-nah-li-tāyt) c criminality

kriminell (kri-mi-nehll) adj criminal

kringkaste (kring-kahss-ter) v *broadcast

kringkasting (kring-kahss-ting) c broadcast

krise (kree-ser) c crisis

kristen¹ (kriss-tern) c (pl -tne) Christian

kristen² (kriss-tern) adj Christian

Kristus (kriss-tewss) Christ

kritiker (kree-ti-kerr) c critic

kritikk (kri-tikk) c criticism

kritisere (kri-ti-sāy-rer) v criticize

kritisk (kree-tisk) adj critical

kritt (kritt) nt chalk

kro (krōō) c pub, tavern

krok (krōōk) c hook

kroket (krōō-kert) adj crooked

krokodille (kroo-koo-dil-ler) c crocodile

krom (kroomm) c chromium

kronblad (krōōn-blaa) nt (pl ~) petal

krone (krōō-ner) c crown; v crown

kronisk (krōō-nisk) adj chronic

kronologisk (kroo-noo-law-gisk) adj chronological

kropp (kropp) c body

krukke (krook-ker) c jar; pitcher

krum (kroomm) adj curved

krumning (kroom-ning) c bend; curve

krus (krēwss) nt mug

krusifiks (krew-si-fiks) nt crucifix

krutt (krewtt) nt gunpowder

krybbe (krewb-ber) c manger

krydder (krewd-derr) nt (pl ~) spice

krydderier (krew-der-ree-err) pl spices

krydret (krewd-rert) adj spiced, spicy

krykke (krewk-ker) c crutch

krympe (krewm-per) v *shrink

krympefri (krewm-per-free) adj shrinkproof

krypdyr (krēwp-dēwr) nt (pl ~) reptile

*krype (krēw-per) v *creep

*krypskyte (krewp-shēw-ter) v poach

kryss (krewss) nt cross

krysse (krewss-ser) v cross

krysse av (krewss-ser) tick off

krystall (krow-stahll) c/nt crystal; **krystall-** adj crystal

krøll (krurll) c curl

krølle (krurl-ler) v curl; crease

krøllet (krurl-lert) adj curly

krølltang (krurl-tahng) c (pl -tenger) curling-tongs pl

kråke (kraw-ker) c crow

ku (kēw) c (pl ~er, kyr) cow

kubaner (kew-baa-nerr) c Cuban

kubansk (kew-baansk) adj Cuban

kubbe (kewb-ber) c log

kube (kēw-ber) c cube

kul (kēwl) c lump

kulde (kewl-ler) c cold

kuldegysning (kewl-ler-gēwss-ning) c chill

kule (kēw-ler) c bullet; sphere

kulepenn (kēw-ler-pehn) c ballpoint-pen, Biro

kull (kewll) nt coal; litter

kultivert (kewl-ti-vāyt) adj cultured

kultur (kewl-tēwr) c culture

kun (kewnn) adv only

kunde (kewn-der) c client, customer

*kunne (kewn-ner) v *can; *be able to; *may; *might

*kunngjøre (kewn-Ȳūr-rer) v announce; proclaim

kunngjøring (kewn-Ȳūr-ring) c announcement; notice

kunst (kewnst) c art; ~ og håndverk

arts and crafts; **skjønne kunster**
fine arts
kunstakademi (*kewnst*-ah-kah-deh-mee) *nt* art school
kunstferdig (*kewnst*-fææ-di) *adj* elaborate
kunstgalleri (*kewnst*-gah-ler-ree) *nt*
gallery, art gallery
kunsthistorie (*kewnst*-hiss-too-ri-er) *c*
art history
kunsthåndverk (*kewnst*-hon-værk) *nt*
(pl ~) handicraft
kunstig (*kewn*-sti) *adj* artificial
kunstner (*kewnst*-nerr) *c* artist
kunstnerinne (kewnst-ner-*rin*-ner) *c*
artist
kunstnerisk (*kewnst*-ner-risk) *adj* artistic
kunstsamling (*kewnst*-sahm-ling) *c* art
collection
kunstsilke (*kewnst*-sil-ker) *c* rayon
kunstutstilling (*kewnst*-ewt-sti-ling) *c*
art exhibition
kunstverk (*kewnst*-værk) *nt* work of
art
kupé (kew-*pay*) *c* compartment
kupert (kew-*payt*) *adj* hilly
kupong (kew-pongng) *c* coupon
kuppel (*kewp*-perl) *c* (pl kupler)
dome
kur (kewr) *c* cure
kuriositet (kew-ri-oo-si-*tayt*) *c* curio
kurs (kewsh) *nt* course; *c* course
kursivskrift (koo-*sheev*-skrift) *c* italics
pl
kursted (*kew*-shtay) *nt* spa
kurv (kewrv) *c* basket; hamper
kurve (*kewr*-ver) *c* curve
kusine (kew-*see*-ner) *c* cousin
kusma (*kewss*-mah) *c* mumps
kutt (kewtt) *nt* cut
kuvertavgift (kew-*vææ*-raav-Yift) *c*
cover charge
kuøye (*kew*-ur^ew-er) *nt* porthole

kvadrat (kvah-*draat*) *nt* square
kvadratisk (kvah-*draa*-tisk) *adj* square
kvaksalver (*kvahk*-sahl-verr) *c* quack
kvalifikasjon (kvah-li-fi-kah-*shoon*) *c*
qualification
kvalifisere seg (kvah-li-fi-*say*-rer)
qualify
kvalifisert (kvah-li-fi-*sayt*) *adj* qualified
kvalitet (kvah-li-*tayt*) *c* quality
kvalm (kvahlm) *adj* sick
kvalme (*kvahl*-mer) *c* nausea; sickness
kvantitet (kvahn-ti-*tayt*) *c* quantity
kvart (kvahtt) *c* quarter
kvartal (kvah-*taal*) *nt* quarter; house
block *Am;* **kvartals-** quarterly
kvarter (kvah-*tayr*) *nt* quarter of an
hour; district; quarter
kveg (kvayg) *nt* cattle *pl*
kveite (*kvay*-ter) *c* halibut
kveld (kvehll) *c* evening
kvele (*kvay*-ler) *v* choke; strangle
kveles (*kvay*-lerss) *v* choke
kveste (*kvehss*-ter) *v* injure
kvestelse (*kvehss*-terl-ser) *c* injury
kvikksølv (*kvik*-surl) *nt* mercury
kvinne (*kvin*-ner) *c* woman
kvinnelege (*kvin*-ner-lay-ger) *c* gynaecologist
kvise (*kvee*-ser) *c* pimple
kvist (kvist) *c* twig
kvittering (kvi-*tay*-ring) *c* receipt
kvote (*kvoo*-ter) *c* quota
kylling (*khewl*-ling) *c* chicken
kyndig (*khewn*-di) *adj* skilled, skilful
kysk (khewsk) *adj* chaste
kyss (khewss) *nt* kiss
kysse (*khewss*-ser) *v* kiss
kyst (khewst) *c* coast; seashore,
shore, seaside
kø (kūr) *c* line; queue; **stå i* ~
queue; stand in line *Am*
kølle (*kurl*-ler) *c* club; mallet
køye (*kur*^ew-er) *c* bunk, berth

kål (kawl) *c* cabbage
kåpe (*kaw*-per) *c* coat

L

*la (laa) *v* *let; allow to; ~ **være**
  *keep off
laboratorium (lah-boo-rah-*tōō*-ri-ewm)
  nt (pl -ier) laboratory
labyrint (lah-bew-*rint*) *c* labyrinth;
  maze
ladning (*lahd*-ning) *c* charge
lag (laag) *nt* layer; team
lage (*laa*-ger) *v* *make
lager (*laa*-gerr) *nt* (pl lagre) deposi-
  tory
lagerbeholdning (*laa*-gerr-beh-hold-
  ning) *c* stock
lagerbygning (*laagerr*-bewg-ning) *c*
  store-house, warehouse
lagerplass (*laa*-gerr-plahss) *c* depot
lagre (*laag*-rer) *v* store; stock
lagring (*laag*-ring) *c* storage
lagune (lah-*gēw*-ner) *c* lagoon
laken (*laa*-kern) *nt* sheet
lakk (lahkk) *c* varnish, lacquer
lakkere (lah-*kāy*-rer) *v* varnish
lakris (*lahk*-riss) *c* liquorice
laks (lahks) *c* salmon
lam (lahmm) *nt* lamb; *adj* lame
lamme (*lahm*-mer) *v* paralyse
lammekjøtt (*lahm*-mer-khurt) *nt* lamb
lampe (*lahm*-per) *c* lamp
lampeskjerm (*lahm*-per-shærm) *c*
  lampshade
land (lahnn) *nt* country, land; ***gå i**
  ~ disembark, land; **i** ~ ashore; **på** ~
  landet in the country
landbruk (*lahn*-brewk) *nt* agriculture;
  landbruks- agrarian
lande (*lahn*-ner) *v* land
landemerke (*lahn*-ner-mær-ker) *nt*

  landmark
landflyktig *c* (pl ~e) exile
landgang (*lahn*-gahng) *c* gangway
landlig (*lahn*-li) *adj* rural
landmerke (*lahn*-mær-ker) *nt* land-
  mark
landområde (lahnn-om-*raw*-der) *nt*
  country
landsby (*lahns*-bew) *c* village
landsens (*lahn*-serns) *adj* rustic
landskap (*lahn*-skaap) *nt* scenery,
  landscape
landsmann (*lahns*-mahn) *c* (pl -menn)
  countryman
landsted (*lahn*-stāy) *nt* country house
landstryker (*lahn*-strēw-kerr) *c* tramp
landtunge (*lahn*-tew-nger) *c* isthmus
lang (lahngng) *adj* long; tall
langs (lahngs) *prep* past, along; **på** ~
  lengthways
langsom (*lahng*-som) *adj* slow
langvarig (*lahng*-vaa-ri) *adj* longlast-
  ing
lapp (lahp) *c* patch, scrap, note
lappe (*lahp*-per) *v* patch
larm (lahrm) *c* noise
last (lahst) *c* freight, cargo, load;
  bulk
laste (*lahss*-ter) *v* charge, load
lastebil (*lahss*-ter-beel) *c* lorry; truck
  nAm
lasterom (*lahss*-ter-room) *nt* (pl ~)
  hold
lat (laat) *adj* idle
*late som (*laa*-ter somm) pretend
*late til (*laa*-ter till) seem
Latin-Amerika (lah-*teen*-ah-māy-ri-
  kah) Latin America
latinamerikansk (lah-*tee*-nah-māy-ri-
  kaansk) *adj* Latin-American
latter (*laht*-terr) *c* laughter, laugh
latterlig (*laht*-ter-li) *adj* ridiculous; lu-
  dicrous
*latterliggjøre (*laht*-ter-li-Yūr-rer) *v*

ridicule

lav (laav) *adj* low

lavland (*laav*-lahn) *nt* (pl ~) lowlands *pl*

lavsesong (*laav*-seh-song) *c* low season

lavtrykk (*laav*-trewk) *nt* (pl ~) low pressure; depression

lavvann (*laa*-vahn) *nt* low tide

***le** (l$\overline{ay}$) *v* laugh

ledd¹ (lehdd) *nt* joint; **gått av** ~ dislocated

ledd² (lehdd) *nt* link

lede (*l$\overline{ay}$*-der) *v* *lead, head

ledelse (*l$\overline{ay}$*-derl-ser) *c* management, administration; lead

ledende (*l$\overline{ay}$*-der-ner) *adj* leading

ledig (*l$\overline{ay}$*-di) *adj* vacant, unoccupied

ledning (*l$\overline{ay}$d*-ning) *c* flex; electric cord

ledsage (*l$\overline{ay}$d*-saa-ger) *v* accompany, conduct

ledsager (*l$\overline{ay}$d*-saa-gerr) *c* companion

legal (leh-*gaal*) *adj* legal

legalisasjon (leh-gah-li-sah-*sh$\overline{oo}$n*) *c* legalization

legasjon (leh-gah-*sh$\overline{oo}$n*) *c* legation

legat (leh-*gaat*) *nt* legacy

lege (*l$\overline{ay}$*-ger) *c* physician, doctor; *v* cure, heal; **almenpraktiserende** ~ general practitioner

legekontor (*l$\overline{ay}$*-ger-koon-t$\overline{oo}$r) *nt* surgery

legeme (*l$\overline{ay}$*-ger-mer) *nt* body

legemiddel (*l$\overline{ay}$*-ger-mi-derl) *nt* (pl -midler) remedy, medicine

legevitenskap (*l$\overline{ay}$*-ger-vee-tern-skaap) *c* medical science

legg (lehgg) *c* calf

***legge** (*lehg*-ger) *v* *put, *lay; pave; ~ **igjen** *leave; ~ **sammen** add; ~ **seg** *go to bed; ~ **seg nedpå** *lie down

leggevann (*lehg*-ger-vahn) *nt* setting

lotion

lei av (lay) fed up with, tired of

leie (*lay*-er) *v* hire, rent, lease; *c* rent; ~ **ut** *let; lease; **til** ~ for hire

leieboer (*lay*-er-b$\overline{oo}$-err) *c* lodger, tenant

leiegård (*lay*-er-gawr) *c* block of flats; apartment house *Am*

leiekontrakt (*lay*-er-koon-trahkt) *c* tenancy agreement

lei for (lay) sorry

leilighet (*lay*-li-h$\overline{ay}$t) *c* occasion, opportunity; flat; apartment *nAm*

leir (layr) *c* camp

leire (*lay*-rer) *c* clay

leirvarer (*layr*-vaa-rerr) *pl* ceramics *pl*

lek (l$\overline{ay}$k) *c* play

leke (*l$\overline{ay}$*-ker) *v* play

lekeplass (*l$\overline{ay}$*-ker-plahss) *c* recreation ground, playground

leketøy (*l$\overline{ay}$*-ker-tur^{ew}) *nt* toy

leketøysforretning (*l$\overline{ay}$*-ker-tur^{ew}ss-fo-reht-ning) *c* toyshop

lekk (lehkk) *adj* leaky

lekkasje (leh-*kaa*-sher) *c* leak

lekke (*lehk*-ker) *v* leak

lekker (*lehk*-kerr) *adj* delicious, nice

lekkerbisken (*lehk*-kerr-biss-kern) *c* delicacy

lekmann (*l$\overline{ay}$k*-mahn) *c* (pl -menn) layman

leksikon (*lehk*-si-kon) *nt* (pl ~, ~er, -ka) encyclopaedia

leksjon (lehk-*sh$\overline{oo}$n*) *c* lesson

lektor (*lehk*-toor) *c* master, teacher

lem (lehmm) *nt* (pl ~mer) limb

lene seg (*l$\overline{ay}$*-ner) *v* *lean

lenestol (*l$\overline{ay}$*-ner-st$\overline{oo}$l) *c* armchair; easy chair

lengde (*lehng*-der) *c* length

lengdegrad (*lehng*-der-graad) *c* longitude

lenge (*lehng*-er) *adv* long

lengsel (*lehng*-serl) *c* (pl -sler) long-ing; wish

lengte etter (*lehng*-ter) long for

lenke (*lehng*-ker) *c* chain

leppe (*lehp*-per) *c* lip

leppepomade (*lehp*-per-poo-maa-der) *c* lipsalve

leppestift (*lehp*-per-stift) *c* lipstick

lerke (*lær*-ker) *c* lark

lerret (*lær*-rert) *nt* linen

lese (*lāy*-ser) *v* *read

leselampe (*lāy*-ser-lahm-per) *c* reading-lamp

leselig (*lāy*-ser-li) *adj* legible

lesesal (*lāy*-ser-saal) *c* reading-room

lesning (*lāyss*-ning) *c* reading

lesse av (*lehss*-ser) discharge, unload

lete etter (*lāy*-ter) look for, search; hunt for

leting (*lāy*-ting) *c* search

lett (lehtt) *adj* light; easy; gentle

lette (*leht*-ter) *v* *take off

lettelse (*leht*-terl-ser) *c* relief

letthet (*leht*-hāyt) *c* facility, ease

leve (*lāy*-ver) *v* live

levebrød (*lāy*-ver-brūr) *nt* livelihood

levende (*lay*-ver-ner) *adj* alive, live

lever (*lehv*-verr) *c* liver

leveranse (leh-ver-*rahng*-ser) *c* delivery

levere (leh-*vāy*-rer) *v* deliver

levering (leh-*vāy*-ring) *c* delivery; supply

levestandard (*lāy*-ver-stahn-dahr) *c* standard of living

levetid (*lāy*-ver-teed) *c* lifetime

levning (*lehv*-ning) *c* remnant

li (lee) *c* hillside

libaneser (li-bah-*nāy*-serr) *c* Lebanese

libanesisk (li-bah-*nāy*-sisk) *adj* Lebanese

Libanon (*lee*-bah-non) Lebanon

liberal (li-beh-*raal*) *adj* liberal

Liberia (li-*bāy*-ri-ah) Liberia

liberier (li-*bāy*-ri-err) *c* Liberian

liberisk (li-*bāy*-risk) *adj* Liberian

***lide** (*lee*-der) *v* suffer

lidelse (*lee*-derl-ser) *c* suffering; ailment; affliction

lidenskap (*lee*-dern-skaap) *c* passion

lidenskapelig (lee-dern-*skaa*-per-li) *adj* passionate

***ligge** (*lig*-ger) *v* *lie

lighter (*ligh*-terr) *c* lighter

lik¹ (leek) *adj* alike, like; equal; ***være ~ equal**

lik² (leek) *nt* corpse

like (*lee*-ker) *v* *be fond of, fancy, like; *adv* equally, as; *adj* even

likedan (*lee*-ker-dahn) *adv* alike; *adj* alike

likefrem (*lee*-ker-frehm) *adj* direct; simple

likegyldig (*lee*-ker-Υewl-di) *adj* indifferent; careless

likeledes (*lee*-ker-lāy-derss) *adv* likewise; also

likesinnet (*lee*-ker-si-nert) *adj* likeminded

likestrøm (*lee*-ker-strurm) *c* direct current

likeså (*lee*-ker-so) *adv* likewise

likevekt (*lee*-ker-vehkt) *c* balance

likevel (*lee*-ker-vehl) *adv* yet, however; still

likhet (*leek*-hāyt) *c* equality; resemblance, similarity

likne (*lik*-ner) *v* resemble

liknende (*lik*-ner-ner) *adj* similar

liksom (*lik*-som) *conj* like, as

liktorn (*leek*-tōōn) *c* corn

likør (li-*kūrr*) *c* liqueur

lilje (*lil*-Υer) *c* lily

lilla (*lil*-lah) *adj* mauve

lillefinger (*lil*-ler-fi-ngerr) *c* (pl -gre) little finger

lim (leem) *nt* gum, glue

limbånd (*leem*-bon) *nt* (pl ~) adhe-

sive tape
limett (li-*mehtt*) *c* lime
limonade (li-moo-*naa*-der) *c* lemonade
lind (linn) *c* lime
lindetre (*lin*-der-trǣy) *nt* (pl -rær) lime-tree
lindre (*lin*-drer) *v* relieve
lindring (*lin*-dring) *c* relief
line (*lee*-ner) *c* line
linjal (lin-*ꟼaal*) *c* ruler
linje (*lin*-ꟼer) *c* line; extension
linse (*lin*-ser) *c* lens
lintøy (*leen*-turᵉʷ) *nt* linen
lirekasse (*lee*-rer-kah-ser) *c* street-organ
lisens (li-*sehns*) *c* licence
lisse (*liss*-ser) *c* lace
list (list) *c* cunning, ruse
liste (*liss*-ter) *c* list
lite (*lee*-ter) *adj* little
liten (*lee*-tern) *adj* (pl små) small, little; short; petty, minor; **bitte ~** tiny, minute
liter (*lee*-terr) *c* (pl ~) litre
litt (litt) *pron* some
litteratur (li-ter-rah-*tewr*) *c* literature
litterær (li-ter-*rær*) *adj* literary
liv (leev) *nt* life
livbelte (*leev*-behl-ter) *nt* lifebelt
livfull (*leev*-fewl) *adj* vivid
livlig (*liv*-li) *adj* lively, brisk
livmor (*leev*-mōōr) *c* womb
livsfarlig (*lishs*-faa-li) *adj* perilous
livsforsikring (*lifs*-fo-shik-ring) *c* life insurance
livvakt (*lee*-vahkt) *c* bodyguard
lodd (lodd) *c* destiny, lot
lodde (*lod*-der) *v* solder
loddebolt (*lod*-der-bolt) *c* soldering-iron
loddrett (*lod*-reht) *adj* perpendicular
loft (loft) *nt* attic
logikk (loo-*gikk*) *c* logic
logisk (*lōō*-gisk) *adj* logical

lojal (loo-*ꟼaal*) *adj* loyal
lokal (loo-*kaal*) *adj* local
lokalisere (loo-kah-li-*sǣy*-rer) *v* locate
lokalsamtale (loo-*kaal*-sahm-taa-ler) *c* local call
lokaltog (loo-*kaal*-tawg) *nt* (pl ~) local train
lokk (lokk) *nt* cover, lid, top
lokomotiv (loo-koo-moo-*teev*) *nt* engine, locomotive
lomme (*loom*-mer) *c* pocket
lommebok (*loom*-mer-bōōk) *c* (pl -bøker) wallet, pocket-book
lommekam (*loom*-mer-kahm) *c* (pl ~mer) pocket-comb
lommekniv (*loom*-mer-kneev) *c* penknife, pocket-knife
lommelykt (*loom*-mer-lewkt) *c* torch, flash-light
lommetørkle (*loom*-mer-turr-kler) *nt* (pl -lær) handkerchief
lommeur (*loom*-mer-ēwr) *nt* (pl ~) pocket-watch
lord (lord) *c* lord
los (lōōss) *c* pilot
losji (loo-*shee*) *nt* accommodation, lodgings *pl*
loslitt (*lōō*-shlit) *adj* threadbare
losse (*loss*-ser) *v* discharge
lotteri (lo-ter-*ree*) *nt* lottery
lov (lawv) *c* law; permission; ***ha ~ til** *be allowed to
love (*law*-ver) *v* promise
lovlig (*lawv*-li) *adj* lawful, legitimate
LP-plate (ehl-*pāy*-plaa-ter) *c* long-playing record
lubben (*lewb*-bern) *adj* plump
lue (*lēwer*) *c* cap
luft (lewft) *c* air; sky; **luft-** pneumatic
lufte (*lewf*-ter) *v* air; ventilate; **~ ut** ventilate
luftfilter (*lewft*-fil-terr) *nt* (pl -tre) air-filter
luftig (*lewf*-ti) *adj* airy

luft-kondisjonering (*lewft*-koon-di-shoo-nāy-ring) *c* air-conditioning

luft-kondisjonert (*lewft*-koon-di-shoo-nāyt) *adj* air-conditioned

luftpost (*lewft*-post) *c* airmail

luftslange (*lewft*-shlahng-er) *c* inner tube

luftsyke (*lewft*-sēw-ker) *c* air-sickness

lufttett (*lewf*-teht) *adj* airtight

lufttrykk (*lewft*-trewkk) *nt* (pl ∼) atmospheric pressure

lugar (lew-*gaar*) *c* cabin

luke (*lēw*-ker) *c* hatch

lukke (*look*-ker) *v* close, *shut; ∼ opp** unlock

lukket (*look*-kert) *adj* closed, shut

luksuriøs (lewk-sew-ri-*ūrss*) *adj* luxurious

luksus (*lewk*-sewss) *c* luxury

lukt (lookt) *c* odour, smell

lukte (*look*-ter) *v* *smell

lumbago (loom-*baa*-goo) *c* lumbago

lund (lewnn) *c* grove

lune (*lēw*-ner) *nt* mood, humour

lunge (*loong*-nger) *c* lung

lungebetennelse (*loong*-nger-beh-teh-nerl-ser) *c* pneumonia

lunken (*loong*-kern) *adj* lukewarm, tepid

lunsj (lurnsh) *c* luncheon, dinner, lunch

lunte (*lewn*-ter) *c* fuse

lur (lēwr) *c* nap; *adj* cunning

lus (lēwss) *c* (pl ∼) louse

ly (lēw) *nt* shelter, cover; *gi ∼ shel-ter**

lyd (lēwd) *c* sound; noise

lydbånd (*lēwd*-bonn) *nt* (pl ∼) tape

*lyde (*lēw*-der) *v* sound

lydig (*lēw*-di) *adj* obedient

lydighet (*lēw*-di-hāyt) *c* obedience

lydpotte (*lēwd*-po-ter) *c* silencer; muffler *nAm*

lydtett (*lēw*-d-teht) *adj* soundproof

lyge (*lēw*-ger) *v* lie, *tell a lie

lykke (*lewk*-ker) *c* happiness, fortune

lykkelig (*lewk*-li) *adj* happy

lykkes (*lewk*-kerss) *v* manage, succeed

lykkønskning (*lewk*-kurnsk-ning) *c* congratulation

lykt (lewkt) *c* lantern

lyktestolpe (*lewk*-ter-stol-per) *c* lamp-post

lyn (lēwn) *nt* lightning

lyng (lewngng) *c* heather

lyngmo (*lewng*-mōō) *c* moor

lynkurs (*lēwn*-kewsh) *nt* intensive course

lys (lēwss) *nt* light; *adj* light; **lyse-pale; skarpt ∼ glare**

lysbilde (*lēwss*-bil-der) *nt* slide

lysende (*lēw*-ser-ner) *adj* luminous

lyserød (*lēw*-ser-rūr) *adj* pink

lyshåret (*lēwss*-haw-rert) *adj* fair

lyskaster (*lēwss*-kahss-terr) *c* search-light

lyske (*lewss*-ker) *c* groin

lysmåler (*lēwss*-maw-lerr) *c* exposure meter

lysning (*lēwss*-ning) *c* clearing

lyspære (*lēwss*-pææ-rer) *c* light bulb

lyst (lewst) *c* desire; zest; *ha ∼ til *feel like, fancy**

lystbåt (*lewst*-bawt) *c* yacht

lystig (*lewss*-ti) *adj* cheerful, jolly

lystighet (*lewss*-ti-hāyt) *c* gaiety

lystspill (*lewst*-spil) *nt* (pl ∼) comedy

lytt (lewtt) *adj* noisy

lytte (*lewt*-ter) *v* listen; eavesdrop

lytter (*lewt*-terr) *c* listener

lær (læær) *nt* leather; **lær- leather**

lærd (læærd) *adj* scholarly

lære (*læ*-rer) *v* *learn; *teach; *c* teachings *pl;* ∼ utenat memorize

lærebok (*læ*-rer-bōōk) *c* (pl -bøker) textbook

lærer (*læ*-rerr) *c* master, teacher,

schoolmaster, schoolteacher

lærerik (*læ̈-rer-reek*) *adj* instructive

løfte (*lurf-ter*) *v* lift; *nt* vow; promise

løgn (*lurᵉʷn*) *c* lie

løk (*lurk*) *c* onion

løkke (*lurk-ker*) *c* loop

lønn (*lurnn*) *c* salary, pay, wages *pl*; maple

lønne (*lurn-ner*) *v* *pay; ~ **seg** *be worthwhile

lønnsom (*lurn-som*) *adj* profitable

lønnstaker (*lurns-taa-kerr*) *c* employee

lønnstillegg (*lurns-ti-lehg*) *nt* (pl ~) *pay rise; raise *nAm*

løp (*lūrp*) *nt* course

***løpe** (*lūr-per*) *v* *run

lørdag (*lūr-dah*) *c* Saturday

løs (*lūrss*) *adj* loose

løse (*lūr-ser*) *v* solve; unfasten; ~ **opp** *undo

løsepenger (*lūr-ser-peh-ngerr*) *pl* ransom

løsne (*lurss-ner*) *v* unfasten, detach; loosen

løsning (*lūrss-ning*) *c* solution

løve (*lūr-ver*) *c* lion

løvetann (*lūr-ver-tahn*) *c* dandelion

lån (*lawn*) *nt* loan

låne (*law-ner*) *v* borrow; ~ **bort** *lend

lår (*lawr*) *nt* thigh

lås (*lawss*) *c* lock

låse (*law-ser*) *v* lock; ~ **inne** lock up; ~ **opp** unlock

låve (*law-ver*) *c* barn

M

madrass (*mahd-rahss*) *c* mattress

mage (*maa-ger*) *c* stomach; belly; **mage-** gastric

mager (*maa-gerr*) *adj* lean, thin

magesår (*maa-ger-sawr*) *nt* (pl ~) gastric ulcer

magi (*mah-gee*) *c* magic

magisk (*maa-gisk*) *adj* magic

magnetisk (*mahng-nāȳ-tisk*) *adj* magnetic

mai (*migh*) May

mais (*mighss*) *c* maize; corn *nAm*

maiskolbe (*mighss-kol-ber*) *c* corn on the cob

major (*mah-ᵞōōr*) *c* major

makrell (*mah-krehll*) *c* mackerel

maksimumshastighet (*mahk-si-mewms-hahss-ti-hāȳt*) *c* speed limit

makt (*mahkt*) *c* might, power; rule

maktesløs (*mahk-terss-lūrss*) *adj* powerless

malaria (*mah-laa-ri-ah*) *c* malaria

Malaysia (*mah-ligh-si-ah*) Malaysia

malaysier (*mah-ligh-sᵞerr*) *c* Malay

malaysisk (*mah-ligh-sisk*) *adj* Malaysian

male (*maa-ler*) *v* paint; *grind

maler (*maa-lerr*) *c* painter

maleri (*mah-ler-ree*) *nt* picture, painting

malerisk (*maa-ler-risk*) *adj* picturesque

malerskrin (*maa-ler-shkreen*) *nt* (pl ~) paint-box

maling (*maa-ling*) *c* paint

malm (*mahlm*) *c* ore

malplassert (*maal-plah-sāȳt*) *adj* misplaced

mammut (*mahm-mewt*) *c* mammoth

man (*mahnn*) *pron* one

mandag (*mahn-dah*) *c* Monday

mandarin (*mahn-dah-reen*) *c* tangerine, mandarin

mandat (*mahn-daat*) *nt* mandate

mandel (*mahn-derl*) *c* (pl -dler) almond

mandler (*mahn-dlerr*) *pl* tonsils *pl*; **betente** ~ tonsilitis

manerer (mah-nāy-rerr) *pl* manners *pl*

manesje (mah-nāy-sher) *c* ring

manet (mah-nāyt) *c* jelly-fish

mange (mahng-nger) *pron* many; much

mangel (mahng-ngerl) *c* (pl -gler) shortcoming, want, lack, deficiency; shortage

mangelfull (mahng-ngerl-fewl) *adj* faulty, defective

mangle (mahng-ler) *v* fail, lack

manglende (mahng-ler-ner) *adj* missing, lacking

mani (mah-nee) *c* craze

manikyr (mah-ni-kēwr) *c* manicure

manikyrere (mah-ni-kew-rāy-rer) *v* manicure

mann (mahnn) *c* (pl menn) man; husband

mannekeng (mah-ner-kehngng) *c* model

mannskap (mahn-skaap) *nt* crew

mansjett (mahn-shehtt) *c* cuff

mansjettknapper (mahn-sheht-knah-perr) *pl* cuff-links *pl*

manufakturhandler (nah-new-fahk-tewr-hahnd-lerr) *c* draper

manuskript (mah-noo-skript) *nt* manuscript

marg (mahrg) *c* margin; marrow

margarin (mahr-gah-reen) *c* margarine

marine- (mah-ree-ner) naval

maritim (mah-ri-teem) *adj* maritime

mark (mahrk) *c* worm; field

marked (mahr-kerd) *nt* market

markere (mahr-kāy-rer) *v* mark; score

marmelade (mahr-mer-laa-der) *c* marmalade

marmor (mahr-moor) *c* marble

marokkaner (mah-ro-kaa-nerr) *c* Moroccan

marokkansk (mah-ro-kaansk) *adj* Moroccan

Marokko (mah-rok-koo) Morocco

mars (mahshsh) March

marsj (mahshsh) *c* march

marsjere (mah-shāy-rer) *v* march

marsjfart (mahsh-faht) *c* cruising speed

marsvin (maa-shveen) *nt* (pl ∼) guinea-pig

martyr (maa-tēwr) *c* martyr

mas (maass) *nt* fuss

maske (mahss-ker) *c* mask; mesh

maskin (mah-sheen) *c* machine, engine

maskineri (mah-shi-ner-ree) *nt* machinery

maskinskade (mah-sheen-skaa-der) *c* breakdown

maskinskrevet (mah-sheen-skrāy-vert) *adj* typewritten

***maskinskrive** (mah-sheen-skree-ver) *v* type

maskinskriverske (mah-sheen-skree-versh-ker) *c* typist

maskulin (mahss-kew-leen) *adj* masculine

massasje (mah-saa-sher) *c* massage

masse (mahss-ser) *c* bulk

masseproduksjon (mahss-ser-proo-dewk-shōōn) *c* mass production

massere (mah-sāy-rer) *v* massage

massiv (mah-seev) *adj* massive; solid

massør (mah-sūrr) *c* masseur

mast (mahst) *c* mast

mat (maat) *c* food; **lage** ∼ cook

matbit (maat-beet) *c* a bite to eat

mate (maa-ter) *v* *feed

matematikk (mah-ter-mah-tikk) *c* mathematics

matematisk (mah-ter-maa-tisk) *adj* mathematical

materiale (mah-ter-ri-aa-ler) *nt* material

materiell (mah-ter-ri-ehll) *adj* material

matforgiftning (maat-for-ᵞift-ning) *c*

food poisoning

matlyst (*maat*-lewst) *c* appetite

matolje (*maat*-ol-Yer) *c* salad-oil

matt (mahtt) *adj* mat, dull, dim

matte (*maht*-ter) *c* mat

matvareforretning (*maat*-vaa-rer-fo-reht-ning) *c* grocer's

matvarehandler (*maat*-vaa-rer-hahnd-lerr) *c* grocer

matvarer (*maat*-vaa-rerr) *pl* foodstuffs *pl*

maur (mour) *c* ant

mausoleum (mou-soo-*lay*-ewm) *nt* (pl -eer) mausoleum

med (may) *prep* with; by; ~ **mindre** unless

medalje (meh-*dahl*-Yer) *c* medal

***medbringe** (*may*-bri-nger) *v* *bring

meddele (*may*-day-ler) *v* communicate, inform; notify

meddelelse (*may*-day-lerl-ser) *c* information, communication

medfødt (*may*-furt) *adj* inborn

medfølelse (*mayd*-fur-lerl-ser) *c* sympathy

medfølende (*mayd*-fur-leh-ner) *adj* sympathetic

medisin (meh-di-*seen*) *c* medicine; drug

medisinsk (meh-di-*seensk*) *adj* medical

meditere (meh-di-*tay*-rer) *v* meditate

medlem (*mayd*-lehm) *nt* (pl ~mer) member, associate

medlemskap (*mayd*-lehm-skaap) *nt* membership

medlidenhet (mehd-*lee*-dern-hayt) *c* pity; *ha ~ **med** pity

medregne (*mayd*-ray-ner) *v* include, count in

medskyldig (*mayd*-shewl-di) *c* accessary

medvirkning (*mayd*-veerk-ning) *c* co-operation

meg (may) *pron* me, myself

meget (*may*-gert) *adv* very; far

megle (*mehg*-ler) *v* mediate

megler (*mehg*-lerr) *c* mediator; broker

meieri (may-er-*ree*) *nt* dairy

meisel (*may*-serl) *c* (pl -sler) chisel

mekaniker (meh-*kaa*-ni-kerr) *c* mechanic

mekanisk (meh-*kaa*-nisk) *adj* mechanical

mekanisme (meh-kah-*niss*-mer) *c* mechanism

meksikaner (mehks-i-*kaa*-nerr) *c* Mexican

meksikansk (mehks-i-*kaansk*) *adj* Mexican

mektig (*mehk*-ti) *adj* powerful, mighty

mel (mayl) *nt* flour

melankoli (meh-lahng-koo-*lee*) *c* melancholy

melde (*mehl*-ler) *v* report; bid; ~ **seg** report

melding (*mehl*-ling) *c* report

melk (mehlk) *c* milk

melkaktig (*mehl*-kahk-ti) *adj* milky

melkemann (*mehl*-ker-mahn) *c* (pl -menn) milkman

mellom (*mehl*-lom) *prep* between; among

mellometasje (*mehl*-lom-eh-*taa*-sher) *c* mezzanine

mellommann (*mehl*-loo-mahn) *c* (pl -menn) intermediary

mellomrom (*mehl*-loom-room) *nt* (pl ~) space

mellomspill (*mehl*-loom-spil) *nt* (pl ~) interlude

mellomste (*mehl*-loom-ster) *adj* middle

mellomtid (*mehl*-loom-teed) *c* interim

i mellomtiden (ee *mehl*-lom-tee-dern) meanwhile

melodi (meh-loo-*dee*) *c* tune; melody

melodisk (meh-*lōō*-disk) *adj* tuneful

melodrama (meh-loo-*draa*-mah) *nt* melodrama

melon (meh-*lōōn*) *c* melon

membran (mehm-*braan*) *c* diaphragm

memorandum (meh-moo-*rahn*-dewm) *nt* (pl -da) memo

men (mehn) *conj* but; only

mene (*māy*-ner) *v* *mean; consider

mened (*māyn*-āyd) *c* perjury

mengde (*mehng*-der) *c* lot, amount, mass; crowd

menighet (*māy*-ni-hāyt) *c* congregation

mening (*māy*-ning) *c* opinion; meaning, sense

meningsløs (*māy*-nings-lūrss) *adj* meaningless, senseless

menneske (mehn-sker) *nt* human being, man

menneskehet (*mehn*-sker-hāyt) *c* humanity, mankind

menneskelig (*mehn*-sker-li) *adj* human

mens (mehns) *conj* whilst, while

menstruasjon (mehn-strew-ah-*shōōn*) *c* menstruation

mental (mehn-*taal*) *adj* mental

meny (meh-*new*) *c* menu

mer (*māyr*) *adj* more; **litt ~** some more

merkbar (*mærk*-baar) *adj* perceptible, noticeable

merke¹ (*mær*-ker) *v* mark; *nt* tick, mark; brand

merke² (*mær*-ker) *v* sense; notice; *legge ~ til notice

merkelapp (*mær*-ker-lahp) *c* tag; *sette ~ på label

merkelig (*mær*-ker-li) *adj* funny, queer

merknad (*mærk*-nah) *c* note

merkverdig (*mærk*-vær-di) *adj* curious, strange

meslinger (*mehsh*-li-ngerr) *pl* measles

messe (*mehss*-ser) *c* Mass

messing (*mehss*-sing) *c* brass

mest (mehst) *adv* most of all

mester (*mehss*-terr) *c* (pl ~e, -trer) master; champion

mesterverk (*mehss*-terr-vayrk) *nt* masterpiece

metall (meh-*tahll*) *nt* metal; **metall-** metal

metalltråd (meh-*tahl*-traw) *c* wire

meter (*māy*-terr) *c* (pl ~) metre

metode (meh-*tōō*-der) *c* method

metodisk (meh-*tōō*-disk) *adj* methodical

metrisk (*māyt*-risk) *adj* metric

Mexico (*mehk*-si-koo) Mexico

middag (*mid*-dah) *c* dinner; midday; **spise ~** dine

middel (*mid*-derl) *nt* (pl midler) means; **antiseptisk ~** antiseptic

middelalderen (*mid*-derl-ahld-rern) Middle Ages

middelaldersk (*mid*-derl-ahl-dershk) *adj* mediaeval

Middelhavet (*mid*-derl-haa-vert) Mediterranean

middelklasse (*mid*-derl-klah-ser) *c* middle class

middelmådig (*mid*-derl-maw-di) *adj* average, commonplace

middels (*mid*-derls) *adj* medium

midje (*mid*-Yer) *c* waist

midlertidig (*mid*-ler-tee-di) *adj* temporary

midnatt (*mid*-nahtt) *c* midnight

midte (*mit*-ter) *c* midst, middle

midt i (mitt ee) amid

midtpunkt (*mit*-poongt) *nt* centre

midtsommer (*mit*-so-merr) *c* midsummer

migrene (mig-*rāy*-ner) *c* migraine

mikrofon (mik-roo-*fōōn*) *c* microphone

mikser (*mik* serr) *c* mixer

mild (mill) *adj* mild; gentle

milestein (mee-ler-stayn) *c* milestone

militær- (mi-li-*tæær*) military

miljø (mil-*Yūr*) *nt* milieu; environment

million (mil-*Yōōn*) *c* million

millionær (mil-Yoo-*næær*) *c* millionaire

min (meen) *pron* my

mindre (*min*-drer) *adv* less; *adj* minor; **ikke desto** ~ nevertheless

mindretall (*min*-drer-tahll) *nt* (pl ~) minority

mindreverdig (*min*-drer-vær-di) *adj* inferior

mindreårig (*min*-drer-aw-ri) *c* (pl ~e) minor

mineral (mi-ner-*raal*) *nt* mineral

mineralvann (mi-ner-*raal*-vahn) *nt* mineral water

miniatyr (mi-ni-ah-*tēwr*) *c* miniature

minimum (*mee*-ni-moom) *nt* (pl -ima) minimum

mink (mingk) *c* mink

minke (*ming*-ker) *v* decrease

minne (*min*-ner) *nt* remembrance, memory; ~ **på** remind

minnefest (*min*-ner-fehst) *c* commemoration

minnes (*min*-nerss) *v* recall

minnesmerke (*min*-nerss-mær-ker) *nt* monument

minnestein (*min*-nerstayn) *c* memorial

minneverdig (*min*-ner-vær-di) *adj* memorable

minoritet (mi-noo-ri-*tāyt*) *c* minority

minske (*min*-sker) *v* lessen, reduce, decrease

minst (minst) *adj* least; *adv* at least; **i det minste** at least

minus (*mee*-newss) *adv* minus

minutt (mi-*newtt*) *nt* minute

mirakel (mi-*raa*-kerl) *nt* (pl -kler) miracle

mirakuløs (mi-rah-kew-*lūrss*) *adj* miraculous

misbillige (*miss*-bi-li-er) *v* disapprove

misbruk (*miss*-brewk) *nt* abuse, misuse

misdannet (*miss*-dahn-nert) *adj* deformed

misfornøyd (*miss*-fo-nur^(ewd)) *adj* discontented

***misforstå** (*miss*-fo-shtaw) *v* *misunderstand

misforståelse (*miss*-fo-*shtaw*-erl-ser) *c* misunderstanding

mishage (*miss*-haa-ger) *v* displease

mislike (*miss*-lee-ker) *v* dislike

mislykkes (*miss*-lew-kerss) *v* fail

mislykket (*miss*-lew-kert) *adj* unsuccessful

mistanke (*miss*-tahng-ker) *c* suspicion

miste (*miss*-ter) *v* miss; *lose

mistenke (*miss*-tehng-ker) *v* suspect

mistenkelig (miss-*tehng*-ker-li) *adj* suspicious

mistenksom (miss-*tehngk*-som) *adj* suspicious

mistenksomhet (*miss*-tehngk-som-hāyt) *c* suspicion

mistenkt (*miss*-tehngt) *c* suspect

mistro (*miss*-trōō) *v* mistrust

mistroisk (*miss*-trōō-isk) *adj* distrustful

misunne (mi-*sewn*-ner) *v* envy; grudge

misunnelig (mi-*sewn*-li) *adj* envious

misunnelse (mi-*sewn*-nerl-ser) *c* envy

mobil (moo-*beel*) *adj* mobile

modell (moo-*dehll*) *c* model

modellere (moo-der-*lāy*-rer) *v* model

moden (*mōō*-dern) *adj* ripe, mature

modenhet (*mōō*-dern-hāyt) *c* maturity

moderat (moo-der-*raat*) *adj* moderate

moderne (moo-*dææ*-ner) *adj* modern; fashionable

modifisere (moo-di-fi-*sāy*-rer) *v* modify

modig (*mōō*-di) *adj* courageous, brave, plucky

mohair (moo-*hæær*) *c/nt* mohair

molo (*mōō*-loo) *c* jetty

monark (moo-*nahrk*) *c* monarch, ruler

monarki (moo-nahr-*kee*) *nt* monarchy

monolog (moo-noo-*lawg*) *c* monologue

monopol (moo-noo-*pōōl*) *nt* monopoly

monoton (moo-noo-*tōōn*) *adj* monotonous

monter (*moon*-terr) *c* (pl -trer) showcase

monument (moo-new-*mehnt*) *nt* monument

moped (moo-*pāyd*) *c* moped; motorbike *nAm*

mor (*mōōr*) *c* (pl mødre) mother

moral (moo-*raal*) *c* morality; moral

moralsk (moo-*raalsk*) *adj* moral

morbær (*moor*-bæær) *nt* (pl ∼) mulberry

mord (moord) *nt* assassination, murder

morder (*moor*-derr) *c* murderer

more (*mōō*-rer) *v* amuse; entertain

morfar (*moor*-faar) *c* (pl -fedre) grandfather

morfin (moor-*feen*) *c* morphia, morphine

morgen (*maw*-ern) *c* morning; **i** ∼ tomorrow; **i morges** this morning

morgenavis (*maw*-ern-ah-veess) *c* morning paper

morgenkåpe (*maw*-ern-kaw-per) *c* dressing-gown

morgenutgave (*maw*-ern-ēwt-gaa-ver) *c* morning edition

mormor (*moor*-mōōr) *c* (pl -mødre) grandmother

morn! (mon) hello!

moro (*moor*-roo) *c* fun

morsmål (*mōōsh*-mawl) *nt* mother tongue, native language

morsom (*moosh*-shom) *adj* enjoyable, entertaining; humorous

mort (moot) *c* roach

mosaikk (moo-sah-*ikk*) *c* mosaic

mose (*mōō*-ser) *c* moss; *v* mash

moské (mooss-*kāy*) *c* mosque

moskito (mooss-*kee*-too) *c* mosquito

mot (moot) *prep* against; towards; *nt* courage

motbydelig (moot-*bēw*-der-li) *adj* disgusting, revolting

mote (*mōō*-ter) *c* fashion

motell (moo-*tehll*) *nt* motel

motgang (*mōōt*-gahng) *c* adversity, hardship

motiv (moo-*teev*) *nt* motive; pattern

motor (*mōō*-toor) *c* motor, engine

motorbåt (*mōō*-toor-bawt) *c* motorboat

motorstopp (*mōō*-toor-stop) *c/nt* (pl ∼) breakdown

motorsykkel (*mōō*-toor-sew-kerl) *c* (pl -sykler) motor-cycle

motorvei (*mōō*-toor-vay) *c* motorway; highway *nAm*

motsatt (*mōōt*-saht) *adj* opposite, contrary; reverse; **det motsatte** the contrary

motsetning (*mōōt*-seht-ning) *c* contrast; reverse

*****motsette seg** (*mōōt*-seh-ter) oppose

*****motsi** (*mōōt*-see) *v* contradict

motstand (*mōōt*-stahn) *c* resistance

motstander (*mōōt*-stahn-derr) *c* opponent

motstridende (*mōōt*-stree-der-ner) *adj* contradictory

motsvarende (*mōōt*-svaa-rer-ner) *adj* equivalent

*****motta** (*mōō*-taa) *v* receive; accept

mottakelse (*mōō*-taa-kerl-ser) *c* reception, receipt

motto (*moot*-too) *nt* motto

motvilje (*mōōt*-vil-Yer) *c* aversion, dislike, antipathy

mugg (mewgg) *c* mildew

mugge (*mewg*-ger) *c* jug

muggen (*mewg*-gern) *adj* mouldy

muldyr (*mewl*-dewr) *nt* (pl ~) mule

mulesel (*mewl*-āy-serl) *nt* (pl -sler) mule

mulig (*mēw*-li) *adj* possible; eventual; realizable

muligens (*mēw*-li-erns) *adv* perhaps

mulighet (*mēw*-li-hāyt) *c* possibility

mulkt (mewlkt) *c* fine

mulle (*mewl*-ler) *c* mullet

multiplikasjon (mool-ti-pli-kah-*shōōn*) *c* multiplication

multiplisere (mool-ti-pli-*sāy*-rer) *v* multiply

munk (moongk) *c* monk

munkeorden (*moong*-ker-or-dern) *c* monastic order

munn (mewnn) *c* mouth

munning (*mewn*-ning) *c* outlet; estuary; muzzle

munnvann (*mewn*-vahn) *nt* mouth-wash

munter (*mewn*-terr) *adj* merry, gay

munterhet (*mewn*-terr-hāyt) *c* gaiety

muntlig (*mewnt*-li) *adj* oral, verbal

mur (mēwr) *c* brick wall

mure (*mēw*-rer) *v* *lay bricks

murer (*mēw*-rerr) *c* bricklayer

murpuss (*mēwr*-pewss) *c* plaster

murstein (*mēw*-shtayn) *c* brick

mus (mēwss) *c* (pl ~) mouse

museum (mew-*sāy*-ewm) *nt* (pl -eer) museum

musical (*mYēw*-si-kerl) *c* musical

musikalsk (mew-si-*kaalsk*) *adj* musical

musiker (*mēw*-si-kerr) *c* musician

musikk (mew-*sikk*) *c* music

musikkinstrument (mew-*sikk*-in-strew-mehnt) *nt* musical instrument

musikkspill (mew-*sikk*-spil) *nt* (pl ~) musical comedy

muskatnøtt (mewss-*kaat*-nurt) *c* nutmeg

muskel (*mewss*-kerl) *c* (pl -kler) muscle

muskuløs (mewss-kew-*lūrss*) *adj* muscular

musselin (mew-ser-*leen*) *c* muslin

musserende (mew-*sāy*-rer-ner) *adj* sparkling

mutter (*mewt*-terr) *c* (pl ~e, mutrer) nut

mye (*mēw*-er) *adj* much; *adv* much; like ~ as much

mygg (mewgg) *c* (pl ~) mosquito

myggnett (*mewg*-neht) *nt* (pl ~) mosquito-net

myk (mēwk) *adj* supple, smooth, soft; tender

mynde (*mewn*-der) *c* greyhound

myndig (*mewn*-di) *adj* of age

myndighet (*mewn*-di-hāyt) *c* authority; **myndigheter** authorities *pl*; ut-øvende ~ executive

mynt (mewnt) *c* coin

mynte (*mewn*-ter) *c* mint

myntenhet (*mewnt*-āyn-hāyt) *c* monetary unit

myr (mēwr) *c* swamp, bog

myrde (*mēwr*-der) *v* murder

mysterium (mewss-*tāy*-ri-ewm) *nt* (pl -ier) mystery

mystisk (*mewss*-tisk) *adj* mysterious

myte (*mēw*-ter) *c* myth

mytteri (mew-ter-*ree*) *nt* mutiny

møbler (*mūrb*-lerr) *pl* furniture

møblere (murb-*lāy*-rer) *v* furnish

møkk (murkk) *c* muck

møll (murll) *c* (pl ~) moth

mølle (*murl*-ler) *c* mill

møller (*murl*-lerr) *c* miller

mønster (*murn*-sterr) *nt* (pl -tre) pattern

mør (mūrr) *adj* tender

mørk (murrk) *adj* obscure, dark

mørke (*murr*-ker) *nt* dark; gloom

møte (*mū*-ter) *v* encounter, *meet; *nt* encounter, meeting; appointment

møtende (*mū*-ter-ner) *adj* oncoming

møtested (*mū*-ter-stāy) *nt* meeting-place

møye (*mur*^{ew}-er) *c* difficulty

måke (*maw*-ker) *c* gull

mål (mawl) *nt* measure; goal; target; tongue, language

målbevisst (*mawl*-beh-vist) *adj* determined

måle (*maw*-ler) *v* measure

målebånd (*maw*-ler-bon) *nt* (pl ~) tape-measure

måleinstrument (*maw*-ler-in-strew-mehnt) *nt* gauge

måler (*maw*-lerr) *c* meter

målestokk (*maw*-ler-stok) *c* scale

mållinje (*mawl*-lin-^yer) *c* finish

målløs (*mawl*-lūrss) *adj* speechless

målmann (*mawl*-mahn) *c* (pl -menn) goalkeeper

måltid (*mawl*-teed) *nt* meal

måne (*maw*-ner) *c* moon

måned (*maw*-nerd) *c* month

månedlig (*maw*-nerd-li) *adj* monthly

månedsblad (*maw*-nerss-blaad) *nt* (pl ~) monthly magazine

måneskinn (*maw*-ner-shin) *nt* moonlight

måte (*maw*-ter) *c* fashion, way, manner; **på hvilken som helst** ~ any way; **på ingen** ~ by no means

*måtte (*mot*-ter) *v* *must, *have to; *be bound to; need, need to

N

nabo (*naa*-boo) *c* neighbour

nabolag (*naa*-boo-laag) *nt* (pl ~) vicinity, neighbourhood

naiv (nah-*eev*) *adj* naïve

naken (*naa*-kern) *adj* nude, bare, naked

nakke (*nahk*-ker) *c* nape of the neck

narkose (nahr-*kōō*-ser) *c* narcosis

narkotika (nahr-*kōō*-ti-kah) *c* (pl ~) drug; **narkotisk middel** narcotic

narre (*nahr*-rer) *v* fool

nasjon (nah-*shōōn*) *c* nation

nasjonal (nah-shoo-*naal*) *adj* national

nasjonaldrakt (nah-shoo-*naal*-drahkt) *c* national dress

nasjonalisere (nah-shoo-nah-li-*sāy*-rer) *v* nationalize

nasjonalitet (nah-shoo-nah-li-*tāyt*) *c* nationality

nasjonalpark (nah-shoo-*naal*-pahrk) *c* national park

nasjonalsang (nah-shoo-*naal*-sahng) *c* national anthem

natt (nahtt) *c* (pl netter) night; **i** ~ tonight; **om natten** by night

nattergal (*naht*-terr-gaal) *c* nightingale

nattfly (*naht*-flew) *nt* (pl ~) night flight

nattkjole (*naht*-khōō-ler) *c* nightdress

nattklubb (*naht*-klewb) *c* cabaret, nightclub

nattkrem (*naht*-krāym) *c* night-cream

nattlig (*naht*-li) *adj* nightly

natt-takst (*naht*-tahkst) *c* night rate

natt-tog (*naht*-tawg) *nt* (pl ~) night train

natur (nah-*tewr*) *c* nature

naturlig (nah-*tēw*-li) *adj* natural

naturligvis (nah-*tēw*-li-veess) *adv* of course, naturally

naturskjønn (nah-*tew*-shurn) *adj* scenic

naturvitenskap (nah-*tewr*-vee-tern-skaap) *c* natural science

navigasjon (nah-vi-gah-*shoon*) *c* navigation

navigere (nah-vi-*gay*-rer) *v* navigate

navle (*nahv*-ler) *c* navel

navn (nahvn) *nt* name; **i . . . ~** on behalf of, in the name of

nebb (nehbb) *nt* beak

ned (*nayd*) *adv* down; downstairs

nedbetale (*nayd*-beh-taa-ler) *v* *pay off

nedbetaling (*nayd*-beh-taa-ling) *c* down payment

nedbør (*nayd*-bürr) *c* precipitation

nede (*nay*-der) *adv* below

nedenfor (*nay*-dern-for) *prep* under, below

nedenunder (*nay*-dern-ew-nerr) *adv* underneath

nederlag (*nay*-der-laag) *nt* (pl ~) defeat

Nederland (*nay*-der-lahn) the Netherlands

nederlandsk (*nay*-der-lahnsk) *adj* Dutch

nederlender (*nay*-der-leh-nerr) *c* Dutchman

nedgang (*nayd*-gahng) *c* decrease; depression

nedkomst (*nayd*-komst) *c* delivery

nedover (*nay*-do-verr) *adv* down, downwards

nedre (*nayd*-rer) *adj* inferior, lower

nedrivning (*nayd*-reev-ning) *c* demolition

nedslått (*nayd*-shlot) *adj* down

nedstamning (*nayd*-stahm-ning) *c* origin

nedstemt (*nayd*-stehmt) *adj* depressed

nedstigning (*nayd*-steeg-ning) *c* descent

nedtrykt (*nayd*-trewkt) *adj* depressed

negativ (*nay*-gah-teev) *adj* negative; *nt* negative

neger (*nay*-gerr) *c* (pl ~e, negrer) Negro

negl (nayl) *c* nail

neglebørste (*nay*-ler-bursh-ter) *c* nailbrush

neglefil (*nay*-ler-feel) *c* nail-file

neglelakk (*nay*-ler-lahk) *c* nail-polish

neglesaks (*nay*-ler-sahks) *c* nail-scissors *pl*

neglisjé (nehg-li-*shay*) *c/nt* negligee

nei (nay) no

nekte (*nehk*-ter) *v* deny

nemlig (*nehm*-li) *adv* namely

neon (*nay*-oon) *c* neon

neppe (*nehp*-per) *adv* hardly

nerve (*nær*-ver) *c* nerve

nervøs (*nær*-*vürss*) *adj* nervous

nese (*nay*-ser) *c* nose

neseblod (*nay*-ser-bloo) *nt* nosebleed

nesebor (*nay*-ser-boor) *nt* (pl ~) nostril

nesevis (*nay*-ser-veess) *adj* impertinent

neshorn (*nayss*-hoon) *nt* (pl ~) rhinoceros

neste (*nehss*-ter) *adj* next; following

nesten (*nehss*-tern) *adv* nearly, almost

nett (nehtt) *nt* net; *adj* neat

netthinne (*neht*-hi-ner) *c* retina

netto (*neht*-too) *adv* net

nettopp (*neht*-top) *adv* just

nettverk (*neht*-værk) *nt* network

nevne (*nehv*-ner) *v* mention

nevralgi (nehv-rahl-*gee*) *c* neuralgia

nevrose (nehv-*roo*-ser) *c* neurosis

nevø (neh-*vür*) *c* nephew

ni (nee) *num* nine

niende (*nee*-er-ner) *num* ninth

niese (ni-*ay*-ser) *c* niece

nifs (nifs) *adj* creepy

Nigeria (ni-*gāy*-ri-ah) Nigeria

nigerianer (ni-geh-ri-*aa*-nerr) *c* Nigerian

nigeriansk (ni-geh-ri-*aansk*) *adj* Nigerian

nikk (nikk) *nt* nod

nikke (*nik*-ker) *v* nod

nikkel (*nik*-kerl) *c* nickel

nikotin (ni-koo-*teen*) *c* nicotine

nitten (*nit*-tern) *num* nineteen

nittende (*nit*-ter-ner) *num* nineteenth

nitti (*nit*-ti) *num* ninety

nivellere (ni-ver-*lāy*-rer) *v* level

nivå (ni-*vaw*) *nt* level

noe (*nōō*-er) *pron* something

noen (*nōō*-ern) *pron* somebody, someone; some; ~ **gang** ever

nok (nokk) *adv* enough

nokså (*nok*-so) *adv* fairly, somewhat

nominasjon (noo-mi-nah-*shōōn*) *c* nomination

nominell (noo-mi-*nehll*) *adj* nominal

nominere (noo-mi-*nāy*-rer) *v* nominate

nonne (*non*-ner) *c* nun

nonnekloster (*non*-ner-kloss-terr) *nt* (pl -tre) nunnery

nonsens (*non*-serns) *nt* nonsense

nord (nōōr) *c* north

nordlig (*nōō*-li) *adj* north, northern; northerly

nordmann (*noor*-mahn) *c* (pl -menn) Norwegian

Nordpolen (*nōōr*-pōō-lern) North Pole

nordvest (noor-*vehst*) *c* north-west

nordøst (noor-*urst*) *c* north-east

Norge (*nor*-ger) Norway

norm (norm) *c* standard

normal (noor-maal) *adj* normal; regular

norsk (noshk) *adj* Norwegian

nota (*nōō*-tah) *c* bill

notar (noo-*taar*) *c* notary

notat (noo-*taat*) *nt* note

notere (noo-*tāy*-rer) *v* note

notis (noo-*teess*) *c* note

notisblokk (noo-*teess*-blok) *c* note pad

notisbok (noo-*teess*-bōōk) *c* (pl -bøker) notebook

nougat (noogaa) *c* nougat

november (noo-*vehm*-berr) November

null (newll) *nt* zero, nought

nummer (*noom*-merr) *nt* (pl numre) number; act

nummerskilt (*noom*-mer-shilt) *nt* registration plate; licence plate *Am*

ny (*nēw*) *adj* new; recent

nyanse (new-*ahng*-ser) *c* nuance; shade

nybegynner (*nēw*-beh-Yew-nerr) *c* beginner; learner

nybygger (*nēw*-bew-gerr) *c* pioneer

nyhet (*nēw*-hāyt) *c* news; **nyheter** *pl* news; tidings *pl*

nykke (*newk*-ker) *nt* fad, whim

nylig (*nēw*-li) *adv* recently, lately

nylon (*nēw*-lon) *nt* nylon

nynne (*newn*-ner) *v* hum

nyre (*nēw*-rer) *c* kidney

*nyse (*nēw*-ser) *v* sneeze

nysgjerrig (new-*shær*-ri) *adj* curious; inquisitive

nysgjerrighet (new-*shær*-ri-hāyt) *c* curiosity

*nyte (*nēw*-ter) *v* enjoy

nytelse (*nēw*-terl-ser) *c* enjoyment

nytte (*newt*-ter) *c* utility, use; *v* *be of use

nytteløs (*newt*-ter-lūrss) *adj* idle

nyttig (*newt*-ti) *adj* useful

nyttår (*newt*-tawr) *nt* New Year

Ny-Zealand (*nēw*-*sāy*-lahn) New Zealand

nær (næær) *adv* near; *adj* close, near

nærende (*næææ*-rer-ner) *adj* nourishing, nutritious

nærhet (*næær*-hāyt) *c* vicinity

nærliggende (*næææ*-li-ger-ner) *adj*

neighbouring, nearby

nærme seg (*nær*-mer) approach

nærsynt (*nææ*-shewnt) *adj* short-sighted

nærvær (*næær*-væær) *nt* presence

nød (nūrd) *c* misery, distress

nøde (*nū*-der) *v* compel; **være nødt til* *be obliged to

nødsignal (*nūrd*-sing-naal) *nt* distress signal

nødssituasjon (*nūrd*-si-tew-ah-shōōn) *c* emergency

nødstilfelle (*nūrds*-til-feh-ler) *nt* emergency

nødtvunget (*nūrd*-tvoo-ngert) *adv* by force

nødutgang (*nūrd*-ēwt-gahng) *c* emergency exit

nødvendig (nurd-*vehn*-di) *adj* necessary

nødvendighet (nurd-*vehn*-di-hāyt) *c* necessity, need

nøkkel (*nurk*-kerl) *c* (pl nøkler) key

nøkkelhull (*nurk*-kerl-hewl) *nt* keyhole

nøktern (*nurk*-tern) *adj* down-to-earth, sober

nøle (*nūr*-ler) *v* hesitate

nøtt (nurtt) *c* nut

nøtteknekker (*nurt*-ter-kneh-kerr) *c* nutcrackers *pl*

nøtteskall (*nurt*-ter-skahl) *nt* (pl ～) nutshell

nøyaktig (nur*ew*-*ahk*-ti) *adj* accurate, precise, exact; careful

nøyaktighet (nur*ew*-*ahk*-ti-hāyt) *c* correctness

nøye seg med (nur*ew*-er) *make do with

nøytral (nur*ew*-*traal*) *adj* neutral

nå¹ (naw) *v* reach; *catch; *make

nå² (naw) *adv* now; ～ **og da** occasionally, now and then

nåde (*naw*-der) *c* mercy, grace

nål (nawl) *c* needle

nåletre (*naw*-ler-trāy) *nt* (pl -rær) fir-tree

når (norr) *adv* when; *conj* when; ～ **enn** whenever

nåtid (*naw*-teed) *c* present

nåtildags (*naw*-til-dahks) *adv* nowadays

nåværende (*naw*-vææ-er-ner) *adj* current, present

O

oase (oo-*aa*-ser) *c* oasis

obduksjon (ob-dewk-*shōōn*) *c* autopsy

oberst (*ōō*-bersht) *c* colonel

objekt (oob-*Yehkt*) *nt* object

objektiv (ob-Yehk-*teev*) *adj* objective

obligasjon (ob-li-gah-*shōōn*) *c* bond

obligatorisk (oob-li-gah-*tōō*-risk) *adj* obligatory, compulsory

observasjon (op-sehr-vah-*shōōn*) *c* observation

observatorium (op-sehr-vah-*tōō*-ri-ewm) *nt* (pl -ier) observatory

observere (op-sehr-*vāy*-rer) *v* observe

odde (*od*-der) *c* headland

offensiv (*of*-fahng-seev) *adj* offensive; *c* offensive

offentlig (*of*-fernt-li) *adj* public

*offentliggjøre (o-fernt-li-*Yūr*-rer) *v* publish

offentliggjørelse (*of*-fernt-li-*Yūr*-rerl-ser) *c* publication

offer (*of*-ferr) *nt* (pl ofre) victim; casualty; sacrifice

offiser (o-fi-*sāyr*) *c* (pl ～er) officer

offisiell (o-fi-si-*ehll*) *adj* official

ofre (*of*-rer) *v* sacrifice

ofte (*of*-ter) *adv* frequently, often

og (o) *conj* and

også (*oss*-so) *adv* also; as well, too

okkupasjon (o-kew-pah-*shōōn*) *c* occupation

okse (*ook*-ser) *c* ox

oksekjøtt (*ook*-ser-khurt) *nt* beef

oksygen (ok-sew-*gayn*) *nt* oxygen

oktober (ok-*tōō*-berr) October

oldtid (*ol*-teed) *c* antiquity

oliven (oo-*lee*-vern) *c* (pl ~, ~er) olive

olivenolje (oo-*lee*-vern-ol-Yer) *c* olive oil

olje (*ol*-Yer) *c* oil

oljebrønn (*ol*-Yer-brurn) *c* oil-well

oljefilter (*ol*-Yer-fil-terr) *nt* (pl -tre) oil filter

oljemaleri (*ol*-Yer-maa-ler-ree) *nt* oil-painting

oljeraffineri (*ol*-Yer-rah-fi-ner-ree) *nt* oil-refinery

oljet (*ol*-Yert) *adj* oily

oljetrykk (*ol*-Yer-trewk) *nt* (pl ~) oil pressure

om (oomm) *prep* round; about; in; *conj* whether, if

om bord (om bōōr) aboard

omdanne (*oom*-dah-ner) *v* transform

omdreining (*om*-dray-ning) *c* revolution

omegn (*oom*-mayn) *c* surroundings *pl*

omelett (oo-mer-*lehtt*) *c* omelette

omfang (*oom*-fahng) *nt* extent

omfangsrik (*oom*-fahngs-reek) *adj* big, bulky, extensive

omfatte (*oom*-fah-ter) *v* comprise, include

omfattende (*oom*-fah-ter-ner) *adj* comprehensive, extensive

omfavne (*oom*-fahv-ner) *v* embrace, hug

omfavnelse (*oom*-fahv-nerl-ser) *c* embrace

omgang (*oom*-gahng) *c* round; half time; treatment

***omgi** (*oom*-Yee) *v* encircle, circle, surround

omgivelser (*oom*-Yee-verl-serr) *pl* environment; setting

***omgå** (*oom*-gaw) *v* by-pass

omgående (*oom*-gaw-er-ner) *adj* prompt

***omgås** (*oom*-gawss) *v* associate with; *~ **med** mix with

omhyggelig (*oom*-hew-ger-li) *adj* careful, thorough

omkjøring (*oom*-khūr-ring) *c* detour, diversion

***omkomme** (*oom*-ko-mer) *v* perish

omkostninger (*oom*-kost-ni-ngerr) *pl* expenses *pl*

omkring (oom-*kringng*) *prep* round, around; *adv* about

omkringliggende (om-*kring*-li-ger-ner) *adj* surrounding

omløp (*oom*-lūrp) *nt* circulation

omregne (*oom*-ray-ner) *v* convert

omregningstabell (*oom*-ray-nings-tah-behll) *c* conversion chart

omreisende (*oom*-ray-ser-ner) *adj* itinerant

omringe (*oom*-ri-nger) *v* encircle, circle, surround

omriss (*oom*-riss) *nt* (pl ~) contour

område (*oom*-raw-der) *nt* zone, area, territory, region; sphere

omsetning (*oom*-seht-ning) *c* turnover

omsetningsskatt (*oom*-seht-ning-skaht) *c* purchase tax, turnover tax; sales tax

omslag (*oom*-shlaag) *nt* reverse; sleeve, jacket

omsorg (*oom*-sorg) *c* care

omstendighet (oom-*stehn*-di-hāyt) *c* condition, circumstance

omstridt (*oom*-strit) *adj* controversial

omtale (*oom*-taa-ler) *c* mention

omtanke (*oom*-tahng-ker) *c* consideration

omtenksom (oom-*tehngk*-som) *adj* thoughtful

omtrent (oom-*trehnt*) *adv* approximately; about

omtrentlig (oom-*trehnt*-li) *adj* approximate

omvei (*oom*-vay) *c* detour

omvende (*oom*-veh-ner) *v* convert

ond (oonn) *adj* wicked, ill, evil

ondartet (*oon*-naa-tert) *adj* malignant

onde (*oon*-der) *nt* evil

ondsinnet (*oon*-si-nert) *adj* evil

ondskapsfull (*oon*-skaaps-fewl) *adj* vicious, spiteful, malicious

onkel (*oong*-kerl) *c* (pl onkler) uncle

onsdag (*oons*-dah) *c* Wednesday

onyks (ōō-newks) *c* onyx

opal (oo-*paal*) *c* opal

opera (oo-per-rah) *c* opera; opera house

operasjon (oo-per-rah-*shōōn*) *c* surgery, operation

operere (oo-per-*rāy*-rer) *v* operate

operette (oo-per-*reht*-ter) *c* operetta

opp (oopp) *adv* up

oppblåsbar (*oop*-blawss-baar) *adj* inflatable

oppdage (*oop*-daa-ger) *v* discover, detect; notice

oppdagelse (*oop*-daa-gerl-ser) *c* discovery

oppdikte (*oop*-dik-ter) *v* invent

***oppdra** (*oop*-draa) *v* educate; *bring up; raise; rear

oppdrag (*oop*-draag) *nt* (pl ~) assignment

oppdragelse (*oop*-draa-gerl-ser) *c* upbringing

oppdrette (*oop*-dreh-ter) *v* *breed

oppfarende (*oop*-faa-rer-ner) *adj* irascible

oppfatning (*oop*-faht-ning) *c* opinion, view

oppfatte (*oop*-fah-ter) *v* conceive

***oppfinne** (*oop*-fi-ner) *v* invent

oppfinnelse (*oop*-fi-nerl-ser) *c* invention

oppfinner (*oop*-fi-nerr) *c* inventor

oppfinnsom (oop-*fin*-som) *adj* inventive

oppfostre (*oop*-foost-rer) *v* educate; *bring up; raise; rear

oppføre (*oop*-fūr-rer) *v* construct; ~ seg act, behave

oppførelse (*oop*-fūr-rerl-ser) *c* show; construction

oppførsel (*oop*-fur-sherl) *c* conduct, behaviour

oppgave (*oop*-gaa-ver) *c* duty; task; exercise

***oppgi** (*oop*-Yee) *v* declare; *give up

opphav (*oop*-haav) *nt* origin

opphisse (*oop*-hi-ser) *v* excite

opphisselse (*oop*-hi-serl-ser) *c* excitement

opphold (*oop*-hol) *nt* (pl ~) stay

***oppholde seg** (*oop*-ho-ler) stay

oppholdstillatelse (*oop*-hols-ti-laa-terl-ser) *c* residence permit

opphøre (*oop*-hūr-rer) *v* finish, cease, discontinue, expire, end

opphørssalg (*oop*-hūrsh-sahlg) *nt* (pl ~) clearance sale

oppkalle (*oop*-kahl-ler) *v* name after

opplag (*oop*-laag) *nt* (pl ~) issue

opplagt (*oop*-lahkt) *adj* fit; self-evident

oppleve (*oop*-lāy-ver) *v* experience

opplyse (*oop*-lēw-ser) *v* inform; illuminate

opplysning (*oop*-lēwss-ning) *c* information

oppløp (*oop*-lūrp) *nt* (pl ~) riot

oppløse (*oop*-lūr-ser) *v* dissolve

oppløselig (oop-*lūr*-ser-li) *adj* soluble

oppløsning (*oop*-lūrss-ning) *c* solution

oppmerksom (oop-*mærk*-som) *adj* attentive; *være ~ *pay attention; *være ~ på attend to, *pay attention to

oppmerksomhet (oop-*mærk*-som-hāȳt) *c* notice, attention

oppmuntre (oop-mewn-trer) *v* encourage; cheer up

oppnå (oop-naw) *v* achieve, attain

oppnåelig (oop-*naw*-er-li) *adj* attainable; obtainable

opponere seg (oo-poo-*nāy*-rer) *v* oppose

opposisjon (oo-poo-si-*shōōn*) *c* opposition

oppover (oop-paw-verr) *adv* up, upwards

oppreist (oop-rayst) *adj* erect

opprette (oop-reh-ter) *v* found; institute

***oppretholde** (oop-reht-ho-ler) *v* maintain

opprettstående (oop-reht-staw-er-ner) *adj* upright

oppriktig (oop-*rik*-ti) *adj* sincere, honest

oppringning (oop-ring-ning) *c* call

opprinnelig (oop-*rin*-ner-li) *adj* original, initial

opprinnelse (oop-*rin*-nerl-ser) *c* origin, source

opprør (oop-rūrr) *nt* (pl ~) revolt, rebellion; ***gjøre** ~ revolt

opprørende (oop-rūr-rer-ner) *adj* revolting

opprørt (oop-rūrt) *adj* *upset

oppsiktsvekkende (oop-sikts-veh-ker-ner) *adj* sensational, striking

oppskrift (oop-skrift) *c* recipe

oppspore (oop-spōō-rer) *v* trace

oppstand (oop-stahn) *c* rising, rebellion, revolt

oppstigning (oop-steeg-ning) *c* ascent; rise

oppstyr (oop-stēwr) *nt* fuss

***oppstå** (oop-staw) *v* *arise

oppsyn (oop-sēwn) *nt* (pl ~) supervision

oppsynsmann (oop-sēwns-mahn) *c* (pl -menn) warden; custodian

***oppta** (oop-taa) *v* *take up; occupy

opptak (oop-taak) *nt* (pl ~) recording

opptakelse (oop-taa-kerl-ser) *c* admission

opptatt (oop-taht) *adj* busy, engaged; occupied

opptog (oop-tawg) *nt* (pl ~) procession

opptre (oop-trāy) *v* perform

opptreden (oop-trāy-dern) *c* appearance

oppvakt (oop-vahkt) *adj* bright

oppvarte (oop-vah-ter) *v* wait on

oppvarter (oop-vah-terr) *c* waiter

oppvarterske (oop-vah-tersh-ker) *c* waitress

oppvise (oop-vee-ser) *v* exhibit, show

oppå (oop-po) *prep* on top of

optiker (oop-ti-kerr) *c* optician

optimisme (oop-ti-*miss*-mer) *c* optimism

optimist (oop-t-*mist*) *c* optimist

optimistisk (oop-ti-*miss*-tisk) *adj* optimistic

oransje (oo-*rahng*-sher) *adj* orange

ord (ōōr) *nt* word

ordbok (ōōr-bōōk) *c* (pl -bøker) dictionary

orden (o-dern) *c* order; **i** ~ in order

ordentlig (o-dernt-li) *adj* tidy; neat

ordforråd (ōōr-fo-rawd) *nt* vocabulary

ordinær (o-di-næær) *adj* vulgar

ordliste (ōōr-liss-ter) *c* word list

ordne (oord-ner) *v* arrange, settle; sort; fix

ordning (oord-ning) *c* arrangement, method; settlement

ordre (oord-rer) *c* order

ordreblankett (oord-rer-blahng-keht) *c* order-form

ordspråk (ōōr-sprawk) *nt* (pl ~) proverb

ordstrid (*ōōr*-streed) c dispute

ordveksling (*ōōr*-vehk-shling) c argument

organ (or-*gaan*) nt organ

organisasjon (or-gah-ni-sah-*shōōn*) c organization

organisere (or-gah-ni-*sāy*-rer) v organize

organisk (or-*gaa*-nisk) adj organic

orgel (*or*-gerl) nt (pl orgler) organ

orientalsk (o-ri-ehn-*taalsk*) adj oriental

Orienten (o-ri-*ehn*-tern) Orient

orientere seg (o-ri-ehn-*tāy*-rer) orientate

original (o-ri-gi-*naal*) adj original

orkan (or-*kaan*) c hurricane

orke (*or*-ker) v sustain

orkester (or-*kehss*-terr) nt (pl -tre) orchestra; band

orkesterplass (or-*kehss*-terr-plahss) c stall; orchestra seat *Am*

ornament (o-nah-*mehnt*) nt ornament

ornamental (o-nah-mehn-*taal*) adj ornamental

ortodoks (o-too-doks) adj orthodox

oss (oss) pron us, ourselves

ost (oost) c cheese

ouverture (oo-ver-*tēw*-rer) c overture

oval (o-*vaal*) adj oval

ovenfor (*aw*-vern-for) prep above, over; adv above, overhead

ovenpå (*aw*-vern-paw) adv upstairs

over (*aw*-verr) prep across, over; adv over; over- upper; ~ ende down, over

overall (*aw*-ver-rol) c overalls pl

overalt (o-ver-*rahlt*) adv everywhere, throughout

overanstrenge (*aw*-ver-rahn-strehnger) v strain; ~ seg overwork

overbevise (*aw*-ver-beh-vee-ser) v convince, persuade

overbevisning (*aw*-verr-beh-veessning) c conviction, persuasion

overdreven (*aw*-drāy-vern) adj extravagant, excessive

*****overdrive** (*aw*-ver-dree-ver) v exaggerate

overenskomst (*aw*-ver-rehns-komst) c settlement, agreement

overensstemmelse (*aw*-ver-rehnssteh-merl-ser) c agreement; i ~ med in accordance with, according to

overfall (*aw*-verr-fahl) nt (pl ~) holdup

overfart (*aw*-verr-faht) c crossing, passage

overfladisk (*aw*-verr-flaa-disk) adj superficial

overflate (*aw*-verr-flaa-ter) c surface

overflod (*aw*-verr-flōōd) c abundance; plenty

overflødig (*aw*-verr-flűr-di) adj superfluous; redundant

overfor (*aw*-verr-for) prep opposite, facing; towards

overfylt (*aw*-verr-fewlt) adj crowded

overføre (*aw*-verr-fűr-rer) v transfer; remit

overgang (*aw*-verr-gahng) c transition

*****overgi seg** (*aw*-verr-Υee) surrender

overgivelse (*aw*-verr-Υee-verl-ser) c surrender

overgrodd (*aw*-verr-grood) adj overgrown

*****overgå** (*aw*-verr-gaw) v exceed, *outdo

overhale (*aw*-verr-haa-ler) v overhaul

overhodet (o-verr-*hōō*-der) adv at all

overlagt (*aw*-ver-lahkt) adj deliberate

*****overlate** (*aw*-ver-laa-ter) v *leave to; entrust

overlegen (*aw*-ver-lāy-gern) adj superior, haughty

overleve (*aw*-ver-lāy-ver) v survive

overlærer (aw-ver-lææ-rerr) c headmaster, head teacher

overmodig (aw-verr-mōō-di) adj presumptuous

overoppsyn (awv-err-op-sewn) nt supervision

overraske (aw-ver-rahss-ker) v surprise

overraskelse (aw-ver-rahss-kerl-ser) c surprise

***overrekke** (aw-ver-reh-ker) v hand, *give

overrumple (aw-ver-roomp-ler) v *catch

***overse** (aw-ver-shay) v overlook

***oversette** (aw-ver-sheh-ter) v translate

oversettelse (aw-ver-sheh-terl-ser) c translation; version

oversetter (aw-ver-sheh-terr) c translator

overside (aw-ver-shee-der) c top side, top

oversikt (aw-ver-shikt) c survey

oversjøisk (aw-ver-shūr-isk) adj overseas

***overskride** (aw-ver-shkree-der) v exceed

overskrift (aw-ver-shkrift) c heading; headline

overskudd (aw-ver-shkewd) nt (pl ~) surplus

overskyet (aw-ver-shew-ert) adj overcast, cloudy

overspent (aw-ver-shpehnt) adj overstrung

overstrømmende (aw-ver-shtrur-mer-ner) adj exuberant

oversvømmelse (aw-ver-shvur-merl-ser) c flood

***overta** (aw-ver-taa) v *take over

overtale (aw-ver-taa-ler) v persuade

overtrett (aw-ver-trehtt) adj overtired

overtro (aw-ver-trōō) c superstition

overveie (aw-verr-vay-er) v consider; deliberate

overveielse (aw-verr-vay-erl-ser) c consideration; deliberation

overvekt (aw-verr-vehkt) c overweight; predominance

overvelde (aw-verr-veh-ler) v overwhelm

***overvinne** (aw-verr-vi-ner) v *overcome; defeat

***overvære** (aw-verr-vææ-rer) v attend, assist at

overvåke (awv-verr-vaw-ker) v supervise; patrol

ovn (ovnn) c stove, furnace

P

padde (pahd-der) c toad

padleåre (pahd-ler-aw-rer) c paddle

Pakistan (pah-ki-staan) Pakistan

pakistaner (pah-ki-staa-nerr) c Pakistani

pakistansk (pah-ki-staansk) adj Pakistani

pakke¹ (pahk-ker) c package, parcel

pakke² (pahk-ker) v pack; ~ **inn** wrap; ~ **ned** pack up; ~ **opp** unpack, unwrap

pakkhus (pahk-hewss) nt (pl ~) warehouse

palass (pah-lahss) nt palace

palme (pahl-mer) c palm

panel (pah-nāyl) nt panel

panelverk (pah-nāyl-værk) nt panelling

panikk (pah-nikk) c scare, panic

panne (pahn-ner) c forehead; pan

panser (pahn-serr) nt bonnet; hood nAm

pant (pahnt) c deposit

pantelån (*pahn*-ter-lawn) *nt* mortgage

pantelåner (*pahn*-ter-lawnerr) *c* pawnbroker

***pantsette** (*pahnt*-seh-ter) *v* pawn

papegøye (pah-per-*gur*^(ew)-er) *c* parrot; parakeet

papir (pah-*peer*) *nt* paper; **papir-** paper

papirhandel (pah-*peer*-hahn-derl) *c* (pl -dler) stationer's

papirkniv (pah-*peer*-kneev) *c* paperknife

papirkurv (pah-*peer*-kewrv) *c* wastepaper-basket

papirlommetørkle (pah-*peer*-loo-merturr-kler) *nt* (pl -lær) tissue

papirpose (pah-*peer*-pōō-ser) *c* paper bag

papirserviett (pah-*peer*-sær-vi-eht) *c* paper napkin

papirvarer (pah-*peer*-vaa-rerr) *pl* stationery

papp (pahpp) *c* cardboard

pappa (*pahp*-pah) *c* daddy

par (paar) *nt* pair; couple

parade (pah-*raa*-der) *c* parade

parafin (pah-rah-*feen*) *c* paraffin

parallell (pah-rah-*lehll*) *c* parallel; *adj* parallel

paraply (pah-rah-*plew*) *c* umbrella

parasoll (pah-rah-*soll*) *c* sunshade

parat (pah-*raat*) *adj* ready

parfyme (pahr-*few*-mer) *c* perfume

park (pahrk) *c* park; **offentlig parkanlegg** public garden

parkere (pahr-*kāy*-rer) *v* park

parkering (pahr-*kāy*-ring) *c* parking; **~ forbudt** no parking

parkeringsavgift (pahr-*kāy*-rings-aav-γift) *c* parking fee

parkeringslys (pahr-*kāy*-rings-*lēw*ss) *nt* (pl ~) parking light

parkeringsplass (pahr-*kāy*-rings-plahss) *c* car park; parking lot *Am*

parkeringssone (pahr-*kāy*-ring-sōō-ner) *c* parking zone

parkometer (pahr-koo-*māy*-terr) *nt* (pl ~, -tre) parking meter

parlament (pahr-lah-*mehnt*) *nt* parliament; **parlamentarisk** *adj* parliamentary

parlør (pah-*lūrr*) *c* phrase-book

parti (pah-*tee*) *nt* party; side

partisk (*paa*-tisk) *adj* partial

partner (*paat*-nerr) *c* partner; associate

parykk (pah-*rewkk*) *c* wig

pasient (pah-si-*ehnt*) *c* patient

pasifisme (pah-si-*fiss*-mer) *c* pacifism

pasifist (pah-si-*fist*) *c* pacifist

pasifistisk (pah-si-*fiss*-tisk) *adj* pacifist

pass (pahss) *nt* passport; mountain pass

passasje (pah-*saa*-sher) *c* passage

passasjer (pah-sah-*shāyr*) *c* passenger

passasjerbåt (pah-sah-*shāyr*-bawt) *c* liner

passasjervogn (pah-sah-*shāyr*-vongn) *c* carriage; passenger car *Am*

passe (*pahss*-er) *v* fit, suit; tend; look after; **~ på** mind, *take care of*; **~ seg for** mind, look out; **~ til** match

passende (*pahss*-ser-ner) *adj* appropriate, convenient, adequate; proper, just

passere (pah-*sāy*-rer) *v* pass

passfoto (*pahss*-fōō-too) *nt* (pl ~) passport photograph

passiv (*pahss*-seev) *adj* passive

passkontroll (*pahss*-koon-trol) *c* passport control

pasta (*pahss*-tah) *c* paste

patent (pah-*tehnt*) *nt* patent

pater (*paa*-terr) *c* Father

patriot (paht-ri-*ōōt*) *c* patriot

patron (paht-*rōōn*) *c* cartridge

patrulje (paht-*rewl*-Yer) *c* patrol

patruljere (pah-trewl-*Yay*-rer) *v* patrol

pattedyr (*paht*-ter-dēwr) *nt* (pl ~) mammal

pause (*pou*-ser) *c* pause; intermission, interval

pave (*paa*-ver) *c* pope

paviljong (pah-vil-*Yoanng*) *c* pavilion

peanøtt (*pee*-ah-nurt) *c* peanut

pedal (peh-*daal*) *c* pedal

pedikyr (peh-di-*kēwr*) *c* pedicure

peis (payss) *c* fireplace

peke (*pāy*-ker) *v* point

pekefinger (*pāy*-ker-fi-ngerr) *c* (pl -grer) index finger

pelikan (peh-li-*kaan*) *c* pelican

pels (pehls) *c* fur

pelskåpe (*pehls*-kaw-per) *c* fur coat

pelsverk (*pehls*-værk) *nt* furs

pen (pāyn) *adj* good-looking, handsome, pretty; fine, nice

pendler (*pehnd*-lerr) *c* commuter

pengeanbringelse (*pehng*-nger-ahn-bri-ngerl-ser) *c* investment

pengepung (*pehng*-nger-poong) *c* purse

penger (*pehng*-ngerr) *pl* money

pengeseddel (*pehng*-nger-seh-derl) *c* (pl -sedler) banknote

pengeskap (*pehng*-nger-skaap) *nt* (pl ~) safe

pengeutpresning (*pehng*-nger-ēwt-prehss-ning) *c* blackmail; **presse penger av** blackmail

penicillin (peh-ni-si-*leen*) *nt* penicillin

penn (pehnn) *c* pen

pensel (*pehn*-serl) *c* (pl -sler) paintbrush, brush

pensjon (pahng-*shoon*) *c* pension; board; **full ~** full board, board and lodging, bed and board

pensjonat (pahng-shoo-*naat*) *nt* boarding-house, guest-house, pension

pensjonatskole (pahng-shoo-*naat*-skōō-ler) *c* boarding-school

pensjonert (pahng-shoo-*nāyt*) *adj* retired

pensjonær (pahng-shoo-*næær*) *c* boarder

pepper (*pehp*-perr) *c* pepper

peppermynte (peh-perr-*mewn*-ter) *c* peppermint

pepperrot (*pehp*-per-rōōt) *c* horse-radish

perfeksjon (pær-fehk-*shoon*) *c* perfection

perfekt (pær-*fehkt*) *adj* perfect; faultless

periode (peh-ri-*ōō*-der) *c* period

periodevis (peh-ri-*ōō*-der-veess) *adj* periodical

perle (*pææ*-ler) *c* pearl, bead

perlekjede (*pææ*-ler-khāy-der) *nt* beads *pl*

perlemor (*pææ*-ler-mōōr) *c* mother-of-pearl

perm (pærm) *c* cover

permanent (pær-mah-*nehnt*) *adj* permanent; *c* permanent wave

permisjon (pær-mi-*shoon*) *c* leave; permit

perrong (peh-*rongng*) *c* platform

perrongbillett (peh-*rong*-bi-leht) *c* platform ticket

perser (*pæsh*-sherr) *c* Persian

Persia (*pæsh*-shi-ah) Persia

persienne (pæ-shi-*ehn*-ner) *c* blind, shutter

persille (pæ-*shil*-ler) *c* parsley

persisk (*pæsh*-shisk) *adj* Persian

person (pæ-*shoon*) *c* person; **per ~** per person

personale (pæ-shoo-*naa*-ler) *nt* personnel, staff

personlig (pæ-*shoon*-li) *adj* personal; private

personlighet (pæ-*shoon*-li-hāyt) *c* personality

persontog (pæ-*shōōn*-tawg) *nt* (pl ~) passenger train

perspektiv (pæsh-pehk-*teev*) *nt* perspective

pertentlig (pæ-*tehnt*-li) *adj* precise

pese (*pāy*-ser) *v* pant

pessimisme (peh-si-*miss*-mer) *c* pessimism

pessimist (peh-si-*mist*) *c* pessimist

pessimistisk (peh-si-*miss*-tisk) *adj* pessimistic

petisjon (peh-ti-*shōōn*) *c* petition

petroleum (peht-*rōō*-leh-ewm) *c* petroleum; kerosene

pianist (piah-*nist*) *c* pianist

piano (pi-*aa*-noo) *nt* piano

pigg (pigg) *c* spike; peak

pigge (*pigg*-ger) *v* spike; prod

pikant (pi-*kahnt*) *adj* savoury

pike (*pee*-ker) *c* girl

pikenavn (*pee*-ker-nahvn) *nt* (pl ~) maiden name

pikespeider (*pee*-ker-spay-derr) *c* girl guide

pikkolo (*pik*-koo-loo) *c* bellboy, page-boy

piknik (*pik*-nik) *c* picnic; *dra på ~ picnic

pil (peel) *c* arrow

pilar (pi-*laar*) *c* pillar, column

pilegrim (*pil*-grim) *c* pilgrim

pilegrimsreise (*pil*-grims-ray-ser) *c* pilgrimage

pille (*pil*-ler) *c* pill

pilot (pi-*lōōt*) *c* pilot

pimpstein (*pimp*-stayn) *c* pumice stone

pine (*pee*-ner) *v* torment; *c* torment

pingvin (ping-*veen*) *c* penguin

pinlig (*peen*-li) *adj* embarrassing, awkward

pinnsvin (*pin*-sveen) *nt* (pl ~) hedgehog

pinse (*pin*-ser) *c* Whitsun

pinsett (pin-*sehtt*) *c* tweezers pl

pipe (*pee*-per) *c* pipe

piperenser (*pee*-per-rehn-serr) *c* pipe cleaner

pipetobakk (*pee*-per-too-bahk) *c* pipe tobacco

pisk (pisk) *c* whip

pistol (piss-*tōōl*) *c* pistol

pittoresk (pi-too-*rehsk*) *adj* picturesque

plage (*plaa*-ger) *v* bother; *c* nuisance

plagg (plahgg) *nt* garment

plakat (plah-*kaat*) *c* poster, placard

plan (plaan) *c* scheme, project, plan; map; *nt* level; *adj* even, flat, level

planet (plah-*nāyt*) *c* planet

planetarium (plah-neh-*taa*-ri-ewm) *nt* (pl -ier) planetarium

planke (*plahng*-ker) *c* board, plank

***planlegge** (*plaan*-leh-ger) *v* plan

planovergang (*plaa*-naw-verr-gahng) *c* level crossing

plantasje (plahn-*taa*-sher) *c* plantation

plante (*plahn*-ter) *c* plant; *v* plant

planteskole (*plahn*-ter-skōōler) *c* nursery

plass (plahss) *c* square; room; seat

plassanviser (*plahss*-sahn-vee-serr) *c* usherette, usher

plassere (plah-*sāy*-rer) *v* *put, *lay

plaster (*plah*-sterr) *nt* (pl ~, -tre) plaster

plastikk (plahss-*tikk*) *c* plastic; **plastikk-** plastic

plate (*plaa*-ter) *c* plate; sheet

platespiller (*plaa*-ter-spi-lerr) *c* record-player

platina (*plaa*-ti-nah) *c* platinum

pleie (*play*-er) *v* *be in the habit of; nurse

pleieforeldre (*play*-er-fo-rehl-drer) *pl* foster-parents *pl*

pleiehjem (*play*-er-Yehm) *nt* (pl ~)

foster-home
plettfri (*pleht*-free) *adj* spotless, stainless
plikt (plikt) *c* duty
plog (ploog) *c* plough
plombe (*ploom*-ber) *c* filling
plomme (*ploom*-mer) *c* plum
plugge inn (*plewg*-er-in) plug in
plukke (*plook*-ker) *v* pick
pluss (plewss) *adv* plus
plutselig (*plewt*-ser-li) *adj* suddenly; sudden
plyndring (*plewn*-dring) *c* robbery
plystre (*plewss*-trer) *v* whistle
pløye (*plur*ᵉʷ-er) *v* plough
pocketbok (*pok*-kert-book) *c* (pl -bøker) paperback
poengsum (*po*-*ehng*-sewm) *c* (pl ~mer) score
poesi (poo-eh-*see*) *c* poetry
pokal (poo-*kaal*) *c* cup
polakk (poo-*lahkk*) *c* Pole
Polen (*poo*-lern) Poland
polere (poo-*lay*-rer) *v* polish
polio (*poo*-li-oo) *c* polio
polise (poo-*lee*-ser) *c* policy
politi (poo-li-*tee*) *nt* police *pl*
politibetjent (poo-li-*tee*-beh-tʸehnt) *c* policeman
politiker (poo-*lee*-ti-kerr) *c* politician
politikk (poo-li-*tikk*) *c* politics; policy
politimann (poo-li-*tee*-mahn) *c* (pl -menn) policeman
politisk (poo-*lee*-tisk) *adj* political
politistasjon (poo-li-*tee*-stah-shoon) *c* police-station
polsk (poolsk) *adj* Polish
polstre (*pol*-strer) *v* upholster
pommes frites (pom fritt) chips; French fries *nAm*
ponni (*pon*-ni) *c* pony
poplin (*pop*-lin) *nt* poplin
popmusikk (*pop*-mew-sik) *c* pop music

populær (poo-pew-*læær*) *adj* popular
porselen (poo-sher-*layn*) *nt* china, porcelain
porsjon (poo-*shoon*) *c* portion; helping
port (poott) *c* gate
portier (poo-ti-*æær*) *c* (pl ~er) doorman
portner (*poot*-nerr) *c* porter
porto (*poot*-too) *c* postage
portrett (poot-*rehtt*) *nt* portrait
Portugal (*poo*-tew-gahl) Portugal
portugiser (poo-tew-*gee*-serr) *c* Portuguese
portugisisk (poo-tew-*gee*-sisk) *adj* Portuguese
pose (*poo*-ser) *c* bag
posisjon (poo-si-*shoon*) *c* position; station
positiv (*poo*-si-teev) *adj* positive; **positivt bilde** positive
post (post) *c* mail, post; item; **ledig ~** vacancy; **poste restante** poste restante
postanvisning (*poss*-tahn-veess-ning) *c* money order, postal order; mail order *Am*
postbud (*post*-bewd) *nt* (pl ~) postman
poste (*poss*-ter) *v* mail, post
poster (*poewss*-terr) *c* poster
postisj (poss-*teesh*) *c* hair piece
postkasse (*post*-kah-ser) *c* pillar-box, letter-box; mailbox *nAm*
postkontor (*post*-koon-toor) *nt* post-office
postkort (*post*-kot) *nt* (pl ~) post-card
postnummer (*post*-noo-merr) *nt* (pl -numre) zip code *Am*
postvesen (*post*-vay-sern) *nt* postal service
pote (*poo*-ter) *c* paw
potet (poo-*tayt*) *c* potato

praksis (*prahk*-siss) *c* practice

prakt (prahkt) *c* splendour

praktfull (*prahkt*-fewl) *adj* magnificent, gorgeous, splendid

praktisere (prahk-ti-*sāy*-rer) *v* practise

praktisk (*prahk*-tisk) *adj* practical; ~ **talt** practically

prat (praat) *c/nt* chat

prate (*praa*-ter) *v* chat

preke (*prāy*-ker) *v* preach

preken (*prāy*-kern) *c* sermon

prekestol (*prāy*-ker-stōōl) *c* pulpit

premie (*prāy*-mi-er) *c* prize

preposisjon (preh-poo-si-*shōōn*) *c* preposition

presang (preh-*sahngng*) *c* gift, present

presenning (preh-*sehn*-ning) *c* tarpaulin

presentasjon (preh-sahng-tah-*shōōn*) *c* introduction

presentere (preh-sahng-*tāy*-rer) *v* present, introduce

president (preh-si-*dehnt*) *c* president

presis (preh-*seess*) *adj* punctual, precise

press (prehss) *nt* pressure

presse (*prehss*-ser) *v* press; *c* press; **permanent press** permanent press

pressekonferanse (*prehss*-ser-koon-feh-rahng-ser) *c* press conference

presserende (preh-*sāy*-rer-ner) *adj* urgent, pressing

prest (prehst) *c* clergyman, parson; rector, minister; **katolsk** ~ priest

prestasjon (prehss-tah-*shōōn*) *c* feat, achievement

prestegård (*prehss*-ter-gawr) *c* vicarage, parsonage, rectory

prestere (prehss-*tāy*-rer) *v* achieve

prestisje (prehss-*tee*-sher) *c* prestige

prevensjonsmiddel (preh-vahng-*shōōns*-mi-derl) *nt* (pl -midler) contraceptive

prikke (*prik*-ker) *v* prick

primær (pri-*mæær*) *adj* primary

prins (prins) *c* prince

prinsesse (prin-*sehss*-ser) *c* princess

prinsipp (prin-*sipp*) *nt* principle

prioritet (pri-oo-ri-*tāyt*) *c* priority

pris (preess) *c* cost, price; charge, rate; award

prisfall (*preess*-fahl) *nt* drop in price, slump

prisliste (*preess*-liss-ter) *c* price-list

privat (pri-*vaat*) *adj* private

privatliv (pri-*vaat*-leev) *nt* privacy

privilegere (pri-vi-leh-*gāy*-rer) *v* favour

privilegium (pri-vi-*lāy*-gi-ewm) *nt* (pl -ier) privilege

problem (proo-*blāym*) *nt* problem; question

produksjon (proo-dook-*shōōn*) *c* production; output

produkt (proo-*dewkt*) *nt* product; produce

produsent (proo-dew-*sehnt*) *c* producer

produsere (proo-dew-*sāy*-rer) *v* produce

profesjon (proo-feh-*shōōn*) *c* profession

profesjonell (proo-feh-shoo-*nehll*) *adj* professional

professor (proo-*fehss*-soor) *c* professor

profet (proo-*fāyt*) *c* prophet

program (proo-*grahmm*) *nt* (pl ~mer) programme

progressiv (*proog*-reh-seev) *adj* progressive

promenade (proo-mer-*naa*-der) *c* promenade

pronomen (proo-*nōō*-mern) *nt* pronoun

propaganda (proo-pah-*gahn*-dah) *c* propaganda

propell (proo-*pehll*) *c* propeller

proporsjon (proo-poo-*shōōn*) *c* proportion

proppfull (*prop*-fewl) *adj* chock-full

prosent (proo-*sehnt*) *c* percent

prosentsats (proo-*sehnt*-sahts) *c* percentage

prosesjon (proo-seh-*shōōn*) *c* procession

prosess (proo-*sehss*) *c* process

prosjekt (proo-*shehkt*) *nt* project

prosjektør (proo-shehk-*tūrr*) *c* spotlight

prospekt (proo-*spehkt*) *nt* prospectus

prospektkort (proo-*spehkt*-kot) *nt* (pl ~) picture postcard, postcard

prostituert (proo-sti-tew-*āyt*) *c* prostitute

protein (proo-teh-*een*) *nt* protein

protest (proo-*tehst*) *c* protest

protestantisk (proo-ter-*stahn*-tisk) *adj* Protestant

protestere (proo-ter-*stāy*-rer) *v* protest; object

protokoll (proo-too-*koll*) *c* record

proviant (proo-vi-*ahnt*) *c* provisions *pl*

provins (proo-*vins*) *c* province

provinsiell (proo-vin-si-*ehll*) *adj* provincial

prute (*prew*-ter) *v* bargain

prøve (*prūr*-ver) *v* try, attempt; try on; rehearse; *c* specimen; test; rehearsal; **på** ~ on approval

prøverom (*prūr*-ver-room) *nt* (pl ~) fitting room

psykiater (sew-ki-*aa*-terr) *c* psychiatrist

psykisk (*sēw*-kisk) *adj* psychic

psykoanalytiker (sew-koo-ah-nah-*lewt*-ti-kerr) *c* analyst, psychoanalyst

psykolog (sew-koo-*lawg*) *c* psychologist

psykologi (sew-koo-loo-*gee*) *c* psychology

psykologisk (sew-koo-*law*-gisk) *adj*

psychological

publikum (*pewb*-li-kewm) *nt* audience, public

publisitet (pewb-li-si-*tāyt*) *c* publicity

pudder (*pewd*-derr) *nt* powder

pudderdåse (*pewd*-der-daw-ser) *c* powder compact

pudderkvast (*pewd*-derr-kvahst) *c* powder-puff

puff (pewff) *nt* push

pullover (*pewl*-lo-verr) *c* pullover

puls (pewls) *c* pulse

pulsåre (*pewls*-aw-rer) *c* artery

pult (pewlt) *c* desk

pumpe (*poom*-per) *v* pump; *c* pump

pund (pewnn) *nt* pound

pung (poongng) *c* purse; pouch

punkt (poongt) *nt* point; item

punktering (poong-*tāy*-ring) *c* puncture, blow-out; flat tyre

punktert (poong-*tāyt*) *adj* punctured

punktlig (*poongt*-li) *adj* punctual

punktum (*pewng*-tewm) *nt* full stop, period

pur (pēwr) *adj* sheer

purpurfarget (*pewr*-pewr-fahr-gert) *adj* purple

pusekatt (*pēw*-ser-kaht) *c* pussy-cat

pusle (*pewsh*-ler) *v* potter; busy oneself

puslespil (*pewsh*-ler-spil) *nt* (pl ~) jigsaw puzzle

pusse (*pewss*-ser) *v* polish

pussig (*pewss*-si) *adj* funny

pust (pewst) *c* breath

puste (*pewss*-ter) *v* breathe; ~ **ut** expire, exhale

pute (*pēw*-ter) *c* cushion; pillow; pad

putevar (*pēw*-ter-vaar) *nt* (pl ~) pillow-case

putte (*pewt*-ter) *v* *put

pyjamas (pew-*shaa*-mahss) *c* pyjamas *pl*

pytt (pewtt) *c* puddle

pære (*pææ*-rer) *c* pear

pæreholder (*pææ*-rer-hoa-lerr) *c* socket

pølse (*purl*-ser) *c* sausage

på (paw) *prep* upon, on, at; to

*****pådra seg** (*paw*-draa) contract

påfallende (*paw*-fah-ler-ner) *adj* striking

påfugl (*paw*-fēwl) *c* peacock

påkledningsrom (*paw*-klaid-nings-room) *nt* dressing-room

påkrevd (*paw*-krehvd) *adj* requisite

pålegg (*paw*-lehg) *nt* (pl ∼) rise; sandwich spread, cold cuts

*****pålegge** (*paw*-lehg-er) *v* raise, charge

pålitelig (po-*lee*-ter-li) *adj* sound, reliable, trustworthy

påseiling (*paw*-say-ling) *c* ship collision

påske (*pawss*-ker) *c* Easter

påskelilje (*pawss*-ker-lil-ᵞer) *c* daffodil

påskjønne (*paw*-shur-ner) *v* appreciate

påskrift *c* inscription

påskudd (*paw*-skewd) *nt* (pl ∼) pretext, pretence

*****påstå** (*paw*-staw) *v* claim

*****påta seg** (*paw*-taa) *take charge of

påvirke (*paw*-veer-ker) *v* affect, influence

R

rabalder (rah-*bahl*-derr) *nt* racket

rabarbra (rah-*bahr*-brah) *c* rhubarb

rabatt (rah-*bahtt*) *c* discount, rebate

rabies (*raa*-bi-ehss) *c* rabies

racket (*ræk*-kert) *c* racquet

rad (raad) *c* row

radering (rah-*dāy*-ring) *c* etching

radiator (rah-di-*aa*-toor) *c* radiator

radikal (rah-di-*kaal*) *adj* radical

radio (*raa*-di-oo) *c* wireless, radio

radius (*raa*-di-ewss) *c* (pl -ier) radius

raffineri (rah-fi-ner-*ree*) *nt* refinery

rak (raak) *adj* straight

rake (*raa*-ker) *c* rake

rakett (rah-*kehtt*) *c* rocket

ramme (*rahm*-mer) *c* frame; *v* *hit

rampe (*rahm*-per) *c* ramp

ran (raan) *nt* robbery

rand (rahnn) *c* (pl render) brim

rane (*raa*-ner) *v* rob

rang (rahngng) *c* rank

ransake (*rahn*-saa-ker) *v* search

ransel (*rahn*-serl) *c* (pl -sler) satchel

ransmann (*raans*-mahn) *c* (pl -menn) robber

rapphøne (*rahp*-hūr-ner) *c* partridge

rapport (rah-*pott*) *c* report

rapportere (rah-po-*tāy*-rer) *v* report

rar (raar) *adj* odd

rase (*raa*-ser) *c* race; breed; *v* rage; **rase-** racial

rasende (*raa*-ser-ner) *adj* mad, furious

raseri (raa-ser-*ree*) *nt* rage, anger; passion

rasjon (rah-*shōōn*) *c* ration

rask (rahsk) *adj* swift, fast; *nt* trash

raskhet (*rahsk*-hāyt) *c* speed

raspe (*rahss*-per) *v* grate

rastløs (*rahst*-lūrss) *adj* restless

rastløshet (*rahst*-lūrss-hāyt) *c* unrest

ratt (rahtt) *nt* steering-wheel

rattstamme (*rahtt*-stah-mer) *c* steering-column

rav (raav) *nt* amber

ravn (rahvn) *c* raven

reaksjon (reh-ahk-*shōōn*) *c* reaction

realisere (reh-ah-li-*sāy*-rer) *v* realize

realistisk (reh-ah-*liss*-tisk) *adj* matter-of-fact

redaktør (reh-dahk-*tūrr*) *c* editor

redd (rehdd) *adj* afraid; *****være** ∼

*be afraid

redde (*rehd*-der) *v* rescue, save

reddik (*rehd*-dik) *c* radish

rede (*ray*-der) *nt* nest

redegjørelse (*ray*-der-*yur*-rerl-ser) *c* account

redning (*rehd*-ning) *c* rescue

redningsmann (*rehd*-nings-mahn) *c* (pl -menn) saviour

redsel (*reht*-serl) *c* (pl -sler) terror, horror

redselsfull (*reht*-serls-fewl) *adj* awful, horrible

redskap (*rehss*-kaap) *nt* utensil, tool

reduksjon (reh-dewk-*shoon*) *c* reduction

redusere (reh-dew-*say*-rer) *v* reduce

referanse (reh-fer-*rahng*-ser) *c* reference

referat (reh-fer-raat) *nt* minutes

refill (ri-*fill*) *c* (pl ~) refill

refleks (reh-*flehks*) *c* reflection

reflektere (rehf-lehk-*tay*-rer) *v* reflect

reflektor (reh-*flehk*-toor) *c* reflector

Reformasjonen (reh-for-mah-*shoo*-nern) the Reformation

refundere (reh-fewn-*day*-rer) *v* refund

regatta (reh-*gaht*-tah) *c* regatta

regel (*ray*-gerl) *c* (pl regler) rule; regulation; **som** ~ in general, as a rule

regelmessig (*ray*-gerl-meh-si) *adj* regular

regent (reh-*gehnt*) *c* ruler

regi (reh-*shee*) *c* direction, staging

regime (reh-*shee*-mer) *nt* régime

regional (reh-gi-oo-*naal*) *adj* regional

regissere (reh-shi-*sai*-rer) *v* direct

regissør (reh-shi-*surr*) *c* director

register (reh-*giss*-terr) *nt* (pl ~, -tre) index

registrere (reh-gi-*stray*-rer) *v* record

registrering (reh-gi-*stray*-ring) *c* registration

registreringsnummer (reh-gi-*stray*-rings-noo-merr) *nt* (pl -numre) registration number; licence number *Am*

regjere (reh-*yay*-rer) *v* govern, rule

regjering (reh-*yay*-ring) *c* government; rule

regjeringstid (reh-*yayrings*-teed) *c* reign

regn (rayn) *nt* rain

regnbue (*rayn*-bew-er) *c* rainbow

regne¹ (*ray*-ner) *v* rain

regne² (*ray*-ner) *v* reckon; ~ **for** reckon; ~ **ut** calculate

regnemaskin (*ray*-ner-mah-sheen) *c* adding-machine

regnfrakk (*rayn*-frahk) *c* raincoat, mackintosh

regnfull (*rayn*-fewl) *adj* rainy

regning (*ray*-ning) *c* arithmetic; bill; check *nAm*

regnskur (*rayn*-skoor) *c* shower

regulere (reh-gew-*lay*-rer) *v* regulate

regulering (reh-gew-*lay*-ring) *c* regulation

rehabilitering (reh-hah-bi-li-*tay*-ring) *c* rehabilitation

reinsdyr (*rayns*-dewr) *nt* (pl ~) reindeer

reise¹ (*ray*-ser) *v* travel; *c* voyage, journey, trip; ~ **bort** depart

reise² (*ray*-ser) *v* erect; ~ **seg** *rise

reisebyrå (*ray*-ser-bew-raw) *nt* travel agency

reisebyråagent (*ray*-ser-bew-raw-ah-gehnt) *c* travel agent

reiseforsikring (*ray*-ser-fo-shik-ring) *c* travel insurance

reisehåndbok (*ray*-ser-hon-book) *c* (pl -bøker) travel guide

reisende (*ray*-ser-ner) *c* (pl ~) traveller

reiseplan (*ray*-ser-plaan) *c* itinerary

reiserute (*ray*-ser-rew-ter) *c* itinerary

reisesjekk (*ray*-ser-shehk) *c* traveller's cheque

reiseutgifter (*ray*-ser-*ewt*-Yif-terr) *pl* travelling expenses

reke (*ray*-ker) *c* shrimp; prawn

rekke (*rehk*-ker) *c* rank, file; chain

*rekke (*rehk*-ker) *v* pass, *catch

rekkefølge (*rehk*-ker-fur-ler) *c* sequence, order

rekkevidde (*rehk*-ker-vi-der) *c* reach; range

rekkverk (*rehk*-værk) *nt* railing

reklame (reh-*klaa*-mer) *c* advertising; commercial

rekommandere (reh-koo-mahn-*day*-rer) *v* register

rekord (reh-koord) *c* record

rekreasjon (rehk-reh-ah-*shoon*) *c* recreation

rekreasjonssenter (reh-kreh-ah-*shoon*-sehn-terr) *nt* (pl -trer) recreation centre

rekrutt (rehk-*rewtt*) *c* recruit

rektangel (rehk-*tahng*-ngerl) *nt* (pl -gler) oblong, rectangle

rektangulær (rehk-tahng-gew-*lær*) *adj* rectangular

rektor (*rehk*-toor) *c* headmaster, principal

relativ (*rehl*-lah-teev) *adj* comparative, relative

relieff (reh-li-*ehff*) *nt* relief

religion (reh-li-gi-*oon*) *c* religion

religiøs (reh-li-gi-*urss*) *adj* religious

relikvie (reh-*leek*-vi-er) *c* relic

rem (rehmm) *c* (pl ~mer) strap

remisse (reh-*miss*-ser) *c* remittance

ren (rāyn) *adj* clean; pure; **gjøre rent** clean

rengjøring (*rāyn*-Yūr-ring) *c* cleaning

rengjøringsmiddel (*rāyn*-Yūr-rings-mi-derl) *nt* (pl -midler) detergent

rennestein (*rehn*-ner-stayn) *c* gutter

rense (*rehn*-ser) *v* clean

rensemiddel (*rehn*-ser-mi-derl) *nt* (pl -midler) cleaning fluid

renseri (rehn-ser-*ree*) *nt* dry-cleaner's

renslig (*rāyn*-shli) *adj* clean, cleanly

rente (*rehn*-ter) *c* interest

rep (rāyp) *nt* rope

reparasjon (reh-pah-rah-*shoon*) *c* reparation, repair

reparere (reh-pah-*ray*-rer) *v* repair; mend, fix

repertoar (reh-peh-too-*aar*) *nt* repertory

reporter (reh-*paw*-terr) *c* reporter

representant (reh-preh-sern-*tahnt*) *c* agent

representasjon (reh-preh-sern-tah-*shoon*) *c* representation

representativ (reh-preh-*sehn*-tah-teev) *adj* representative

representere (reh-preh-sern-*tay*-rer) *v* represent

reproduksjon (reh-proo-dewk-*shoon*) *c* reproduction

reprodusere (reh-proo-dew-*say*-rer) *v* reproduce

republikansk (reh-pewb-li-*kaansk*) *adj* republican

republikk (reh-pew-*blikk*) *c* republic

resepsjon (reh-sehp-*shoon*) *c* reception office

resepsjonsdame (reh-sehp-*shoons*-daa-mer) *c* receptionist

resept (reh-*sehpt*) *c* prescription

reservasjon (reh-sær-vah-*shoon*) *c* reservation, booking

reserve (reh-*sær*-ver) *c* reserve; **reserve-** spare

reservedekk (reh-*sær*-ver-dehk) *nt* (pl ~) spare tyre

reservedel (reh-*sær*-ver-dāyl) *c* spare part

reservehjul (reh-*sær*-ver-Yewl) *nt* (pl ~) spare wheel

reservere (reh-sær-*vay*-rer) *v* reserve;

book

reservert (reh-sær-*vayt*) *adj* reserved
reservoar (reh-sær-voo-*aar*) *nt* reservoir
resonnere (reh-soo-*nay*-rer) *v* reason
respekt (rehss-*pehkt*) *c* esteem, respect; regard
respektabel (rehss-pehk-*taa*-berl) *adj* respectable
respektere (rehss-pehk-*tay*-rer) *v* respect
respektiv (*rehss*-pehk-teev) *adj* respective
rest (rehst) *c* rest; remainder, remnant
restaurant (rehss-tew-*rahngng*) *c* restaurant
resterende (rehss-*tay*-rer-ner) *adj* remaining
resultat (reh-sewl-*taat*) *nt* result; outcome, issue
resultere (reh-sewl-*tay*-rer) *v* result
resymé (reh-sew-*may*) *nt* résumé
retning (*reht*-ning) *c* direction; way
retningsviser (*reht*-nings-vee-serr) *c* trafficator; blinker *nAm*
rett[1] (rehtt) *c* dish, course
rett[2] (rehtt) *c* law, justice; *adj* right; appropriate; *adv* straight; *ha ~ * be right; *~ frem* straight on, straight ahead
rette[1] (*reht*-ter) *v* correct; *med ~* rightly
rette[2] (*reht*-ter) *v* direct; *~ mot* aim at
rettelse (*reht*-terl-ser) *c* correction
rettergang (*reht*-terr-gahng) *c* trial
rettferdig (reht-*fær*-di) *adj* just, fair, right
rettferdighet (reht-*fær*-di-hayt) *c* justice
rettighet (*reht*-ti-hayt) *c* right
rettskaffen (*reht*-skah-fern) *adj* righteous, honourable

rettslig (*reht*-shli) *adj* legal
rettssak (*reht*-saak) *c* lawsuit, trial
returnere (reh-tewr-*nay*-rer) *v* *send back
reumatisme (rehv-mah-*tiss*-mer) *c* rheumatism
rev (rayv) *c* fox; *nt* reef
revers (reh-væshsh) *c* reverse
revidere (reh-vi-*day*-rer) *v* revise
revisjon (reh-vi-*shoon*) *c* revision
revolusjon (reh-voo-lew-*shoon*) *c* revolution
revolusjonær (reh-voo-lew-shoo-*nær*) *adj* revolutionary
revolver (reh-*vol*-verr) *c* gun, revolver
revy (reh-*vew*) *c* revue
revyteater (reh-*vew*-teh-aa-terr) *nt* (pl ~, -tre) music-hall
ribbein (*rib*-bayn) *nt* (pl ~) rib
ridder (*rid*-derr) *c* knight
***ride** (*ree*-der) *v* *ride
rideskole (*ree*-der-skoo-ler) *c* riding-school
ridning (*reed*-ning) *c* riding
rift (rift) *c* tear
rik (reek) *adj* wealthy, rich
rikdom (*reek*-dom) *c* (pl ~mer) wealth, riches *pl*
rike (*reeker*) *nt* kingdom
rikelig (*ree*-ker-li) *adj* plentiful; abundant
rikelighet (*reek*-li-hayt) *c* plenty
rikstelefonsamtale (*riks*-teh-ler-foon-sahm-taa-ler) *c* trunk-call; long distance call *Am*
riksvei (*riks*-vay) *c* highway
riktig (*rik*-ti) *adj* correct, just, right; proper; *adv* rather
rim (reem) *nt* rhyme
rimelig (*ree*-mer-li) *adj* reasonable
ring (ringng) *c* ring
ringe (*ring*-nger) *v* *ring; *adj* small; *~ opp* call; ring up, phone; call up *Am*

ringeakt (*ring*-nger-ahkt) *c* contempt, disdain

ringeklokke (*ring*-nger-klo-ker) *c* doorbell, bell

ringvei (*ring*-vay) *c* by-pass

rips (rips) *c* (pl ~) currant

ris (reess) *c* rice

risikabel (ri-si-*kaa*-berl) *adj* risky; precarious, critical

risikere (ri-si-*kay*-rer) *v* risk

risiko (*riss*-si-koo) *c* risk; hazard, chance

risp (risp) *nt* scratch

rispe (*riss*-per) *v* scratch

rist (rist) *c* grate

riste (*riss*-ter) *v* roast; *shake

rival (ri-*vaal*) *c* rival

rivalisere (ri-vah-li-*say*-rer) *v* rival

rivalitet (ri-vah-li-*tayt*) *c* rivalry

***rive** (*ree*-ver) *v* *tear; ~ **i stykker** rip; ~ **ned** demolish

rivjern (*reev*-Yæn) *nt* (pl ~) grater

ro[1] (rōō) *c* quiet; **falle til ~** calm down; **roe seg** calm down; ~ **og mak** leisure

ro[2] (rōō) *v* row

robust (roo-*bewst*) *adj* robust

robåt (*rōō*-bawt) *c* rowing-boat

rogn (rongn) *c* roe

rolig (*rōō*-li) *adj* quiet, calm, tranquil; serene

rom (roomm) *nt* room, chamber; space

roman (roo-*maan*) *c* novel

romanforfatter (roo-*maan*-for-faht-terr) *c* novelist

Romania (roo-*maa*-ni-ah) Rumania

romantisk (roo-*mahn*-tisk) *adj* romantic

romerbad (*rōō*-merr-baad) *nt* (pl ~) Turkish bath

romersk-katolsk (*rōō*-mersh-kah-tōōlsk) *adj* Roman Catholic

romme (*room*-mer) *v* contain

rommelig (*room*-mer-li) *adj* spacious, roomy; large

rop (rōōp) *nt* call, cry; shout

rope (*rōō*-per) *v* cry, call; shout

ror (rōōr) *nt* helm, rudder

rorgjenger (*rōōr*-Yeh-ngerr) *c* helmsman

rormann (*rōōr*-mahn) *c* (pl -menn) helmsman

ros (rōōss) *c* glory, praise

rosa (*rōō*-sah) *adj* rose

rose (*rōō*-ser) *c* rose; *v* praise

rosenkrans (*rōō*-sern-krahns) *c* beads *pl*, rosary

rosenkål (*rōō*-sern-kawl) *c* sprouts *pl*

rosin (roo-*seen*) *c* raisin

rot[1] (rōōt) *c* (pl røtter) root

rot[2] (rōōt) *nt* muddle, mess

rote (*rōō*-ter) *v* muddle; ~ **til** mess up

rotte (*rot*-ter) *c* rat

rouge (rōōsh) *c* rouge

rovdyr (*rawv*-dewr) *nt* (pl ~) beast of prey

ru (rēw) *adj* rough; harsh

rubin (rew-*been*) *c* ruby

rubrikk (rew-*brikk*) *c* column

ruin (rew-*een*) *c* ruins

rulett (rew-*lehtt*) *c* roulette

rull (rewll) *c* roll

rulle (*rewl*-ler) *v* roll

rullegardin (*rewl*-ler-gah-deen) *c/nt* blind

rulleskøyteløping (rewl-ler-shur[ew]-ter-lūrp-ing) *c* roller-skating

rullestein (*rewl*-ler-stayn) *c* boulder

rullestol (*rewl*-ler-stōōl) *c* wheelchair

rulletrapp (*rewl*-ler-trahp) *c* escalator

rumener (roo-*may*-nerr) *c* Rumanian

rumensk (roo-*maynsk*) *adj* Rumanian

rumpeballe (*room*-per-bah-ler) *c* buttock

rund (rewnn) *adj* round

runde (*rewn*-der) *c* round

rundhåndet (*rewn*-ho-nert) *adj* generous

rundkjøring (*rewn*-khūr-ring) *c* roundabout

rundreise (*rewn*-ray-ser) *c* tour

rundspørring (*rewn*-spur-ring) *c* enquiry

rundstykke (*rewn*-stew-ker) *nt* roll; bun *nAm*

rundt (rewnt) *prep* about; *adv* around

rushtid (*rursh*-teed) *c* rush-hour, peak hour

russer (*rewss*-serr) *c* Russian

russisk (*rewss*-sisk) *adj* Russian

Russland (*russ*-lahn) Russia

rust (rewst) *c* rust

rusten (*rewss*-tern) *adj* rusty

rustning (*rewst*-ning) *c* armour

rute (*rēw*-ter) *c* check; pane; route

ruteplan (*rēw*-ter-plaan) *c* schedule

rutet (*rēw*-tert) *adj* chequered

rutine (rew-*tee*-ner) *c* routine

rutsjebane (*rewt*-sher-baa-ner) *c* slide

rydde opp (*rewd*-der) tidy up

rydde vekk (*rewd*-der vehkk) *put away

rye (*rēw*-er) *c* rug

rygg (rewgg) *c* back

rygge (*rewg*-ger) *v* reverse

ryggrad (*rewg*-raad) *c* spine, backbone

ryggsekk (*rewg*-sehk) *c* knapsack, rucksack; haversack

ryggsmerter (*rewg*-smæ-terr) *pl* backache

rykk (rewkk) *nt* wrench, tug

rykte (*rewk*-ter) *nt* rumour; reputation, fame

rynke (*rewng*-ker) *c* wrinkle; crease

ryste (*rewss*-ter) *v* *shake

rytme (*rewt*-mer) *c* rhythm

rytter (*rewt*-terr) *c* horseman, rider

rød (rūr) *adj* red

rødbete (*rūr*-bāy-ter) *c* beetroot

rødme (*rurd*-mer) *v* blush

rødspette (*rūr*-speh-ter) *c* plaice

rødstrupe (*rūr*-strēw-per) *c* robin

røkelse (*rūr*-kerl-ser) *c* incense

rømling (*rurm*-ling) *c* runaway

rømme (*rurm*-mer) *c* sour cream, *v* escape

røntgenbilde (*rurnt*-kern-bil-der) *nt* X-ray

røntgenfotografere (*rurnt*-kern-foo-too-grah-*fāy*-rer) *v* X-ray

røpe (*rūr*-per) *v* *give away

rør (rūr) *nt* tube, pipe; cane

røre (*rūr*-rer) *v* touch; stir; ~ seg move

rørende (*rūr*-rer-ner) *adj* touching

rørlegger (*rūr*-leh-gerr) *c* plumber

røyk (rur^(ew)k) *c* smoke

røyke (rur^(ew)-ker) *v* smoke; røyking forbudt no smoking

røykekupé (rur^(ew)-ker-kew-*pāy*) *c* smoking-compartment, smoker

røyker (rur^(ew)-kerr) *c* smoker

røykerom (rur^(ew)-ker-room) *nt* (pl ~) smoking-room

rå (raw) *adj* raw

råd (rawd) *nt* advice; counsel, council; *ha ~ til *can afford

råde (*raw*-der) *v* advise

rådgiver (*rawd*-^(y)ee-verr) *c* counsellor

rådhus (*rawd*-hēwss) *nt* (pl ~) town hall

rådslagning (*rawd*-shlaag-ning) *c* deliberation

*rådslå (*rawd*-shlaw) *v* deliberate

rådsmedlem (*rawds*-māyd-lerm) *nt* (pl ~mer) councillor

*rådspørre (*rawd*-spur-rer) *v* consult

råmateriale (*raw*-mah-ter-ri-aa-ler) *nt* raw material

råtten (*rot*-tern) *adj* rotten

S

safe (sayf) *c* safe

safir (sah-*feer*) *c* sapphire

saft (sahft) *c* juice

saftig (*sahf*-ti) *adj* juicy

sag (saag) *c* saw

sagbruk (*saag*-brōōk) *nt* (pl ~) saw-mill

sagflis (*saag*-fleess) *c* sawdust

sak (saak) *c* matter, cause; case; issue

sakfører (*saak*-fūr-rerr) *c* solicitor

sakkarin (sah-kah-*reen*) *c/nt* saccharin

sakkyndig (*saak*-khewn-di) *adj* expert

saks (sahks) *c* scissors *pl*

sakte (*sahk*-ter) *adj* slow

sal (saal) *c* hall; saddle

salat (sah-*laat*) *c* salad, lettuce

saldo (*sahl*-doo) *c* balance

salg (sahlg) *nt* sale; **til salgs** for sale

salgbar (*sahlg*-baar) *adj* saleable

salme (*sahl*-mer) *c* hymn

salmiakk (sahl-mi-*ahkk*) *c* ammonia

salong (sah-*longng*) *c* salon; lounge, drawing-room

salt (sahlt) *nt* salt; *adj* salty

saltkar (*sahlt*-kaar) *nt* (pl ~) salt-cellar

salve (*sahl*-ver) *c* ointment, salve

samarbeid (*sahm*-mahr-bayd) *nt* co-operation

samarbeidsvillig (*sahm*-mahr-bayds-vi-li) *adj* co-operative

same (*saa*-mer) *c* Lapp

samfunn (*sahm*-fewn) *nt* (pl ~) society; community; **samfunns-** social

samle (*sahm*-ler) *v* collect, gather; assemble; compile; ~ **inn** collect

samler (*sahm*-lerr) *c* collector

samles (*sahm*-lerss) *v* gather

samling (*sahm*-ling) *c* collection

samme (*sahm*-mer) *adj* same

sammen (*sahm*-mern) *adv* together

sammendrag (*sahm*-mern-draag) *nt* (pl ~) summary

sammenføye (*sahm*-mern-fur^(ew)-er) *v* join

sammenheng (*sahm*-mern-hehng) *c* connection; coherence

sammenkomst (*sahm*-mern-komst) *c* meeting, assembly

sammenligne (*sahm*-mern-ling-ner) *v* compare

sammenligning (*sahm*-mern-ling-ning) *c* comparison; **uten ~** by far

sammensetning (*sahm*-mern-seht-ning) *c* composition

sammensmeltning (*sahm*-mern-smehlt-ning) *c* merger

sammenstille (*sahm*-mern-sti-ler) *v* combine

sammenstøt (sahm-mern-stūrt) *nt* (pl ~) collision

sammensvergelse (*sahm*-mern-svær-gerl-ser) *c* plot

sammensverge seg (*sahm*-mern-svær-ger) conspire

sammentreff (sahm-mern-trehf) *nt* (pl ~) coincidence

samordne (*sahm*-mor-dner) *v* co-ordinate

samtale (*sahm*-taa-ler) *c* talk, conversation; discussion

samtidig[1] (*sahm*-tee-di) *adj* simultaneous; contemporary; *adv* simultaneously

samtidig[2] (*sahm*-tee-di) *c* (pl ~e) contemporary

samtykke (*sahm*-tew-ker) *v* consent; *nt* consent

samvirkelag (*sahm*-veer-ker-laag) *nt* co-operative

samvittighet (sahm-*vit*-ti-hāyt) *c* conscience

sanatorium (sah-nah-*tōō*-ri-ewm) *nt*
(pl -ier) sanatorium
sand (sahnn) *c* sand
sandal (sahn-*daal*) *c* sandal
sanddyne (*sahn*-dew-ner) *c* dune
sandet (*sahn*-nert) *adj* sandy
sandpapir (*sahn*-pah-peer) *nt* sandpa-
per
sandwich (*sæn*-vich) *c* sandwich
sang (sahngng) *c* song
sanger (*sahng*-ngerr) *c* vocalist, singer
sangerinne (sah-nger-*rin*-ner) *c* singer
sanitetsbind (sah-ni-*tāyts*-bin) *nt* (pl
~) sanitary towel
sanitær (sah-ni-*tæær*) *adj* sanitary
sann (sahnn) *adj* true
sannferdig (sahn-*fær*-di) *adj* truthful
sannhet (*sahn*-hāyt) *c* truth
sannsynlig (sahn-*sēwn*-li) *adj* prob-
able, likely
sannsynligvis (sahn-*sēwn*-li-veess) *adv*
probably
sans (sahns) *c* sense
sardin (sah-*deen*) *c* sardine
satellitt (sah-ter-*litt*) *c* satellite
sateng (sah-*tehngng*) *c* satin
satt (sahtt) *adj* sedate
sau (sou) *c* sheep
Saudi-Arabia (*sou*-di-ah-rah-bi-ah)
Saudi Arabia
saudiarabisk (*sou*-di-ah-raa-bisk) *adj*
Saudi Arabian
saus (souss) *c* sauce
savn (sahvn) *nt* lack
savne (*sahv*-ner) *v* miss; lack; **savnet
person** missing person
scene (*sāy*-ner) *c* stage; scene; shot
*se (sāy) *v* *see; look; notice; ~ **opp**
look out; ~ **på** look at; ~ **ut** look;
~ **ut til** appear
sebra (*sāyb*-rah) *c* zebra
seder (*sāy*-derr) *pl* customs; morals
sedvane (*sāyd*-vaa-ner) *c* usage
sedvanlig (sehd-*vaan*-li) *adj* custom-
ary

seer (*sāy*-err) *c* spectator
seg (say) *pron* himself, herself,
itself, oneself; themselves
segl (sayl) *nt* seal
seier (*say*-err) *c* victory
seig (say) *adj* tough
seil (sayl) *nt* sail
seilbar (*sayl*-baar) *adj* navigable
seilbåt (*sayl*-bawt) *c* sailing-boat
seilduk (*sayl*-dēwk) *c* canvas
seile (*say*-ler) *v* sail
seilerforening (*say*-lerr-fo-rāy-ning) *c*
yacht-club
seilsport (*sayl*-spot) *c* yachting
sekk (sehkk) *c* sack
sekretær (sehk-rer-*tæær*) *c* secretary;
clerk
seks (sehks) *num* six
seksjon (sehk-*shōōn*) *c* section
seksten (*sayss*-tern) *num* sixteen
sekstende (*sayss*-ter-ner) *num* six-
teenth
seksti (*sehks*-ti) *num* sixty
seksualitet (sehk-sew-ah-li-*tāyt*) *c* sex-
uality
seksuell (sehk-sew-*ehll*) *adj* sexual
sekund (seh-*kewnn*) *nt* second
sekundær (seh-kewn-*dæær*) *adj* sec-
ondary; subordinate
sel (sāyl) *c* seal
*selge (*sehl*-ler) *v* *sell; ~ **i detalj** re-
tail
selleri (seh-ler-*ree*) *c* celery
selskap (*sehl*-skaap) *nt* party, com-
pany; society
selskapsantrekk (*sehl*-skaap-sahn-
trehk) *nt* (pl ~) evening dress
selskapsdyr *nt* (pl ~) pet
selters (*sehl*-tersh) *c* soda-water
selv (sehll) *pron* myself, yourself,
herself, himself, itself, oneself, our-
selves, yourselves, themselves;
~ **om** though, although

selvbetjening (sehl-beh-t^{v}ây-ning) c self-service

selvbetjeningsvaskeri (sehl-beh-t^{v}ây-nings-vahss-ker-ree) nt launderette

selvfølgelig (sehl-furl-ger-li) adv naturally, of course

selvgod (sehl-goo) adj conceited

selvisk (sehl-visk) adj selfish

selvmord (sehl-moord) nt (pl ~) suicide

selvopptatt (sehl-lop-taht) adj self-centred

selvstendig (sehl-stehn-di) adj independent; self-employed

selvstyre (sayl-stew-rer) nt self-government

selvstyrt (sehl-stewt) adj autonomous

sement (seh-mehnt) c cement

semikolon (seh-mi-kōō-lon) nt semicolon

sen (sayn) adj late; **for sent** too late; **senere** afterwards

senat (seh-naat) nt senate

senator (seh-naa-toor) c senator

sende (sehn-ner) v *send; transmit; ~ av sted dispatch, *send off; ~ bort dismiss; ~ tilbake *send back

sendemann (sehn-ner-mahn) c (pl -menn) envoy

sender (sehn-nerr) c transmitter

sending (sehn-ning) c consignment; transmission

sene (say-ner) c sinew, tendon

seng (sehngng) c bed

sengeteppe (sehng-nger-teh-per) nt bedspread

sengetøy (sehng-nger-tur^{ew}) nt bedding

senil (seh-neel) adj senile

senit (say-nit) nt zenith

senke (sehng-ker) v lower

sennep (sehn-nerp) c mustard

sensasjon (sehn-sah-shōōn) c sensation

sensasjonell (sehn-sah-shoo-nehll) adj sensational

sensur (sehn-sewr) c censorship

sentimental (sehn-ti-mehn-taal) adj sentimental

sentral (sehn-traal) adj central

sentralbord (sehn-traal-bōōr) nt (pl ~) switchboard

sentralborddame (sehn-traal-bōōr-daa-mer) c telephone operator

sentralfyring (sehn-traal-few-ring) c central heating

sentralisere (sehn-trah-li-say-rer) v centralize

sentralstasjon (sehn-traal-stah-shōōn) c central station

sentrum (sehn-trewm) nt (pl -ra) town centre, centre

separat (seh-pah-raat) adv apart, separately

separere (seh-pah-ray-rer) v separate

september (sehp-tehm-berr) September

septisk (sehp-tisk) adj septic

seremoni (seh-reh-moo-nee) c ceremony

serie (say-ri-er) c series, sequence

seriøs (seh-ri-ūrss) adj serious

serum (say-rewm) nt (pl sera) serum

servere (sær-vay-rer) v serve

serveringsavgift (sær-vay-ring-saav-^{v}ift) c service charge

serviett (sær-vi-ehtt) c napkin, serviette

servise (sær-vee-ser) nt dinner-service

sesjon (seh-shōōn) c session

sesong (seh-songng) c season; **utenfor sesongen** off season

sesongkort (seh-song-kot) nt (pl ~) season-ticket

sete (say-ter) nt seat; chair

setning (seht-ning) c sentence

sett (sehtt) *nt* set
*sette (seht-ter) *v* *lay, place, *set;
~ **i gang** launch; ~ **inn** insert; ~ **i
stand** enable; ~ **opp** *make up;
*draw up; ~ **på** turn on; ~ **sam-
men** compose, assemble; ~ **seg**
*sit down
severdighet (sāy-vær-di-hāyt) *c* sight;
scenic place
sex (sehks) *c* sex
shorts (shawts) *c* (pl ~) shorts *pl*
*si (see) *v* *say, *tell
Siam (si-ahm) Siam
siameser (si-ah-māy-serr) *c* Siamese
siamesisk (si-ah-māy-sisk) *adj* Sia-
mese
side (see-der) *c* page; side; **på den
andre siden** across; **på den andre
siden av** across, beyond; **til ~**
aside; **til siden** sideways; aside; **ved
siden av** next-door
sidegate (see-der-gaa-ter) *c* side-
street
sidelys (see-der-lēwss) *nt* (pl ~) side-
light
siden (see-dern) *adv* since; *prep* since;
conj since; **for . . . siden** ago
siffer (sif-ferr) *nt* (pl ~, sifre) digit
sifong (si-fongng) *c* syphon, siphon
sigar (si-gaar) *c* cigar
sigarbutikk (si-gaar-bew-tik) *c* cigar
shop
sigarett (si-gah-rehtt) *c* cigarette
sigarettenner (si-gah-reht-teh-nerr) *c*
cigarette-lighter
sigarettetui (si-gah-reht-teh-tew-ee) *c*
cigarette-case
sigarettmunnstykke (si-gah-reht-
mewn-stew-ker) *nt* cigarette-holder
sigarettobakk (si-gah-reht-too-bahk) *c*
cigarette tobacco
signal (sing-naal) *nt* signal
signalement (sing-nah-ler-mahngng) *nt*
description

signalere (sing-nah-lāy-rer) *v* signal
signalhorn (sing-naal-hōōn) *nt* (pl ~)
horn
signatur (sing-nah-tēwr) *c* signature
sigøyner (si-gurew-nerr) *c* gipsy
sikker (sik-kerr) *adj* secure, safe; cer-
tain, sure
sikkerhet (sik-kerr-hāyt) *c* security,
safety
sikkerhetsbelte (sik-kerr-hāyts-behl-
ter) *nt* seat-belt, safety-belt
sikkerhetsforanstaltning (sik-kerr-
hāyts-fo-rahn-stahlt-ning) *c* precau-
tion
sikkerhetsnål (sik-kerr-hāyts-nawl) *c*
safety-pin
sikkert (sik-kert) *adv* surely; **helt ~**
without fail
sikre seg (sik-rer) secure
sikring (sik-ring) *c* fuse
sikt (sikt) *c* visibility
sikte¹ (sik-ter) *nt* aim; ***ta ~ på** aim
at
sikte² (sik-ter) *v* aim; ~ **på** aim at
sil (seel) *c* sieve
sild (sill) *c* (pl ~) herring
sile (see-ler) *v* strain
silke (sil-ker) *c* silk; **silke-** silken
simpel (sim-perl) *adj* common; vulgar
simpelthen (sim-pehlt-hehn) *adv* sim-
ply
simulere (si-mew-lāy-rer) *v* simulate
sindig (sin-di) *adj* sedate, sober-
minded
sink (singk) *c* zinc
sinke (sing-ker) *v* impede
sinn (sinn) *nt* mind
sinne (sin-ner) *nt* anger, temper
sinnsbevegelse (sins-beh-vāy-gerl-ser)
c emotion
sinnsforvirring (sins-for-vi-ring) *c* in-
sanity
sinnssvak (sin-svaak) *adj* mad
sinnssyk¹ (sin-sēwk) *adj* insane,

crazy; lunatic

sinnssyk² (*sin*-sewk) *c* (pl ~e) lunatic

sint (sint) *adj* cross, angry

sirene (si-*ray*-ner) *c* siren

siriss (si-*riss*) *c* cricket

sirkel (*seer*-kerl) *c* (pl -kler) circle

sirkulasjon (seer-kew-lah-*shoon*) *c* circulation

sirkus (*seer*-kewss) *nt* circus

sirup (*seer*-rewp) *c* syrup

sist (sist) *adj* last

siste (*siss*-ter) *adj* ultimate; **i det ~** lately

sitat (si-*taat*) *nt* quotation

sitere (si-*tay*-rer) *v* quote

sitron (si-*troon*) *c* lemon

***sitte** (*sit*-ter) *v* *sit

sitteplass (*sit*-ter-plahss) *c* seat

situasjon (si-tew-ah-*shoon*) *c* position, situation

siv (seev) *nt* rush, reed

sivil (si-*veel*) *adj* civil; civilian

sivilisasjon (si-vi-li-sah-*shoon*) *c* civilization

sivilisert (si-vi-li-*sayt*) *adj* civilized

sivilperson (si-*veel*-pæ-shoon) *c* civilian

sivilrett (si-*veel*-reht) *c* civil law

sjakk (shahkk) *c* chess; sjakk! check!

sjakkbonde (*shahk*-boo-ner) *c* (pl -bønder) pawn

sjakkbrett (*shahk*-breht) *nt* (pl ~) chessboard; checkerboard *nAm*

sjal (shaal) *nt* shawl

sjalu (shah-*lew*) *adj* jealous; envious

sjalusi (shah-lew-*see*) *c* jealousy

sjampinjong (shahm-pin-*Yongng*) *c* mushroom

sjampo (*shahm*-poo) *c* shampoo

sjanse (*shahng*-ser) *c* chance

sjarlatan (shaa-lah-*tahn*) *c* quack

sjarm (shahrm) *c* charm; glamour, attraction

sjarmerende (shahr-*may*-rer-ner) *adj* charming

sjef (shayf) *c* manager, boss, chief

sjekk (shehkk) *c* cheque; check *nAm*

sjekke (*shehk*-ker) *v* check

sjekkhefte (*shehk*-hehf-ter) *nt* cheque-book; check-book *nAm*

sjel (shayl) *c* soul

sjelden (*shehl*-dern) *adv* rarely, seldom; *adj* rare, uncommon, infrequent

sjenere (sheh-*nay*-rer) *v* embarrass

sjenert (sheh-*nayt*) *adj* shy

sjenerthet (sheh-*nayt*-hayt) *c* timidity

sjetong (sheh-*tong*) *c* token

sjette (*sheht*-ter) *num* sixth

sjofel (*shoof*-erl) *adj* mean

sjokk (shokk) *nt* shock

sjokkere (sho-*kay*-rer) *v* shock

sjokkerende (sho-*kay*-rer-ner) *adj* shocking

sjokolade (shoo-koo-*laa*-der) *c* chocolate

sjokoladeforretning (shoo-koo-*laa*-der-fo-reht-ning) *c* sweetshop; candy store *Am*

sju (shew) *num* seven

sjuende (*shew*-er-ner) *num* seventh

sjusket (shewss-kert) *adj* slovenly

sjy (shew) *c* gravy

sjø (shur) *c* sea

sjøbilde (*shur*-bil-der) *nt* seascape

sjøfugl (*shur*-fewl) *c* sea-bird

sjøkart (*shur*kaht) *nt* chart

sjøkyst (*shur*-khewst) *c* sea-coast

sjømann (*shur*-mahn) *c* (pl -menn) sailor, seaman

sjøpinnsvin (*shur*-pin-sveen) *nt* (pl ~) sea-urchin

sjøreise (*shur*-ray-ser) *c* cruise

sjørøver (*shur*-rur-verr) *c* pirate

sjøsetning (*shur*-seht-ning) *c* launching

sjøsyk (*shur*-sewk) *adj* seasick

sjøsyke (*shūr*-sew-ker) c seasickness
sjøvann (*shūr*-vahn) nt sea-water
sjåfør (sho-*fūrr*) c chauffeur
skade (*skaa*-der) c injury, damage; harm, mischief; v *hurt, harm, injure; damage
skadelig (*skaa*-der-li) adj harmful, hurtful
skadeserstatning (*skaa*-der-sææsh-taht-ning) c compensation, indemnity
skadet (*skaa*-dert) adj injured
skaffe (*skahf*-fer) v provide, furnish
skaft (skahft) nt handle
skala (*skaa*-lah) c scale
skall (skahll) nt shell; skin
skalldyr (*skahl*-dewr) nt (pl ~) shellfish
skalle (*skahl*-ler) c skull
skallet (*skahl*-lert) adj bald
skam (skahm) c shame, disgrace
skamfull (*skahm*-fewl) adj ashamed
skamme seg (*skahm*-mer) *be ashamed
skandale (skahn-*daa*-ler) c scandal
skandinav (skahn-di-*naav*) c Scandinavian
Skandinavia (skahn-di-*naa*-vi-ah) Scandinavia
skandinavisk (skahn-di-*naa*-visk) adj Scandinavian
skap (skaap) nt cupboard, closet
skape (*skaa*per) v create
skapning (*skaap*-ning) c creature
skarlagenrød (skah-*laa*-gern-rur) adj scarlet
skarp (skahrp) adj keen
skatt (skahtt) c treasure; tax; darling
skattefri (*skaht*-ter-free) adj tax-free
*skattlegge (*skaht*-leh-ger) v tax
ski (shee) c (pl ~) ski; *gå på ~ ski
skibukse (*shee*-book-ser) c ski pants
skifer (*shee*-ferr) c slate
skift (shift) nt shift

skifte (*shif*-ter) v switch; change
skiftenøkkel (*shif*-ter-nur-kerl) c (pl -nøkler) spanner; monkey wrench nAm
skiheis (*shee*-hayss) c ski-lift
skihopp (*shee*-hop) nt (pl ~) ski-jump
skikk (shikk) c custom
skikkelse (*shi*-kerl-ser) c figure
skille (*shil*-ler) v separate, part; divide
skilles (*shil*-lerss) v divorce
skillevegg (*shil*-ler-vehg) c partition
skillevei (*shil*-ler-vay) c road fork
skilpadde (*shil*-pah-der) c turtle
skilsmisse (*shils*-mi-ser) c divorce
skiløper (*shee*-lūr-perr) c skier
skiløping (*shee*-lūr-ping) c skiing
skimte (*shim*-ter) v glimpse
skinke (*shing*-ker) c ham
skinn (shinn) nt skin; hide; glare; semsket ~ suede; skinn- leather
skinne (*shin*-ner) v *shine
skinnegang (*shin*-ner-gahng) c railway
skinnende (*shin*-ner-ner) adj bright
skinnhellig (*shin*-heh-li) adj hypocritical
skip (sheep) nt boat, ship
skipe (*shee*-per) v ship
skipsfart (*ships*-faht) c navigation, navigation; shipping
skipsfartslinje (*ships*-fahts-lin-Yer) c shipping line
skipsreder (*ships*-rāy-derr) c shipowner
skipsverft (*ships*-værft) nt shipyard
skisse (*shiss*-ser) c sketch
skissebok (*shiss*-ser-bōōk) c (pl -bøker) sketch-book
skissere (shi-*sāy*-rer) v sketch
skistaver (*shee*-staa-verr) pl ski sticks; ski poles Am
skistøvler (*shee*-sturv-lerr) pl ski boots
skitt (shitt) c dirt
skitten (*shit*-tern) adj filthy, dirty,

foul; soiled

skive (*shee*-ver) *c* disc; slice

skiveprolaps (*shee*-ver-pro-lahps) *c* slipped disc

skje (shāy) *v* occur, happen; *c* spoon

skjebne (*shāyb*-ner) *c* destiny, fate; fortune, luck

skjebnesvanger (*shāyb*-ner-svah-ngerr) *adj* fatal

skjefull (*shāy*-fewl) *c* spoonful

skjegg (shehgg) *nt* beard

skjelett (sheh-lehtt) *nt* skeleton

skjell (shehll) *nt* shell, sea-shell; scale

skjelle (*shehl*-ler) *v* scold; ~ **ut** call names

skjelne (*shehl*-ner) *v* distinguish

****skjelve** (*shehl*-ver) *v* tremble, shiver

skjeløyd (*shāyl*-ur^(ewd)) *adj* cross-eyed

skjema (*shāy*-mah) *nt* scheme

skjemme bort (*shehm*-mer boot) **spoil

skjenke (*shehng*-ker) *v* pour; donate

skjenne på (*shehn*-ner) *v* scold

skjerf (shærf) *nt* scarf

skjerm (shærm) *c* screen

skjermbrett (*shærm*-breht) *nt* folding screen

skjev (shāyv) *adj* slanting

skjorte (*shoot*-ter) *c* shirt

skjul (shewl) *nt* cover

skjule (*shew*-ler) *v* *hide, conceal

skjær (shæær) *adj* sheer; *nt* rock

skjære (*shææ*-rer) *c* magpie

****skjære** (*shææ*-rer) *v* *cut; carve; ~ **av** *cut off; ~ **i** carve; ~ **ned** *cut; ~ **ut** carve

skjødesløs (*shūr*-derss-lūrss) *adj* careless

skjønn (shurnn) *adj* wonderful, lovely

skjønne (*shurn*-ner) *v* *understand, *see

skjønnhet (*shurn*-hāyt) *c* beauty

skjønnhetspleie (*shurn*-hāyts-play-er) *c* beauty treatment

skjønnhetssalong (*shurn*-hāyt-sah-long) *c* beauty parlour, beauty salon

skjønt (shurnt) *conj* though, although

skjør (shurr) *adj* fragile

skjørt (shurtt) *nt* skirt

skjøteledning (*shūr*-ter-lāyd-ning) *c* extension cord

skli (sklee) *v* slip

sko (skoo) *c* (pl ~) shoe

skog (skoog) *c* wood, forest

skogkledd (*skoog*-klehd) *adj* wooded

skogtrakt (*skoog*-trahkt) *c* woodland

skokrem (*skoo*-krāym) *c* shoe polish

skole (*skoo*-ler) *c* school; **høyere** ~ secondary school

skolebestyrer (*skoo*-ler-beh-stēw-rerr) *c* principal

skolegutt (*skoo*-ler-gewt) *c* schoolboy

skolelærer (*skoo*-ler-læær-rerr) *c* teacher

skolepike (*skoo*-ler-pee-ker) *c* schoolgirl

skolisse (*skoo*-li-ser) *c* shoe-lace

skomaker (*skoo*-maa-kerr) *c* shoemaker

skorpe (*skor*-per) *c* crust

skorstein (*skosh*-tayn) *c* chimney

skotsk (skotsk) *adj* Scottish, Scotch

skotte (*skot*-ter) *c* Scot

Skottland (*skot*-lahn) Scotland

skotøy (*skoo*-tur^(ew)) *nt* footwear

skotøyforretning (*skoo*-tur^(ew)-fo-reht-ning) *c* shoe-shop

skramme (*skrahm*-mer) *c* scratch

skrap (skraap) *nt* junk

skrape (*skraa*-per) *v* scrape, scratch

skrapjern (*skraap*-ᴙæn) *nt* scrap-iron

skravle (*skrahv*-ler) *v* chat

skravlebøtte (*skrahv*-ler-bur-ter) *c* chatterbox

skredder (*skrehd*-derr) *c* tailor

skreddersydd (*skrehd*-der-shewd) *adj* tailor-made

skrekk (skrehkk) c fright
skrekkelig (skreh-ker-li) adj horrible
*skrell (skrehll) nt peel
skrelle (skrehl-ler) v peel
skremme (skrehm-mer) v scare, terrify
skremmende (skrehm-mer-ner) adj terrifying
skremt (skrehmt) adj frightened
skrifte (skrif-ter) v confess
skriftemål (skrif-ter-mawl) nt (pl ~) confession
skriftlig (skrift-li) adj in writing; written
skrik (skreek) nt scream, cry
*skrike (skree-ker) v shout, scream, cry; shriek
skritt (skritt) nt step, pace, move
*skrive (skree-ver) v *write; ~ bak på endorse; ~ inn book; ~ ned *write down; ~ seg inn check in; ~ seg på book
skriveblokk (skree-ver-blok) c writing-pad
skrivebord (skree-ver-boor) nt desk, bureau
skrivemaskin (skree-ver-mah-sheen) c typewriter
skrivemaskinpapir (skree-ver-mah-sheen-pah-peer) nt typing paper
skrivepapir (skree-ver-pah-peer) nt writing-paper
skriver (skree-verr) c clerk
skru (skrew) v screw; ~ av turn off; ~ på turn on
skrubbe (skrewb-ber) v scrub
skrubbsår (skrewb-sawr) nt (pl ~) graze
skrue (skrew-er) c screw
skruestikke (skrew-er-sti-ker) c clamp
skrujern (skrew-Yæærn) nt (pl ~) screw-driver
skrukke (skrook-ker) v crease
skrunøkkel (skrew-nur-kerl) c (pl

-nøkler) wrench
*skryte (skrew-ter) v boast
skrøne (skrur-ner) v *tell tall tales
skrøpelig (skrur-per-li) adj fragile
skrå (skraw) adj slanting
skråne (skraw-ner) v slant
skrånende (skraw-ner-ner) adj sloping, slanting
skråning (skraw-ning) c incline, slope
skudd (skewdd) nt shot
skuddår (skewd-dawr) nt (pl ~) leap-year
skue (skoo-er) nt sight
skuespill (skew-er-spil) nt (pl ~) drama
skuespiller (skew-er-spi-lerr) c actor, comedian
skuespillerinne (skew-er-spi-ler-rin-ner) c actress
skuespillforfatter (skew-er-spil-for-fah-terr) c playwright
skuff (skooff) c drawer
skuffe (skewf-fer) v disappoint; *være skuffende *be disappointing
skuffelse (skewf-ferl-ser) c disappointment
skulder (skewl-derr) c (pl -drer) shoulder
skulke (skewl-ker) v play truant
*skulle (skewl-ler) v *shall; *should
skulptur (skewlp-tewr) c sculpture
skum (skoomm) nt froth, foam; lather
skumgummi (skoom-gew-mi) c foam-rubber
skumme (skoom-mer) v foam
skumring (skoom-ring) c twilight
skur (skewr) nt shed; c shower
skurd (skewrd) c carving
skurk (skewrk) c bastard, villain, rascal
skvette (skveht-ter) v splash
skvettskjerm (skveht-shærm) c mud-guard

sky (shēw) *c* cloud; *adj* shy
skybrudd (shēw-brewd) *nt* (pl ~)
  cloud-burst
skyet (shēw-ert) *adj* cloudy
skyffel (shewf-ferl) *c* (pl skyfler)
  shovel
skygge (shewg-ger) *c* shadow, shade
skyggefull (shewg-ger-fewl) *adj* shady
skyggelue (shewg-er-lew-er) *c* cap
skyhet (shēw-hāyt) *c* shyness
skyld (shewll) *c* blame, guilt
skylde (shewl-ler) *v* owe
skyldig (shewl-di) *adj* guilty; due;
  ***være ~** owe
skylle (shewl-ler) rinse
skylling (shewl-ling) *c* rinse
skynde seg (shewn-ner) hurry,
  hasten
skyskraper (shēw-skraa-perr) *c* sky-
  scraper
***skyte** (shēw-ter) *v* fire, *shoot
skyteskive (shēw-ter-shee-ver) *c*
  mark, target
***skyve** (shēw-ver) *v* push
skyvedør (shēw-ver-durr) *c* sliding
  door
skøyeraktig (skur^ew-er-rahk-ti) *adj*
  mischievous
skøyte (shur^ew-ter) *c* skate; ***gå på
  skøyter** skate
skøytebane (shur^ew-ter-baa-ner) *c*
  skating-rink
skøyteløping (shur^ew-ter-lūr-ping) *c*
  skating
skål (skawl) *c* saucer; toast
sladder (shlahd-derr) *c* gossip
sladre (shlahd-rer) *v* gossip
slag (shlaag) *nt* blow; breed; battle;
  lapel
slaganfall (shlaagahn-fahl) *nt* (pl ~)
  stroke
slagord (shlaa-gōōr) *nt* (pl ~) slogan
slags (shlahks) *c/nt* sort; **alle ~** all
  sorts of

slakter (shlahk-terr) *c* butcher
slange (shlahng-nger) *c* snake
slank (shlahngk) *adj* slender, slim
slanke seg (shlahng-ker) slim
slapp (shlahpp) *adj* limp
slappe av (shlahp-per) relax
slave (shlaa-ver) *c* slave
slede (shlāy-er) *c* sleigh, sledge
sleip (shlayp) *adj* slippery
slekt (shlehkt) *c* family
slektning (shlehkt-ning) *c* relation,
  relative
slem (shlehmm) *adj* naughty, bad
slenge (shlehng-nger) *v* *throw
slentre (shlehn-trer) *v* stroll
slepe (shlāy-per) *v* haul, drag
slepebåt (shlāy-per-bawt) *c* tug
slette (shleht-ter) *c* plain
slettvar (shleht-vaar) *c* brill
slik (shleek) *pron* such; *adv* thus, so,
  such; **~ at** so that; **~ som** such as
slikke (shlik-ker) *v* lick
slips (shlips) *nt* tie, necktie
***slite** (shlee-ter) *v* labour; **~ ut** wear
  out
sliten (shlee-tern) *adj* weary, worn
  out
slitt (shlitt) *adj* worn
slokke (shlook-ker) *v* *put out, extin-
  guish
slott (shlott) *nt* castle
slu (shlēw) *adj* sly, cunning
sludder (shlewd-derr) *nt* rubbish
sluke (shlēw-ker) *v* swallow
slukt (shlewkt) *c* gorge
slum (shlewmm) *c* slum
slump (shloomp) *c* chance; **på ~** by
  chance
slurk (shlewrk) *c* sip
slurvet (shlewr-vert) *adj* sloppy
sluse (shlēw-ser) *c* lock, sluice
slutning (shlewt-ning) *c* conclusion;
  end
slutt (shlewtt) *c* finish, end; **til ~** at

last
slutte (*shlewt*-ter) v finish, end; quit;
~ seg til join
sluttresultat (*shlewt*-reh-sewl-taat) nt
final result
slyngel (*shlewng*-ngerl) c (pl -gler)
rascal
slør (shlürr) nt veil
sløse bort (*shlür*-ser boot) waste
sløseri (shlür-ser-*ree*) nt waste
sløv (shlürv) adj dull, blunt
sløyfe (*shlur*ew-fer) c bow tie
slå (shlaw) c bolt
*slå (shlaw) v *strike, *beat, *hit;
punch; bruise; ~ av switch off; ~
hakk i chip; ~ igjen slam; ~ i hjel
kill; ~ i stykker crack; ~ ned
knock down; ~ opp look up; ~ på
switch on; ~ seg ned settle down;
~ til *strike
slående (*shlaw*-er-ner) adj striking
*slåss (shloss) v *fight; struggle
smak (smaak) c taste; flavour; *sette
~ på flavour
smake (*smaa*-ker) v taste; ~ på taste
smakløs (smaa-*lürss*) adj tasteless
smal (smaal) adj narrow
smaragd (smah-*rahgd*) c emerald
smart (smaat) adj smart
smed (smāy) c smith
smekke (*smehk*-ker) v smack
smell (smehll) nt crack
*smelle (*smehl*-ler) v crack
smelte (*smehl*-ter) v melt, thaw
smerte (*smæt*-ter) c pain; grief, sor-
row
smertefri (*smæt*-ter-free) adj painless
smertefull (*smæ*-ter-fool) adj painful
*smette (*smeht*-ter) v slip
smidig (*smee*-di) adj supple
smil (smeel) nt smile
smile (*smee*-ler) v smile
sminke (*sming*-ker) c make-up
smitte (*smit*-ter) v infect

smittende (*smi*-ter-ner) adj con-
tagious
smittsom (*smit*-som) adj infectious,
contagious
smoking (*smaw*-king) c dinner-jacket;
tuxedo nAm
smug (smēwg) nt alley, lane
smugle (*smewg*-ler) v smuggle
smul (smēwl) adj smooth
smule (*smēw*-ler) c crumb; bit
smykke (*smewk*-ker) nt jewel; smyk-
ker jewellery
smør (smurr) nt butter
smørbrød (*smurr*-brūr) nt (pl ~) open
sandwich
*smøre (*smūr*-rer) v grease; lubricate
smøreolje (*smūr*-rer-ol-Yer) c lubrica-
tion oil
smøring (*smūr*-ring) c lubrication
smøringssystem (*smūr*-rings-sewss-
tāym) nt lubrication system
smågris (*smaw*-greess) c piglet
småkake (*smaw*-kaa-ker) c biscuit;
cracker nAm
smålig (*smaw*-li) adj stingy
småpenger (*smaw*-peh-ngerr) pl petty
cash, change
smårolling (*smaw*-ro-ling) c toddler
småstein (*smaw*-stayn) c pebble
snackbar (*snæk*-baar) c snack-bar
snakke (*snahk*-ker) v *speak, talk
snakkesalig (*snahk*-ker-saa-li) adj
talkative
snapshot (*snæp*-shot) nt (pl ~)
snapshot
snart (snaat) adv presently, soon,
shortly; så ~ som as soon as
snegl (snayl) c snail
snekker (*snehk*-kerr) c carpenter
snever (*snāy*-verr) adj narrow, re-
stricted
sneversynt (*snāy*-ver-shēwnt) adj nar-
row-minded
snikskytter (*sneek*-shew-terr) c sniper

snill (snill) *adj* good, nice, kind

snitte (snit-ter) *v* *cut, slice

sno (snōō) *v* twist; ~ **seg** *wind

snor (snōōr) *c* string; cord

snorke (snor-ker) *v* snore

snorkel (snor-kerl) *c* (pl -kler) snorkel

snu (snew) *v* turn round; ~ **om** invert; ~ **seg** turn round

snuble (snewb-ler) *v* stumble

snurre (snewr-rer) *v* *spin

snute (snew-ter) *c* snout

*snyte (snew-ter) *v* cheat

snø (snur) *v* snow; *c* snow

snødekket (snur-deh-kert) *adj* snowy

snøskred (snur-skrayd) *nt* (pl ~) avalanche

snøslaps (snur-shlahps) *nt* slush

snøstorm (snur-storm) *c* blizzard, snowstorm

sodavann (sōō-dah-vahn) *nt* soda-water

sofa (soof-fah) *c* sofa

sogn (songn) *nt* parish

sogneprest (song-ner-prehst) *c* rector, vicar

sokk (sokk) *c* sock

sol (sōōl) *c* sun

solbrent (sōōl-brehnt) *adj* sunburned

solbriller (sōōl-bri-lerr) *pl* sun-glasses *pl*

solbær (sōōl-bæær) *nt* (pl ~) black-currant

soldat (sool-daat) *c* soldier

sole seg (sōō-ler) sunbathe

solid (soo-leed) *adj* solid, firm

solistkonsert (soo-list-koon-sæt) *c* recital

sollys (sōōl-lēwss) *nt* sunlight

solnedgang (sōōl-nāy-gahng) *c* sunset

sololje (sōō-lol-Yer) *c* suntan oil

soloppgang (sōō-lop-gahng) *c* sunrise

solrik (sōōl-reek) *adj* sunny

solseil (sōōl-sayl) *nt* (pl ~) awning

solskinn (sōōl-shin) *nt* sunshine

solstikk (sōōl-stik) *nt* (pl ~) sun-stroke

som (somm) *pron* who, that, which; *conj* as; ~ **om** as if

somletog (soom-ler-tawg) *nt* (pl ~) slow train; milk train *nAM*

sommer (som-merr) *c* (pl somrer) summer

sommerfugl (som-merr-fēwl) *c* butter-fly

sommertid (som-mer-teed) *c* summer time

sone (sōō-ner) *c* zone

sopp (sopp) *c* mushroom; toadstool

sorg (sorg) *c* sorrow, grief

sort (sott) *c* kind, sort

sortere (so-tāy-rer) *v* sort, assort

sortiment (so-ti-mahngng) *nt* assortment

sosial (soo-si-aal) *adj* social

sosialisme (soo-si-ah-liss-mer) *c* socialism

sosialist (soo-si-ah-list) *c* socialist

sosialistisk (soo-si-ah-liss-tisk) *adj* socialistic

*sove (saw-ver) *v* *sleep

sovende (saw-ver-ner) *adj* asleep

sovepille (saw-ver-pi-ler) *c* sleeping-pill

sovepose (saw-ver-pōō-ser) *c* sleeping-bag

sovesal (saw-ver-saal) *c* dormitory

sovevogn (saw-ver-vongn) *c* sleeping-car; Pullman

soveværelse (saw-ver-væææ-rerl-ser) *nt* bedroom

sovjetisk (sov-Yeht-tisk) *adj* Soviet

Sovjetunionen (sov-Yeht-tew-ni-ōō-nern) Soviet Union

sovne (sov-ner) *v* *fall asleep

spade (spaa-er) *c* spade

spalte (spahl-ter) *c* column

spandere (spahn-dāy-rer) *v* *spend

Spania (spaa-ni-ah) Spain

spanier (*spaa*-ni-err) *c* Spaniard

spanjol (spahn-*yool*) *c* Spaniard

spann (spahnn) *nt* pail, bucket

spansk (spahnsk) *adj* Spanish

spare (*spaa*-rer) *v* save; economize

sparebank (*spaa*-rer-bahngk) *c* savings bank

sparepenger (*spaa*-rer-peh-ngerr) *pl* savings *pl*

spark (spahrk) *nt* kick

sparke (*spahr*-ker) *v* kick; *gi sparken* dismiss

sparsommelig (spaa-*shom*-mer-li) *adj* thrifty, economical

spasere (spah-*say*-rer) *v* walk

spaserstokk (spah-*say*-shtok) *c* walking-stick

spasertur (spah-*say*-tewr) *c* stroll, walk

spedalskhet (speh-*daalsk*-hayt) *c* leprosy

spedbarn (*spay*-baan) *nt* (pl ~) infant

speil (spayl) *nt* looking-glass, mirror

speilbilde (*spayl*-bil-der) *nt* reflection

spekulere (speh-kew-*lay*-rer) *v* speculate

spenne (*spayn*-ner) *c* buckle

spennende (*spehn*-ner-ner) *adj* exciting

spenning (*spehn*-ning) *c* tension; voltage

spe opp (*speh*) dilute

sperre (*spehr*-rer) *v* block; ~ **inne** lock up

spesialisere seg (speh-si-ah-li-*say*-rer) specialize

spesialist (speh-si-ah-*list*) *c* specialist

spesialitet (speh-si-ah-li-*tayt*) *c* speciality

spesiell (speh-si-*ehll*) *adj* particular, special

spesifikk (speh-si-*fikk*) *adj* specific

spidd (spidd) *nt* spit

spiker (*spee*-kerr) *c* (pl ~, -krer) nail

spill (spill) *nt* game

spille (*spil*-ler) *v* play; act

spillemerke (*spil*-ler-mær-ker) *nt* chip

spiller (*spil*-lerr) *c* player

spillkort (*spil*-kot) *nt* (pl ~) playing-card

spillopper (spi-*lop*-perr) *pl* mischief

spinat (spi-*naat*) *c* spinach

spindelvev (*spin*-derl-vayv) *c* (pl ~) cobweb, spider's web

***spinne** (*spin*-ner) *v* *spin

spion (spi-*oon*) *c* spy

spir (speer) *nt* spire

spirituosa (spi-ri-tew-*oo*-sah) *pl* spirits

spise (*spee*-ser) *v* *eat

spisekart (*spee*-ser-kaht) *nt* menu

spiselig (*spee*-ser-li) *adj* edible

spisesal (*spee*-ser-saal) *c* dining-room

spiseskje (*spee*-ser-shay) *c* tablespoon

spisestue (*spee*-ser-stew-er) *c* dining-room

spisevogn (*spee*-ser-vongn) *c* dining-car

spiskammer (*spiss*-kah-merr) *nt* (pl ~, -kamre) larder

spiss (spiss) *adj* pointed, sharp; *c* tip, point

spissborgerlig (*spiss*-bor-ger-li) *adj* bourgeois

spisse (*spiss*-ser) *v* sharpen

splint (splint) *c* splinter

splinter ny (*splin*-terr new) brand-new

spole (*spoo*-ler) *c* spool

spor (spoor) *nt* trace; trail, track

sport (spott) *c* sport

sportsbil (*spotsh*-beel) *c* sports-car

sportsjakke (*spotsh*-yah-ker) *c* blazer, sports-jacket

sportsklær (*spotsh*-klæær) *pl* sports-wear

sprang (sprahng) *nt* jump

spray (spray) *c* atomizer

sprayflaske (*spray*-flahss-ker) *c* atomizer

spre (sprāy) *v* *spread; scatter; *shed

sprekk (sprehkk) *c* crack, chink

*sprekke (sprehk-ker) *v* *burst; crack

sprengstoff (sprehng-stof) *nt* explosive

springvann (spring-vahn) *nt* (pl ~) fountain

sprinkelkasse (spring-kerl-kah-ser) *c* crate

sprit (spreet) *c* liquor; **denaturert ~** methylated spirits

spritapparat (spree-tah-pah-raat) *nt* spirit stove

sprut (sprēwt) *c* squirt

sprø (sprūr) *adj* crisp

sprøyte (sprur^ew-ter) *c* syringe; shot

språk (sprawk) *nt* language

språklaboratorium (sprawk-lah-boo-rah-tōō-ri-ewm) *nt* (pl -ier) language laboratory

spurv (spewrv) *c* sparrow

spyd (spēwd) *nt* spear

spytt (spewtt) *nt* spit

spytte (spewt-ter) *v* *spit

spøk (spūrk) *c* joke

spøkelse (spūr-kerl-ser) *nt* ghost; spirit, spook

*spørre (spurr-rer) *v* ask

spørrelek (spurr-rer-lāyk) *c* quiz

spørsmål (spursh-mawl) *nt* (pl ~) question; matter, issue

spørsmålstegn (spursh-mawls-tayn) *nt* (pl ~) question mark

spå (spaw) *v* predict, tell fortunes

sta (staa) *adj* dogged, head-strong, stubborn, pig-headed, obstinate

stabel (staa-berl) *c* (pl -bler) stack

stabil (stah-beel) *adj* stable

stable (stahb-ler) *v* pile

stadig (staa-di) *adj* continual, frequent

stadion (staa-di-oon) *nt* stadium

stadium (staa-di-ewm) *nt* (pl -ier)

stage, phase

stakitt (stah-kitt) *nt* picket fence

stall (stahll) *c* stable

stamme (stahm-mer) *c* trunk; tribe; *v* stammer

stampe (stahm-per) *v* stamp

stand[1] (stahnn) *c* (pl stender) state; ***gjøre i ~** mend; **i ~ til** able

stand[2] (stahnn) *c* stand

standard- (stahn-dahr) standard

standhaftig (stahn-hahf-ti) *adj* steadfast

stang (stahngng) *c* (pl stenger) bar, pole; rod

stanse (stahn-ser) *v* stop, halt, pull up

start (staat) *c* take-off; beginning, start

startbane (staat-baa-ner) *c* runway

starte (staht-ter) *v* start, *begin

starter (staa-terr) *c* starter motor

stasjon (stah-shōōn) *c* station; depot *nAm*

stasjonsmester (stah-shōōns-mehss-terr) *c* station-master

stat (staat) *c* state; **stats-** national

statistikk (stah-ti-stikk) *c* statistics *pl*

statsborgerskap (staats-bor-ger-shkaap) *nt* citizenship

statskasse (staats-kahs-ser) *c* public purse

statsmann (staats-mahn) *c* (pl -menn) statesman

statsminister (staats-mi-niss-terr) *c* (pl ~e, -trer) premier, Prime Minister

statsoverhode (staat-saw-verr-hōō-der) *nt* head of state

statsråd (staats-rawd) *c* minister

statstjenestemann (staats-t^yāy-ner-ster-mahn) *c* (pl -menn) civil servant

statue (staa-tew-er) *c* statue

stave (staa-ver) *v* *spell

stavelse (*staa*-verl-ser) *c* syllable

stavemåte (*staa*-ver-maw-ter) *c* spelling

stearinlys (steh-ah-*reen*-lewss) *nt* (pl ~) candle

stebarn (*stāy*-baan) *nt* (pl ~) stepchild

sted (stāy) *nt* spot, site, place; locality

stedfortreder (*stāy*-fo-trāy-derr) *c* substitute; deputy

stedlig (*stāyd*-li) *adj* local; resident

stefar (*stāy*-faar) *c* (pl -fedre) stepfather

steg (stāyg) *nt* step

steil (stayl) *adj* steep

stein (stayn) *c* stone; **stein-** stone

steinbrudd (*stayn*-brewd) *nt* (pl ~) quarry

steinet (*stay*-nert) *adj* rocky

steintøy (*stayn*-tur^ew) *nt* earthenware, stoneware, crockery

steke (*stāy*-ker) *v* fry; roast

stekeovn (*stāy*-ker-ovn) *c* oven

stekepanne (*stāy*-ker-pah-ner) *c* frying-pan

stemme (*stehm*-mer) *c* voice; vote; *v* vote; ~ **overens** agree

stemmerett (*stehm*-mer-reht) *c* franchise, suffrage

stemning (*stehm*-ning) *c* atmosphere; mood

stemor (*stāy*-mōor) *c* (pl -mødre) stepmother

stempel (*stehm*-perl) *nt* (pl ~, -pler) stamp; piston

stempelring (*stehm*-perl-ring) *c* piston ring

stempelstang (*stehm*-perl-stahng) *c* (pl -stenger) piston-rod

stenge (*stehng*-nger) *v* fasten; ~ **av** turn off; *cut off; ~ **inne** *shut in

stengt (stehngt) *adj* closed, shut

stenograf (steh-noo-*graaf*) *c* stenographer

stenografi (steh-noo-grah-*fee*) *c* shorthand

steril (steh-*reel*) *adj* sterile

sterilisere (steh-ri-li-*sāy*-rer) *v* sterilize

sterk (stærk) *adj* strong; powerful

stevning (*stehv*-ning) *c* summons

sti (stee) *c* trail, path

stift (stift) *c* staple

stifte (*stif*-ter) *v* found, institute

stiftelse (*stif*-terl-ser) *c* foundation

stigbøyle (*steeg*-bur^ew-ler) *c* stirrup

stige (*stee*-ger) *c* ladder

stige (*stee*-ger) *v* ascend, *rise; ~ **av** *get off; ~ **opp** ascend; ~ **på** *get on

stigning (*steeg*-ning) *c* increase; ascent

stikk (stikk) *nt* bite, sting, picture, engraving

stikke (*stik*-ker) *v* *sting

stikkelsbær (*stik*-kerls-bæær) *nt* (pl ~) gooseberry

stikkontakt (*stik*-koon-tahkt) *c* plug

stikkpille (*stik*-pi-ler) *c* suppository

stil (steel) *c* style; essay

stilk (stilk) *c* stem

stillas (sti-*laass*) *nt* scaffolding

stille (*stil*-ler) *adj* calm, quiet, still; silent; *v* place, *put; ~ **inn** tune in

Stillehavet (*stil*-ler-haa-ver) Pacific Ocean

stillestående (*stil*-ler-staw-er-ner) *adj* stationary

stillferdig (stil-*fæædi*) *adj* quiet

stillhet (*stil*-hāyt) *c* silence, stillness, quiet

stilling (*stil*-ling) *c* position; job

stimulans (sti-mew-*lahngs*) *c* stimulant

stimulere (sti-mew-*lāy*-rer) *v* stimulate

sting (stingng) *nt* stitch

stinke (*sting*-ker) *v* *smell, *stink

stipend (sti-*pehnd*) *nt* grant, scholarship

stipulere (sti-pew-*lay*-rer) *v* stipulate

stirre (*steer*-rer) *v* stare, gaze

stiv (steev) *adj* stiff

stive (*stee*-ver) *v* starch

stivelse (*stee*-verl-ser) *c* starch

***stjele** (st*ᵛay*-ler) *v* *steal

stjerne (st*ᵛææ*-ner) *c* star

stoff (stoff) *nt* cloth, material, fabric; matter

stokk (stokk) *c* cane, stick

stokke (*stok*-ker) *v* shuffle

stol (stool) *c* chair

stola (*stoo*-lah) *c* stole

stole på (*stoo*-ler) trust; rely on

stolpe (*stol*-per) *c* post; pillar

stolt (stolt) *adj* proud

stolthet (*stolt*-hayt) *c* pride

stopp! (stopp) stop!

stoppe (*stop*-per) *v* stop; quit; darn

stoppegarn (*stop*-per-gaan) *nt* (pl ~) darning wool

stor (stoor) *adj* great, major, big; large

storartet (*stoo*-raa-tert) *adj* superb, grand, terrific

Storbritannia (*stoor*-bri-tah-ni-ah) Great Britain

stork (stork) *c* stork

storm (storm) *c* gale; storm

stormagasin (*stoor*-mah-gah-seen) *nt* department store

stormfull (*storm*-fewl) *adj* stormy

stormlykt (*storm*-lewkt) *c* hurricane lamp

storslått (*stoo*-shlot) *adj* magnificent

Stortinget (*stoor*-ti-nger) Norwegian Parliament

stortingsmann (*stoo*-tings-mahn) *c* (pl -menn) Member of Parliament

straff (strahff) *c* punishment; penalty

straffe (*strahf*-fer) *v* punish

strafferett (*strahf*-fer-reht) *c* criminal law

straffespark (*strahf*-fer-spahrk) *nt* (pl ~) penalty kick

straks (strahks) *adv* instantly, at once, immediately

stram (strahmm) *adj* tight

stramme (*strahm*-mer) *v* tighten; **strammes** to be tightened

strand (strahnn) *c* (pl strender) beach

strebe (*stray*-ber) *v* aspire; ~ **etter** pursue, aim at

streife omkring (*stray*-fer) roam

streik (strayk) *c* strike

streike (stray-ker) *v* *strike

strek (strayk) *c* line

strekning (*strehk*-ning) *c* stretch

streng (strehngng) *adj* strict, severe, harsh; *c* string

stress (strehss) *nt* stress

strid (streed) *c* contest; fight, battle, strife, struggle

***strides** (*stree*-derss) *v* dispute

strikk (strikk) *c* rubber band

strikke (*strik*-ker) *v* *knit

strimmel (*strim*-merl) *c* (pl strimler) strip

stripe (*stree*-per) *c* stripe

stripet (*stree*-pert) *adj* striped

strofe (*stroo*-fer) *c* stanza

struktur (strewk-*tewr*) *c* structure; texture, fabric

strupekatarr (*strewper*-kah-tahr) *c* laryngitis

struts (strewts) *c* ostrich

***stryke** (*strew*-ker) *v* iron; *strike; fail an exam

strykefri (*strew*-ker-free) *adj* drip-dry, wash and wear

strykejern (*strew*-ker-ᵛææn) *nt* (pl ~) iron

strøm (strurmm) *c* (pl ~mer) current, stream; **med strømmen** downstream; **mot strømmen** upstream

strømfordeler (*strurm*-fo-dāy-lerr) *c* distributor

strømme (*strurm*-mer) *v* flow, stream

strømpe (*strurm*-per) *c* stocking

strømpebukse (*strurm*-per-book-ser) *c* tights *pl*, panty-hose

strømpeholder (*strurm*-per-ho-lerr) *c* suspender belt; garter belt *Am*

stråle (straw-ler) *c* beam, ray; spout, jet; *v* *shine

strålende (straw-ler-ner) *adj* brilliant; glorious

student (stew-dehnt) *c* student

studere (stew-dāy-rer) *v* study

studerværelse (stew-dāyr-væræ-rerl-ser) *nt* study

studium (stēw-di-oom) *nt* (pl -ier) study

stue (stēw-er) *c* sitting-room

stuert (stōō-ert) *c* steward

stum (stewmm) *adj* mute, dumb

stund (stewnn) *c* while

stup (stēwp) *nt* precipice

stupe (stēw-per) *v* dive

stusse (stewss-ser) *v* trim

stygg (stewgg) *adj* ugly

stykke (stewk-ker) *nt* piece, fragment, lump, part; *gå i stykker *break down; **i stykker** broken; **stort ~** chunk

styrbord (stewr-bōōr) starboard

styre (stēw-rer) *v* direct; *nt* board, direction; government, rule

styrke (stewr-ker) *c* power, strength; force; **væpnede styrker** armed forces

styrkemiddel (stewr-ker-mi-derl) *nt* (pl -midler) tonic, restorative

styrte (stewt-ter) *v* crash; rush, dash

stær (stæær) *c* starling

stø (stūr) *adj* steady

stønne (sturn-ner) *v* groan

støpejern (stūr-per-Yææn) *nt* (pl ~) cast iron

størkne (sturr-kner) *v* coagulate, harden

størrelse (sturr-rerl-ser) *c* size; **stor ~** outsize

størsteparten (stursh-ter-pah-tern) *c* bulk, the greater part of

støt (stūrt) *nt* bump

støtdemper (stūrt-dehm-perr) *c* shock absorber

støte (stūr-ter) *v* bump; **~ på** run into, *come across; knock against; **~ sammen** bump

støtfanger (stūrt-fah-ngerr) *c* bumper

støtte (sturt-ter) *v* *hold up; *c* support

støttestrømpe (sturt-ter-strurm-per) *c* support hose

støv (stūrv) *nt* dust

støvel (sturv-verl) *c* (pl -vler) boot

støvet (stūr-vert) *adj* dusty

støvsuge (stūrv-sēw-ger) *v* hoover; vacuum v*Am*

støvsuger (stūrv-sēw-gerr) *c* vacuum cleaner

støy (stur^{ew}) *c* noise

støyende (stur^{ew}-er-ner) *adj* noisy

***stå** (staw) *v* *stand; **~ opp** *get up; *rise

stående (staw-er-ner) *adj* erect

stål (stawl) *nt* steel; **rustfritt ~** stainless steel

ståltråd (stawl-traw) *c* wire

subjekt (sewb-Yehkt) *nt* subject

substans (sewb-stahns) *c* substance

substansiell (sewb-stahn-si-ehl) *adj* substantial

substantiv (sewp-stahn-teev) *nt* noun

subtil (sewb-teel) *adj* subtle

suge (sēw-ger) *v* suck

suite (svit-ter) *c* suite

sukke (sewk-ker) *v* sigh

sukker (sook-kerr) *nt* sugar

sukkerbit (sook-kerr-beet) *c* lump of sugar

sukkerlake (*sook*-kerr-laa-ker) *c* syrup

sukkersyke (*sook*-ker-shēw-ker) *c* diabetes

sukkersykepasient (*sook*-ker-shēw-ker-pah-si-ehnt) *c* diabetic

sukkertøy (*sook*-ker-tur^ew) *nt* sweet; candy *nAm*

sukre (*sook*-rer) *v* sweeten

suksess (sewk-*sehss*) *c* success; hit

sult (sewlt) *c* hunger

sulten (*sewl*-tern) *adj* hungry

sum (sewmm) *c* (pl ~mer) sum; amount

sump (soomp) *c* marsh

sumpet (*soom*-pert) *adj* marshy

sunn (sewnn) *adj* healthy; wholesome

superlativ (sew-*pæl*-lah-teev) *c* superlative

superlativisk (sew-*pæl*-lah-tee-visk) *adj* superlative

supermarked (*sēw*-perr-mahr-kerd) *nt* supermarket

suppe (*sewp*-per) *c* soup

suppeskje (*sewp*-per-shāy) *c* soupspoon

suppetallerken (*sewp*-per-tah-lær-kern) *c* soup-plate

suppeøse (*sewp*-per-ūr-ser) *c* soup ladle

sur (sēwr) *adj* sour

surfingbrett (*surr*-fing-breht) *nt* surfboard

surstoff (*sēw*-shtof) *nt* oxygen

suspendere (sewss-pahng-*dāy*-rer) *v* suspend

suvenir (sew-ver-*neer*) *c* souvenir

svak (svaak) *adj* weak, feeble; faint; slight

svakhet (*svaak*-hāyt) *c* weakness

svale (*svaa*-ler) *c* swallow

svamp (svahmp) *c* sponge

svane (*svaa*-ner) *c* swan

svanger (*svahng*-ngerr) *adj* pregnant

svar (svaar) *nt* answer, reply; **som ~** in reply

svare (*svaa*-rer) *v* answer, reply; **~ til** correspond

svart (svahtt) *adj* dirty; black

svartebørs (*svaht*-ter-būrsh) *c* black market

svarttrost (*svaht*-rost) *c* blackbird

sveise (*svay*-ser) *v* weld

sveisesøm (*svay*-ser-surm) *c* (pl ~mer) joint

Sveits (svayts) Switzerland

sveitser (*svayt*-serr) *c* Swiss

sveitsisk (*svayt*-sisk) *adj* Swiss

svelge (*svehl*-ger) *v* swallow

svelle (*svehl*-ler) *v* *swell

svensk (svehnsk) *adj* Swedish

svenske (*svehn*-sker) *c* Swede

sverd (sværd) *nt* sword

***sverge** (*svær*-ger) *v* vow, *swear

Sverige (*svær*-ˠer) Sweden

svette (*sveht*-ter) *v* perspire, sweat; *c* perspiration, sweat

***svi** (svee) *v* *burn

svigerfar (*svee*-gerr-faar) *c* (pl -fedre) father-in-law

svigerforeldre (*svee*-gerr-fo-rehl-drer) *pl* parents-in-law *pl*

svigerinne (*svee*-ger-*rin*-ner) *c* sister-in-law

svigermor (*svee*-gerr-mōor) *c* (pl -mødre) mother-in-law

svigersønn (*svee*-ger-shurn) *c* son-in-law

svikte (*svik*-ter) *v* *let down

svimmel (*svim*-merl) *adj* dizzy, giddy

svimmelhet (*svim*-merl-hāyt) *c* dizziness, vertigo, giddiness

svindel (*svin*-derl) *c* swindle

svindle (*svin*-dler) *v* swindle

svindler (*svin*-dlerr) *c* swindler

svinekjøtt (*svee*-ner-khurt) *nt* pork

svinelær (*svee*-ner-læær) *nt* pigskin

sving (svingng) *c* turning, bend, turn

svingdør (*sving*-dūrr) *c* revolving door

svinge (*sving*-nger) *v* turn; *swing

sviske (*sviss*-ker) *c* prune

svoger (*svaw*-gerr) *c* (pl ~e, -grer) brother-in-law

svulst (svewlst) *c* tumour, growth

svær (svæær) *adj* huge

svært (svææt) *adv* very

svømme (*svurm*-mer) *v* *swim

svømmebasseng (*svurm*-mer-bah-sehng) *nt* swimming pool

svømmer (*svurm*-merr) *c* swimmer

svømming (*svurm*-ming) *c* swimming

swahili (svah-*hee*-li) *c* Swahili

sy (sēw) *v* *sew; ~ sammen *sew up

syd (sēwd) *c* south

sydame (*sēw*-daa-mer) *c* dressmaker

sydlig (*sēwd*-li) *adj* southerly

Sydpolen (*sēwd*-pōō-lern) South Pole

syk (sēwk) *adj* sick, ill

sykdom (*sēwk*-dom) *c* (pl ~mer) sickness, illness; disease; ailment

sykebil (*sēw*-ker-beel) *c* ambulance

sykehus (*sēw*-ker-hēwss) *nt* (pl ~) hospital

sykepleierske (*sēw*-ker-play-ersh-ker) *c* nurse

sykestue (*sēw*-ker-stew-er) *c* infirmary

sykesøster (*sēw*-ker-surss-terr) *c* (pl -tre) nurse

sykkel (*sewk*-kerl) *c* (sykler) bicycle, cycle

syklist (sewk-*list*) *c* cyclist

syklus (*sēwk*-lewss) *c* cycle

sylinder (sew-*lin*-derr) *c* (pl ~e, -drer) cylinder

syltetøy (*sewl*-ter-turᵉʷ) *nt* jam

symaskin (*sēw*-mah-sheen) *c* sewing-machine

symbol (sewm-*bōōl*) *nt* symbol

symfoni (sewm-foo-*nee*) *c* symphony

sympati (sewm-pah-*tee*) *c* sympathy

sympatisk (sewm-*paa*-tisk) *adj* nice

symptom (sewm-*tōōm*) *nt* symptom

syn (sēwn) *nt* vision; outlook, view; sight, spectacle

synagoge (sew-nah-*gōō*-ger) *c* synagogue

synd (sewnn) *c* sin; så synd! what a pity!; synes ~ på pity

synde (*sewnn*-der) *v* sin

syndebukk (*sewn*-der-book) *c* scapegoat

synder (*sewnn*-derr) *c* sinner

synes (*sēw*-nerss) *v* appear, look, seem

*synge (*sewng*-nger) *v* *sing

*synke (*sewng*-ker) *v* *sink

synlig (*sēwn*-li) *adj* visible

synonym (sew-noo-*nēwm*) *nt* synonym

synspunkt (*sēwns*-poongt) *nt* point of view

syntetisk (sewn-*tāy*-tisk) *adj* synthetic

syre (*sēw*-rer) *c* acid

syrer (*sēw*-rerr) *c* Syrian

Syria (*sēw*-ri-ah) Syria

syrisk (*sēw*-risk) *adj* Syrian

system (sewss-*tāym*) *nt* system

systematisk (sewss-teh-*maa*-tisk) *adj* systematic

sytten (*surt*-tern) *num* seventeen

syttende (*surt*-ter-ner) *num* seventeenth

sytti (*surt*-ti) *num* seventy

syv (sēwv) *num* seven

syvende (*sēw*-ver-ner) *num* seventh

sær (sæær) *adj* queer

særdeles (sæ-*dāy*-lerss) *adv* quite

i særdeleshet (ee sæ-⊗*āy*-lerss-hāyt) in particular

særegen (*sææ*-reh-gern) *adj* particular

særskilt (*sææ*-shilt) *adj* separate

søke (*sūr*-ker) *v* *seek

søker (*sūr*-kerr) *c* view-finder

søknad (*sūrk*-nah) c application
søle (*sū*-ler) v *spill; c mud
sølet (*sū*-lert) adj muddy
sølibat (sur-li-*baat*) nt celibacy
sølv (surll) nt silver; sølv- silver
sølvsmed (surl-smāy) c silversmith
sølvtøy (surl-tur*ew*) nt silverware
søm (surmm) c (pl ~mer) seam;
uten ~ seamless
sømmelig (surm-mer-li) adj proper
søndag (surn-daa) c Sunday
sønn (surnn) c son
sønnedatter (surn-ner-dah-terr) c (pl
-døtre) granddaughter
sønnesønn (surn-ner-surn) c grandson
søppel (surp-perl) nt garbage, litter
søppelbøtte (surp-perl-bur-ter) c rub-
bish-bin; waste basket *nAm*
søppelkasse (surp-perl-kah-ser) c
dustbin; trash can *Am*
sør (sūrr) c south
Sør-Afrika (sūr-rahf-ri-kah) South
Africa
sørge (surr-ger) v grieve; ~ for see
to, look after
sørgespill (surr-ger-spil) nt (pl ~)
drama
sørgetid (surr-ger-teed) c time of
mourning
sørlig (sūr-li) adj southern
sørvest (surr-vehst) c south-west
sørøst (surr-urst) c south-east
søster (surss-terr) c (pl -tre) sister
søt (sūrt) adj sweet
søtsaker (sūrt-saa-kerr) pl candy
nAm
søvn (survn) c sleep
søvnig (surv-ni) adj sleepy
søvnløs (survn-lūrss) adj sleepless
søvnløshet (survn-lūrss-hāyt) c insom-
nia
søyle (sur*ew*-ler) c column
så (saw) adv so; then; conj so, so
that; v *sow; ~ vel som as well as;

~ vidt barely; as much
såkalt (saw-kahlt) adj so-called
såle (saw-ler) c sole
sånn (sonn) adj such
såpe (saw-per) c soap
såpepulver (saw-per-pewl-verr) nt
soap powder
sår (sawr) nt wound; ulcer, sore; adj
sore
sårbar (sawr-baar) adj vulnerable
såre (saw-rer) v wound; *hurt

T

*ta (taa) v *take; ~ bort *take out;
~ ille opp resent; *~ imot accept;
~ inn stay; ~ med *bring; ~
med seg *take away; ~ opp pick
up; *bring up; ~ på *put on; ~
seg av attend to, *deal with; ~
seg i vare beware; ~ vare på
*take care of; ~ vekk *take away
tabell (tah-*behll*) c chart, table
tablett (tahb-*lehtt*) c tablet
tabu (*taa*-bew) nt taboo
tak (taak) nt roof; ceiling; grip
takk (tahkk) thank you
takke (*tahk*-ker) v thank; *ha å ~ for
owe
takknemlig (tahk-*nehm*-li) adj grate-
ful, thankful
takknemlighet (tahk-*nehm*-li-hāyt) c
gratitude
taksameter (tahk-sah-*māy*-terr) nt (pl
~, -tre) taxi-meter
taksere (tahk-*sāy*-rer) v value, esti-
mate
takstein (*taak*-stayn) c tile
taktikk (tahk-*tikk*) c tactics pl
tale (*taa*-ler) c speech
taleevne (*taa*-ler-ehv-ner) c speech
talent (tah-*lehnt*) nt talent

talerstol (*taa*-ler-shtool) *c* pulpit

talkum (*tahl*-kewm) *c* talc powder

tall (tahll) *nt* figure, number

tallerken (tah-*lær*-kern) *c* plate, dish

tallord (*tahl*-loor) *nt* (pl ~) numeral

tallrik (*tahl*-reek) *adj* numerous

talong (tah-*longng*) *c* stub, counterfoil

tam (tahmm) *adj* tame

tampong (tahm-*pongng*) *c* tampon

tang (tahngng) *c* (pl tenger) tongs *pl*, pliers *pl*

tank (tahngk) *c* tank

tankbåt (*tahngk*-bawt) *c* tanker

tanke (*tahng*-ker) *c* thought, idea

tankefull (*tahng*-ker-fewl) *adj* thoughtful

tankestrek (*tahng*-ker-strāyk) *c* dash

tann (tahnn) *c* (pl tenner) tooth

tannbørste (*tahn*-bursh-ter) *c* toothbrush

tannkjøtt (*tahn*-khurt) *nt* gum

tannkrem (*tahnn*-krāym) *c* toothpaste

tannlege (*tahn*-lāy-ger) *c* dentist

tannpasta (*tahn*-pahss-tah) *c* toothpaste

tannpine (*tahn*-pee-ner) *c* toothache

tannpirker (*tahn*-peer-kerr) *c* toothpick

tannpulver (*tahn*-pewl-verr) *nt* toothpowder

tante (*tahn*-ter) *c* aunt

tap (taap) *nt* loss

tape (*taa*-per) *v* *lose

tapet (tah-*pāyt*) *nt* wallpaper

tapper (*tahp*-perr) *adj* brave, courageous

tapperhet (*tahp*-perr-hāyt) *c* courage

tariff (tah-*riff*) *c* rate, tariff

tarm (tahrm) *c* intestine, gut; **tarmer** bowels *pl*, intestines

tau (tou) *nt* cord

taue (*tou*-er) *v* tow, tug

taus (touss) *adj* silent

tavle (*tahv*-ler) *c* blackboard; board

taxi (*tahk*-si) *c* taxi

te (tāy) *c* tea

teater (teh-*aa*-terr) *nt* (pl ~, -tre) theatre

teaterstykke (teh-*aa*-ter-shtew-ker) *nt* play

tegn (tayn) *nt* sign, token, signal; indication

tegne (*tay*-ner) *v* *draw; sketch; ~ opp design

tegnefilm (*tay*-ner-film) *c* cartoon

tegneserie (*tay*-ner-sāy-ri-er) *c* comics *pl*

tegnestift (*tay*-ner-stift) *c* drawing-pin; thumbtack *nAm*

tegning (*tay*-ning) *c* sketch, drawing

tekanne (*tāy*-kah-ner) *c* teapot

tekniker (*tehk*-ni-kerr) *c* technician

teknikk (tehk-*nikk*) *c* technique

teknisk (*tehk*-nisk) *adj* technical

teknologi (tehk-noo-loo-*gee*) *c* technology

tekopp (*tāy*-kop) *c* teacup

tekst (tehkst) *c* text; subtitle

tekstil (tehk-*steel*) *c*/*nt* textile

tekstilvarer (tehk-*steel*-vaa-rerr) *pl* drapery

telefon (teh-ler-*foon*) *c* phone, telephone

telefonere (teh-ler-foo-*nāy*-rer) *v* phone

telefonist (teh-ler-fo-*nist*) *c* operator, telephonist

telefonkatalog (teh-ler-*foon*-kah-tah-lawg) *c* telephone directory; telephone book *Am*

telefonkiosk (teh-ler-*foon*-khosk) *c* telephone booth

telefonoppringning (teh-ler-*foon*-nop-ring-ning) *c* telephone call

telefonrør (teh-ler-*foon*-rürr) *nt* (pl ~) receiver

telefonsamtale (teh-ler-*foon*-sahm-taa-ler) *c* telephone call

telefonsentral (teh-ler-*foon*-sehn-traal) *c* telephone exchange

telegrafere (teh-ler-grah-*fay*-rer) *v* cable, telegraph

telegram (teh-ler-*grahmm*) *nt* (pl ~mer) cable, telegram

teleobjektiv (*tay*-ler-ob-ᴠehk-teev) *nt* telephoto lens

telepati (teh-ler-pah-*tee*) *c* telepathy

*telle (*tehl*-ler) *v* count; ~ **opp** count

telt (tehlt) *nt* tent

tema (*tay*-mah) *nt* theme

temme (*tehm*-mer) *v* tame

temmelig (*tehm*-mer-li) *adv* rather, pretty, fairly, quite

tempel (*tehm*-perl) *nt* (pl ~, -pler) temple

temperatur (tehm-per-rah-*tewr*) *c* temperature

tempo (*tehm*-poo) *nt* pace

tendens (tehn-*dehns*) *c* tendency; ***ha ~ til** tend

tenke (*tehng*-ker) *v* *think; ~ **over** *think over; ~ **på** *think of; ~ **seg** imagine, fancy; ~ **ut** conceive

tenker (*tehng*-kerr) *c* thinker

tenne (*tehn*-ner) *v* *light

tenning (*tehn*-ning) *c* ignition

tennis (*tehn*-niss) *c* tennis

tennisbane (*tehn*-niss-baa-ner) *c* tennis-court

tennissko (*tehn*-ni-skoo) *pl* tennis shoes

tennmagnet (*tehn*-mahng-nayt) *c* magneto

tennplugg (*tehn*-plewg) *c* sparking-plug

tennspole (*tehn*-spoo-ler) *c* ignition coil

tenåring (*tay*-naw-ring) *c* teenager

teologi (teh-oo-loo-*gee*) *c* theology

teoretisk (teh-oo-*ray*-tisk) *adj* theoretical

teori (teh-oo-*ree*) *c* theory

teppe (*tehp*-per) *nt* blanket; carpet; curtain

terapi (teh-rah-*pee*) *c* therapy

termin (tær-*meen*) *c* term

termometer (tær-moo-*may*-terr) *nt* (pl ~, -tre) thermometer

termosflaske (*tær*-mooss-flahss-ker) *c* vacuum flask, thermos flask

termostat (tær-moo-*staat*) *c* thermo-stat

terning (*tææ*-ning) *c* cube; dice *pl*

terpentin (tær-pehn-*teen*) *c* turpen-tine

terrasse (tæ-*rahss*-ser) *c* terrace

terreng (tæ-*rehngng*) *nt* terrain

terror (*tær*-roor) *c* terror

terrorisme (tæ-roo-*riss*-mer) *c* terror-ism

terrorist (tæ-roo-*rist*) *c* terrorist

terskel (*tæsh*-kerl) *c* threshold

terylen (teh-rew-*layn*) *c* terylene

tesalong (*tay*-sah-long) *c* tea-shop

tese (*tay*-ser) *c* thesis

teservise (*tay*-sær-vee-ser) *nt* tea-set

teskje (*tay*-shay) *c* teaspoon; tea-spoonful

test (tehst) *c* test

testamente (tehss-tah-*mehn*-ter) *nt* will

teste (*tehss*-ter) *v* test

tett (tehtt) *adj* dense, thick

tettpakket (*teht*-pah-kert) *adj* crowd-ed

Thailand (*tigh*-lahn) Thailand

thailandsk (*tigh*-lahnsk) *adj* Thai

thailender (*tigh*-leh-nerr) *c* Thai

ti (tee) *num* ten

tid (teed) *c* time; period; **hele tiden** all the time; **i tide** in time

tidevann (*tee*-der-vahn) *nt* tide

tidlig (*tee*-li) *adj* early; **tidligere** be-fore, former, previous, formerly, *adv* before; past

tidsbesparende (*tits*-beh-spaa-rer-ner)

adj time-saving

tidsskrift (*tit*-skrift) *nt* magazine, periodical, review, journal

tie (*tee*-er) *v* *be silent, *keep quiet

tiende (*tee*-er-ner) *num* tenth

tiger (*tee*-gerr) *c* tiger

tigge (*tig*-ger) *v* beg

tigger (*tig*-gerr) *c* beggar

til (till) *prep* to; for; until, till; **en ~** another

tilbake (til-*baa*-ker) *adv* back; ***gå ~** *get back

tilbakebetale (til-*baa*-ker-beh-taa-ler) *v* reimburse, *repay

tilbakebetaling (til-*baa*-ker-beh-taa-ling) *c* repayment, refund

tilbakeflyvning (til-*baa*-ker-flewv-ning) *c* return flight

tilbakegang (til-*baa*-ker-gahng) *c* recession

tilbakekalle (til-*baa*-ker-kah-ler) *v* recall

tilbakekomst (til-*baa*-ker-komst) *c* return

tilbakereise (til-*baa*-ker-ray-ser) *c* return journey

tilbakevei (til-*baa*-ker-vay) *c* way back

tilbakevise (til-*baa*-ker-vee-ser) *v* reject

***tilbe** (til-*bay*) *v* worship

tilbehør (til-beh-*hürr*) *nt* accessories *pl*

tilberede (til-beh-*ray*-der) *v* prepare; cook

***tilbringe** (til-*bri*-nger) *v* *spend

tilbud (til-*bewd*) *nt* (pl ~) offer; supply

***tilby** (til-*bew*) *v* offer

tilbøyelig (til-*bur*ew-er-li) *adj* inclined; ***være ~ til** tend to

tilbøyelighet (til-*bur*ew-er-li-hayt) *c* inclination, tendency

tildele (til-*day*-ler) *v* allot; award; assign to; administer

tilfeldig (til-*fehl*-di) *adj* incidental, accidental, casual

tilfeldigvis (til-*fehl*-di-veess) *adv* by chance

tilfelle (til-feh-ler) *nt* case, instance; chance; **i ~ av** in case of

tilfluktssted (til-flewkt-steh) *nt* shelter

tilfreds (til-*frehts*) *adj* content; satisfied

tilfredshet (til-*frehts*-hayt) *c* satisfaction

tilfredsstille (til-freht-sti-ler) *v* satisfy

tilfredsstillelse (til-freht-sti-lerl-ser) *c* satisfaction

tilfredsstilt (til-freht-stilt) *adj* satisfied

tilførsel (til-fur-sherl) *c* (pl -sler) supply

tilføye (til-*fur*ew-er) *v* add

tilføyelse (til-*fur*ew-erl-ser) *c* addition

tilgang (til-gahng) *c* access

***tilgi** (til-yee) *v* *forgive

tilgivelse (til-yee-verl-ser) *c* pardon

tilgjengelig (til-yehng-nger-li) *adj* available; accessible

tilhenger (til-heh-ngerr) *c* trailer; supporter

tilhøre (til-hür-rer) *v* belong, belong to

tilhører (til-hür-rerr) *c* auditor

***tilintetgjøre** (ti-lin-tert-yür-rer) *v* destroy; destroy, ruin

tillate (til-laa-ter) *v* permit, allow; ***være tillatt** *be allowed

tillatelse (til-laa-terl-ser) *c* permission, authorization; permit; ***gi ~** license

tillegg (til-lehg) *nt* (pl ~) supplement; surcharge; annex

tillit (til-leet) *c* faith, confidence, trust

tillitsfull (til-leets-fewl) *adj* confident

tilpasse (til-pah-ser) *v* adapt, suit; adjust

tilrettevise (til-reht-ter-vee-ser) *v* reprimand

tilråde (til-raw-der) *v* recommend

tilsiktet (til-sik-tert) *adj* intentional

*tilskrive (*til*-skree-ver) v assign to

tilskudd (*til*-skewd) nt (pl ~) subsidy; grant

tilskuer (*til*-skew-err) c spectator

tilsluttet (*til*-shlew-tert) adj affiliated

tilstand (*til*-stahn) c condition

tilstedeværelse (til-*stay*-der-væææ-rerl-ser) c presence

tilstedeværende (til-*stay*-der-væææ-rer-ner) adj present

tilstrekkelig (til-*streh*-ker-li) adj enough, sufficient; adequate; *være ~ suffice; *do

tilstøtende (*til*-stür-ter-ner) adj neighbouring, adjacent

*tilstå (*til*-staw) v confess, admit

tilståelse (*til*-staw-erl-ser) c confession

tilsvare (*til*-svaa-rer) v correspond

tilsvarende (*til*-svaa-rer-ner) adj equivalent

tilsynelatende (til-*sew*-ner-laa-ter-ner) adj apparent

*tilta (*til*-taa) v increase

tiltakende (*til*-taa-ker-ner) adj progressive

*tiltrekke (*til*-treh-ker) v attract

tiltrekkende (*til*-treh-ker) adj attractive

tiltrekning (*til*-trehk-ning) c attraction

time (*tee*-mer) c hour; lesson; hver ~ hourly

timeplan (*ti*-mer-plaan) c schedule

timian (*tee*-mi-ahn) c thyme

tind (tinn) c peak

tine (*tee*-ner) v thaw

ting (tingng) c (pl ~) thing

tingest (*ting*-ngerst) c gadget

tinn (tinn) nt pewter, tin

tinnfolie (*tin*-fōō-li-er) c tinfoil

tinning (tin-ning) c temple

tirsdag (*teesh*-dah) c Tuesday

tispe (*tiss*-per) c bitch

tistel (*tiss*-terl) c (pl -tler) thistle

tittel (*tit*-terl) c (pl titler) title

tiur (tee-*ewr*) c wood grouse

tjene (t*ʸay*-ner) v earn; *make

tjener (t*ʸay*-nerr) c boy, servant, domestic

tjeneste (t*ʸay*-nerss-ter) c favour; service

tjue (*khew*-er) num twenty

tjuende (*khew*-er-ner) num twentieth

tjære (*khææ*-rer) c tar

to (tōō) num two

toalett (too-ah-*lehtt*) nt bathroom, lavatory, toilet; washroom nAm

toalettbord (too-ah-*leht*-bōōr) nt dressing-table

toalettpapir (too-ah-*leht*-pah-peer) nt toilet-paper

toalettsaker (too-ah-*leht*-saa-kerr) pl toiletry

toalettveske (too-ah-*leht*-vehss-ker) c toilet case

tobakk (too-*bahkk*) c tobacco

tobakksforretning (too-*bahks*-fo-reht-ning) c tobacconist's

tobakkshandler (too-*bahks*-hahnd-lerr) c tobacconist

tobakkspung (too-*bahks*-poong) c tobacco pouch

todelt (*tōō*-dehlt) adj two-piece

tog (tawg) nt train, parade

tolk (tolk) c interpreter

tolke (*tol*-ker) v interpret

toll (toll) c Customs duty; Customs pl

tollavgift (*tol*-laav-ʸift) c Customs duty

toller (*tol*-lerr) c Customs officer

tollfri (*toll*-free) adj duty-free

tolv (toll) num twelve

tolvte (*tol*-ter) num twelfth

tom (tomm) adj empty

tomat (too-*maat*) c tomato

tommelfinger (*tom*-merl-fi-ngerr) c (pl -gre) thumb

tomt (tomt) c grounds, plot
tone (tōō-ner) c note, tone
tonn (tonn) nt ton
topp (topp) c summit, top; peak
topplokk (top-lok) nt (pl ~) cylinder head
torden (too-dern) c thunder; torden-thundery
tordenvær (too-dern-væær) nt (pl ~) thunderstorm
tordne (tood-ner) v thunder
*tore (tōō-rer) v dare
torg (torg) nt market-place
torn (tōōn) c thorn
torsdag (tawsh-dah) c Thursday
torsk (toshk) c (pl ~) cod
tortur (too-tēwr) c torture
torturere (too-tew-rāy-rer) v torture
tosk (tosk) c fool
tospråklig (tōō-sprawk-li) adj bilingual
total (too-taal) adj total; overall; utter
totalisator (too-tah-li-saa-toor) c totalizator; bookmaker
totalitær (too-tah-li-tæær) adj totalitarian
totalsum (too-taal-sewm) c (pl ~mer) total
totalt (too-taalt) adv completely
tradisjon (trah-di-shōōn) c tradition
tradisjonell (trah-di-shoo-nehll) adj traditional
trafikk (trah-fikk) c traffic
trafikk-kork (trah-fik-kork) c jam, traffic jam
trafikklys (trah-fik-lēwss) nt (pl ~) traffic light
tragedie (trah-gāy-di-er) c tragedy
tragisk (traa-gisk) adj tragic
trakt (trahkt) c region; funnel
traktat (trahk-taat) c treaty
traktor (trahk-toor) c tractor
trang (trahngng) adj tight, narrow; c

urge
transaksjon (trahn-sahk-shōōn) c deal, transaction
transatlantisk (trahn-saht-lahn-tisk) adj transatlantic
transformator (trahns-for-maa-toor) c transformer
transpirasjon (trahn-spi-rah-shōōn) c perspiration
transpirere (trahn-spi-rāy-rer) v perspire
transport (trahns-pott) c transport, transportation
transportabel (trahns-po-taa-berl) adj portable
transportere (trahns-po-tāy-rer) v transport
trapp (trahpp) c stairs pl, staircase
travel (traa-verl) adj busy
travelhet (traa-verl-hāyt) c bustle
*tre (trāy) v step; thread
tre¹ (trāy) num three
tre² (trāy) nt (pl trær) tree; wood; tre- wooden
tredje (trāyd-Yer) num third
*treffe (trehf-fer) v *hit; *meet
treg (trāyg) adj slack
trekant (trāy-kahnt) c triangle
trekantet (trāy-kahn-tert) adj triangular
trekk (trehkk) nt move; trait; c draught
*trekke (trehk-ker) v pull, *draw; upholster; ~ fra deduct; subtract; ~ opp *wind; uncork; ~ tilbake *withdraw; ~ ut extract
trekkpapir (trehk-pah-peer) nt blotting paper
trekløver (trāy-klur-verr) c shamrock
trekning (trehk-ning) c draw
trekull (trāy-kewl) nt charcoal
trene (trāy-ner) v drill; train
trener (trāy-nerr) c coach
trenge (trehng-nger) v need; ~ seg

frem push

trening (*trāy*-ning) *c* training

treskjærerarbeid (*trāy*-shææ-rerr-ahr-bayd) *nt* wood-carving

tresko (*trāy*-skōō) *c* (pl ~) wooden shoe

trett (trehtt) *adj* tired, weary

trette (*treht*-ter) *v* argue, quarrel; tire; *c* quarrel

tretten (*treht*-tern) *num* thirteen

trettende (*treht*-ter-ner) *num* thirteenth; *adj* tiring

tretti (*treht*-ti) *num* thirty

trettiende (*treht*-ti-er-ner) *num* thirtieth

trevle opp (*trehv*-ler) fray

tribune (tri-*bēw*-ner) *c* stand

trick (trick) *nt* trick

trikk (trikk) *c* tram; streetcar *nAm*

trikotasje (tri-koo-*taa*-sher) *c* hosiery

trillebår (*tril*-ler-bawr) *c* wheelbarrow

trinn (trinn) *nt* step

trinse (*trin*-ser) *c* pulley

trist (trist) *adj* sad

triumf (tri-*ewmf*) *c* triumph

triumfere (tri-ewm-*fāy*-rer) *v* triumph

triumferende (tri-ewm-*fāy*-rer-ner) *adj* triumphant

tro (trōō) *v* believe; reckon; *c* belief, faith; *adj* faithful

trofast (*trōō*-fahst) *adj* faithful, true

trolig (*trōō*-li) *adj* credible

trolldom (*trol*-dom) *c* magic

trolleybuss (*trol*-li-bewss) *c* trolley-bus

tromme (*troom*-mer) *c* drum

trommehinne (*troom*-mer-hi-ner) *c* ear-drum

trompet (troom-*pāyt*) *c* trumpet

trone (*trōō*-ner) *c* throne

tropene (*trōō*-per-ner) *pl* tropics *pl*

tropisk (*trōō*-pisk) *adj* tropical

tropper (*trop*-perr) *pl* troops *pl*

tross (tross) *prep* in spite of, despite;

til ~ **for** in spite of

trost (trost) *c* thrush

true (*trēw*-er) *v* threaten

truende (*trēw*-er-ner) *adj* threatening

trumf (trewmf) *c* trump, trump card

trupp (trewpp) *c* band; company

trusel (*trewss*-serl) *c* (pl -sler) threat

truser (*trēw*-serr) *pl* briefs *pl*, knickers *pl*, panties *pl*; underpants *plAm*

trykk[1] (trewkk) *nt* pressure

trykk[2] (trewkk) *nt* engraving, print

trykk[3] (trewkk) *nt* stress; *legge ~ på stress

trykke[1] (*trewk*-ker) *v* press; ~ **på** press

trykke[2] (*trewk*-ker) *v* print

trykkende (*trewk*-ker-ner) *adj* stuffy

trykknapp (*trewk*-knahp) *c* push-button; press-stud

trykkoker (trewk-kōō-kerr) *c* pressure-cooker

trykksak (*trewk*-saak) *c* printed matter

tryllekunstner (*trewl*-ler-kewnst-nerr) *c* magician

trøbbel (*trurb*-berl) *nt* trouble

trøst (trurst) *c* comfort

trøste (*trurss*-ter) *v* comfort

trøstepremie (*trurss*-ter-prāy-mi-er) *c* consolation prize

trå (traw) *v* step

tråd (traw) *c* thread

tsjekkoslovak (cheh-koo-shloo-*vaak*) *c* Czech

Tsjekkoslovakia (cheh-koo-shloo-*vaa*-ki-ah) Czechoslovakia

tsjekkoslovakisk (cheh-koo-shloo-*vaa*-kisk) *adj* Czech

tube (*tēw*-ber) *c* tube

tuberkulose (tew-bær-kew-*lōō*-ser) *c* tuberculosis

tulipan (tew-li-*paan*) *c* tulip

tull (tewll) *nt* rubbish

tunfisk (*tēwn*-fisk) *c* tuna

tung (toongng) *adj* heavy

tunge (*toong*-nger) *c* tongue

tungnem (*toong*-nehm) *adj* slow

tunika (*tēw*-ni-kah) *c* tunic

Tunisia (tew-*nee*-si-ah) Tunisia

tunisier (tew-*nee*-si-err) *c* Tunisian

tunisisk (tew-*nee*-sisk) *adj* Tunisian

tunnel (tew-*nehll*) *c* tunnel

tur (tēwr) *c* ride, trip; turn

turbin (tewr-*been*) *c* turbine

turbojet (tewr-boo-Yeht) *c* turbojet

turgjenger (*tēwr*-Yeh-ngerr) *c* walker

turist (tew-*rist*) *c* tourist

turistklasse (tew-*rist*-klah-ser) *c* tourist class

turistkontor (tew-*rist*-koon-tōōr) *nt* tourist office

turisttrafikk (tew-*riss*-trah-fik) *c* tourism

turnbukse (*tēwn*-book-ser) *c* trunks *pl*

turner (*tew*-nerr) *c* gymnast

turnering (tew-*nāy*-ring) *c* tournament

turnsko (*tēwn*-skōō) *pl* gym shoes; sneakers *plAm*

tur-retur (*tēwr*-reh-tēwr) round trip *Am*

tusen (*tēw*-sern) *num* thousand

tusmørke (*tewss*-murr-ker) *nt* dusk

tut (tēwt) *c* nozzle

tute (*tēw*-ter) *v* hoot; honk *vAm*, toot *vAm*

tvang (tvahng) *c* constraint; force

tverr (tværr) *adj* cross

tvert imot (*tvæt* i-*mōōt*) on the contrary

tvert om (*tvæt* om) the other way round

tvetydig (*tvāy*-tēw-di) *adj* ambiguous

tvil (tveel) *c* doubt; **uten** ~ without doubt

tvile (*tvee*-ler) *v* doubt

tvillinger (*tvil*-li-ngerr) *pl* twins *pl*

tvilsom (*tveel*-som) *adj* doubtful

*tvinge (*tving*-nger) *v* force

tvist (tvist) *c* dispute

tydelig (*tēw*-der-li) *adj* clear, distinct, plain; evident, apparent; explicit

tyfus (*tēw*-fewss) *c* typhoid

tygge (tewg-ger) *v* chew

tyggegummi (*tewg*-ger-gew-mi) *c* chewing-gum

tykk (tewkk) *adj* thick; corpulent, fat, big

tykkelse (*tewk*-kerl-ser) *c* thickness

tykkfallen (*tewk*-fah-lern) *adj* stout

tykne (*tewk*-ner) *v* thicken

tyngde (*tewng*-der) *c* weight

tyngdekraft (*tewng*-der-krahft) *c* gravity

tynge (tewng-nger) *v* oppress

tynn (tewnn) *adj* thin; sheer; weak

type (*tēw*-per) *c* type

typisk (*tēw*-pisk) *adj* typical

tyr (tēwr) *c* bull

tyrann (tew-*rahnn*) *c* tyrant

tyrefektning (*tēw*-rer-fehkt-ning) *c* bullfight

tyrefektningsarena (*tēw*-rer-fehkt-ning-sah-rāy-nah) *c* bullring

tyrker (*tewr*-kerr) *c* Turk

Tyrkia (*tewr*-ki-ah) Turkey

tyrkisk (*tewr*-kisk) *adj* Turkish

tysk (tewsk) *adj* German

tysker (*tewss*-kerr) *c* German

Tyskland (*tewsk*-lahn) Germany

tyv (tēwv) *c* thief

tyve (*tēw*-ver) *num* twenty

tyvende (*tēw*-ver-ner) *num* twentieth

tyveri (*tēw*-ver-ree) *nt* robbery, theft

tøffel (*turf*-ferl) *c* (pl tøfler) slipper

tømme (*turm*-mer) *v* empty

tømmer (*turm*-merr) *nt* timber

tømmermenn (*turm*-merr-mehn) *pl* hangover

tømming (*turm*-ming) *c* emptying

tønne (*turn*-ner) *c* cask, barrel

tørke (*turr*-ker) *c* drought; *v* wipe,

dry; ~ **av** wipe; ~ **bort** wipe

tørkeapparat (turr-ker-ah-pah-raat) *nt* dryer

tørr (turr) *adj* dry

tørst (tursht) *adj* thirsty; *c* thirst

tøvær (tūr-væær) *nt* thaw

tøye (tur*ew*-er) *v* stretch

tøyelig (tur*ew*-er-li) *adj* elastic

tøyelighet (tur*ew*-er-li-hāyt) *c* elasticity

tøyle (tur*ew*-ler) *v* curb; restrain

tå (taw) *c* (pl tær) toe

tåke (taw-ker) *c* mist, fog

tåkelykt (taw-ker-lewkt) *c* foglamp

tåket (taw-kert) *adj* foggy

tålmodig (tol-mōō-di) *adj* patient

tålmodighet (tol-mōō-di-hāyt) *c* patience

tåpe (taw-per) *c* fool

tåpelig (taw-per-li) *adj* silly, foolish; crazy

tåre (taw-rer) *c* tear

tåreperse (taw-rer-pæ-sher) *c* tearjerker

tårn (tawn) *nt* tower

U

ualminnelig (ew-ahl-*mi*-ner-li) *adj* unusual

uanselig (ew-ahn-s*āy*-li) *adj* inconspicuous, insignificant

uanstendig (*ēw*-ahn-stehn-di) *adj* indecent; obscene

uantakelig (*ēw*-ahn-*taa*-ker-li) *adj* unacceptable

uavbrutt (*ēw*-ahv-brewt) *adj* continuous

uavhengig (*ēw*-ahv-heh-ngi) *adj* independent

uavhengighet (*ēw*ahv-heh-ngi-hāyt) *c* independence

ubebodd (*ēw*-beh-bood) *adj* uninhabited

ubeboelig (*ēw*-beh-*bōō*-er-li) *adj* uninhabitable

ubegrenset (*ēw*-beh-grehn-sert) *adj* unlimited

ubehagelig (*ēw*-beh-haa-ger-li) *adj* disagreeable, unpleasant; nasty

ubekvem (*ēw*-beh-kvehm) *adj* uncomfortable

ubekymret (*ēw*-beh-khewm-rert) *adj* carefree

ubeleilig (*ēw*-beh-lay-li) *adj* inconvenient

ubeleilighet (*ēw*-beh-lay-li-hāyt) *c* inconvenience

ubemyndiget (*ēw*-beh-mewn-di-ert) *adj* unauthorized

ubesindig (*ēw*-beh-sin-di) *adj* rash

ubeskjeden (*ēw*-beh-sh*āy*-dern) *adj* immodest

ubeskyttet (*ēw*-beh-shew-tert) *adj* unprotected

ubestemt (*ēw*-beh-stehmt) *adj* indefinite

ubesvart (*ēw*-beh-svaat) *adj* unanswered

ubetydelig (*ēw*-beh-*tēw*-der-li) *adj* insignificant; slight, petty

ubevisst (ew-ber-vist) *adj* unconscious

ubotelig (ew-*bōō*-ter-li) *adj* irreparable

udugelig (ew-d*ēw*-ger-li) *adj* incapable

udyrket (ew-dewr-kert) *adj* uncultivated

uegnet (*ēw*-ay-nert) *adj* unsuitable, unfit

uekte (*ēw*-ehk-ter) *adj* false

uendelig (ew-*ehn*-ner-li) *adj* endless, infinite

*være uenig (vææ-rer ew-*āy*-ni) disagree

uerfaren (ēw-ær-faa-rern) *adj* inexperienced

ufaglært (ēw-faag-lææt) *adj* unskilled

uflaks (ēw-flahks) *c* bad luck

uforklarlig (ēw-for-klaa-li) *adj* unaccountable

uformell (ēw-for-mehll) *adj* casual, informal

uforskammet (ēw-fo-shkah-mert) *adj* insolent, impertinent, impudent; rude

uforskammethet (ēw-fo-shkah-mert-hāyt) *c* insolence

uforståelig (ēw-fo-shtaw-er-li) *adj* puzzling

ufortjent (ēw-fo-tᵛāynt) *adj* unearned

ufremkommelig (ēw-frehm-ko-mer-li) *adj* impassable

ufullkommen (ēw-fewl-ko-mern) *adj* imperfect

ufullstendig (ēw-fewl-stehn-di) *adj* incomplete

ufølsom (ēw-fur-l-som) *adj* insensitive

ugift (ēw-ᵛift) *adj* single

ugjenkallelig (ew-ᵛehn-kahl-ler-li) *adj* irrevocable

ugle (ewg-ler) *c* owl

ugress (ēw-grehss) *nt* weed

ugunstig (ēw-gewn-sti) *adj* unfavourable

ugyldig (ēw-ᵛewl-di) *adj* invalid, void

uhelbredelig (ēw-hehl-brāy-der-li) *adj* incurable

uheldig (ew-hehl-di) *adj* unfortunate, unlucky

uheldigvis (ew-hehl-di-veess) *adv* unfortunately

uhell (ēw-hehl) *nt* misfortune; accident

uhyggelig (ew-hew-ger-li) *adj* creepy; ominous

uhøflig (ew-hurf-li) *adj* impolite

ujevn (ēw-ᵛehvn) *adj* uneven

uke (ēw-ker) *c* week

ukentlig (ēw-kernt-li) *adj* weekly

ukeslutt (ēw-ker-slewt) *c* weekend

ukjent (ēw-khehnt) *adj* unknown, unfamiliar

uklar (ēw-klaar) *adj* obscure, dim

uklok (ēw-klōōk) *adj* unwise

uknuselig (ew-knēw-ser-li) *adj* unbreakable

ukvalifisert (ēw-kvah-li-fi-sāyt) *adj* unqualified

uleilighet (ew-lay-li-hāyt) *c* trouble

ulempe (ēw-lehm-per) *c* disadvantage; nuisance

uleselig (ew-lāy-ser-li) *adj* illegible

ulik (ēw-leek) *adj* unequal, uneven

ulike (ēw-lee-ker) *adj* odd

ull (ewll) *c* wool; **ull-** woollen

ulljakke (ewl-ᵛah-ker) *c* sweater, cardigan

ulovlig (ēw-lawv-li) *adj* illegal, unlawful

ultrafiolett (ewl-trah-fi-oo-leht) *adj* ultraviolet

ulv (ewlv) *c* wolf

ulykke (ēw-lew-ker) *c* accident, misfortune; calamity, disaster; misery

ulykkelig (ew-lewk-ker-li) *adj* unhappy; miserable

ulærd (ēw-læærd) *adj* uneducated

umake (ēw-maa-ker) *c* pains; ***være umaken verd** *be worthwhile

umiddelbart (ēw-mi-derl-baat) *adv* immediately, instantly

umoderne (ēw-moo-dææ-ner) *adj* out of date

umulig (ew-mēw-li) *adj* impossible

umyndig (ēw-mewn-di) *adj* under age

umøblert (ēw-murb-lāyt) *adj* unfurnished

umåtelig (ew-maw-ter-li) *adj* vast, immense

under¹ (ewn-derr) *nt* wonder

under² (oon-nerr) *prep* below, during, beneath, under; *adv* beneath

underbukse (*ewn*-nerr-book-ser) *c*
panties *pl*, drawers, pants *pl*;
shorts *plAm*

underernæring (*ewn*-nerr-æ-næææ-ring)
c malnutrition

undergang (*ewn*-nerr-gahng) *c* ruin,
destruction

undergrunnsbane (*ewn*-nerr-grewns-
baa-ner) *c* underground; subway
nAm

*****underholde** (*ewn*-nerr-ho-ler) *v* en-
tertain, amuse

underholdende (*ewn*-nerr-ho-ler-ner)
adj entertaining

underholdning (*ewn*-nerr-hol-ning) *c*
entertainment

underholdsbidrag (*ewn*-nerr-hols-bee-
draag) *nt* alimony

underjordisk (*ewn*-nerr-Yoor-disk) *adj*
underground

underkaste seg (*ewn*-nerr-kahss-ter)
submit

underkjole (*ewn*-nerr-khōō-ler) *c* slip

underkue (*ewn*-nerr-kēw-er) *v* subject

underlagskrem (*ewn*-ner-laags-krāym)
c foundation cream

underlegen (*ewn*-ner-lāy-gern) *adj* in-
ferior

underlig (*ewn*-der-li) *adj* odd, strange,
queer; peculiar

underordnet (*ewn*-ner-oord-nert) *adj*
subordinate; minor, secondary; ad-
ditional

underretning (*ewn*-ner-reht-ning) *c*
notice

underrette (*ewn*-ner-reh-ter) *v* inform;
notify

underskrift (*ewn*-nerr-skrift) *c* signa-
ture

underskudd (*ewn*-ner-shkewd) *nt* (pl
~) deficit

understreke (*ewn*-ner-shtrāy-ker) *v*
underline; emphasize

understrøm (*ewn*-ner-shtrurm) *c* (pl

~ mer) undercurrent

undersøke (*ewn*-ner-shūr-ker) *v* en-
quire; examine

undersøkelse (*ewn*-ner-shūr-kerl-ser) *c*
investigation, enquiry; check-up,
examination

undersått (*ewn*-ner-shot) *c* subject

undertegne (*ewn*-ner-tay-ner) *v* sign

undertegnede (*ewn*-ner-tay-ner-der) *c*
(pl ~) undersigned

undertrykke (*ewn*-ner-trew-ker) *v* op-
press, suppress

undertrøye (*ewn*-ner-trur^ew-er) *c* un-
dershirt, vest

undertøy (*ewn*-ner-tur^ew) *pl* under-
wear

undervanns- (*ewn*-ner-vahns) under-
water

undervise (*ewn*-nerr-vee-ser) *v* *teach;
instruct

undervisning (*ewn*-nerr-veess-ning) *c*
tuition, instruction

undervurdere (*ewn*-nerr-vew-dāy-rer)
v underestimate

undre seg (*ewn*-drer) wonder; marvel

ung (oongng) *adj* young

ungarer (*oong*-gaa-rerr) *c* Hungarian

Ungarn (*ewng*-gaan) Hungary

ungarsk (*ewng*-gaashk) *adj* Hun-
garian

ungdom (*oong*-dom) *c* (pl ~ mer)
youth; **ungdoms-** juvenile

ungdomsherberge (*oong*-doms-hær-
bær-ger) *nt* youth hostel

unge (*oong*-nger) *c* kid

ungkar (*oong*-kaar) *c* bachelor

uniform (ew-ni-*form*) *c* uniform

union (ew-ni-*ōōn*) *c* union

univers (ew-ni-*væshsh*) *nt* universe

universell (ew-ni-væ-*shehll*) *adj* uni-
versal

universitet (ew-ni-væ-shi-*tāyt*) *nt* uni-
versity

*****unngå** (*ewn*-gaw) *v* avoid; escape

unnskyld! (ewn-shewl) sorry!

unnskylde (ewn-shew-ler) v excuse

unnskyldning (ewn-shewl-ning) c apology, excuse; ***be om ~** apologize

*unnslippe (ewn-shli-per) v escape

unntagen (ewn-taa-gern) prep but, except

unntak (ewn-taak) nt (pl ~) exception

unntatt (ewn-taht) prep except

*unnvike (ewn-vee-ker) v avoid

*unnvære (ewn-væær-rer) v spare

unyttig (ēw-new-ti) adj useless

unødvendig (ēw-nurd-vern-di) adj unnecessary

unøyaktig (ēw-nur^ew-ahk-ti) adj inaccurate

uoffisiell (ēw-o-fi-si-erl) adj unofficial

uopphørlig (ēw-oop-hūr-li) adv continually

uorden (ēw-o-dern) c disorder; **i ~** out of order; broken

uordentlig (ēw-ont-li) adj untidy

uoverkommelig (ēw-o-verr-ko-mer-li) adj prohibitive, insurmountable

uovertruffen (ēw-o-ver-troo-fern) adj unsurpassed

upartisk (ēw-paa-tisk) adj impartial

upassende (ēw-pah-ser-ner) adj improper

upersonlig (ēw-pæ-shōon-li) adj impersonal

upopulær (ēw-poo-pew-læær) adj unpopular

upålitelig (ēw-po-lee-ter-li) adj unreliable, untrustworthy

ur (ēwr) nt watch

uregelmessig (ēw-rāy-gerl-meh-si) adj irregular

uren (ēw-rāyn) adj unclean

urett (ēw-reht) c wrong, injustice; ***gjøre ~** wrong; ***ha ~** ***be** wrong

urettferdig (ēw-reht-fæ-di) adj unfair, unjust

uriktig (ew-rik-ti) adj incorrect, wrong

urimelig (ew-ree-mer-li) adj unreasonable; absurd

urin (ew-reen) c urine

urmaker (ēwr-maa-kerr) c watchmaker

uro (ēw-rōō) c unrest

urolig (ew-rōō-li) adj restless; uneasy

urskog (ēw-shkōōg) c jungle

urt (ewtt) c herb

urtids- (ēw-tits) ancient

Uruguay (ew-rew-gew-igh) Uruguay

uruguayaner (ew-rew-gew-igh-aa-nerr) c Uruguayan

uruguayansk (ew-rew-gew-igh-aansk) adj Uruguayan

usann (ēw-sahn) adj untrue

usannsynlig (ēw-sahn-sēwn-li) adj improbable, unlikely

usedvanlig (ew-sehd-vaan-li) adj uncommon, extraordinary, exceptional

uselvisk (ēw-sehl-visk) adj unselfish

usikker (ēw-si-kerr) adj uncertain; doubtful; unsafe

uskadd (ēw-skahd) adj unhurt; whole

uskadelig (ew-skaa-der-li) adj harmless

uskikkelig (ew-shik-ker-li) adj naughty

uskyld (ēw-shewl) c innocence

uskyldig (ew-shewl-di) adj innocent

uspiselig (ew-spee-ser-li) adj inedible

ustabil (ēw-stah-beel) adj unstable

ustadig (ew-staa-di) adj unsteady

ustø (ēw-stūr) adj unsteady

usunn (ēw-sewn) adj unhealthy, unsound

usympatisk (ēw-sewm-paa-tisk) adj unpleasant

usynlig (ew-sēwn-li) adj invisible

ut (ēwt) *adv* out; ***gå ~** *go out; **~ over** beyond

utad (ēw-taad) *adv* outwards

utakknemlig (ēw-tahk-nehm-li) *adj* ungrateful

utbre (ēwt-bray) *v* expand

utbrudd (ēwt-brewd) *nt* (pl ~) outbreak

*utbryte (ēwt-brew-ter) *v* exclaim

utbytte (ēwt-bew-ter) *nt* benefit; ***ha ~ av** profit

utdanne (ēwt-dah-ner) *v* educate

utdannelse (ēwt-dah-nerl-ser) *c* education; background

utdele (ēwt-day-ler) *v* distribute

utdrag (ēwt-draag) *nt* (pl ~) extract, excerpt

utdype (ēwt-dew-per) *v* elaborate

ute (ēw-ter) *adv* out

*utelate (ēw-ter-laa-ter) *v* omit, *leave out

utelukke (ēw-ter-loo-ker) *v* exclude

utelukkende (ēw-ter-loo-ker-ner) *adv* solely, exclusively

uten (ēw-tern) *prep* without

utenat (ēw-ter-naht) *adv* by heart

utendørs (ēw-tern-dūrsh) *adv* outdoors

utenfor (ēw-tern-for) *prep* outside; *adv* outside

utenkelig (ew-tehng-ker-li) *adj* inconceivable

utenlands (ēw-tern-lahns) *adv* abroad

utenlandsk (ēw-tern-lahnsk) *adj* alien, foreign

utflukt (ēwt-flookt) *c* trip, excursion

utfolde (ēwt-fo-ler) *v* unfold, display

utfordre (ēwt-foord-rer) *v* challenge; dare; **utfordrende** challenging, defiant

utforske (ēwt-fosh-ker) *v* explore

utføre (ēwt-fūr-rer) *v* execute, perform, implement, carry out; export

utførlig (ewt-fūr-li) *adj* detailed

utførsel (ēwt-fur-sherl) *c* (pl -sler) exportation, export

utgang (ēwt-gahng) *c* way out, exit; outcome

utgangspunkt (ēwt-gahngs-poongt) *nt* starting-point

utgave (ēwt-gaa-ver) *c* edition

*utgi (ēwt-Yee) *v* publish; issue

utgift (ēwt-Yift) *c* expense; **utgifter** expenditure

utgravning (ēwt-graav-ning) *c* excavation

*utgyte (ēwt-Yew-ter) *v* *shed

*utholde (ēwt-ho-ler) *v* endure

utholdelig (ēwt-ho-ler-li) *adj* tolerable

utholdenhet (ēwt-ho-lern-hāyt) *c* stamina

utilfreds (ēw-til-frehts) *adj* dissatisfied

utilfredsstillende (ēw-til-freht-sti-ler-ner) *adj* unsatisfactory

utilgjengelig (ēw-til-Yeh-nger-li) *adj* inaccessible

utilsiktet (ēw-til-sik-tert) *adj* unintentional

utilstrekkelig (ēw-til-streh-ker-li) *adj* insufficient; inadequate

utiltalende (ēw-til-taa-ler-ner) *adj* unpleasant

utjevne (ēwt-Yehv-ner) *v* equalize

utkant (ēwt-kahnt) *c* outskirts *pl*

utkast (ēwt-kahst) *nt* draft

utkjørsel (ēwt-khur-sherl) *c* exit, driveway

utklippsbok (ēwt-klips-bōōk) *c* (pl -bøker) scrap-book

utkople (ēwt-kop-ler) *v* disconnect

utlede (ēwt-lāy-der) *v* deduce, infer

utlending (ēwt-lehn-ing) *c* alien, foreigner

utlikne (ēwt-lik-ner) *v* level

utluftning (ēwt-lewft-ning) *c* ventilation

utløp (ēwt-lūrp) *nt* (pl ~) expiry

*utløpe (*ēwt*-lūr-per) *v* expire

utløpt (*ēwt*-lurpt) *adj* expired

utmatte (*ēwt*-mah-ter) *v* exhaust

utmattet (*ēwt*-mah-tert) *adj* tired

utmerke seg (*ēwt*-mær-ker) *v* excel

utmerket (*ēwt*-mær-kert) *adj* fine, excellent

utnevne (*ēwt*-nehv-ner) *v* appoint

utnevnelse (*ēwt*-nehv-nerl-ser) *c* nomination, appointment

utnytte (*ēwt*-new-ter) *v* exploit

utpresse (*ēwt*-preh-ser) *v* extort

utpressing (*ēwt*-preh-sing) *c* extortion

utregning (*ēwt*-ray-ning) *c* calculation

utrivelig (ew-*tree*-ver-li) *adj* unpleasant

utro (*ew*-trōō) *adj* unfaithful

utrolig (ew-trōō-li) *adj* incredible

utrop (*ēwt*-rōōp) *nt* (pl ∼) exclamation

utruste (*ēwt*-rewss-ter) *v* equip

utrustning (*ēwt*-rewst-ning) *c* outfit

utsalg (*ēwt*-sahlg) *nt* (pl ∼) sales

utseende (*ēwt*-sāy-er-ner) *nt* look, appearance; semblance

utsending (*ēwt*-seh-ning) *c* delegate

*utsette (*ēwt*-seh-ter) *v* postpone, delay, *put off, adjourn; expose; **utsatt for** liable to; subject to

utsettelse (*ēwt*-seh-terl-ser) *c* delay

utside (*ēwt*-seeer) *c* outside; exterior

utsikt (*ēwt*-sikt) *c* view; prospect, outlook

utskeielse (ew-shay-erl-ser) *c* excess

utslett (*ēwt*-sleht) *nt* rash

utslitt (*ēwt*-shlit) *adj* worn-out

utsolgt (*ēwt*-solt) *adj* sold out

utstedelse (*ēwt*-stāy-derl-ser) *c* issue

utstikker (*ēwt*-sti-kerr) *c* pier

utstille (*ēwt*-sti-ler) *v* *show, exhibit; display

utstilling (*ēwt*-sti-ling) *c* exposition, exhibition, show, display

utstillingsdukke (*ēwt*-sti-lings-dew-ker) *c* mannequin

utstillingslokale (*ēwt*-sti-lings-loo-kaa-ler) *nt* showroom

utstillingsvindu (*ēwt*-sti-lings-vin-dew) *nt* shop-window

utstrakt (*ēwt*-strahkt) *adj* extensive, broad

utstyr (*ēwt*-stēwr) *nt* equipment; kit, gear

utstyre (*ēwt*-stēw-rer) *v* equip

utsøkt (*ēwt*-surkt) *adj* exquisite, select

uttale (*ēw*-taa-ler) *c* pronunciation; *v* pronounce; ∼ **galt** mispronounce

uttenke (*ēw*-tehng-ker) *v* devise

uttrykk (*ēw*-trewk) *nt* (pl ∼) expression; phrase; term; ***gi ∼ for** express

uttrykke (*ēw*-trew-ker) *v* express

uttrykkelig (ew-*trewk*-ker-li) *adj* explicit, express

uttørret (*ēw*-tur-rert) *adj* arid

utvalg (*ēwt*-vahlg) *nt* (pl ∼) choice, selection; variety, assortment; committee

utvalgt (*ēwt*-vahlt) *adj* select

utvandre (*ēwt*-vahn-drer) *v* emigrate

utvei (*ēwt*-vay) *c* way out; course

utveksle (*ēwt*-vehk-shler) *v* exchange

*utvelge (*ēwt*-vehl-ger) *v* select

utvendig (*ēwt*-vehn-di) *adj* external, outward

utvide (*ēwt*-vee-der) *v* widen; extend, expand, enlarge

utvidelse (*ēwt*-vee-derl-ser) *c* extension

utvikle (*ēwt*-vik-ler) *v* develop

utvikling (*ēwt*-vik-ling) *c* development

utvilsomt (ew-*tveel*-somt) *adv* undoubtedly

utvise (*ēwt*-vee-ser) *v* expel

utvungenhet (*ēw*-tvoo-ngern-hāyt) *c* ease

utydelig (ew-*tēw*-der-li) *adj* dim

utøve (*ēw*-tūr-ver) *v* exercise

utålelig (ew-*taw*-ler-li) *adj* intolerable

utålmodig (*ēw*-tol-mōō-di) *adj* eager, impatient

uunngåelig (ew-ewng-*gaw*-er-li) *adj* unavoidable, inevitable

uunnværlig (ew-ewn-*vææ*-li) *adj* essential

uutholdelig (ew-ewt-*hol*-ler-li) *adj* unbearable

uvanlig (ew-*vahn*-li) *adj* unusual

uvant (*ēw*-vahnt) *adj* unaccustomed

uvedkommende (*ēw*-*vāyd*-ko-mer-ner) *c* (pl ~) trespasser

uvel (*ēw*-vehl) *adj* unwell

uvennlig (*ēw*-vehn-li) *adj* unkind, unfriendly

uventet (*ēw*-vehn-tert) *adj* unexpected

uvesentlig (ew-*vāy*-sernt-li) *adj* insignificant

uviktig (*ēw*-vik-ti) *adj* unimportant

uvillig (*ēw*-vi-li) *adj* unwilling; averse

uvirkelig (*ēw*-veer-ker-li) *adj* unreal

uvirksom (*ēw*-veerk-som) *adj* idle

uviss (ew-viss) *adj* uncertain

uvitende (*ēw*-vi-ter-ner) *adj* ignorant

uvurderlig (ew-vew-*dāy*-li) *adj* priceless

uvær (ew-væær) *nt* (pl ~) tempest

uærlig (*ēw*-ææ-li) *adj* dishonest; crooked

uønsket (*ēw*-urn-skert) *adj* undesirable

V

vable (*vahb*-ler) *c* blister

vadested (*vaa*-der-stāy) *nt* ford

vaffel (*vahf*-ferl) *c* (pl vafler) waffle

vaffelkjeks (*vahf*-ferl-khehks) *c* wafer

vag (vaag) *adj* vague, faint

vagabond (vah-gah-*bonn*) *c* tramp

vagabondere (vah-gah-bon-*dāy*-rer) *v* tramp

vakker (*vahk*-kerr) *adj* handsome, fair, beautiful

vakle (*vahk*-ler) *v* falter

vaklende (*vahk*-ler-ner) *adj* shaky

vaksinasjon (vahk-si-nah-*shōōn*) *c* inoculation

vaksinere (vahk-si-*nāy*-rer) *v* vaccinate, inoculate

vaksinering (vahk-si-*nāy*-ring) *c* vaccination

vakt (vahkt) *c* guard; attendant

vaktel (*vahk*-terl) *c* (pl -tler) quail

vaktmann (*vahkt*-mahn) *c* (pl -menn) warden

vaktmester (*vahkt*-mehss-terr) *c* (pl ~e, -trer) concierge, caretaker, janitor

vakuum (*vaa*-kewm) *nt* vacuum

valen (*vaa*-lern) *adj* numb

valg (vahlg) *nt* choice, pick; election

valgfri (*vahlg*-free) *adj* optional

valgkrets (*vahlg*-krehts) *c* constituency

valgspråk (*vahlg*-sprawk) *nt* (pl ~) slogan

valmue (*vahl*-mēwer) *c* poppy

valnøtt (*vaal*-nurt) *c* walnut

vals (vahls) *c* waltz

valuta (vah-*lewt*-tah) *c* currency

valutakurs (vah-*lewt*-tah-kēwsh) *c* rate of exchange, exchange rate

vandre (*vahn*-drer) *v* wander

vane (*vaa*-ner) *c* custom, habit

vanfør (*vahn*-fūr) *adj* invalid, crippled, disabled

vanilje (vah-*nil*-Yer) *c* vanilla

vanlig (*vaan*-li) *adj* common, usual, ordinary, habitual; customary, regular, simple

vanligvis (*vaan*-li-veess) *adv* as a rule, usually

vann (vahnn) *nt* water; **innlagt** ~ running water

vannfarge (*vahn*-fahr-ger) *c* water-colour

vannkarse (*vahn*-kah-sher) *c* water-cress

vannkopper (*vahn*-ko-perr) *pl* chickenpox

vannkran (*vahn*-kraan) *c* faucet *nAm*

vannmelon (*vahn*-meh-lōōn) *c* water-melon

vannpumpe (*vahn*-poom-per) *c* water pump

vannski (*vahn*-shee) *c* water ski

vannstoff (*vahn*-stof) *nt* hydrogen; ~ **hyperoksyd** peroxide

vanntett (*vahn*-teht) *adj* rainproof, waterproof

vannvei (*vahn*-vay) *c* waterway

vanskapt (*vahn*-skahpt) *adj* deformed

vanskelig (*vahn*-sker-li) *adj* difficult; hard

vanskelighet (*vahn*-sker-li-hāyt) *c* difficulty

vant (vahnt) *adj* accustomed; **være ~ til* **be used to

vanvidd (*vahn*-vid) *nt* lunacy

vanvittig (*vahn*-vi-ti) *adj* mad

vaporisator (vah-poo-ri-*saa*-toor) *c* atomizer

vare (*vaa*-rer) *v* last

varebil (*vaa*-rer-beel) *c* pick-up van, van, delivery van

varehus (*vaa*-rer-hēwss) *nt* (pl ~) department store

varemerke (*vaa*-rer-mær-ker) *nt* trademark

varemesse (*vaa*-rer-meh-ser) *c* fair

vareopptelling (*vaa*-rer-oop-teh-ling) *c* inventory

vareprøve (*vaarer*-prūr-ver) *c* sample

varer (*vaa*-rerr) *pl* merchandise, wares *pl*, goods *pl*

varetekt (*vaa*-rer-tehkt) *c* custody

variabel (vah-ri-*aa*-berl) *adj* variable

variere (vah-ri-*āy*-rer) *v* vary

variert (vah-ri-*āyt*) *adj* varied

varietéforestilling (vah-ri-er-*tāy*-faw-rer-sti-ling) *c* variety show

varietéteater (vah-ri-er-*tāy*-teh-aa-terr) *nt* (pl -tre) variety theatre

varig (*vaa*-ri) *adj* lasting; permanent

varighet (*vaa*-ri-hāyt) *c* duration

varm (vahrm) *adj* hot, warm

varme (*vahr*-mer) *c* heat, warmth; *v* warm; ~ **opp** heat

varmeflaske (*vahr*-mer-flahss-ker) *c* hot-water bottle

varmeovn (*vahr*-mer-ovn) *c* heater

varmepute (*vahr*-mer-pēw-ter) *c* heating pad

varsle (*vahsh*-ler) *v* forecast

vase (*vaa*-ser) *c* vase

vask (vahsk) *c* washing; laundry; sink

vaskbar (*vahsk*-baar) *adj* washable

vaske (*vahss*-ker) *v* wash; ~ **opp** wash up

vaskeekte (*vahss*-ker-ehk-ter) *adj* fast-dyed

vaskemaskin (*vahss*-ker-mah-sheen) *c* washing-machine

vaskepulver (*vahss*-ker-pewl-verr) *nt* washing-powder

vaskeri (vahss-ker-*ree*) *nt* laundry

vaskeservant (*vahss*-ker-sær-vahnt) *c* wash-stand

vasse (*vahss*-ser) *v* wade

vaterpass (*vaa*-terr-pahss) *nt* (pl ~) spirit level

vatt (vahtt) *c* cotton-wool

vatt-teppe *nt* quilt

ved (vāy) *c* firewood; *prep* by; on; ~ **siden av** beside, next to

vedde (*vehd*-der) *v* *bet

veddeløp (*vehd*-der-lūrp) *nt* race

veddeløpsbane (*vehd*-der-lūrps-baa-ner) *c* race-course; race-track

veddeløpshest (*vehd*-der-lūrps-hehst)

c race-horse

veddemål (vehd-der-mawl) *nt* (pl ~) bet

vedlegg (vay-lehg) *nt* enclosure

vedlegge (vay-leh-ger) *v* attach, enclose

vedlikehold (veh-lee-ker-hol) *nt* maintenance, upkeep

vedrøre (vay-rur-rer) *v* affect

vedrørende (vay-rur-rer-ner) *prep* with reference to, concerning

vedta (vay-taa) *v* adopt, decide

vedvarende (vay-vaa-rer-ner) *adj* permanent

veg (vay) *c* road; way

vegetarianer (veh-ger-tah-ri-aa-nerr) *c* vegetarian

vegg (vehgg) *c* wall

veggedyr (vehg-ger-dewr) *nt* (pl ~) bug

veggteppe (vehg-teh-per) *nt* tapestry

vei (vay) *c* road; way; **på ~ til** bound for

veiarbeid (vay-ahr-bayd) *nt* road work

veiavgift (vay-aav-yift) *c* toll

veidekke (vay-deh-ker) *nt* pavement

veie (vay-er) *v* weigh

veikant (vay-kahnt) *c* roadside, wayside

veikart (vay-kaht) *nt* road map

veikryss (vay-krewss) *nt* (pl ~) intersection, junction

veilede (vay-lay-der) *v* direct

veinett (vay-neht) *nt* (pl ~) road system

veiskilt (vay-shilt) *nt* road sign

veivaksel (vayv-ahk-sherl) *c* (pl -sler) crankshaft

veiviser (vay-vee-serr) *c* signpost

veivkasse (vayv-kah-ser) *c* crankcase

vekk (vehkk) *adv* off

vekke (vehk-ker) *v* *wake, *awake

vekkerklokke (vehk-kerr-klo-ker) *c* alarm-clock

veksel (vehk-serl) *c* (pl -sler) draft

vekselstrøm (vehk-serl-strurm) *c* alternating current

vekselvis (vehk-sherl-veess) *adv* alternate

veksle (vehk-shler) *v* change; exchange

vekslepenger (vehk-shler-peh-ngerr) *pl* change

vekslingskontor (vehk-shlings-koon-toor) *nt* money exchange, exchange office

vekst (vehkst) *c* growth

vekstliv (vehkst-leev) *nt* vegetation

vekt (vehkt) *c* weight; scales *pl;* **legge ~ på* stress

vektstang (vehkt-stahng) *c* (pl -tenger) lever

velbefinnende (vehl-beh-fi-ner-ner) *nt* ease

velbegrunnet (vehl-beh-grew-nert) *adj* well-founded

veldig (vehl-di) *adj* huge; immense

velferd (vehl-fæær) *c* welfare

velge (vehl-ger) *v* *choose; pick; elect; ~ **ut** select

velgjørenhet (vehl-yur-rern-hayt) *c* charity

velhavende (vehl-haa-ver-ner) *adj* well-to-do

velkjent (vehl-khehnt) *adj* familiar; well-known

velkommen (vehl-kom-mern) *adj* welcome; *hilse ~* welcome

velkomst (vehl-komst) *c* welcome

vellykket (vehl-lew-kert) *adj* successful

velsigne (vehl-sing-ner) *v* bless

velsignelse (vehl-sing-nerl-ser) *c* blessing

velsmakende (vehl-smaa-ker-ner) *adj* tasty, savoury

velstand (vehl-stahn) *c* prosperity

velstående (*vehl*-stawer-ner) *adj* prosperous

velvære (*vehl*-vææ-rer) *nt* comfort

vemmelig (*vehm*-mer-li) *adj* nasty

vemod (*vāy*-mood) *nt* sadness

vemodig (*vāy*-moo-di) *adj* sad

vende (*vehn*-ner) *v* turn; ~ **bort** avert; ~ **om** turn over; ~ **tilbake** return; *go back, turn back

vendepunkt (*vehn*-ner-pewngt) *nt* turning-point

vending (*vehn*-ning) *c* turn

Venezuela (veh-neh-sew-*āy*-lah) Venezuela

venezuelaner (veh-neh-sew-eh-*laa*-nerr) *c* Venezuelan

venezuelansk (veh-neh-sew-eh-*laansk*) *adj* Venezuelan

venn (vehnn) *c* friend

venne (*vehn*-ner) *v* accustom

venninne (veh-*nin*-ner) *c* friend

vennlig (*vehn*-li) *adj* kind, friendly

vennligst (*vehn*-likst) please

vennskap (*vehn*-skaap) *nt* friendship

vennskapelig (vehn-*skaa*-per-li) *adj* friendly

venstre (*vehn*-strer) *adj* left; left-hand

vente (*vehn*-ter) *v* wait; expect; ~ **på** await

venteliste (*vehn*-ter-liss-ter) *c* waiting-list

ventet (*vehn*-tert) *adj* due

venteværelse (*vehn*-ter-vææ-rerl-ser) *nt* waiting-room

ventil (vehn-*teel*) *c* valve

ventilasjon (vehn-ti-lah-*shoon*) *c* ventilation

ventilator (vehn-ti-*laa*-toor) *c* ventilator

ventilere (vehn-ti-*lāy*-rer) *v* ventilate

venting (*vehn*-ting) *c* waiting

veps (vehps) *c* wasp

veranda (væ-*rahn*-dah) *c* veranda

verb (værb) *nt* verb

verd (værd) *nt* worth; *være ~ *be worth

verden (*vær*-dern) *c* world

verdensberømt (*vær*-derns-beh-rurmt) *adj* world-famous

verdensdel (*vær*-derns-dāyl) *c* continent

verdenskrig (*vær*-derns-kreeg) *c* world war

verdensomfattende (*vær*-dern-soom-fah-ter-ner) *adj* global

verdensomspennende (*vær*-dern-soom-speh-ner-ner) *adj* world-wide

verdensrom (*vær*-derns-room) *nt* outer space

verdi (væ-*dee*) *c* value

verdifull (væ-*dee*-fewl) *adj* valuable

verdig (*væ*-di) *adj* dignified; worthy of

verdiløs (væ-*dee*-lürss) *adj* worthless

verdipapirer (væ-*dee*-pah-pee-rerr) *pl* stocks and shares

verdisaker (væ-*dee*-saa-kerr) *pl* valuables *pl*

***verdsette** (*værd*-seh-ter) *v* appreciate; estimate

verdsettelse (*værd*-seh-terl-ser) *c* appreciation

verk (værk) *c* ache; pus

verke (*vær*-ker) *v* ache

verken ... eller (*vær*-kern ... ehl-err) neither ... nor

verksted (*værk*-stāy) *nt* workshop

verktøy (*værk*-tur^ew) *nt* implement, tool

verktøykasse (*værk*-tur^ew-kah-ser) *c* tool kit

vern (væærn) *nt* defence

vernepliktig (*vææ*-ner-plik-ti) *c* conscript

verre (*vær*-rer) *adv* worse; *adj* worse; **verst** worst

vers (væshsh) *nt* verse

versjon (væ-*shōon*) c version

vert (vætt) c host; landlord

vertikal (væ-ti-*kaal*) adj vertical

vertinne (væ-*tin*-ner) c hostess; land-lady

vertshus (væts-hē͞wss) nt (pl ~) public house; inn; c roadside restaurant

vertshusholder (væts-hē͞wss-ho-lerr) c inn-keeper

vesen (*vāy*-sern) nt being; essence

vesentlig (*vāy*-sernt-li) adj essential; vital

veske (*vehss*-ker) c bag

vest (vehst) c west; waistcoat; vest nAm

vestibyle (vehss-ti-*bēw*-ler) c lobby, hall

vestlig (*vehst*-li) adj western, westerly

veterinær (veh-ter-ri-*næær*) c veterinary surgeon

vett (vehtt) nt brains, sense

vev (vāyv) c loom; nt tissue

veve (*vāy*-ver) v *weave

vever (*vāy*-verr) c weaver

vi (vee) pron we

via (*vee*-ah) prep via

viadukt (vi-ah-*dewkt*) c viaduct

vibrasjon (vi-brah-*shōon*) c vibration

vibrere (vi-*brāy*-rer) v vibrate

vid (vee) adj wide

videre (*vee*-der-rer) adj further; og så ~ and so on, etcetera

vidstrakt (*vee*-strahkt) adj vast, broad

vidunder (vi-*dewn*-derr) nt (pl ~, ~e) marvel

vidunderlig (vi-*dewn*-der-li) adj wonderful, marvellous

vie (*vee*-er) v devote; marry

vielse (*vee*-erl-ser) c wedding

vielsesring (*vee*-erl-serss-ring) c wedding-ring

vifte (*vif*-ter) c fan

vifterem (*vif*-ter-rehm) c fan belt

vik (veek) c inlet, creek

vikle (*vik*-ler) v *wind

viktig (*vik*-ti) adj important; big, capital

viktighet (*vik*-ti-hāyt) c importance

vilje (*vil*-Yer) c will; med ~ on purpose

viljestyrke (*vil*-Yer-stewr-ker) c will-power

vilkår (*vil*-kawr) nt condition

vilkårlig (vil-*kaw*-li) adj arbitrary

vill (vill) adj savage, wild; fierce; gått ~ lost

villa (*vil*-lah) c villa

*ville (*vil*-ler) v *will, want

villig (*vil*-li) adj willing

vilt (vilt) nt game, quarry

vilthandler (*vilt*-hahnd-lerr) c poulterer

viltreservat (*vilt*-reh-sær-vaat) nt game reserve

vin (veen) c wine

vind (vinn) c wind

vindebro (*vin*-ner-brōo) c drawbridge

vindhard (*vin*-haar) adj windy

vindkast (*vin*-kahst) nt (pl ~) blow, gust

vindmølle (*vin*-mur-ler) c windmill

vindu (*vin*-dew) nt window

vinduskarm (*vin*-dewss-kahrm) c window-sill

vinduslem (*vin*-dewss-lehm) c (pl ~mer) shutter

vindusvisker (*vin*-dewss-viss-kerr) c windscreen wiper; windshield wiper Am

vinge (*ving*ng-er) c wing

vingård (*veen*-gawr) c vineyard

vinhandler (*veen*-hahnd-lerr) c wine-merchant

vinhøst (*veen*-hurst) c vintage

vink (vingk) nt sign

vinkart (*veen*-kaht) nt wine-list

vinke (*ving*-ker) *v* wave

vinkel (*ving*-kerl) *c* (pl -kler) angle

vinkelner (*veen*-kehl-nerr) *c* wine-waiter

vinkjeller (*veen*-kheh-lerr) *c* wine-cellar

vinmonopol (*veen*-moo-noo-pōōl) *nt* off-licence

***vinne** (*vin*-ner) *v* gain, *win

vinnende (*vin*-ner-ner) *adj* winning

vinner (*vin*-nerr) *c* winner

vinranke (*veen*-rahng-ker) *c* vine

vinter (*vin*-terr) *c* (pl -trer) winter

vintersport (*vin*-ter-shpot) *c* winter sports

vipe (*vee*-per) *c* pewit

vippe (*vip*-per) *c* seesaw

virke (*veer*-ker) *v* work; operate

virkelig (*veer*-ker-li) *adj* actual, real; very, true; substantial; *adv* indeed, really

***virkeliggjøre** (*veer*-ker-li-Yūr-rer) *v* realize

virkelighet (*veer*-ker-li-hāȳt) *c* reality; **i virkeligheten** as a matter of fact

virkemåte (*veer*-ker-maw-ter) *c* mode of operation

virkning (*veerk*-ning) *c* effect

virkningsfull (*veerk*-nings-fewl) *adj* effective, efficient

virkningsløs (*veerk*-nings-lūrss) *adj* inefficient, ineffective

virksom (*veerk*-som) *adj* active

virksomhet (*veerk*-som-hāȳt) *c* enterprise, business; hairpin

virvar (*veer*-vahr) *nt* muddle

vis (veess) *adj* wise; *nt* way, manner

visdom (*veess*-dom) *c* wisdom

vise (*vee*-ser) *v* *show; point out; display; ~ **frem** *show; ~ **seg** appear; prove

vise vei guide

visepresident (*vee*-ser-preh-si-dehnt) *c* vice-president

visitere (vi-si-*tāȳ*-rer) *v* search

visitt (vi-*sitt*) *c* call, visit

visittkort (vi-*sit*-kot) *nt* (pl ~) visiting-card

viskelær (*viss*-ker-læær) *nt* (pl ~) rubber, eraser

vispe (*viss*-per) *v* whip, whisk

viss (viss) *adj* certain

visse (*viss*-ser) *pron* some

visum (*vee*-sewm) *nt* (pl visa) visa

vitamin (vi-tah-*meen*) *nt* vitamin

***vite** (*vee*-ter) *v* *know

vitebegjærlig (*vee*-ter-beh-Ÿææ-li) *adj* curious

vitenskap (*vee*-tern-skaap) *c* science

vitenskapelig (*vee*-tern-skaaper-li) *adj* scientific

vitenskapsmann (*vee*-tern-skaaps-mahn) *c* (pl -menn) scientist

vitne (*vit*-ner) *nt* witness; *v* testify

vitnesbyrd (*vit*-nerss-bewrd) *nt* certificate

vits (vits) *c* joke

vittig (*vit*-ti) *adj* humorous, witty

vogn (voangn) *c* carriage

vokal (voo-*kaal*) *c* vowel; *adj* vocal

voks (voks) *c* wax

vokse (*vok*-ser) *v* *grow

voksen¹ (*vok*-sern) *c* (pl -sne) adult, grown-up

voksen² (*vok*-sern) *adj* adult, grown-up

vokskabinett (*voks*-kah-bi-neht) *nt* waxworks *pl*

vokte seg (*vok*-ter) beware

vold (voll) *c* violence; force

volde (*vol*-ler) *v* cause

voldshandling (*vols*-hahnd-ling) *c* outrage

voldsom (*vol*-som) *adj* violent

***voldta** (*vol*-taa) *v* rape; assault

vollgrav (*vol*-graav) *c* moat

volt (volt) *c* volt

volum (voo-*lewm*) *nt* volume

vond (voonn) *adj* bad, painful; evil;
*gjøre vondt *hurt; *ha vondt
*have a pain

vorte (*vor*-ter) *c* wart

votter (*vot*-terr) *pl* mittens *pl*

vrak (vraak) *nt* wreck

vrengt (vrehngt) *adj* inside out

*vri (vree) *v* twist, wrench; ~ om
turn

vridning (*vreed*-ning) *c* twist

vrien (*vree*-ern) *adj* difficult

vrøvle (*vrurv*-ler) *v* talk rubbish

vugge (*vewg*-ger) *c* cradle

vulgær (vewl-*gæær*) *adj* vulgar

vulkan (vewl-*kaan*) *c* volcano

vurdere (vew-*dāy*-rer) *v* evaluate;
value, estimate

vurdering (vew-*dāy*-ring) *c* estimate;
appreciation

vær (væær) *nt* weather

*være (*vææ*-rer) *v* *be; vær så god
here you are

værelse (*vææ*-rerl-ser) *nt* room; ~
med frokost bed and breakfast

værelsesbetjening (*vææ*-rerl-serss-
beh-t^y*āy*-ning) *c* room service

værelsespike (*vææ*-rerl-serss-pee-ker)
c chambermaid

værelsestemperatur (*vææ*-rerl-serss-
tehm-peh-rah-tewr) *c* room tempera-
ture

værmelding (*væær*-meh-ling) *c*
weather forecast

væske (*vehss*-ker) *c* fluid

våge (*vaw*-ger) *v* dare; venture

vågemot (*vaw*-ger-moot) *nt* guts

våken (*vaw*-kern) *adj* awake

våkne (*vok*-ner) *v* wake up

våningshus (*vaw*-nings-hēwss) *nt* (pl
~) farmhouse

våpen (*vaw*-pern) *nt* (pl ~) arm,
weapon

vår[1] (vawr) *pron* our

vår[2] (vawr) *c* spring; springtime

våt (vawt) *adj* wet; moist

W

watt (vahtt) *c* watt

Y

ydmyk (*ēwd*-mēwk) *adj* humble

ynde (*ewn*-der) *c* grace

yndig (*ewn*-di) *adj* lovely, graceful

yndling (*ewnd*-ling) *c* favourite; ynd-
lings- pet, favourite

ynkelig (*ewng*-ker-li) *adj* lamentable

yrke (*ewr*-ker) *nt* trade; occupation

yte (*ēw*-ter) *v* yield, produce

ytre (*ewt*-rer) *v* utter; express; *adj* ex-
terior

ytterfrakk (*ewt*-terr-frahk) *c* overcoat

ytterlig (*ewt*-ter-li) *adj* extreme

ytterligere (*ewt*-ter-li-er-rer) *adj* addi-
tional, further

ytterlighet (*ewt*-ter-li-hāyt) *c* extreme

ytterside (*ewt*-ter-shee-der) *c* outside

ytterst (*ewt*-tersht) *adj* utmost, ex-
treme

Z

zoo (sōo) *c* zoo; zoologisk hage zo-
ological gardens

zoologi (soo-loo-*gi*) *c* zoology

zoomlinse (*sōom*-lin-ser) *c* zoom lens

Æ

ærbødig (ær-*bur*-di) *adj* respectful
ærbødighet (ær-*bur*-di-hãyt) *c* respect
ære (ǽǽ-rer) *c* honour; glory; *v* honour
ærefull (ǽǽ-rer-fewl) *adj* honourable
ærend (ǽǽ-rern) *nt* errand
æresfølelse (ǽǽ-rerss-fûr-erl-ser) *c* sense of honour
ærgjerrig (ær-*ʸær*-ri) *adj* ambitious
ærlig (ǽǽ-li) *adj* honest; straight
ærlighet (ǽǽ-li-hãyt) *c* honesty
ærverdig (ær-*vær*-di) *adj* venerable

Ø

øde (*ūr*-der) *adj* desert; waste
***ødelegge** (*ūr*-der-leh-ger) *v* wreck, destroy; ruin; *spoil
ødeleggelse (*ūr*-der-leh-gerl-ser) *c* destruction; ruination
ødsel (*urt*-serl) *adj* wasteful; lavish
øke (*ūr*-ker) *v* increase; raise
økning (*ūrk*-ning) *c* increase
økonom (ur-koo-*nōōm*) *c* economist
økonomi (ur-koo-noo-*mee*) *c* economy
økonomisk (ur-koo-*nōō*-misk) *adj* economic; economical
øks (urks) *c* axe
øl (urll) *nt* beer; ale
øm (urmm) *adj* sore; gentle, tender
ønske (*urns*-ker) *v* wish, want, desire; *nt* wish; desire; ~ **til lykke** compliment
ønskelig (*urns*-ker-li) *adj* desirable
øre (*ūr*-rer) *nt* ear
øredobb (*ūr*-rer-dob) *c* earring
øreverk (*ūr*-rer-værk) *c* earache
ørken (*urr*-kern) *c* desert
ørn (*ūrn*) *c* eagle

ørret (*urr*-rert) *c* trout
øsregn (*ūrss*-rayn) *nt* downpour
øst (urst) *c* east
Østerrike (*urss*-ter-ree-ker) Austria
østerriker (*urss*-ter-ree-kerr) *c* Austrian
østerriksk (*urss*-ter-reeksk) *adj* Austrian
østers (*urss*-tersh) *c* (pl ~) oyster
østlig (*urst*-li) *adj* eastern; easterly
østre (*urst*-rer) *adj* eastern
øve (*ūr*-ver) *v* exercise; ~ **seg** practise
øvelse (*ūrv*-erl-ser) *c* exercise
øverst (*ūr*-versht) *adj* top
øvre (*ūrv*-rer) *adj* upper
for øvrig (for *ūrv*-ri) moreover
øy (ur*ew*) *c* island
øye (ur*ew*-er) *nt* (pl øyne) eye
øyeblikk (ur*ew*-er-blik) *nt* instant, second, moment
øyeblikkelig (ur*ew*-er-*blik*-li) *adv* instantly, immediately; *adj* immediate
øyenblyant (ur*ew*-ern-blew-ahnt) *c* eye-pencil
øyenbryn (ur*ew*-ern-br*ēw*n) *nt* (pl ~) eyebrow
øyenlege (ur*ew*-ern-*lāy*-ger) *c* oculist
øyenlokk (ur*ew*-ern-lok) *nt* eyelid
øyenskygge (ur*ew*-ern-shew-ger) *c* eye-shadow
øyensverte (ur*ew*-ern-svæ-ter) *c* mascara
øyensynlig (ur*ew*-ern-*sēwn*-li) *adv* apparently
øyenvippe (ur*ew*-ern-vi-per) *c* eyelash
øyenvitne (ur*ew*-ern-vit-ner) *nt* eye-witness

Å

åbor (*ob*-boor) *c* bass, perch

åk (awk) *nt* yoke

åker (*aw*-kerr) *c* (pl åkrer) field

ål (awl) *c* eel

ånd (onn) *c* spirit; ghost

åndedrett (*on*-der-dreht) *nt* breathing, respiration

åndelig (*on*-der-li) *adj* spiritual

åpen (*aw*-pern) *adj* open

åpenbare (*aw*-pern-baa-rer) *v* reveal

åpenbaring (*o*-pern-baa-ring) *c* apparition

åpenbart (*aw*-pern-baat) *adv* apparently

åpenhjertig (*aw*-pern-ʸæ-ti) *adj* open

åpne (*awp*-ner) *v* open; *undo

åpning (*awp*-ning) *c* opening; breach, gap

åpningstid (*awp*-nings-teed) *c* business hours

år (awr) *nt* year; **per ~** per annum

årbok (*awr*-bōōk) *c* (pl -bøker) annual

åre (*aw*-rer) *c* oar; vein

åreknute (*aw*-rer-knēw-ter) *c* varicose vein

århundre (*awr*-hewn-drer) *nt* century

årlig (*aw*-li) *adj* yearly, annual

årsak (*aw*-shaak) *c* reason, cause

årsdag (*awsh*-daag) *c* anniversary

årstid (*awsh*-teed) *c* season

årvåken (*awr*-vaw-kern) *adj* vigilant

åtte (*ot*-ter) *num* eight

åttende (*ot*-ter-ner) *num* eighth

åtti (*ot*-ti) *num* eighty

Food

agurk cucumber
ananas pineapple
and duck
ansjos marinated sprats
appelsin orange
aprikos apricot
arme riddere French toast; slices of bread dipped in batter and fried, served with jam
asparges asparagus
  ~ bønne French bean (US green bean)
  ~ topp asparagus tip
bakt baked
banan banana
bankebiff slices or chunks of beef simmered in gravy
bekkørret river trout
benløse fugler rolled slices of veal stuffed with minced meat
betasuppe thick soup of meat, bone marrow and vegetables
biff beefsteak
  ~ med løk with fried onions
  ~ tartar steak tartare, minced raw steak
bjørnebær blackberry
blandede grønnsaker mixed vegetables
blodpudding black pudding (US blood sausage)
blomkål cauliflower

bløtkake rich sponge layer cake
blåbær bilberry (US blueberry)
blåskjell mussel
brekkbønne French bean (US green bean)
bringebær raspberry
brisling sprat
broiler specially fed 2-months-old chicken
brød bread
buljong broth, consommé
bønne bean
daddel (pl **dadler**) date
dagens meny day's menu
dagens rett day's special
drue grape
dyrestek roast venison
eddik vinegar
egg egg
  ~ og bacon bacon and eggs
  bløtkokt ~ soft-boiled
  forlorent ~ poached
  hårdkokt ~ hard-boiled
  kokt ~ boiled
  speil~ fried (US sunny side up)
eggerøre scrambled eggs
elgstek roast elk (US moose)
eple apple
  ~ kake apple cake
ert pea
ertesuppe pea soup

estragon tarragon
fasan pheasant
fenalår cured leg of mutton
fersken peach
ferskt kjøtt og suppe meat-and-vegetable soup
fiken fig
fisk fish
fiskebolle fish ball
fiskegrateng fish casserole
fiskekabaret fish and shellfish in aspic
fiskekake fried fish ball
fiskepudding fish pudding
fiskesuppe fish soup
flatbrød thin wafer of rye and sometimes barley
fleskepannekake thick oven-baked pancake with bacon
fleskepølse pork sandwich spread
flyndrefilet fillet of flounder
fløte cream
　~ **ost** cream cheese
　~ **vaffel** cream-enriched waffle often served with Arctic cloud-berries or jam
forrett first course, starter
frokost breakfast
fromasj mousse, blancmange
frukt fruit
　~ **is** water-ice, sherbet
　~ **salat** fruit salad
　~ **terte** fruit tart
fugl fowl
fyll stuffing, forcemeat
fårefrikassé mutton or lamb fri-cassee
fårekjøtt mutton
fårestek leg of lamb
fårikål mutton or lamb in cab-bage stew
gaffelbiter salt- and sugar-cured herring fillets
gammelost a semi-hard cheese

with grainy texture and strong flavour
geitekilling kid
geitost a bitter-sweet brown cheese made from goat's milk
gjedde pike
grapefrukt grapefruit
gravet ørret salt-cured trout flavoured with dill
gravlaks salt- and sugar-cured salmon flavoured with dill, often served with creamy dill-and-mustard sauce
gressløk chive
griljert breaded
grillet grilled
grovbrød brown bread
grønnsak vegetable
grøt porridge, cereal
gudbrandsdalsost a slightly sweet brown cheese made from goat's and cow's milk
gulrot (pl **gulrøtter**) carrot
gås goose
gåselever(postei) goose liver (paste)
gåsestek roast goose
hasselnøtt hazelnut
havre oats
　~ **grøt** oatmeal (porridge)
　~ **kjeks** oatmeal biscuit (US oatmeal cookie)
helkornbrød wholemeal (US whole-wheat) bread
hellefisk halibut
helstekt roasted whole
hjemmelaget home-made
hoffdessert layers of meringue and whipped cream, topped with chocolate sauce and toasted almonds
honning honey
hummer lobster
hvalbiff steak of whale

hvetebolle sweet roll, bun
  ~ **med rosiner** with raisins
hvitløk garlic
hvitting whiting
hønsefrikassé chicken fricassée
is ice, water ice (US sherbet)
  ~ **krem** ice-cream
italiensk salat salad of diced cold
  meat or ham, apples, potatoes,
  gherkins and other vegetables
  in mayonnaise
jordbær strawberry
julekake rich fruit cake (Christ-
  mas speciality)
kake cake, tart
kalkun turkey
kalvekjøtt veal
kalvekotelett veal chop
kalvemedaljong a small round
  fillet of veal
kalvetunge calf's tongue
kanel cinnamon
karamellpudding caramel blanc-
  mange (US pudding)
karbonadekake hamburger steak
kardemomme cardamom
karri curry
karve caraway seed
kastanje chestnut
kirsebær cherry
kjeks biscuit (US cracker or
  cookie)
kjøtt meat
  ~ **bolle** meat ball
  ~ **deig** minced meat
  ~ **kake** small hamburger steak
  ~ **pudding** meat loaf
  ~ **suppe** broth with diced meat
  or sausage
klippfisk salted and dried cod
knekkebrød crisp bread
  (US hardtack)
kokosmakron coconut macaroon
kokosnøtt coconut

kokt cooked, boiled
koldtbord a buffet of cold dishes
  such as fish, meat, salad, cheese
  and dessert
kolje haddock
korint currant
kotelett chop, cutlet
krabbe crab
kransekake cone-shaped pile of
  almond-macaroon rings
krem whipped cream
kreps crayfish
kringle ring-twisted bread with
  raisins
kryddersild soused herring
kumle potato dumpling
kylling chicken
  ~ **bryst** breast
  ~ **lår** leg, thigh
  ~ **vinge** wing
kål cabbage
  ~ **ruletter** cabbage leaves
  stuffed with minced meat
laks salmon
lammebog shoulder of lamb
lammebryst brisket of lamb
lammekotelett lamb chop
lapskaus thick stew of diced or
  minced meat (generally beef,
  lamb or pork), potatoes, onions
  and other vegetables
lefse thin pancake (without eggs)
lettstekt sautéed
lever liver
  ~ **postei** liver paste
loff white bread
lompe kind of potato pancake
lungemos hash of pork lungs and
  onions
lutefisk boiled stockfish, served
  with white sauce or melted but-
  ter and potatoes
løk onion
makrell mackerel

mandel (pl **mandler**) almond
marengs meringue
marinert marinated
medisterkake hamburger steak made of pork
meny bill of fare, menu
middag dinner
morell morello cherry
morkel (pl **morkler**) morel mushroom
multe Arctic cloudberry
musling mussel
mysost a brown whey cheese similar to *gudbrandsdalsost*
mørbrad rumpsteak
napoleonskake custard slice (US napoleon)
normannaost blue cheese
nype rose hip
nyre kidney
nøtt nut
oksefilet fillet of beef
oksehalesuppe oxtail soup
oksekjøtt beef
okserull rolled stuffed beef, served cold
oksestek roast beef
omelett med sjampinjonger button mushroom omelet
ost cheese
pai pie
pale young coalfish
panert breaded
pannekake pancake
pepperkake ginger biscuit (US ginger snap)
pepperrot horse-radish
~ **saus** horse-radish sauce
persille parsley
pinnekjøtt salted and fried ribs of mutton roasted on twigs (Christmas speciality)
pir small mackerel
pisket krem whipped cream

plomme plum
~ **grøt med fløtemelk** stewed plums and cream
plukkfisk poached fish (usually dried cod or haddock) in white sauce
pommes frites potato chips (US French fries)
postei 1) vol-au-vent 2) meat or fish pie
potet potato
~ **chips** crisps (US chips)
~ **gull** crisps (US chips)
~ **kake** potato fritter
pultost a soft, sometimes fermented cheese, usually flavoured with caraway seeds
purre leek
pyttipanne diced meat and potatoes fried with onions, sometimes topped with a fried egg
pære pear
pølse sausage
rabarbra rhubarb
rakørret salt-cured trout
rapphøne partridge
reddik radish
regnbueørret rainbow trout
reinsdyrstek roast reindeer
reke shrimp
remuladesaus mayonnaise mixed with cream, chopped gherkins and parsley
rips redcurrant
ris rice
risengrynsgrøt rice pudding sprinkled with cinammon and sugar, served warm
riskrem boiled rice mixed with whipped cream, served with raspberry or strawberry sauce
rislapp small sweet rice cake
ristet grilled, sautéed, toasted

rogn roe
rosenkål brussels sprout
rosin raisin
rundstykke roll
rype ptarmigan, snow grouse
rødbete beetroot
rødgrøt fruit pudding served with vanilla custard or cream
rødkål red cabbage
rødspette plaice
røkelaks smoked salmon
røkt smoked
rømme thick sour cream
 ∼ **grøt** boiled and served with sugar
rørte tyttebær cranberry jam made without cooking
rå raw
 ∼ **stekt** underdone
saus sauce
sei coalfish
selleri celery
sennep mustard
service inkludert service included
sild herring
sildekake herring patty
sildesalat salad of diced salt herring, cucumber, onions, vegetables, spices and mayonnaise
sirupssnipp ginger biscuit (US ginger snap)
sitron lemon
 ∼ **fromasj** lemon blancmange (US lemon custard)
sjampinjong button mushroom, champignon
sjokolade chocolate
sjøtunge sole
sjøørret sea trout
skalldyr shellfish
skilpaddesuppe turtle soup
skinke ham
skive slice
slangeagurk cucumber

smør butter
 ∼ **brød** open-faced sandwich
småkake biscuit (US cookie)
snittebønner sliced French beans
solbær blackcurrant
sopp mushroom
speilegg fried egg
spekemat cured meat (beef, mutton, pork, reindeer), often served with scrambled eggs and chives
spekepølse large air-dried sausage
spekesild salted herring, often served with cabbage, potatoes and pickled beetroot
spekeskinke cured ham
spinat spinach
stangselleri branch celery
stek roast
stekt fried, roasted
stikkelsbær gooseberry
stuet 1) stewed (of fruit) 2) creamed (of vegetables)
sukker sugar
 ∼ **brød** sponge cake
 ∼ **ert** sugar pea
suppe soup
surkål boiled cabbage flavoured with sugar, vinegar and caraway seeds
sursild soused herring
svinekjøtt pork
svinekotelett pork chop
svineribbe spare-rib
svinestek roast pork
sviske prune
 ∼ **grøt** stewed prunes
sylte brawn (US head cheese)
 ∼ **agurk** pickled gherkin (US pickle)
syltelabb boiled and salt-cured pig's trotter (US pig's foot)
syltetøy jam
terte tart, cake

tilslørte bondepiker dessert made from layers of apple sauce and bread-crumbs, topped with whipped cream
timian thyme
torsk cod
torskerogn cod roe
torsketunge cod tongue
trøffel (pl **trøfler**) truffle
tunfisk tunny (US tuna)
tunge tongue
tyttebær kind of cranberry
vaffel waffle

vaktel quail
valnøtt walnut
vannbakkels cream puff
vannis water-ice (US sherbet)
vilt game
voksbønne butter bean (US wax bean)
vørterkake spiced malt bread
wienerbrød Danish pastry
ørret (salmon) trout
østers oyster
ål eel
årfugl black grouse

Drinks

akevitt spirits distilled from potatoes or grain, often flavoured with aromatic seeds and spices
alkoholfri non-alcoholic
aperitiff aperitif
appelsinbrus orangeade
bar neat (US straight)
brennevin brandy, spirit
brus fizzy (US carbonated) fruit drink
dobbel double
dram shot of spirit
eplemost applejuice
fløte cream
fruktsaft fruit juice
gløgg similar to mulled wine, with spirits and spices
is ice
  med ~ on the rocks
kaffe coffee
  ~ **med fløte** with cream

  ~ **uten fløte** black
  ~ **likør** coffee-flavoured liqueur
  is~ iced
kakao cocoa
kefir kefir, fermented milk
konjakk cognac
likør liqueur
linjeakevitt *akevitt* which is stored in oak casks in the holds of Norwegian ships; the rolling motion of the ship is said to produce a unique taste
melk milk
  kald ~ cold
  varm ~ warm
mineralvann mineral water
pils lager
pjolter long drink of whisky or brandy and soda water
portvin port (wine)
rom rum

rødvinstoddi mulled wine
saft squash (US fruit drink)
sjokolade chocolate drink
te tea
  ~ med sitron with lemon
vann water
vin wine
  het~ fortified
  hvit~ white

musserende ~ sparkling
rød~ red
tørr ~ dry
øl beer
  bayer~ medium-strong, dark
  bokk~ bock
  export~ strong, light coloured
  lager~ light lager
  vørter~ non-alcoholic beer

Norwegian Irregular Verbs

Note that Norwegian verbs maintain the same form for all persons in any given tense.

There is a large number of prefixes in Norwegian, like *an-, av-, be-, etter-, for-, fra-, frem-, inn-, med-, ned-, om-, opp-, over-, på-, til-, under-, unn-, unna-, ut-, ved-*, etc. A prefixed verb is conjugated in the same way as the stem verb.

Infinitive	*Preterite*	*Past participle*	
be	ba	bedt	*ask, pray*
binde	bandt	bundet	*bind, tie*
bite	bet	bitt	*bite*
bli	ble	blitt	*become, remain*
brekke	brakk	brukket	*break*
brenne	brant/brente*	brent	*burn*
bringe	brakte	brakt	*bring*
briste	brast	bristet/brustet	*burst*
bryte	brøt	brutt	*break*
by(de)	bydde/bød	budt	*offer; command*
bære	bar	båret	*bear*
dra	dro(g)	dradd/dratt	*pull; go, travel*
drikke	drakk	drukket	*drink*
drive	drev	drevet	*lead, manage; drift*
ete	åt	ett	*eat (animals)*
falle	falt	falt	*fall*
fare	fôr	faret/fart	*go away, leave*
finne	fant	funnet	*find*
fly	fløy	fløyet	*fly*
flyte	fløt	flytt	*flow, float*
forstå	forsto	forstått	*understand*
forsvinne	forsvant	forsvunnet	*disappear*
fortelle	fortalte	fortalt	*tell, relate*
fryse	frøs	frosset	*be cold, freeze*
følge	fulgte	fulgt	*follow*
få	fikk	fått	*get*
gi	ga(v)	gitt	*give*
gjelde	gjaldt	gjaldt/gjeldt	*concern; be valid*
gjøre	gjorde	gjort	*do, make*
gli	gled	glidd	*slide, glide*
gnage	gnagde/gnog	gnagd	*gnaw*
gni	gnidde/gned	gnidd	*rub*
grave	gravde/grov	gravd	*dig*
gripe	grep	grepet	*catch, seize*
gråte	gråt	grått	*weep, cry*

---

* These verbs are regular when used transitively, i.e. when they take an object.

gyte	gytte/gjøt	gytt	*spawn*
gå	gikk	gått	*walk, go*
ha	hadde	hatt	*have*
henge	hang/hengte*	hengt	*hang*
hete	het/hette	hett	*be called*
hive	hev	hevet	*throw*
hjelpe	hjalp	hjulpet	*help*
holde	holdt	holdt	*hold*
klinge	klang	kling(e)t	*ring*
klype	klypte/kløp	klypt/kløpet	*pinch*
klyve	kløv	kløvet	*climb*
knekke	knakk/knekte*	knekt/knekket	*crack, break*
knipe	knep	knepet	*pinch*
komme	kom	kommet	*come*
krype	krøp	krøpet	*creep, crawl*
kunne (kan)	kunne	kunnet	*can*
kveppe	kvapp	kveppet	*startle*
la(te)	lot	latt	*let*
le	lo	ledd	*laugh*
legge	la	lagt	*lay, put*
lide	led	lidd	*suffer*
ligge	lå	ligget	*lie*
lyde	lød	lydt	*sound*
lyge	løy	løyet	*tell a lie*
løpe	løp	løpt	*run*
måtte (må)	måtte	måttet	*must*
nyse	nyste/nøs	nyst	*sneeze*
nyte	nøt	nytt	*enjoy*
pipe	pep	pepet	*chirp*
rekke	rakte/rakk	rakt/rukket	*reach; hand*
renne	rant/rente*	rent	*run, flow*
ri(de)	red	ridd	*ride*
rive	rev	revet	*tear*
ryke	røk	røket	*smoke*
se	så	sett	*see*
selge	solgte	solgt	*sell*
sette	satte	satt	*set*
si	sa	sagt	*say*
sitte	satt	sittet	*sit*
skjelve	skalv	skjelvet	*tremble*
skjære	skar	skåret	*cut*
skri(de)	skred	skredet/skridd	*stride, stalk*
skrike	skrek	skreket	*scream*
skrive	skrev	skrevet	*write*
skryte	skrøt	skrytt	*boast*
skulle (skal)	skulle	skullet	*shall*
skvette	skvatt/skvettet*	skvettet	*startle; splash*
skyte	skjøt	skutt	*shoot*

---

*These verbs are regular when used transitively, i.e. when they take an object.

skyve	skjøv	skjøvet	*push, shove*
slenge	slang/slengte*	slengt	*throw, fling*
slippe	slapp	sluppet	*let go, drop*
slite	slet	slitt	*pull, tear*
slå	slo	slått	*strike, beat*
slåss	sloss	slåss	*fight*
smelle	smalt/smelte*	smelt	*smack, slam*
smette	smatt	smettet	*slip away*
smøre	smurte	smurt	*smear*
snike	snek	sneket	*sneak*
snyte (seg)	snøt	snytt	*blow one's nose; cheat*
sove	sov	sovet	*sleep*
spinne	spant	spunnet	*spin; purr*
sprekke	sprakk	sprukket	*burst*
sprette	spratt	sprettet	*bound*
springe	sprang	sprunget	*run; jump*
spørre	spurte	spurt	*ask*
stige	steg	steget	*rise, climb*
stikke	stakk	stukket	*sting*
stjele	stjal	stjålet	*steal*
strekke	strakk	strukket	*stretch*
stri(de)	stridde/stred	stridd	*quarrel*
stryke	strøk	strøket	*iron; cross out*
stå	sto	stått	*stand*
sverge	sverget/svor	sverget/svoret	*swear*
svi	sved/svidde*	svidd	*singe*
svike	svek	sveket	*betray, disappoint*
svinge	svang	sving(e)t/svunget	*swing*
synge	sang	sunget	*sing*
synke	sank	sunket	*sink*
ta	tok	tatt	*take*
telle	talte/telte	talt/telt	*count*
tie	tidde	tidd	*be/keep silent*
tigge	tigget/tagg	tigget/tigd	*beg*
tre	trådte	trådt	*tread, step*
treffe	traff	truffet	*meet; hit*
trekke	trakk	trukket	*pull*
tvinge	tvang	tvunget	*force*
tygge	tygde	tygd	*chew*
vekke	vakte	vakt	*wake*
velge	valgte	valgt	*choose, elect*
vike	vek	veket	*yield*
ville (vil)	ville	villet	*will*
vinde	vandt	vundet	*wind*
vinne	vant	vunnet	*win*
vite	visste	visst	*know*
vri	vred	vridd	*wrench, twist*
være	var	vært	*be*

---

* These verbs are regular when used transitively, i.e. when they take an object.

Norwegian Abbreviations

adm. dir.	*administrerende direktør*	managing director
alm.	*alminnelig(het)*	general(ly)
A/S	*aksjeselskap*	Ltd., Inc.
bl.a.	*blant annet/andre*	among other things
ds	*denne måned*	inst., of this month
dvs.	*det vil si*	i.e.
E6	*Europavei 6*	European main road No. 6
EF	*De europeiske fellesskap (Fellesmarkedet)*	EEC, European Economic Community (Common Market)
eft.	*etterfølger(e)*	successor(s) (of a firm)
e.Kr.	*etter Kristi fødsel*	A.D.
ekskl.	*eksklusiv*	not included
el.	*eller*	or
eng.	*engelsk*	English
fag.	*faguttrykk*	terminology
f.eks.	*for eksempel*	e.g.
fj.	*fjord*	fjord
f.Kr.	*før Kristi fødsel*	B.C.
flt.	*flertall*	plural
FN	*De forente nasjoner*	UN, United Nations
fon.	*fonetisk*	phonetics
fork.	*forkortelse*	abbreviation
fr.	*fransk*	French
frk.	*frøken*	Miss
gen.sekr.	*generalsekretær*	secretary general
...gt.	*gate*	street
iflg.	*ifølge*	according to
inkl.	*inklusiv*	included
innb.	*innbyggere*	inhabitants, population
istf.	*istedenfor, i stedet for*	instead of
KFUK	*Kristelig Forening av Unge Kvinner*	YWCA, Young Women's Christian Association
KFUM	*Kristelig Forening av Unge Menn*	YMCA, Young Men's Christian Association
kl.	*klokken*	hour, o'clock
KNA	*Kongelig Norsk Automobil-klub*	Royal Norwegian Automobile Association
KNM	*Den Kongelige Norske Marine*	Royal Norwegian Navy
kom.	*komité*	committee
komm.	*kommunal; kommanderende*	municipal; commanding

kr	*krone*	crown (currency)
LO	*Landsorganisasjonen*	Association of Norwegian
	i Norge	Trade Unions
MA	*Motorførernes Avholds-*	Association of Abstinent
	forbund	Drivers
mht.	*med hensyn til*	concerning
moms	*meromsetningsskatt*	VAT, value added tax
mots.	*motsatt*	contrary
M/S	*motorskip*	motor ship
N	*Norge*	Norway
n.	*nøytrum*	neutral
NAF	*Norges Automobil-Forbund*	Automobile Association
		of Norway
NMK	*Norsk Motor-Klubb*	Norwegian Automobile
		Association
nr.	*nummer*	number
NRK	*Norsk Rikskringkasting*	Norwegian Broadcasting
		Service
NSB	*Norges Statsbaner*	Norwegian National Railways
NTB	*Norsk Telegrambyrå*	Norwegian News Agency
NUH	*Norske ungdomsherberger*	Norwegian Youth Hostels
o.a.	*og annet, og andre*	etc., and others
off.	*offentlig*	public
osv.	*og så videre*	etc., and so on
pga.	*på grunn av*	because of
siv.ing.	*sivilingeniør*	graduate engineer
stk.	*stykke(r)*	piece(s)
tlf.	*telefon*	telephone
…vn.	*veien, vegen*	road
årh.	*århundre*	century

Numerals

Cardinal numbers		Ordinal numbers	
0	null	1.	første
1	en	2.	annen
2	to	3.	tredje
3	tre	4.	fjerde
4	fire	5.	femte
5	fem	6.	sjette
6	seks	7.	syvende/sjuende
7	syv/sju	8.	åttende
8	åtte	9.	niende
9	ni	10.	tiende
10	ti	11.	ellevte
11	elleve	12.	tolvte
12	tolv	13.	trettende
13	tretten	14.	fjortende
14	fjorten	15.	femtende
15	femten	16.	sekstende
16	seksten	17.	syttende
17	sytten	18.	attende
18	atten	19.	nittende
19	nitten	20.	tyvende/tjuende
20	tyve/tjue	21.	enogtyvende/tjueførste
21	enogtyve/tjueen	22.	toogtyvende/tjueandre
30	tredve/tretti	23.	treogtyvende/tjuetredje
31	enogtredve/trettien	24.	firogtyvende/tjuefjerde
40	førti	25.	femogtyvende/tjuefemte
41	enogførti/førtien	26.	seksogtyvende/tjuesjette
50	femti	27.	syvogtyvende/
51	enogfemti/femtien		tjuesjuende
60	seksti	28.	åtteogtyvende/
61	enogseksti/sekstien		tjueåttende
70	sytti	29.	niogtyvende/tjueniende
71	enogsytti/syttien	30.	tredevte/trettiende
80	åtti	40.	førtiende
81	enogåtti/åttien	50.	femtiende
90	nitti	60.	sekstiende
91	enognitti/nittien	70.	syttiende
100	hundre	80.	åttiende
101	hundre og en	90.	nittiende
1 000	tusen	100.	hundrede
1 000 000	en million	1 000.	tusende

Time

Although official time in Norway is based on the 24-hour clock, the 12-hour system is used in conversation.

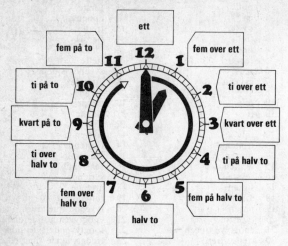

If you have to indicate that it is a.m. or p.m., add *om morgenen, om formiddagen, om ettermiddagen, om kvelden, om natten.*

Thus:

klokken syv om morgenen	7 a.m.
klokken elleve om formiddagen	11 a.m.
klokken to om ettermiddagen	2 p.m.
klokken åtte om kvelden	8 p.m.
klokken to om natten	2 a.m.

Days of the Week

søndag	Sunday	*torsdag*	Thursday
mandag	Monday	*fredag*	Friday
tirsdag	Tuesday	*lørdag*	Saturday
onsdag	Wednesday		